Gerenciamento Inteligente de Riscos

The Book of Risk | Strategic

Bio.
BOUTIQUE
INTELLIGENCE
OFFICE

Gerenciamento Inteligente de Riscos

STRATEGIC
#1ST EDITION

THE BOOK OF RISK

MARCELO MARQUES GRANADO, PMP

PMPROJECT | BOUTIQUE MANAGEMENT OFFICE

AHAM SISU
Management Intelligence School

BRASPORT

Editor: Sergio Martins de Oliveira
Gerente de Produção Editorial: Marina dos Anjos Martins de Oliveira
Editoração Eletrônica: Abreu's System
Capa: Management Intelligence School
Arte final: Use Desgin

G748g Granado, Marcelo Marques.
Gerenciamento Inteligente de Riscos : *the book of risk | strategic* / Marcelo Marques Granado. – Rio de Janeiro: Brasport, 2023.
392 p. : il ; 17 x 24 cm.

Inclui bibliografia.
ISBN 978-65-88431-85-6

1. Gestão da produção. 2. Governança. 3. Riscos. 4. Projetos. 5. Gestão estratégica. I. Título.

CDU 658.5

Catalogação na fonte: Bruna Heller (CRB10/2348)

Índice para catálogo sistemático:
1. Gestão da produção 658.5

DEDICATION

DEDICATÓRIA

A Inteligência Infinita que inspirou esta e todas as outras obras que irão mudar a vida de muitas pessoas.

A minha família que me apoiou na jornada rumo ao topo e hoje pode compartilhar as glórias comigo.

Aos nossos clientes que inspiraram esta obra e confirmaram a excelência de nosso trabalho.

A um grande mestre, doutor e amigo Alonso Mazini Soler, que me incentivou neste projeto.

Ao saudoso amigo, mestre, professor de gerenciamento de riscos e coordenador da FGV Management Carlos Salles Jr.

À editora Brasport pela parceria neste audacioso projeto.

FOREWORD

PREFÁCIO

A história está repleta de casos inspiradores entre discípulos e mestres: na filosofia, na religião, na política, nas artes... onde quer que um indivíduo tenha despertado o interesse, e iluminado o caminho de outro, através de suas ideias, comportamento ou destreza, lá se perceberá o ciclo virtuoso da construção evolucionária do conhecimento humano.

Platão foi discípulo de Sócrates. O mestre foi um revolucionário acusado de corromper a juventude da época com ideias contrárias à moral vigente. Sócrates foi morto por pensar diferente! Platão, por sua vez, ouviu, discutiu e compreendeu Sócrates enquanto vivo, analisando, interpretando e ampliando o seu conhecimento, além de ter registrado e perpetuado o seu legado, revigorado por suas próprias ideias. Sócrates ainda vive naquilo que seu discípulo Platão realizou!

Enfim, certo dia, este Professor foi invadido por uma alegria imensa ao receber uma mensagem de um ex-Aluno, entre tantos, que disse ter esperado mais de uma década para responder a uma provocação feita em sala sobre registrar em livro as discussões tidas em uma aula: "Professor, meu livro (aquele livro!) está pronto".

Lembrei-me do jovem que, ansioso por respostas diretas, questionou de forma vigorosa, ainda que respeitosamente, a minha argumentação sobre a necessidade de levar em conta os aspectos comportamentais, estruturais e conjunturais das organizações como alicerces da aplicação prática de métodos e ferramentas de gestão. "A ferramenta, por si, não se basta", eu afirmava como um teorema matemático e sob os olhares céticos dos alunos mais pragmáticos.

A discussão foi se aprofundando e, num lapso, pensei sobre a validade de levar adiante um debate filosófico durante o tempo da aula, e com um único aluno, sobre um tema que extrapolava os aspectos metodológicos de uma disciplina técnica. Quantos participantes daquela turma estavam conseguindo nos acompanhar, ou tinham interesse, no debate? Quantos se sentiam motivados a contribuir ou apenas aguardavam a hora da retomada do conteúdo planejado da aula?

Mas aquele jovem, naquele dia, demonstrou que havia sido tocado pelo tema e isso foi percebido clara e construtivamente – entre certezas e dúvidas, de ambos, aquela era a oportunidade que poderia fazer a diferença para aquele jovem.

Como na fábula do menino que devolvia, uma a uma, as estrelas ao mar, aquele Aluno não apenas acompanhou a linha de raciocínio do Professor, mas foi além, oferecendo novas trilhas, novas perspectivas e novas premissas complementares ao debate. O debate entre Professor e Aluno, testemunhado por uma turma inteira, se estendeu até o final da aula, limite de tempo que obrigou o Professor a sugerir a provocação que hora se materializa neste livro: "Por que você não escreve sobre essas ideias?". Mantida a devida proporção, Sócrates, o Professor, ainda vive nas ideias de Platão, o Aluno que o superou!

Uma década após a passagem relembrada e o reconhecimento, que me enche de orgulho, feito pelo agora colega de profissão Marcelo Granado para prefaciar esta obra, agendamos um café na Avenida Paulista com a intenção de tentarmos nos reconhecer nas lembranças esparsas daquela aula.

Confesso que me surpreendi positivamente pela segunda vez. O jovem Aluno agora se sustenta sobre vinte anos de experiência profissional ricamente vivida. Contou-me da evolução de seus empreendimentos próprios, da proposta de valor da PMPROJECT BMO (Boutique Management Office), da MIS (Management Intelligence School) e da BIO. (BIO DOT), que se propõe a compartilhar as produções exclusivas do autor relacionadas à interconexão entre as diversas formas de demonstração da inteligência humana e a gestão organizacional holística. Falou-me de seus clientes, de seus desafios profissionais e de suas perspectivas de produção literária, que, atualmente, já extrapolam dezenas de novas ideias logicamente mapeadas e integradas. Falou-me de suas experiências de superação pessoal e de aprendizado, além de, num gesto de extrema gentileza, enfatizou nunca ter esquecido e deixado de pautar a sua vida profissional naquela discussão de aula. Que bom para o profissional Marcelo Granado, cuja amplitude intelectual o qualifica como um profissional diferenciado que sustenta o seu sucesso atual e o seu futuro! Que bom para o realizado e orgulhoso Professor Alonso Soler, que reencontrou, viva e extremamente brilhante, uma das estrelas que ajudou a devolver ao mar num dia comum, numa sala de aula comum.

Sobre o livro **Gerenciamento Inteligente de Riscos – The Book of Risk | Strategic**, tenho a destacar a coragem do autor de buscar o novo e o "não revelado" naquilo que parecia já estar plenamente mapeado através de estruturas internacionalmente aceitas e respaldadas por instituições de renome imaculável, tais como COSO, ISO, PMI e GOV.UK. Pois nesta obra o autor propõe um modelo holístico para o tratamento estratégico dos riscos organizacionais, cuja diferenciação consiste na conjugação, por um lado, do que havia de prioritário nas referências técnicas internacionais, e, por outro lado, na incorporação de suas próprias ideias sobre a ativação da inteligência humana no processo de gestão, justificando assim o adjetivo INTELIGENTE que compõe o título, uma vez que a técnica, para que se torne efetiva, deve se moldar à percepção estratégica, conjuntural e comportamental das organizações. Enfatizando a fala do autor, "não há como gerenciar riscos sem inteligência".

O autor nos alerta que este é apenas o primeiro volume de uma série que pretende ser complementada pelas visões táticas e instrumentais da gestão dos riscos organizacionais. Vislumbrando o que vem pela frente, a sede de saber que acomete este Professor, de antemão, já começa a produzir hipóteses a serem tratadas durante novos e acalorados debates, caso o autor consinta na generosidade de retribuir a dedicação daquele tempo de aula que hoje se revelou tão rico e tão promissor.

Para concluir, deixo uma conexão com o início desta história, propondo a leitura de uma frase de Guimarães Rosa, que, na condição de grande mestre, nos disse que "o verdadeiro mestre não é aquele que ensina, é aquele que de repente descobre que aprende". E assim seguimos cientes e totalmente confortáveis com o ritmo natural da vida: o Professor que se tornou Aluno e o Aluno que passou a ensinar o Professor.

Prof. Alonso Mazini Soler

CARTA AO LEITOR

A ORIGEM

Caro leitor, este livro foi criado a partir das experiências profissionais do autor e das necessidades dos clientes e parceiros do PMPROJECT BMO – Boutique Management Office na disciplina Gerenciamento de Riscos.

Os conhecimentos adquiridos em mais de 20 anos de trabalho em projetos, consultorias, processos e implementação de escritórios de gestão completam a base sólida deste trabalho. O livro contempla o estudo das normas e padrões mundiais de gerenciamento de riscos, de forma prática e aplicada.

THE BOOK OF RISK | A SÉRIE

Este livro faz parte da série de três volumes chamada **The Book of Risk**. Este é o primeiro volume da série, **Gerenciamento Inteligente de Riscos – The Book of Risk | Strategic**. Este volume tratará de gerenciamento de riscos organizacional (ERM).

O segundo volume da série, **Gerenciamento Inteligente de Riscos – The Book of Risk | Operational**, tratará de gerenciamento de riscos operacionais (ORM).

O terceiro volume da série, **Ferramentas Inteligentes de Riscos – The Book of Risk | Toolkit**, é o kit de ferramentas de gerenciamento de riscos, tanto para riscos organizacionais (ERM), quanto para riscos operacionais (ORM).

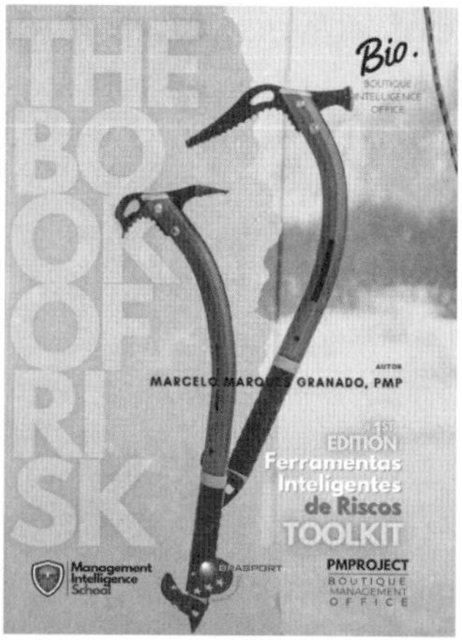

THE BOOK OF RISK | STRATEGIC

O livro **Gerenciamento Inteligente de Riscos – The Book of Risk | Strategic** tratará dos conceitos de riscos na visão estratégica e organizacional.

Os padrões internacionais de gerenciamento de riscos do COSO, a ISO 31.000:2018 e o *The Standard for Risk Management in Portfolio Program, and Projects* do PMI® constituem a base inicial deste volume.

Ainda fazem parte dos estudos deste livro o *The Orange Book – Management of Risk*, do governo do Reino Unido, e o *ESG Roadmap: observations and practical advice for boards, corporate secretaries and governance professionals*.

THE BOOK OF RISK | OPERATIONAL

O livro **Gerenciamento Inteligente de Riscos – The Book of Risk | Operational** tratará dos conceitos de riscos na visão de operações e de projetos. A base para o gerenciamento de riscos operacionais (ORM) será apresentada no volume dois desta série.

Entre as bases de conhecimento para o ORM, estarão o *PMBOK® Guide*, os padrões ISO e outros documentos que tratam de riscos operacionais. Normas reguladoras, padrões governamentais e de segurança da informação também farão parte deste volume.

THE BOOK OF RISK | TOOLKIT

O livro **Ferramentas Inteligentes de Riscos – The Book of Risk | Toolkit** tratará das principais ferramentas aplicadas ao gerenciamento de riscos organizacional (ERM) e operacional (ORM).

Ainda farão parte deste volume as ferramentas de análise e estágios de gerenciamento de riscos apresentadas na norma *IEC 31010:2019 Risk management*. As ferramentas e técnicas Delphi, Monte Carlo, *Root Cause*, Matriz Rumsfeld, *EMV Analysis*, CAP-M e PRA serão abordadas neste volume.

MIP | O PROGRAMA DE GESTÃO INTELIGENTE

Este livro é parte integrante do ***Management Intelligence Program* (MIP)**, um programa de gestão inteligente de negócios e projetos.

O livro também faz parte do material da **Management Intelligence School** para educação executiva inteligente.

ABRANGÊNCIA DO GERENCIAMENTO DE RISCOS

Este livro não esgota os assuntos relacionados ao gerenciamento de riscos, pois seria muita pretensão tentar colocar um limite para o tema **RISCOS**.

Novas abordagens e fatores influenciam o risco organizacional em todo o mundo. Portanto, este livro pretende abordar o gerenciamento de riscos organizacional (ERM) ao redor do mundo.

A INTELIGÊNCIA NA GESTÃO DE RISCOS ORGANIZACIONAIS – PARTE 1

Este livro pretende ajudar a desmistificar o gerenciamento de riscos organizacional (ERM). A primeira parte do livro traz uma completa explanação de assuntos relevantes ao tema **RISCOS**. A visão estratégica aplicada ao gerenciamento de riscos será o foco principal desta primeira parte.

GUIA PARA GESTÃO DE RISCOS ORGANIZACIONAIS – PARTE 2

A segunda parte deste livro apresenta um guia para a gestão de riscos organizacionais. Este guia traz um roteiro completo para implementação da gestão de riscos através de Escritórios de Gestão Inteligente de Riscos – EGIR. O guia está dividido em componentes, objetivos, controle interno, processos, auditorias e matriz inteligente de riscos. Baseado nos padrões COSO e ISO 31.000:2018, o guia auxiliará empresas públicas e privadas na implementação da gestão de riscos organizacionais, de maneira prática e inteligente.

Este livro pretende auxiliar executivos em formação no desenvolvimento das boas práticas de gestão de riscos organizacionais (ERM). Venha se aventurar e correr esse risco. Aproveite o material.

O Autor

SOBRE O AUTOR

O ano era 1998, e uma jornada rumo ao gerenciamento de projetos e negócios se iniciava. Ainda estudante de Engenharia Civil, eu comecei a perceber que as áreas de administração e gestão de projetos necessitavam de uma visão clara para muitos profissionais. Os primeiros cursos de gestão vieram para grandes empresas que estavam iniciando sua jornada no conhecimento de gerenciamento de projetos. Dois anos depois o PMI® lança o *PMBOK® Guide* (2000). No mesmo ano nasce um desafiador projeto de unir o conhecimento de gestão às áreas técnicas aplicadas à Engenharia. Mais de 20 anos se passaram e este projeto tomou grandes proporções. Hoje são mais de 60 livros, distribuídos em três portfólios, do qual o **Gerenciamento Inteligente de Riscos – The Book of Risk | Strategic** é parte integrante.

Eu sou Marcelo Marques Granado, PMP, e essa é a história de um grande projeto.

Diretor de Gerenciamento de Projetos e Implementação de Programas de Gestão Inteligente, palestrante e *speaker* profissional, professor, autor e empresário. MBA em Gerenciamento de Projetos pela Fundação Getúlio Vargas, Engenheiro Civil e Engenheiro de Segurança no Trabalho pela UEMG. CEO do PMPROJECT BMO, Diretor Executivo da BIO. Boutique Intelligence Office e Diretor de Conteúdo da Management Intelligence School. Profissional com mais de 20 anos de experiência em gestão de projetos, programas e portfólios em diferentes segmentos. Certificado PMP® pelo PMI®. Coordenador do *Branch* Ribeirão Preto pelo PMI® São Paulo (2019 a 2020). Criador dos Escritórios de Gestão Inteligente, Metodologias Inteligentes de Gestão e outros produtos e serviços inteligentes. Nos últimos anos tem se dedicado a implementar Escritórios de Gestão Inteligente em empresas multinacionais nos segmentos de automação industrial e indústrias de bens de capital. Desenvolve programas de gestão de riscos e qualidade em empresas de energia. Autor de livros de inteligência pessoal, inteligência de negócios e projetos, e ficção inteligente.

O ESCRITÓRIO BOUTIQUE DE GESTÃO

A PMPROJECT BMO – BOUTIQUE MANAGEMENT OFFICE sempre esteve à frente do seu tempo, desenvolvendo novos conceitos e práticas de gestão. O Boutique Management Office ou Escritório Butique de Gestão é um desses conceitos.

Os escritórios butiques são muito conhecidos no ramo de investimentos e escritórios de advocacia por seu atendimento e práticas exclusivas. Eles atuam com um seleto público e trabalham de forma dedicada a poucos clientes com alto valor agregado. Essas são as principais características de um escritório butique.

Usando as métricas do escritório butique, a empresa PMPROJECT ECMTK, como era conhecida pela sigla da matriz de trabalho e desenvolvimento, apresentada no livro Escritórios de Gestão Inteligente, evoluiu para um escritório butique de gestão de negócios e projetos.

O nosso principal objetivo foi escolher um seleto grupo de clientes para oferecer serviços exclusivos e de alto valor agregado. Assim nasceu o PMPROJECT BOUTIQUE MANAGEMENT OFFICE ou PMPROJECT BMO, um escritório conceito para clientes especiais com processos altamente personalizados.

Juntamente com o PMPROJECT BMO nasceram projetos inovadores como o EGI (Escritórios de Gestão Inteligente), a Management Intelligence School e tantos outros projetos e serviços altamente exclusivos.

Se este livro ou outras publicações da BIO. BOUTIQUE INTELLIGENCE OFFICE foi uma escolha, saiba que sua escolha faz parte de um seleto grupo de clientes que pertence ao portfólio de inteligência. Aproveite sua exclusividade e venha conhecer mais sobre os produtos e serviços do PMPROJECT BMO acessando o site <https://pmproject.com.br/>.

Saiba mais sobre escritórios butique de gestão no livro Boutique Management Office – BMO da série Management da BIO.

O ESCRITÓRIO BOUTIQUE DE INTELIGÊNCIA

A BIO. STORE/BIO. BOUTIQUE INTELLIGENCE OFFICE é um centro de exclusividade de inteligência de produtos e serviços do PMPROJECT BMO, outras publicações do autor e muito mais. A BIO., assim como o PMPROJECT, o EGI e a Management Intelligence School, são negócios de inteligência. Leia a apresentação a seguir e surpreenda-se.

A BIO. (BIO DOT) sempre acompanhada de um ponto, não é uma simples loja de produtos ou serviços, mas é a primeira loja do mundo a comercializar produtos e serviços de inteligência.

O projeto surgiu na evolução do PMPROJECT BMO, criando um conceito de empresa que atua com Inteligência de Gestão para Negócios e Projetos. Serão apresentadas em todas as publicações sobre negócios (pois existem vários portfólios de inteligência na BIO.) sempre essa expressão: **NEGÓCIOS E PROJETOS**. Isso é devido à característica contínua ou processual dos negócios que iniciam e não têm um final previsto e são considerados um processo ou operação. Já os projetos possuem uma característica finita com escopo definido e prazos de início, meio e fim.

A BIO. possui vários portfólios de inteligência. Eles foram criados para organizar os produtos e serviços de inteligência. Os portfólios vão desde Inteligência Infinita até Ficção Inteligente. O foco de atuação se estende de formação pessoal, profissional, *coaching*, *mentoring*, práticas de evolução e desenvolvimento da inteligência até negócios e gestão, como é o caso deste livro. Os portfólios são divididos por coleções e séries com livros e publicações para oferecer a melhor experiência de inteligência ao usuário.

Enfim, a BIO. não é uma loja; ela é um conceito, é uma prática de vida. A BIO. é a maior mudança de visão de negócios aliada à experiência do usuário e à prática de gestão e inteligência. Venha conhecer mais sobre os produtos e serviços de inteligência da BIO. BOUTIQUE INTELLIGENCE OFFICE em <https://pmproject.com.br/bio/> – afinal, se todos temos vida, então todos somos BIO.

A ESCOLA DE GESTÃO INTELIGENTE

A Management Intelligence School (MIS) é mais um dos produtos e serviços de inteligência de gestão. Ela foi criada para ser o maior centro de excelência e inteligência da América Latina. Baseada no conhecimento e na estrutura de negócios e projetos, na fonte de dados e informações, nos portfólios de inteligência e publicações, a MIS foi criada para propagar a inteligência e formação pessoal e profissional. A estruturação da MIS passou pela criação de uma marca forte que reflita o sentido de tudo o que é feito pela instituição e por tudo o que ela representa, demonstrado a seguir.

Enfim, a Management Intelligence School une a prática de gestão inteligente aos conceitos mais modernos de gerenciamento organizacional na formação de executivos inteligentes para alta gestão. Este livro também faz parte do material educacional da Management Intelligence School (MIS). Ele é o manual oficial de gerenciamento de riscos para educação executiva do *Management Intelligence Program*.

OS PORTFÓLIOS INTELIGENTES

O livro **Gerenciamento Inteligente de Riscos – The Book of Risk | Strategic** representa uma parte do Portfólio de Negócios e Projetos.

Este não é um livro único, mas parte de uma coleção muito maior que tratará de temas ligados a inteligência de gestão organizacional.

As publicações são organizadas em portfólios para auxiliar nossos leitores no encontro das obras. Este livro pertence ao Portfólio de Negócios e Projetos.

Este portfólio é organizado com as principais obras que ligam o leitor às publicações sobre Inteligência de Gestão. Os temas da atualidade são tratados em uma linguagem prática e simples para acesso a todos que atuam em negócios e projetos, nas organizações ou fora delas.

Para saber mais sobre os portfólios da BIO. acesse o site <https://pmproject.com.br/bio/>.

Bio.

BOUTIQUE INTELLIGENCE OFFICE

ATIVANDO A INTELIGÊNCIA

Este não é um livro comum, nem tampouco um manual técnico ou um guia de referências sobre gerenciamento de riscos. Este é um produto INTELIGENTE. Para consumir um produto inteligente é necessário fazer o *setup* do instrumento que conduzirá todo o processo de inteligência, a mente humana. Na BIO. o maior de todos os ativos não é um livro, uma obra, um serviço ou produto, e sim a inteligência. A inteligência humana é o maior de todos os ativos porque guarda muitos segredos e mistérios. Entre os segredos da mente humana que comportam a inteligência, está a capacidade de dominar a si próprio (Inteligência Intrapessoal), estruturar pensamentos complexos (Inteligência Visual) e desenvolver atividades que requerem força (Inteligência Física).

Cada uma dessas atividades está ligada ao relacionamento com outras pessoas (Inteligência Social), à interação com a natureza (Inteligência Ambiental), e à conexão com todas as forças existentes no universo (Inteligência Espiritual). E mais: a capacidade de interpretar situações e dar respostas aos riscos (Inteligência Prática), o domínio das técnicas de cálculo e previsibilidade (Inteligência Lógica) e a capacidade de contar os fatos como ocorreram (Inteligência Linguística). Todas essas inteligências são conectadas e orquestradas através da Inteligência Musical, capaz de conduzir todas as outras inteligências com a afinação que cada uma delas exige. Mas o que todas essas inteligências têm em comum com o gerenciamento de riscos?

Gerenciar riscos é perceber o ambiente, os cenários, as formas, antecipar e criar resultados, soluções, ouvir e criar empatia na concepção de eventos, olhar o meio ambiente com inteligência e muitas outras formas de percepção. Não há como gerenciar riscos sem inteligência. E todos são dotados de inteligência, alguns com ênfase em algumas, outros com melhores resultados em outras, mas todos, sem exceção, possuem algum tipo de inteligência. Para iniciar este livro, nada melhor do que ativar todas as inteligências. Gerenciar riscos não é acreditar que algo pode ou não acontecer, mas compreender como um evento pode mudar um cenário se acontecer. Profissionais que não acreditam e não compreendem a incerteza da gestão dificilmente entenderão o que é um evento de risco e muito menos como gerenciá-lo.

CONTENT

SUMÁRIO

PARTE 1 – A INTELIGÊNCIA NA GESTÃO DE RISCOS ORGANIZACIONAIS

Introdução: O MAIOR DE TODOS OS DESAFIOS DA GESTÃO

Eu aprendi que a quietude fala mais por mim do que eu mesmo posso falar.
MARCELO M. GRANADO (Ensaios da Vida).

OVERVIEW

COMO ESTE LIVRO ESTÁ ORGANIZADO

Este livro está dividido em duas partes. A primeira parte trata das estratégias de gestão aplicadas aos **Riscos Organizacionais**. A segunda parte apresenta um guia para implementação da **Gestão Inteligente de Riscos**.

FACILITANDO A LEITURA

Para facilitar a leitura e os temas propostos, no início de cada capítulo será apresentado um resumo com os assuntos abordados.

COMPREENDENDO OS TERMOS DE REFERÊNCIA

Existem muitos termos, siglas e referências associadas ao gerenciamento de riscos. Ao longo deste livro, serão utilizadas notas inteligentes para direcionar o leitor a outras informações além do livro.

PADRÕES DE GERENCIAMENTO DE RISCOS

Alguns padrões trazem informações de outras fontes. Para este livro serão consideradas as fontes do padrão de origem, sem incluir fontes de referências externas. O objetivo é facilitar a leitura, a aplicação e o conhecimento.

Todas as publicações e fontes citadas neste livro, figuras, gráficos ou textos, têm seu conteúdo protegido por leis de *copyright* e devem ser avaliadas junto ao detentor de direitos autorais.

FRAMEWORKS DE GERENCIAMENTO DE RISCOS

Os *frameworks* de gerenciamento de riscos serão apresentados ao longo deste livro, indicando os elementos e os itens de cada padrão. É importante compreender outros pontos importantes sobre o gerenciamento de riscos antes se aprofundar nos temas de cada padrão.

IDENTIFICAÇÃO DOS ELEMENTOS DE GESTÃO

Ao longo do livro serão apresentados elementos de gestão identificados com o tema proposto, o padrão de referência e o nome do elemento de gestão, conforme apresentado a seguir.

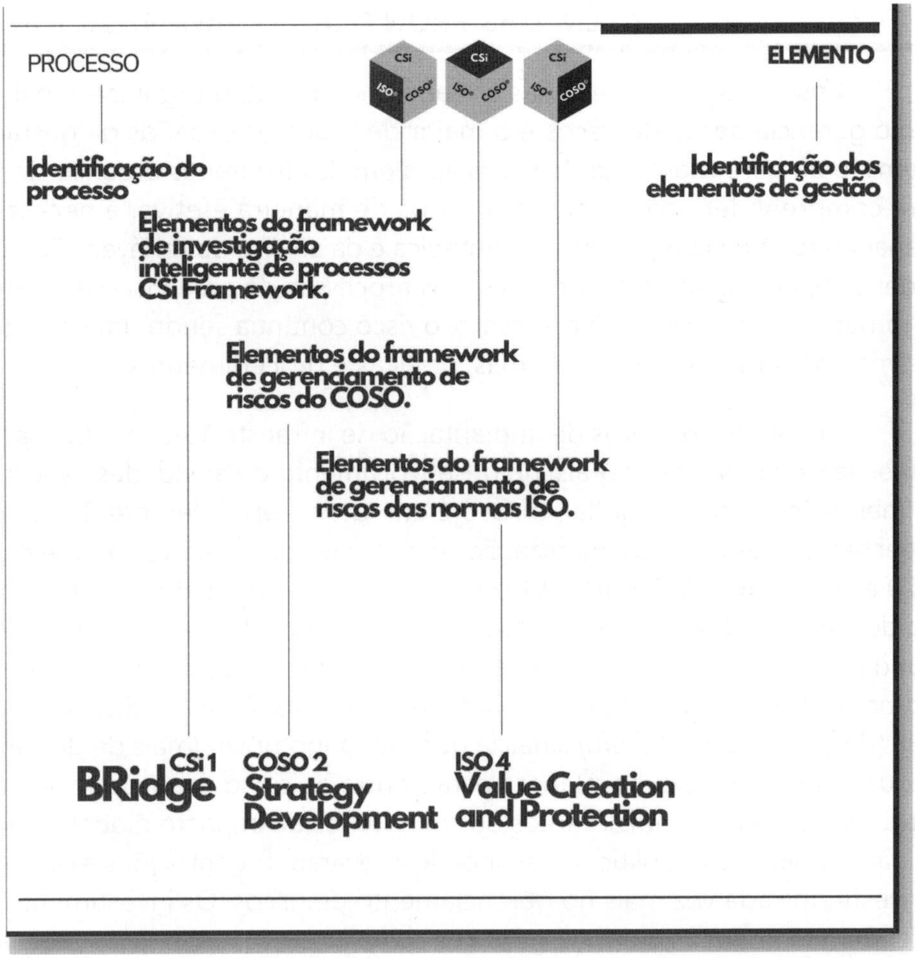

Framework de Tecnologia

Existem centenas de *frameworks* de gerenciamento de riscos. O foco deste livro é o gerenciamento de riscos organizacionais (ERM) com base nos padrões ISO®, COSO® e CSi. *Frameworks* de gerenciamento de riscos em tecnologia, como RMF do NIST (*National Institute of Standards and Technology*), não foram apresentados neste livro devido à sua extensão, mas serão considerados no escopo das áreas de tecnologia. No capítulo de Gerenciamento Inteligente de Riscos de Tecnologia (ITRM), no livro Management Intelligence Technology, serão tratados os temas relativos aos riscos desta área.

Atualização da base das publicações

O gerenciamento de riscos é dinâmico e relevante. Todos os anos, órgãos reguladores, governos, instituições e organismos que emitem algum tipo de norma ou documento de referência atualizam seus padrões. Este livro e seus anexos e informações sofrerão atualizações constantes de acordo com as novas edições das bases de informação. O objetivo é que este livro seja um guia de referência em gerenciamento de riscos organizacionais (ERM) e esteja sempre atualizado.

ALÉM DAS FRONTEIRAS ORGANIZACIONAIS

O risco é a maior de todas as variáveis da gestão organizacional. Por isso o gerenciamento de riscos é o maior de todos os desafios da gestão. A extensão do gerenciamento de riscos vai além das fronteiras organizacionais. Para compreender como gerenciar riscos de maneira efetiva, é necessário chegar ao topo da compreensão estratégica e da análise de variáveis. Compreender as oportunidades, as ameaças e os processos de prevenção é essencial na jornada organizacional. No entanto, o risco continua sendo uma incógnita mesmo com tantos estudos, normas, práticas e procedimentos.

Em grandes projetos de implantação de infraestrutura, em transações comerciais ou governamentais, no desenvolvimento de atividades esportivas ou mesmo no conforto do lar, o risco é um fator preponderante. Todos eles impactam as pessoas, as organizações e os governos de alguma maneira. Em 2020 a pandemia do COVID-19 trouxe um exemplo e mostrou como a gestão de riscos pode ser incerta e os seus impactos podem atingir uma escala mundial. A crise financeira mundial de 2008, também chamada de crise do *sub-prime*, trouxe impactos duradouros na economia. O *Global Risk Report* do WEF (*World Economic Forum*) sinaliza que, ao longo prazo (mais de dez anos), as questões climáticas do planeta estão entre as cinco preocupações mais críticas do cenário mundial. Tantos outros eventos de impacto global como as mudanças climáticas, políticas e econômicas levaram organizações e governos a investirem cada vez mais no gerenciamento de riscos. Os investimentos se estendem também às áreas de gestão e *compliance*, à melhoria de processos e à implementação de políticas de transparência organizacional.

As organizações, sejam elas governamentais ou não, estão investindo pesado em governança e *compliance*. O objetivo é simples: manter a transparência das ações em todas as esferas organizacionais. O tamanho das organizações não é relevante. A constituição, o país de origem ou estado de operação também não são. No entanto, todos eles necessitam do gerenciamento inteligente de riscos.

Inspirados nos padrões internacionais de gerenciamento de riscos ISO 31000:2018, COSO e PMI®, aliados a pesquisas científicas e processos governamentais, a BIO. e o PMPROJECT BMO, através dos mais de 20 anos de experiência em gerenciamento organizacional inteligente, criou este livro **Gerenciamento Inteligente de Riscos – The Book of Risk | Strategic.**

GERENCIAMENTO DE RISCOS, UMA QUESTÃO DE INTELIGÊNCIA

O livro **Gerenciamento Inteligente de Riscos – The Book of Risk | Strategic** é parte integrante do *Management Intelligence Program*, um programa de gestão inteligente aplicado a negócios e projetos.

Mas o que significa o termo "inteligente" aplicado à gestão?

Em nossos projetos de consultoria e gestão deparamos com práticas e processos inovadores nas organizações. No entanto, muito ainda precisa ser feito quando se trata de gestão e liderança. Para Chiavenato (2017), existem grandes desafios para transformar executivos em líderes talentosos e incentivadores. Entre os desafios da gestão, podemos destacar a dificuldade de transferência de conhecimento tácito e explícito entre as pessoas.

Nesse sentido, após anos de prática em gestão e processos, ficou claro que a questão não era puramente processual. A gestão é uma questão de desenvolvimento, autoconhecimento, orientação pessoal e profissional. Por outro lado, uma nova questão surge: como desenvolver a vida profissional sem esquecer a vida pessoal?

As respostas para as questões anteriores estão ligadas ao estudo das múltiplas inteligências. Pessoas aprendem de maneira diferente e em cenários diferentes.

Por esse motivo, todas as expressões ligadas ao termo inteligência serão aplicadas avaliando as condições da mente humana no uso das suas atribuições. O gerenciamento "inteligente" de riscos recebe este adjetivo porque está intimamente ligado à forma como as pessoas reagem aos riscos.

Ao longo deste livro, outras expressões receberão o mesmo adjetivo e terão a mesma ligação. Trata-se da visão da inteligência das pessoas que executam os processos ou são afetadas por eles.

Enfim, resta saber que os meios tradicionais de gestão estão mudando gradativamente para meios inteligentes. Por isso é correto afirmar que o gerenciamento de riscos é, sim, uma questão de inteligência.

GESTÃO DE MUDANÇAS EM UM CONTEXTO INTELIGENTE

Existem seis conceitos básicos aplicados ao gerenciamento de riscos organizacionais (ERM) e operacionais (ORM). Todas as organizações, sem exceção, trabalham com esses seis conceitos básicos. No entanto, cada uma delas detalha esses elementos de alguma forma, colocando suas particularidades.

As definições trazidas aqui são as visões de especialistas no tema e a tradução para conceitos práticos. As definições são uma mistura de aplicação estratégica dos conceitos e visão prática do que representa o risco em cada um dos elementos que o compõe. As definições sobre riscos não pretendem esgotar o tema, mas torná-lo acessível e de fácil compreensão a todas as partes interessadas.

CONTEXTO INTELIGENTE DE RISCOS

O conceito de risco é tão amplo que daria um capítulo inteiro somente para tentar defini-lo. De forma geral, o conceito de risco está ligado a eventos com algum grau de incerteza.

Risco é um evento incerto que pode ocorrer em qualquer nível da organização, dentro ou fora dela, e com as partes interessadas ou não. O risco sempre costuma ter uma conotação negativa fora do meio acadêmico, técnico ou organizacional. No entanto, o risco pode ser tanto negativo (ameaça) como positivo (oportunidade).

Em geral, o risco organizacional afeta os objetivos estratégicos, impedindo a organização de seguir seu planejamento. Seja pelas ameaças encontradas, seja pelas oportunidades previstas, ambas farão o planejamento se desviar da sua *baseline*.

A *baseline* de riscos é uma estrutura base conceitual para riscos de primeira instância, alocados na visão do planejamento. Durante o controle de riscos, a *baseline* sofrerá mutações tão intensas que muitas vezes o resultado de riscos diverge totalmente da *baseline*. Isso é extremamente comum e se deve ao caráter imprevisível dos riscos.

A fonte de riscos que gera a incerteza organizacional traz uma única certeza firme para os proprietários de riscos: haverá mudanças durante a trajetória.

Por isso o gerenciamento de riscos organizacionais (ERM) tem caráter dinâmico, iterativo, incremental e necessita de ações e respostas rápidas.

Os riscos representam a fragilidade da organização. A fragilidade está ligada à falta de gestão ou má gestão sobre os riscos. Isso pode revelar as falhas organizacionais e o insucesso na condução de estratégias para atingir seus objetivos.

Tudo dependerá de como a organização vai se portar na condução e na gestão dos riscos. No entanto, o grande sinalizador do insucesso dos riscos são as partes interessadas.

Os reflexos da má gestão e do insucesso do gerenciamento de riscos são intensamente sentidos pelas partes interessadas internas, externas, diretas ou indiretas. No entanto, nem tudo está perdido no reino da gestão.

As organizações trabalham em vários níveis de gestão, do gerenciamento estratégico ao operacional, do nível organizacional, portfólio, programas, projetos, operações etc., sempre com o propósito de garantia da manutenção do valor organizacional ou a sua expansão, nunca a sua queda.

Outra característica dos riscos é o seu grau de exponencialidade. Quanto mais se exploram os riscos, mais aumentam suas análises, suas respostas e o seu grau de incerteza. Quanto maior a quantidade de riscos inventariados, maior o grau de incerteza do inventário de riscos.

Exponencialidade	*Exponential Growth* ou crescimento exponencial trata da taxa de crescimento de uma constante. O crescimento exponencial supera o crescimento linear e o crescimento cúbico nos últimos estágios. O grau de exponencialidade, como uma característica de riscos, trata do aumento exponencial das incertezas versus os riscos em um inventário de riscos. A exponencialidade será amplamente tratada no livro Ferramentas Inteligentes de Riscos, The Book of Risk – Toolkit.

Enfim, na visão da gestão de mudanças, o risco sempre terá um grau de incerteza inerente aos negócios ou projetos realizados pela organização ou impactados por ela.

CONTEXTO DE AMEAÇAS E OPORTUNIDADES

Ameaças são riscos que destroem valor e interferem na organização de forma negativa, impedindo seus gestores de avançar com as estratégias e os objetivos. As etapas de avaliação e análise de ameaças e oportunidades podem ser vistas em detalhes no capítulo "Respostas Inteligentes aos Riscos". O processo de gerenciamento de riscos prevê a identificação dos riscos de oportunidade e de ameaça, e o registro no inventário de riscos. Após a identificação e a análise de riscos, é o próximo passo para dar continuidade ao sistema de gerenciamento de riscos, sendo seguido pela avaliação de probabilidade e impacto.

Por fim, as respostas aos riscos precisam ser implementadas. Tanto as ameaças quanto as oportunidades seguem um fluxo de gestão. A diferença básica entre ambas é o efeito na organização. As ameaças têm seus efeitos minimizados ou eliminados para que não prejudiquem a organização. As oportunidades têm seus efeitos potencializados.

Para a gestão inteligente as mudanças, as ameaças e as oportunidades compartilham do mesmo inventário e do mesmo processo de gestão. E mais, ameaças e oportunidades são medidas quanto à variação do planejamento de riscos organizacional (ERMP – *Enterprise Risk Management Plan*).

Segundo as boas práticas de gestão e planejamento, a *baseline* de riscos para ambos os estados (ameaças ou oportunidades) é alocada no *roadmap* de alto nível, para traduzir as estratégias organizacionais e seus objetivos.

Os riscos, sejam ameaças ou oportunidades, complementam a estratégia para torná-la factível, real e viável. O gerenciamento inteligente de mudanças não prevê alterações estratégicas somente para riscos (ameaças e oportunidades), mas para todas as outras áreas que implantam, na gestão estratégica organizacional, um tipo de mudança.

CONTEXTO DE ATITUDES E APETITE AOS RISCOS

Negócios e pessoas são arriscados por natureza. Tanto as pessoas quanto os negócios que elas gerenciam possuem características que predispõem ao risco. Semelhante ao que acontece no comportamento humano, as atitudes arriscadas são consequências do apetite ao risco.

Afirmar que uma organização tem apetite aos riscos é dizer que um grau de incerteza existe e é aceito pelas interessadas. O apetite ao risco é o nível de risco que a organização está disposta a aceitar.

O apetite ao risco é parte integrante da definição estratégica da organização. Ele influencia desde a estratégia de negócios até a estrutura de gestão organizacional.

Segundo o *The Standard for Risk Management in Portfolio Program, and Projects,* do PMI®, o apetite ao risco tem influência direta na estratégia de negócios, na estrutura de gerenciamento de riscos, na política e nos processos da organização (Figura 1).

Figura 1: Integração do Apetite aos Riscos e das Estratégias Organizacionais.
Adaptado de *The standard for risk management in portfolios, programs, and projects.* PMI 2019 ©

Integração dos níveis de apetite, estratégias e gerenciamento de riscos do SRW segundo o PMI®

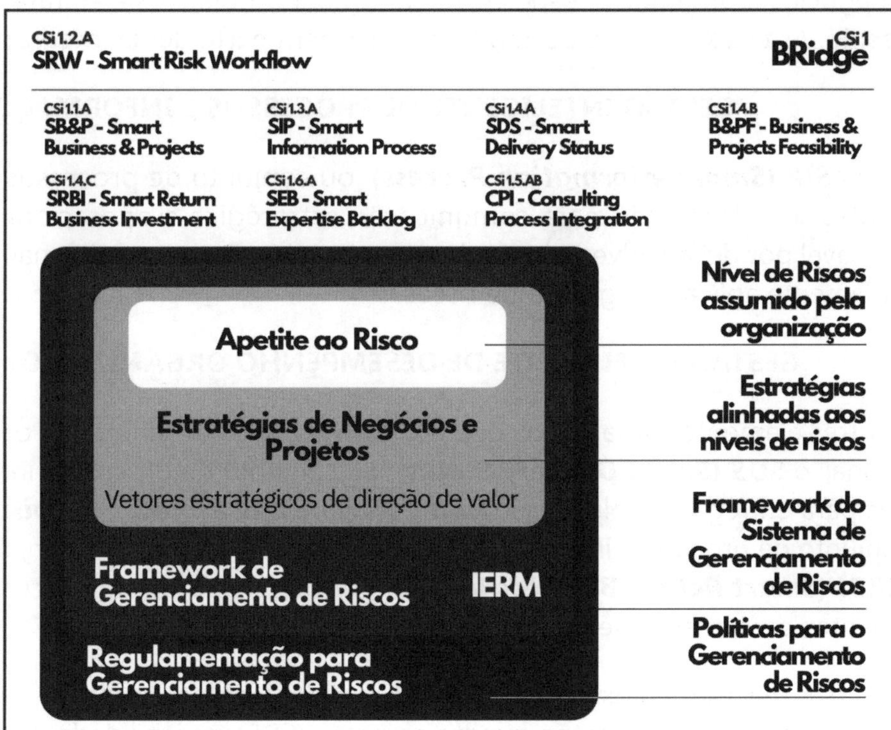

FLUXO DE TRABALHO PARA GESTÃO INTELIGENTE DE RISCOS

Os riscos, sejam ameaças ou oportunidades, complementam a estratégia para torná-la factível, real e viável. O gerenciamento inteligente de mudanças não prevê alterações estratégicas somente para riscos (ameaças e oportunidades), mas para todas as outras áreas que implantam, na gestão estratégica organizacional, um tipo de mudança.

Ao longo das atividades de consultoria de gestão, desenvolvi no PMPROJECT o SRW (*Smart Risk Workflow*), ou Fluxo de Trabalho Inteligente, aplicado à gestão de riscos. O fluxo de trabalho será apresentado na parte 2, no capítulo "Preparando os processos de gestão inteligente de riscos". O fluxo de trabalho inteligente possui os seguintes elementos.

GESTÃO ESTRATÉGICA INTELIGENTE PARA NEGÓCIOS E PROJETOS

O **SB&P (*Smart Business & Projects*)**, ou gestão estratégica inteligente para negócios e projetos, é responsável por integrar objetivos e estratégias de gestão. As estratégias de gestão de riscos fazem parte dessa integração.

GESTÃO INTELIGENTE DE PROCESSOS E INFORMAÇÕES

O **SIP (*Smart Information Process*)**, ou conjunto de processos inteligentes de informação para comunicação estratégica e operacional, é responsável por desenvolver estratégias de comunicação organizacional. Ele é amplamente aplicado à gestão de riscos.

GESTÃO INTELIGENTE DE DESEMPENHO ORGANIZACIONAL

Três elementos atuam em conjunto para avaliar o desempenho organizacional: o **SDS (*Smart Delivery Status*)**, ou conjunto de processos inteligentes para entrega de soluções, o **B&PF (*Business & Project Feasibility*)**, ou conjunto de processos inteligentes de viabilidade de negócios e projetos, e o **SRBI (*Smart Return Business Investment*)**, ou conjunto de processos inteligentes para análise de investimentos.

Esses três elementos combinados são responsáveis por avaliar os resultados das estratégias de gestão quanto ao prazo (SDS), à viabilidade (B&PF) e ao retorno do investimento (SRBI). Esse conjunto de elementos está entre as ferramentas que mais utilizamos na gestão inteligente de riscos.

GESTÃO ITERATIVA INTELIGENTE DE MUDANÇAS ORGANIZACIONAIS

O **SEB (*Smart Expertise Backlog*)**, ou conjunto de processos iterativos e inteligentes de mudanças e melhoria contínua, é responsável por "manter a organização nos eixos". O SEB cria um processo dinâmico e iterativo, atualizando os ativos organizacionais e combinando processos de gestão. Ele é aplicado à gestão de riscos nos estágios de análise e revisão de processos.

CONSULTORIA INTELIGENTE INTEGRADA AOS PROCESSOS DE GESTÃO

O **CPI (*Consulting Process Integration*)**, ou conjunto de processos inteligentes para integração organizacional, é um diferencial nos nossos trabalhos de consultoria e gestão. Com uma ampla visão da organização após mapear todos os processos organizacionais, o CPI cria um fluxo organizacional integrado. O objetivo é conectar estratégia e operação em todos os estágios da organização. Esse conjunto de processos aplicado à gestão de riscos atua na prevenção de riscos em toda a estrutura organizacional.

FRAMEWORK INTELIGENTE DE GESTÃO

Ao longo deste livro serão apresentados muitos processos identificados pela sigla CSi seguida de um código de identificação. O CSi será apresentado no capítulo "*Framework* Inteligente de Riscos".

CSi *Framework*

O CSI é um *framework* inteligente de gestão. Ele contém padrões para toda a gestão organizacional. O padrão do CSi está disponível no livro Management Intelligence Systems – CSi, da BIO.

INICIANDO A GESTÃO INTELIGENTE DE RISCOS

A partir do próximo capítulo serão apresentados estudos e revisões de padrões sobre riscos organizacionais. As informações serão apresentadas de acordo com a experiência do autor na gestão inteligente aplicada às organizações. Pronto para começar?

PART #1

RISK

Capítulo 1: OS RISCOS NAS ORGANIZAÇÕES

O fracasso é simplesmente a oportunidade de começar de novo, dessa vez de forma mais inteligente.

HENRY FORD

O QUE VEM A SEGUIR

Este capítulo apresenta uma síntese dos assuntos que serão abordados ao longo deste livro.

- A extensão do risco organizacional.
- O gerenciamento inteligente de riscos.
- Tratamento inteligente de riscos.
- Os riscos e as mudanças de cenários.
- Sucesso no gerenciamento de riscos.

A EXTENSÃO DO RISCO ORGANIZACIONAL

O risco e as organizações são inerentes um ao outro. Se existe organização, existe risco. Por outro lado, as organizações são geradoras de resultados para os acionistas, governos ou assistidos, conforme o objetivo para o qual foram criadas. Como balancear essas duas vertentes? Como contribuir com os acionistas, com a sociedade e tantas outras partes interessadas ligadas às organizações? Como o risco afeta as organizações no exercício das suas atividades?

Essas e outras questões serão respondidas ao longo deste livro. Os gestores organizacionais e todos que trabalham para o sucesso da organização devem compreender que gerenciar riscos não é uma opção quando se trata de gerar valor para as partes interessadas. Por outro lado, antes de gerenciar os riscos é necessário compreender as fronteiras do gerenciamento de riscos.

Onde começa e onde termina a responsabilidade pelo gerenciamento de riscos organizacional (ERM)? De quem é o papel de gerenciar os riscos nas organizações? E fora das organizações, quem se responsabilizará pelos riscos?

O GERENCIAMENTO INTELIGENTE DE RISCOS

As questões citadas anteriormente tornam o gerenciamento de riscos um desafio para a gestão. O gerenciamento de riscos precisa ser classificado e organizado para ser efetivo. Isso será tratado no capítulo "Matriz Inteligente de Riscos". Após a organização é necessário compreender como os riscos afetam as organizações e qual a visão delas sobre os riscos. Isso será tratado no capítulo "Governança Inteligente de Riscos". Através da visão as organizações conseguem transparência na tomada de decisões. Mas antes de iniciar as decisões, uma análise sobre os riscos é de suma importância.

No capítulo "Gestão Estratégica Inteligente" serão apresentadas as estratégias para analisar os riscos organizacionais. A análise dos riscos trará resultados sobre onde estão ocorrendo, onde poderão ocorrer e quais previsões são necessárias para contextualizar os riscos. No capítulo "Processos Inteligentes de Gestão", a implementação de processos de gerenciamento de riscos trata do contexto do risco organizacional, segundo os padrões internacionais de gerenciamento de riscos.

TRATAMENTO INTELIGENTE DE RISCOS

Estabelecer padrões e processos, conhecer a origem e contextualizar os riscos na visão organizacional não é suficiente para um bom gerenciamento de riscos.

É necessário tratar os riscos de forma ativa e responsável. No capítulo "Respostas Inteligentes aos Riscos" serão apresentadas as maneiras de tratar os riscos, segundo os padrões internacionais de gerenciamento de riscos. Após tratar os riscos, chegou a hora de avaliar o sistema de gestão de riscos e o desempenho organizacional. Nos capítulos "Comunicação Inteligente de Riscos" e "Sistemas de Gestão Inteligente", serão discutidas formas de medir e organizar os sistemas de gerenciamento de riscos.

OS RISCOS E AS MUDANÇAS DE CENÁRIOS

O cenário mundial nunca sofreu tantas intempéries como nos últimos 30 anos, da era da comunicação até a era atual, da transformação digital. O final da Guerra Fria e da Guerra do Golfo, passando pela queda do muro de Berlim e pelo 11 de Setembro, até os escândalos dos maiores conglomerados econômicos que mudaram a confiabilidade das organizações. Tantos outros eventos impactantes podem compor essa extensa lista. Dos diversos eventos naturais, como tsunamis, tornados e tempestades, as reações que o planeta demonstra do uso desordenado das reservas naturais, até os encontros sobre o clima do Fórum Econômico Mundial (WEF) e da ONU, os diversos tratados climáticos (Brasil, Paris, Copenhagen, Davos etc.); tudo faz parte da realidade organizacional.

E ainda faz parte desse contexto o complicado cenário político mundial, com grandes reformas políticas, ascensão e queda de economias inteiras, guerras por reservas naturais e a luta dos refugiados, que mudam o cenário global. E se não bastasse o conjunto de processos listados anteriormente, os impactos desses processos fizeram as organizações repensarem seu modelo de gestão de riscos. A pandemia do COVID-19 em 2020 trouxe outro agravante: o atraso tecnológico e os riscos do seu avanço desordenado para salvar a tão prejudicada economia.

Tudo isso representa um cenário de constantes mudanças e variáveis de riscos praticamente incalculáveis. Mas essas não são ações simples para serem aplicadas; trata-se de conjunturas complexas.

Essas ações podem fazer desaparecer governos, organizações e pessoas. As empresas precisam de sistemas robustos para amparar decisões estratégicas no gerenciamento de riscos e na luta para permanecerem ativas, rentáveis e ambiental e socialmente comprometidas.

SUCESSO NO GERENCIAMENTO DE RISCOS

Todos os elementos trazidos até então embasam o gerenciamento de riscos e apresentam às organizações uma maneira prática e inteligente para gerenciar riscos. Mas esses elementos funcionarão? Por quanto tempo? Como eles podem ser melhorados, ampliados e até mesmo modificados, compreendendo as questões anteriores?

Essas questões serão tratadas no capítulo "Auditorias Inteligentes de Gestão", como analisar criticamente os sistemas de gestão de riscos e suas interfaces.

Ao longo deste livro, é possível conhecer as definições de riscos, outros significados trazidos ao longo de todo o contexto e os termos aplicados ao gerenciamento de riscos e a outras áreas relacionadas.

Este livro pretende tratar de todos os assuntos relevantes ao gerenciamento de riscos segundo os padrões internacionais, aplicados à gestão pública e privada. No entanto, este livro não pretende esgotar o assunto, mas trazê-lo à tona com uma visão prática sobre padrões, normas e processos internacionais de gerenciamento de riscos, de maneira inteligente.

Termos e referências

Gestão ou gerenciamento de riscos?

Tanto a gestão de riscos como o gerenciamento de riscos, para efeitos deste livro, são sinônimos. Na expressão inglesa, ambos são tratados como *risk management*. O mesmo acontece com o termo *likelihood*, que não tem seu equivalente em outras línguas, como citado na NBR ISO 31000:2018®. A norma passou a adotar o termo *probability* de forma ampla em vez de *likelihood*. Por essa razão muitas expressões, títulos, temas e assuntos, utilizados ao longo deste livro, permanecerão com seus referenciais em inglês. O objetivo é evitar discrepâncias quanto a traduções ou termos equivalentes. No decorrer deste livro serão apresentadas as traduções de termos em outras línguas quando necessário. No site da Management Intelligence School, serão encontradas referências inteligentes e equivalentes apresentadas no decorrer deste livro. Saiba mais em <https://www.imanagement.com.br/referencias-inteligentes>.

Gerenciamento de riscos corporativo (ERM) ou organizacional

Neste livro o termo *Enterprise Risk Management* (ERM) será aplicado como Gerenciamento de Riscos Organizacionais. O objetivo é englobar empresas públicas e privadas.

Capítulo 2: *FRAMEWORK* INTELIGENTE DE RISCOS

Você não precisa ser um gênio, um visionário ou mesmo um graduado da faculdade para ter sucesso. Você só precisa de uma estrutura e um sonho.

MICHAEL DELL

O QUE VEM A SEGUIR

Este capítulo apresenta as estruturas e os padrões internacionais de gerenciamento de riscos.

- Como os riscos se comportam?
- Estruturas inteligentes de riscos.
- Padrões para gerenciamento de riscos.
- Sistemas de investigação de dados.
- Integração das estruturas de gerenciamento de riscos.

FRAMEWORK

COMO OS RISCOS SE COMPORTAM?

O ambiente organizacional possui uma gama de incertezas tão grande que é praticamente impossível encontrar todos os riscos em todas as organizações em todo o mundo. Por isso grandes organismos internacionais criam padrões para auxiliar no gerenciamento de riscos. Governos, instituições públicas e privadas, empresas e associações trabalham incessantemente para mapear o risco organizacional. No entanto, quem atua com gerenciamento de riscos no dia a dia sabe a dificuldade enfrentada pelos profissionais desta área.

Os novos entrantes, organizações ou profissionais conhecem os processos de gerenciamento de riscos. Mas como implementar o gerenciamento de riscos organizacional com efetividade?

O primeiro passo para implementar o gerenciamento de riscos é compreender como ele se comporta. Ao identificar quais áreas são afetadas pelo gerenciamento de riscos, é possível informar seus resultados e analisar sua efetividade. Os padrões internacionais existentes tratam de processos com extrema efetividade, mas como saber quais deles implantar? Como atuar de forma prática na aplicação desses padrões?

Essas questões são importantes para todas as organizações. Por isso a BIO. e o PMPROJECT apresentam como implementar a gestão inteligente de riscos: os *frameworks* inteligentes.

ESTRUTURAS INTELIGENTES DE RISCOS

Um *framework* é uma estrutura sintética para resolver problemas complexos. Um *framework* inteligente é a integração de várias estruturas em uma única, sintetizando ao máximo as interações e contemplando várias respostas em um único formato.

O princípio dos *frameworks* inteligentes nasceu da série "Management Intelligence" da BIO., através do livro "Metodologias Inteligentes de Gestão". O objetivo dos *frameworks* inteligentes é concatenar ideias e processos gerenciais que, em geral, são tratados separadamente.

Neste capítulo serão detalhados os principais *frameworks*, baseados nos padrões internacionais de gerenciamento de riscos.

Ao final do capítulo será apresentado o *framework* inteligente que integra esses padrões.

Notas Inteligentes

> Este livro é um compêndio de normas, padrões e informações práticas sobre gerenciamento de riscos. Porém, o tema é muito extenso para ser tratado em um único volume ou mesmo uma coleção. Por isso, a cada tema ou item que exija um detalhamento maior de informações, será apresentada uma nota como esta, contendo mais informações externas, um link para um site de referência ou padrão, informação relevante ou mesmo outro livro de referência.

PADRÃO PARA GERENCIAMENTO DE RISCOS COSO

O primeiro e mais popular dos padrões de gerenciamento de riscos é o COSO (*Committee of Sponsoring Organizations of the Treadway Commission*). O comitê é uma organização privada criada em 1985 para patrocinar a Comissão Nacional de Relatórios Financeiros para prevenção de fraudes. Essa foi uma iniciativa independente do setor privado americano que listou fatores e causas que poderiam levar a relatórios financeiros fraudulentos. O COSO desenvolveu recomendações para empresas públicas e privadas através dos seus auditores independentes. O COSO é patrocinado por cinco importantes associações de profissionais, sediadas nos Estados Unidos:

1. AAA (American Accounting Association)
2. AICPA (American Institute of Certified Public Accountants)
3. FEI (Financial Executives International)
4. IIA (Institute of Internal Auditors)
5. NAA ou IMA (National Association of Accountants – Institute of Management Accountants).

O COSO inclui ainda representantes da indústria, contabilidade pública, empresas de investimento e a Bolsa de Nova York. O objetivo do COSO é fornecer liderança inovadora, lidando com o Gerenciamento de Riscos Corporativos (ERM – *Enterprise Risk Management*), o controle interno e a prevenção de fraudes.

Em 2004 o COSO emitiu o seu primeiro *framework* integrado de gerenciamento de riscos corporativos, o ERM-IF – *Enterprise Risk Management – Integrated Framework*. Essa é apenas uma das diversas publicações do COSO.

Elas constituem uma das bases para construção da Matriz Inteligente de Riscos e de outras estruturas inteligentes de riscos deste livro.

Figura 2: Adaptado de COSO ERM Framework 2017 ©

Componentes e Princípios COSO ERM Framework

Business	Components	Principles	
COSO 1 **Mission, Vision & Core Values**	COSO 1.1 **Governance & Culture**	**COSO 1.1.1 [1]** Exercises Board Risk Oversight	**COSO 1.1.2 [2]** Establishes Operating Structures
		COSO 1.1.3 [3] Defines Desired Culture	**COSO 1.1.4 [4]** Demonstrates Commitment to Core Values
		COSO 1.1.5 [5] Attracts, Develops and Retains Capable Individuals	
COSO 2 **Strategy Development**	COSO 2.1 **Strategy and objective-setting**	**COSO 2.1.1 [6]** Analyzes Business Context	**COSO 2.1.2 [7]** Defines Risk Appetite
		COSO 2.1.3 [8] Evaluates Alternative Strategies	**COSO 2.1.4 [9]** Formulates Business Objectives
COSO 3 **Business Objective Formulation**	COSO 3.1 **Performance**	**COSO 3.1.1 [10]** Identifies Risk	**COSO 3.1.2 [11]** Assesses Severity of Risk
		COSO 3.1.3 [12] Prioritizes Risks	**COSO 3.1.4 [13]** Implements Risk Responses
		COSO 3.1.5 [14] Develops Portfolio View	
COSO 4 **Implementation & Performance**	COSO 4.1 **Review & Revision**	**COSO 4.1.1 [15]** Assesses Substantial Change	**COSO 4.1.2 [16]** Reviews Risk and Performance
		COSO 4.1.3 [17] Pursues Improvement in Enterprise Risk Management	
COSO 5 **Enhanced Value**	COSO 5.1 **Information, communication and reporting**	**COSO 5.1.1 [18]** Leverages Information and Technology	**COSO 5.1.2 [19]** Communicates Risk Information
		COSO 5.1.3 [20] Reports on Risk, Culture and Performance	

COSO ERM Framework

A nova estrutura do COSO, publicada em 2017, enfatiza a importância de integrar estratégias na visão de riscos ao projetar os objetivos para desempenho da organização. A estrutura evoluiu do Cubo COSO ERM 2004 para o COSO ERM Framework em formato de espiral. Saiba mais sobre COSO em <https://www.coso.org>. Para manter aderência ao padrão, os termos do COSO permanecem todos em inglês.

O PADRÃO DE GERENCIAMENTO DE RISCOS DO PMI®

O PMI® (*Project Management Institute*) é uma das maiores associações de gerenciamento de projetos do mundo. Através do PMI®, profissionais em todo o mundo se unem para elaborar padrões de gestão de projetos, programas, portfólios, entre outras publicações, incluindo gerenciamento de riscos.

Figura 3: Alinhamento ERM e 3PRM
Adaptado de The standard for risk management in portfolios, programs, and projects. PMI 2019 ©

Integração dos elementos para alinhamento entre ERM e 3PRM | PMI®

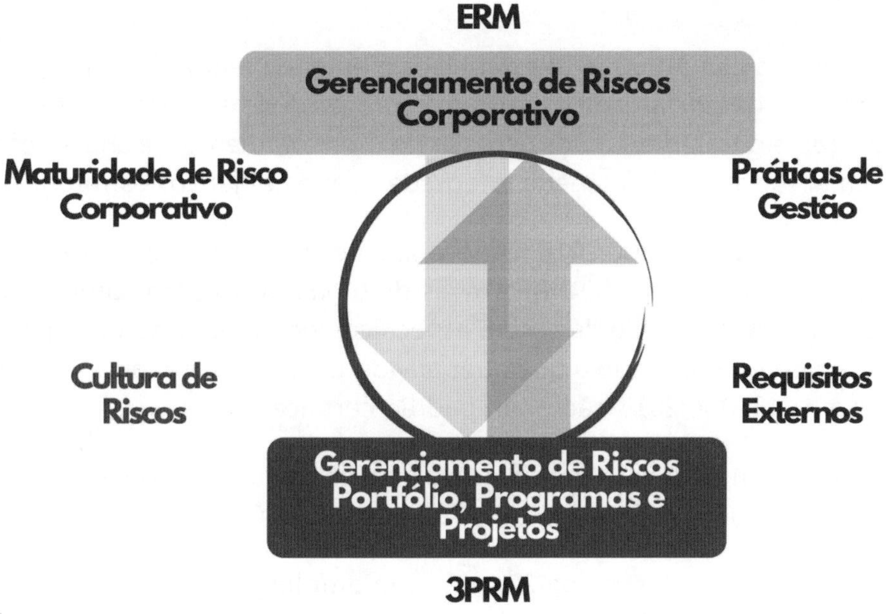

Em 2019 o PMI® lançou o documento *The Standard for Risk Management in Portfolios, Programs, and Projects®* ou Padrão para Gerenciamento de Riscos em Portfólios, Programas e Projetos.

Nesse padrão o PMI® trata do gerenciamento de riscos organizacional em um apêndice trazendo as considerações sobre o ERM (*Enterprise Risk Management)* e a integração com 3PRM (*Portfolio, Program and Project Risk Management*). Na Figura 3 está representada a integração do ERM com o 3PRM e os elementos de gerenciamento de riscos.

Segundo o PMI®, a conexão entre o ERM e a gestão de projetos, programas e portfólios passa pela integração dos indicadores de gestão e pelo alinhamento das estratégias, refletindo no negócio, nas metas e nos objetivos da organização.

ISO 31000:2018

O gerenciamento de riscos, segundo a ISO 31.000:2018 trata de princípios, estruturas e processos da gestão de riscos. Assim como nos demais padrões, a aplicação do gerenciamento de riscos proposto pela ISO 31000:2018 ressalta que os conceitos podem ser melhorados de acordo com a sua aplicação.

A norma ISO 31000:2018 estabelece o entendimento dos papéis organizacionais no gerenciamento de riscos, o processo de avaliação de riscos, a identificação e o tratamento dos riscos até o monitoramento e a análise crítica do sistema. Tudo isso de maneira integrada com os objetivos estratégicos.

A norma ISO 31000:2018 fornece as diretrizes para o gerenciamento de riscos organizacionais (ERM), através de uma abordagem comum, para gerenciar qualquer tipo de risco sem especificar indústria ou setor. O padrão ISO pode ainda ser aplicado a qualquer atividade ou nível organizacional. Um detalhe: a ISO 31000:2018 não é um padrão certificável.

Para o contexto do gerenciamento inteligente de riscos organizacionais (IERM), a ISO 31.000:2018 será integrada aos padrões COSO e CSi Framework.

A integração desses padrões é uma ampliação da visão de riscos. Considerando as interfaces de cada padrão, as informações relevantes que compõem cada um deles, os elementos e processos para o gerenciamento de riscos organizacionais (ERM) serão tratados, quando possível, em uma visão conjunta em cada padrão.

O objetivo é extrair de cada padrão os elementos que contribuirão para a melhoria dos sistemas de gerenciamento de riscos organizacionais (ERM). Na Figura 4 estão apresentados os princípios (*Principles*), estrutura (*Framework*) e processos (*Process*) de acordo com cada item da norma. A relação entre princípios, estrutura e processos também é apresentada nesse mesmo conceito.

PRATICAL GUIDE FOR SMEs

> A agência ITC (*International Trade Center*), em conjunto com a Organização Mundial do Comércio das Nações Unidas (UNIDO – *United Nations Industrial Development Organization*), lançou um guia de boas práticas de gerenciamento de riscos com base na ISO para pequenas e médias empresas.

Figura 4: Adaptado de ISO 31000:2018 ©

Princípios, estrutura e processo de gestão de riscos ISO 31.000:2018

4.Princípios →	5.Estrutura ↔	6.Processos
ISO 4 **Criação e proteção de valor**	ISO 5.2 **Liderança e comprometimento**	ISO 6 **Processo de gestão de riscos**
ISO 4.A Integrada	ISO 5.3 Integração	ISO 6.2 Comunicação e consulta
ISO 4.B Estruturada e abrangente	ISO 5.4 Concepção	ISO 6.3 Escopo, contexto e critério
ISO 4.C Personalizada	ISO 5.5 Implementação	ISO 6.4 Processo de avaliação de riscos
ISO 4.D Inclusiva	ISO 5.6 Avaliação	ISO 6.4.2 Identificação de riscos
ISO 4.E Dinâmica	ISO 5.7 Melhoria	ISO 6.4.3 Análise de riscos
ISO 4.F Melhor Informação disponível		ISO 6.4.4 Avaliação de riscos
ISO 4.G Fatores humanos e culturais		ISO 6.5 Tratamento de riscos
ISO 4.H Melhoria contínua		ISO 6.6 Monitoramento e análise crítica
		ISO 6.7 Registro e relato

ORANGE BOOK – GOVERNO DO REINO UNIDO

O governo inglês publicou em 2020 a sexta edição do *Orange Book*. Ele é um guia para orientação, conceito e introdução, desenvolvimento e implementação do gerenciamento de riscos nas esferas governamentais e organizações privadas.

O *Orange Book* é enfático em dizer que as organizações públicas não podem ser avessas aos riscos e obter sucesso. Ainda segundo o *Orange Book*, o gerenciamento de riscos efetivo deve ser parte integrante das políticas e dos projetos, da implementação até a operação.

Por fim, o *Orange Book* afirma que não se trata de adicionar novos processos ao gerenciamento de riscos, mas garantir a eficácia da forma de liderar e administrar, sem subestimar a importância do gerenciamento de incertezas e o enfrentamento dos riscos com respostas bem-sucedidas.

Figura 5: Adaptado de Orange Book .CROWN 2020 © Governo do Reino Unido (Tradução Livre)

Framework de gerenciamento de riscos ORANGE BOOK

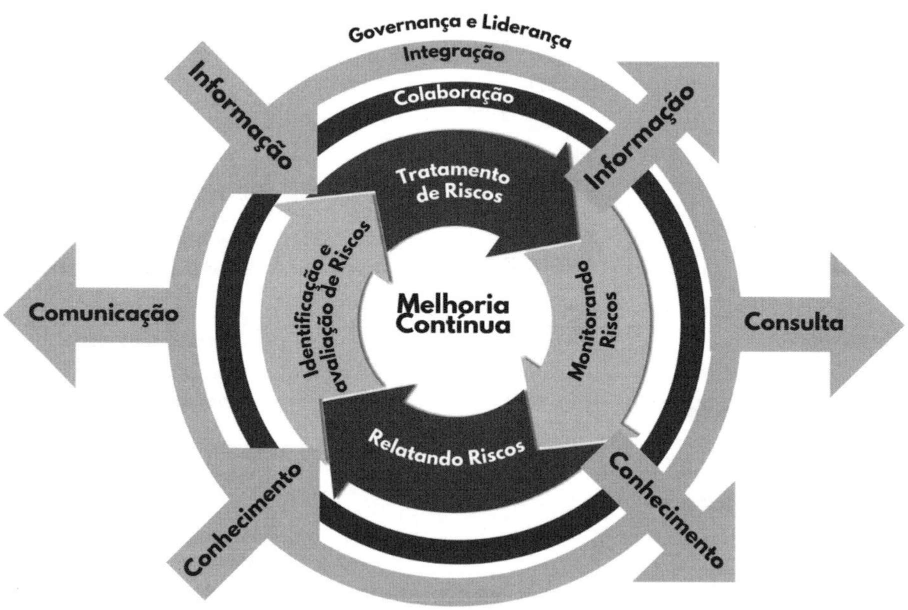

A estrutura do *Orange Book* é composta por cinco princípios onde o gerenciamento de riscos deve:

- ser parte essencial da governança e liderança, dirigida, controlada e gerenciada em todos os níveis;
- ser parte integrante das atividades organizacionais, apoiando a tomada de decisões na realização dos objetivos;

- ser colaborativo e comunicado através da acurácia das informações;
- ser estruturado para inclusão de identificação, avaliação, determinação, priorização, gerenciamento, seleção, projeto, implementação, tratamento, realização dos resultados, operação e integração, monitoramento e comunicação dos riscos, qualidade e supervisão dos responsáveis pelo gerenciamento;
- ser melhorado continuamente através da experiência e lições aprendidas.

SISTEMA DE INVESTIGAÇÃO DE DADOS

Sistemas de investigação de dados em todo o mundo estabelecem padrões, ferramentas e técnicas para atingir resultados. As investigações criminais estão entre as mais detalhadas, se comparadas a quaisquer outros tipos de investigação.

Na primavera de 1998, a *American Society of Crime Laboratory Directors* e outros representantes da lei criaram o *National Crime Scene Planning Panel* (NCSPP) ou Plano Nacional de Planejamento da Cena do Crime.

O NCSPP traz alguns princípios básicos da investigação forense, como:

- conservação da cena do crime;
- resposta inicial;
- priorização de esforços;
- atendimento de emergência;
- provas encontradas;
- avaliação da cena e documentação;
- recomposição da cena;
- gestão das provas.

O NCSPP inspirou a BIO. e o PMPROJECT a criarem um sistema de investigação inteligente de informações gerenciais, o CSi – *Control System Information.* Ele foi inspirado na sigla em inglês *Crime Scene Investigation.* O CSI atua através de um processo de investigação organizacional profunda. O objetivo dele é solucionar problemas organizacionais através de processos de inteligência de gestão.

FRAMEWORK DE GESTÃO INTELIGENTE

Utilizando os princípios da investigação forense, foi criado um *framework* investigativo, o CSi *Framework* de Gestão. Ele conta com processos aplicados a todas as áreas organizacionais, da estratégia à operação.

A atuação do CSi *Framework* está amparada em quatro elementos de gestão. Cada elemento traz um princípio ou área de gestão que deve ser observada segundo os conceitos da investigação inteligente de informações. O primeiro princípio de gestão é o **CSi BRidge**, ou elemento ponte de gestão.

Figura 6: CSi 1 | Elemento BRidge de Gestão Estratégica Inteligente
Management Intelligence Systems – CSi – PMPROJECT 2022 ©

Vetores Estratégicos do Elemento BRidge do CSi Framework

BRidge CSi 1

Vetores	Itens			
CSi 1.1 **Business**	CSi 1.1.1 Budget	CSi 1.1.2 User eXperience	CSi 1.1.3 Sales	CSi 1.1.4 Interests
	CSi 1.1.5 Needs	CSi 1.1.6 Enterprise	CSi 1.1.7 Secrets of	CSi 1.1.8 Success
CSi 1.2 **Risk**	CSi 1.2.1 Regulation	CSi 1.2.2 Impact	CSi 1.2.3 Solution	CSi 1.2.4 Knowledge
CSi 1.3 **Information**	CSi 1.3.1 Instruction	CSi 1.3.2 Notification	CSi 1.3.3 Font	CSi 1.3.4 Overview
	CSi 1.3.5 Retention	CSi 1.3.6 Maintenance	CSi 1.3.7 Application	CSi 1.3.8 Tracking
	CSi 1.3.9 Integration	CSi 1.3.10 On demand	CSi 1.3.11 Notifications	
CSi 1.4 **Delivery**	CSi 1.4.1 Deadline	CSi 1.4.2 Earnings	CSi 1.4.3 Lead time	CSi 1.4.4 In advance
	CSi 1.4.5 Value	CSi 1.4.6 Eligibility	CSi 1.4.7 Requirements	CSi 1.4.8 Your demand
CSi 1.5 **Goals**	CSi 1.5.1 Guidelines	CSi 1.5.2 Ownership	CSi 1.5.3 Accountable	CSi 1.5.4 Lump-sum
	CSi 1.5.5 Segments			
CSi 1.6 **Expertise**	CSi 1.6.1 Essential person	CSi 1.6.2 X-ray	CSi 1.6.3 Practice	CSi 1.6.4 Evidence
	CSi 1.6.5 Register	CSi 1.6.6 Trust	CSi 1.6.7 Increment	CSi 1.6.8 Survive
	CSi 1.6.9 Expire			

O CSI BRidge é um acrônimo dos itens *Business, Risk, Information, Delivery, Goals* e *Expertise*. Para cada um dos itens do **CSi BRidge** foram criados conjuntos de ações integrados aos processos de gestão inteligente (Figura 6). BRidge aparece com as duas primeiras letras em caixa alta para representar as partes que necessitam de maior atenção no negócio ou projeto. Elas requerem uma dose reforçada de inteligência de gestão.

Tanto ***Business***, que significa a própria essência do negócio, como ***Risk*** são os pontos cruciais na gestão estratégica de negócios e projetos. Para este livro o vetor ***Risk*** será a estrutura de apoio para o gerenciamento de riscos organizacionais (ERM).

CSi *Framework*

O CSi é muito mais que um *framework*. É um conjunto de termos e práticas de gestão inteligente criado pela equipe do PMPROJECT. Ao longo de mais de 20 anos de trabalhos em consultoria organizacional, foram coletados termos, expressões e contextos. Todo esse conhecimento foi organizado em um padrão, o CSi *Framework*. Os elementos de inteligência de gestão do CSi podem ser consultados na íntegra no livro *Management Intelligence Systems* – CSI da BIO.

O VETOR DE GESTÃO DE RISCOS DO CSI

Equipes multidisciplinares atuam em projetos e negócios avaliando riscos. Questões preventivas e planos de riscos já fazem parte das atribuições dos gestores. Mas o que falta para tornar a gestão de riscos uma gestão inteligente?

O que falta são ações rápidas para riscos não previstos para ampliar a gestão. O CSi BRidge apresenta o vetor *Risk*, um fluxo de processos de gestão inteligente de riscos (*Smart Risk Workflow* – SRW). O fluxo de processos do SRW atua com abordagem ágil, iterativa e incremental na gestão de riscos.

Através do SRW, iterações sobre riscos de negócios e projetos são desenvolvidas em todas as fases de implementação organizacional. Avaliar todos os riscos de um negócio ou projeto, dependendo do porte e do montante de desenvolvimento, terá um custo superior ao próprio negócio ou projeto. Por isso o SRW tem um papel importante na análise inteligente desses processos.

O fluxo de processos SRW é apresentado na Figura 7.

Figura 7 CSi 1.2A | Fluxo de Processos do SRW do Vetor Risk Management Intelligence Systems – CSi – PMPROJECT 2022 ©

Vetor Risk do Elemento BRidge do CSi Framework

BRidge CSi 1

Vetor	Itens	Fluxo de Processos		
CSi 1.2 Risk	**CSi 1.2.1** Regulation		**CSi 1.2.A1** Agile	**CSi 1.2.A5** Risk Data
	CSi 1.2.2 Impact	**CSi 1.2.A SRW - Smart Risk Workflow**	**CSi 1.2.A2** Iterative	**CSi 1.2.A6** Risk Analysis Reduction
	CSi 1.2.3 Solution		**CSi 1.2.A3** Incremental	**CSi 1.2.A7** Facts & Actions
	CSi 1.2.4 Knowledge		**CSi 1.2.A4** Machine Learning	**CSi 1.2.A8** Regulation Techniques

Exemplos de aplicação do Fluxo de Processos SRW

A aplicação dos métodos e processos de gestão inteligente de riscos pode ser encontrada nas seguintes publicações da BIO.:

Metodologias Inteligentes de Gestão
Métodos e práticas para implementação de gestão inteligente nas organizações.

Planejamento e Inteligência Estratégica
Estudos e práticas para implementação do planejamento estratégico utilizando a gestão inteligente

Inteligência Econômica e Financeira
Uso e aplicação de processos econômicos e financeiros nas organizações através da gestão inteligente.

Management Intelligence Systems – CSi
Padrão de práticas de gestão inteligente nas organizações através de framework inteligente.

Management Intelligence Innovation
Inovação nas organizações através da aplicação de processos de gestão inteligente.

Management Intelligence Business
A visão de negócios, da estratégia à operação, com uso da gestão inteligente.

INTEGRAÇÃO DAS ESTRUTURAS DE GERENCIAMENTO DE RISCOS

As organizações utilizam os padrões internacionais, apresentados anteriormente, e consolidam suas informações criando seus próprios padrões de gerenciamento de riscos.

Por isso os padrões e estruturas de gerenciamento de riscos organizacionais (ERM) são muitos. Todos eles podem contribuir para a avaliação de riscos organizacionais.

Os padrões, ferramentas e técnicas de gestão de riscos foram organizados em um único *framework* inteligente, o IERM – *Intelligent Enterprise Risk Management* ou Gerenciamento Inteligente de Riscos (Figura 8).

O IERM combina normas e processos da ISO 31000:2018 e do COSO juntamente com a solução inteligente de investigação de dados CSi *Framework*.

Figura 8: Integração dos padrões COSO, ISO e CSi
PMPROJECT 2022 ©

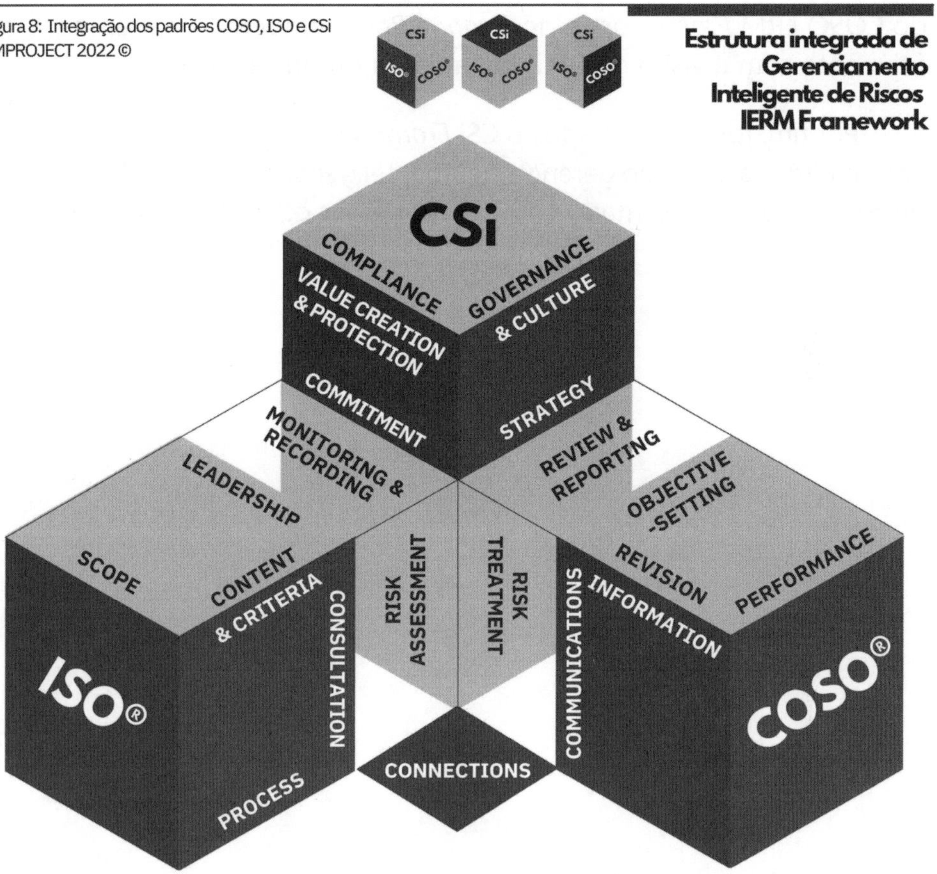

O *WORKSHOP* DE GESTÃO INTELIGENTE DE RISCOS

O WIERM *(Workshop Intelligent Enterprise Risk Management)* é um *workshop* de gestão inteligente de riscos organizacionais. Ele utiliza os conceitos apresentados neste livro, de forma prática e direta, para formação de executivos.

O WIERM pode ser acessado em detalhes no livro **Ferramentas Inteligentes de Riscos – The Book of Risk | Toolkit**, parte integrante desta série.

ENCERRANDO ESTE CAPÍTULO

Neste capítulo foi possível conhecer de forma resumida as estruturas de riscos (*frameworks*). As principais características dos padrões ISO 31.000:2018 e do COSO ERM *Framework* e do *Orange Book* também foram apresentadas juntamente com a visão do PMI® para riscos organizacionais.

Por fim, foram mostrados o CSi *Framework* e a estrutura de integração desses padrões através do gerenciamento inteligente de riscos (IERM). Na parte 2 deste livro será apresentado como aplicar esses conceitos nas organizações.

Capítulo 3: GOVERNANÇA INTELIGENTE DE RISCOS

O governante esclarecido é atento,
e o bom general é cheio de cautela.
SUN TZU

O QUE VEM A SEGUIR

Este capítulo apresenta uma visão geral sobre governança e seu o relacionamento com o gerenciamento de riscos.

- Governança corporativa.
- Níveis de governança.
- Governança nos padrões de gerenciamento de riscos.
- Riscos relacionados ao ESG.
- Governança na era da transformação digital.

GOVERNANÇA CORPORATIVA

As organizações passam por um processo de organização e controle. Esse processo reflete as ações estratégicas e a forma como ela conduz suas operações. O ato de preparar informações e tratá-las de forma transparente para todos os membros da organização é conhecido como **governança corporativa**. No entanto, a governança também se aplica a organizações governamentais e atua na coordenação de processos ligados ao controle de estados e nações, com transparência e legitimidade.

Na governança existem muitas partes interessadas envolvidas no processo de gestão. Entre as partes interessadas estão a alta direção e os conselhos administrativo ou consultivo. Eles estão entre as principais áreas organizacionais interessadas nos processos de governança. A OCDE (*Organization for Economic Cooperation and Development*) considera que a divulgação de informações sobre o sistema de controle e gestão de riscos é uma boa prática exigida pelos conselhos de gestão.

NÍVEIS DE GOVERNANÇA

O gerenciamento de riscos é realizado nos mais altos níveis organizacionais. Existem dois grandes níveis de gerenciamento de riscos organizacionais (ERM): nível de conselho administrativo, diretivo ou consultivo (superior ao *C-Level*) e nível de gestão organizacional (*C-Level* e níveis inferiores).

Abordagens para ampliar a visão sobre o gerenciamento de riscos organizacional (ERM) serão apresentadas ao longo deste livro. O conselho continua tendo o papel principal na gestão de riscos, principalmente na visão ESG. No entanto, no nível de gestão, é importante trazer uma visão consciente sobre o gerenciamento de riscos organizacionais: nem todo diretor tem habilidade de lidar com riscos na visão ESG.

NÍVEIS DE RESPONSABILIDADE

O CEO é o responsável por delegar a gestão operacional. Os papéis na gestão de riscos, em nível operacional, serão tratados no livro **Gerenciamento Inteligente de Riscos, The Book of Risk | Operational**.

Figura 9: | Estrutura de alto nível de governança para riscos ESG. Adaptado de Enterprise Risk Management - Integrating with strategy and performance COSO e WBCSD 2018 ©

Governança em Gerenciamento de Riscos Relacionados ao ESG

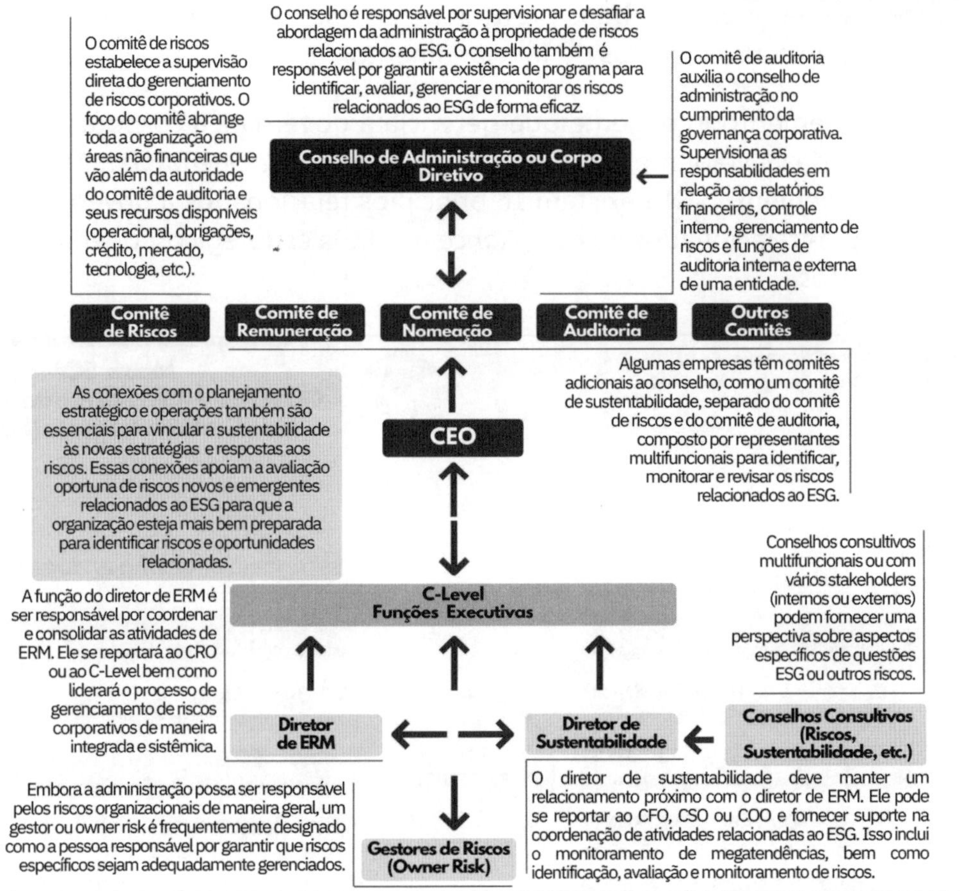

Existem diferentes papéis no gerenciamento de riscos ESG nos dois níveis de gestão, estratégico ou de alto nível e operacional. A Figura 9 apresenta um modelo de estrutura de gestão de alto nível para governança no gerenciamento de riscos relacionados ao ESG.

A governança corporativa e os processos de gestão estão integrados aos negócios e projetos (GRANADO, 2021). Através de processos, normas, regras, políticas, documentos e padrões de gestão, estabelecem como a organização deve proceder. Essas diretrizes são aplicadas do Conselho de Administração e Presidência até a Operação e Projetos.

INTEGRAÇÃO DE GOVERNANÇA E *COMPLIANCE*

Os EGIs (Escritórios de Gestão Inteligente) trazem, juntamente com o processo de operação, boas práticas de gestão e governança que serão aplicados em seus contratos de funcionamento.

O elemento inteligente que gerencia a governança corporativa nos Escritórios de Gestão Inteligente é o SOM, *Strategic & Operational Management*. No elemento SOM existem 16 princípios relacionados à governança e 16 princípios relacionados ao *compliance* nos EGIs estratégicos, operacionais e de projetos.

Figura 10: Governança com EGI
Escritórios de Gestão Inteligente. BIO. 2021 ©

Matriz SOM para GOVERNANÇA com Escritórios de Gestão Inteligente (EGI)

Os princípios envolvem desde a constituição societária, acordos de acionistas e processos de regulamentação até processos de treinamento e capacitação de equipes.

Esses princípios auxiliam as equipes a atuar na regulação, no acompanhamento, na aplicação, na investigação e na informação, conforme demonstrado nas Figuras 10 e 11.

Figura 11: Compliance com EGI
Escritórios de Gestão Inteligente. BIO. 2021 ©

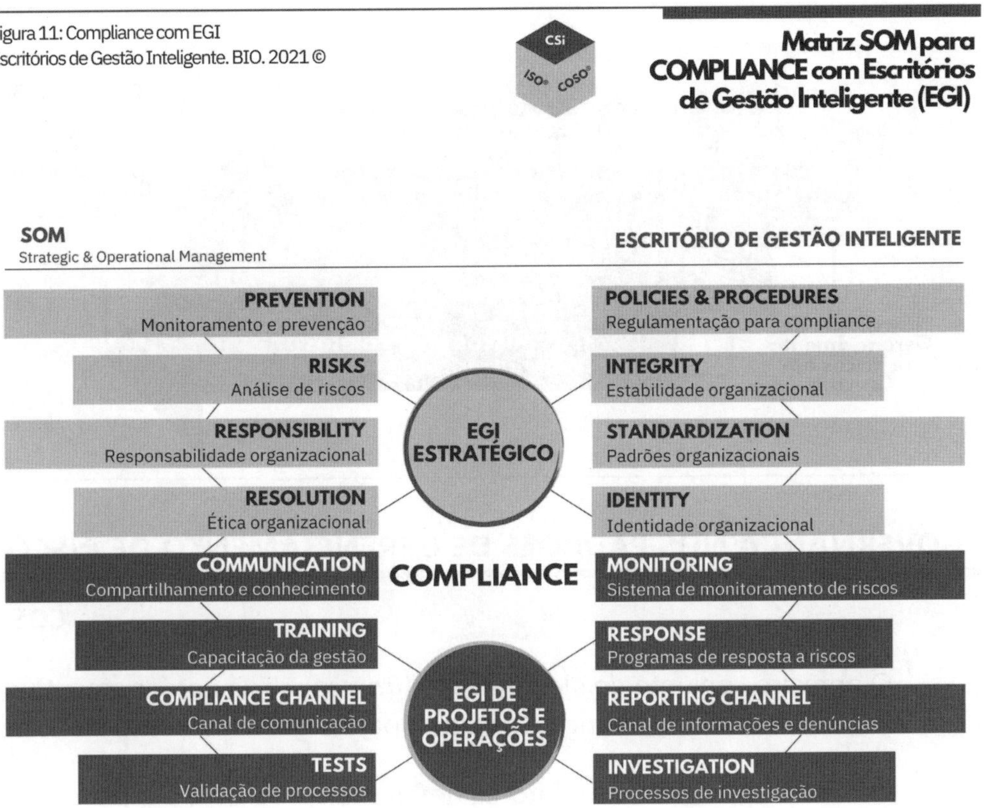

ENCADEAMENTO DOS NÍVEIS DE GOVERNANÇA

Outra visão que precisa ser avaliada são os níveis de governança no gerenciamento de riscos organizacionais. Um risco deve ser avaliado de acordo com o nível de governança (projeto, programa, portfólio, estratégico ou organizacional), para então dirigir seus resultados de acordo com a natureza do risco (PMI, 2019).

Os riscos podem ser avaliados, segundo a governança, por um encadeamento da estrutura de projetos, programas, portfólio, estratégico ou organizacional. Na Figura 12 está demonstrado o modelo de encadeamento de riscos (PMI, 2019).

Figura 12: Alinhamento entre Gerenciamento de Riscos Organizacionais e o 3PRM. Adaptado de The standard for risk management in portfolios, programs, and projects. PMI 2019 ©

Encadeamento do Gerenciamento de Riscos Organizacional (ERM)

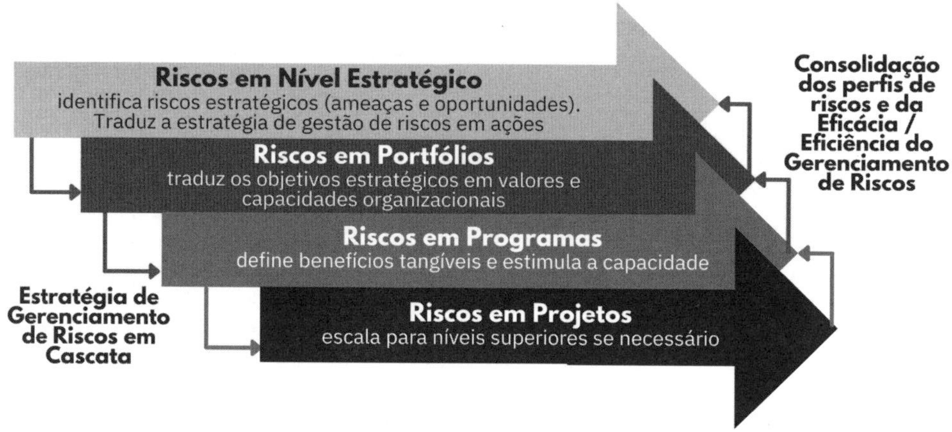

GOVERNANÇA NOS PADRÕES DE GERENCIAMENTO DE RISCOS

COSO

O primeiro conjunto de elementos do *framework* de gerenciamento de riscos do COSO são a governança e a cultura para o gerenciamento de riscos.

Os riscos relacionados a fatores ambientais, sociais e políticos (ESG) na estrutura organizacional necessitam de apoio para superar os desafios de gestão. Os cinco princípios de **governança e cultura** tratam de:

1. Supervisão de riscos pelo conselho de administração, através do acompanhamento das estratégias e da execução, das responsabilidades e da governança para atingir os objetivos e as metas organizacionais.
2. Estabelecimento de estruturas operacionais para executar as estratégias e os objetivos dos negócios.
3. Definição dos componentes necessários para atingir a cultura desejada.
4. Demonstração dos compromissos com os valores organizacionais fundamentais.
5. Atração de mão de obra capacitada para construir o capital alinhado com as estratégias do negócio.

Na parte 2 serão apresentados o plano de ação e os estágios para aplicação da governança nas organizações.

ISO 31000:2018

A ISO 31000:2018 ressalta a eficácia do gerenciamento de riscos como parte da governança e da liderança organizacional. É importante compreender que o padrão ISO 31000:2018 como um todo representa a visão global de governança no gerenciamento de riscos organizacional (Figura 13).

Figura 13: Governança na ISO 31.000:2018
Adaptado de ISO 31000:2018 ©

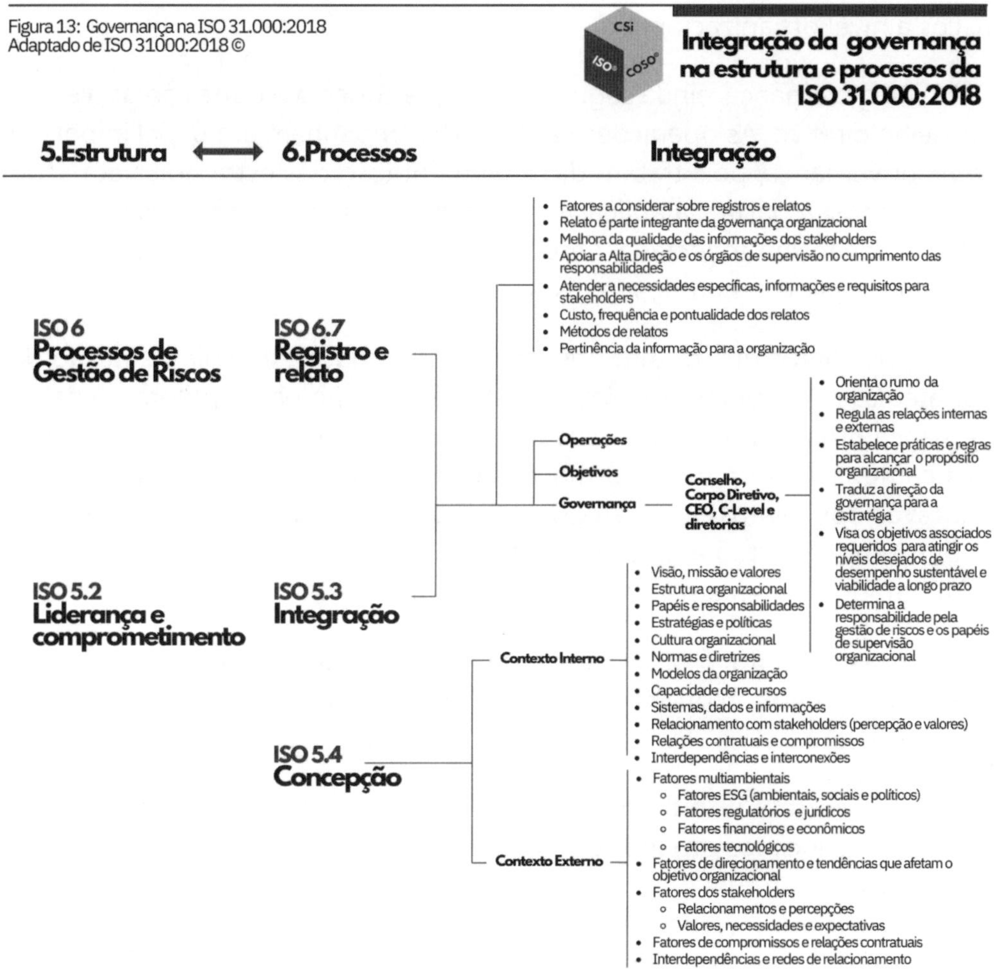

O conselho diretivo exerce um papel fundamental no gerenciamento de riscos organizacionais (ERM). Ele pode ser composto pelo *C-Level* em organizações onde não haja um conselho instituído (ISO 31000:2018).

O papel do conselho é regular e estabelecer práticas e regras para atingir os objetivos estratégicos, mantendo os níveis de sustentabilidade, desempenho e viabilidade.

O conselho atua como tradutor entre a estratégia e a governança. Outro papel importante do conselho é determinar os responsáveis pela gestão de riscos a nível organizacional.

A governança, ainda segundo a ISO, se conecta a outras áreas além do conselho diretivo. As operações também desempenham um papel importante na governança, pois tratam da implementação das estratégias em ações e resultados, a partir da aplicação nas áreas organizacionais. Os processos ocorrem de forma conectada, desde a concepção (controle interno e externo) até a entrega de resultados (registro e relato).

Os relatos que tratam dos resultados obtidos da implementação das estratégias para atingir os objetivos estratégicos são parte integrante da governança organizacional. Por isso eles devem trazer melhorias de qualidade nas comunicações e nas informações direcionadas às partes interessadas. É através dos relatos que a alta direção consegue compreender o que está acontecendo interna e externamente, e como o gerenciamento dos riscos será tratado de forma relevante para a organização.

Na visão ESG, o controle externo trata de fatores ambientais (*Environment*), financeiros, econômicos e tecnológicos (*Social*), regulatórios e legais (*Governance*).

O controle interno, por sua vez, trata de conhecer a organização. Alinhar os princípios organizacionais (visão, missão, valores), compreender a organização (estrutura organizacional, capacidade e recursos), definir, direcionar e conduzir processos (papéis, responsabilidades, estratégias e políticas) e integrar todos os envolvidos na organização (cultura organizacional, sistemas e informações, relacionamentos e interdependências).

Enfim, a ISO 31000:2018 apresenta a integração da gestão organizacional como uma forma eficiente de gerenciar os riscos. A responsabilidade por gerenciar os riscos é de todos. Isso quer dizer que os riscos são gerenciados em todas as partes da organização.

RISCOS RELACIONADOS AO ESG

As organizações enfrentam problemas na evolução dos riscos relacionados a três fatores: ambientais, sociais e de governança (ESG). Esses problemas afetam as organizações de várias maneiras, podendo inclusive impactar a sua sobrevivência (COSO, 2017).

POR QUE O COSO ADOTOU O ESG?

O ESG é um padrão mundialmente adotado pela comunidade de investidores globais com questões que avaliam os riscos organizacionais. Para os riscos que sofrem com as consequências desses três fatores, o padrão enfatiza o gerenciamento integrado de riscos.

O ESG traduz os itens mais relevantes e com maiores impactos nas organizações em números financeiros e não financeiros.

O COSO e o WBCSD® (*World Business Council for Sustainable Development*) desenvolveram orientações sobre os aspectos de gerenciamento de riscos relacionados ao ESG. No relatório foram apresentados os principais vetores para a gestão de riscos segundo duas grandes fontes.

A primeira fonte é a MSCI®, fornecedora líder de ferramentas e serviços críticos de suporte a decisões para a comunidade global de investimentos, segundo informações do próprio site da MSCI®.

A outra fonte é a Robeco®, uma gestora de ativos internacionais fundada em Roterdã em 1929. Ambas as fontes trazem definições e parâmetros sobre os riscos ligados ao ESG.

RISCOS RELACIONADOS AO ESG SEGUNDO A MSCI®

Tabela 1: Gerenciamento de Riscos relacionados ao ESG
MSCI ESG Ratings Methodology - MSCI Inc 2019 ©

Pilares, temas e questões-chave para ESG segundo a MSCI®

3 pilares	10 temas	35 questões-chave para ESG	
Ambiental *Environment*	Mudanças climáticas	Emissões de carbono, PCF – pegada de carbono do produto	Financiamento do impacto ambiental, vulnerabilidade das mudanças climáticas
	Capital natural	Estresse hídrico, biodiversidade e uso da terra	Fornecimento de matéria-prima
	Poluição e resíduos	Emissões tóxicas e resíduos Material de embalagem e resíduos	Lixo eletrônico
	Oportunidades ambientais	Oportunidades em tecnologia limpa, oportunidades em edifícios sustentáveis	Oportunidades em energias renováveis
Social *Social*	Capital humano	Gestão de saúde e segurança no trabalho	Desenvolvimento do capital humano, padrões de trabalho da cadeia de suprimentos
	Produto responsável	Segurança e qualidade do produto, segurança química, segurança financeira do produto	Privacidade e segurança de dados, investimento responsável, risco demográfico e de saúde
	Oposição das partes interessadas	Controvérsias de fornecimento	Relações comunitárias
	Oportunidades sociais	Acesso à comunicação Acesso a financiamentos	Acesso a cuidados com a saúde, oportunidades de saúde e nutrição
Governança* *Governance*	Governança corporativa	Conselho de administração e controle de sócios	Tesouraria Contabilidade
	Ética empresarial	Ética administrativa	Transparência nos impostos

*O pilar de governança tem peso considerável no modelo *ESG Rating* para todas as empresas.

RISCOS RELACIONADOS AO ESG SEGUNDO A ROBECO®

Os fatores ambientais, sociais e de governança (ESG) são aplicados a organizações públicas e privadas para saber quão avançadas elas estão em relação à sustentabilidade. Essas métricas irão compor os índices que avaliam o *rating* das empresas e dos países através dos processos de investimento (ROBECO, 2022).

Tabela 2: Gerenciamento de Riscos relacionados ao ESG
Robeco Institutional Asset Management B.V.2022 ©

Pilares, temas e questões-chave para ESG segundo a ROBECO®

FATOR ESG	Descrição
AMBIENTAL	O fator ambiental inclui a contribuição de uma empresa ou governo para a mudança climática por meio de controle de emissões de gases de efeito estufa, juntamente com a gestão de resíduos e eficiência energética. Dados os esforços renovados para combater o aquecimento global, o corte de emissões e a descarbonização se tornam mais importantes.
SOCIAL	O fator social inclui direitos humanos, padrões trabalhistas na cadeia de suprimentos, qualquer exposição ao trabalho infantil ilegal e questões mais rotineiras, como adesão à saúde e segurança no local de trabalho. A pontuação social também aumenta se uma empresa estiver bem integrada com sua comunidade local e, portanto, tiver uma 'licença social' para operar com consentimento.
GOVERNANÇA	O fator governança refere-se a um conjunto de regras ou princípios que definem direitos, responsabilidades e expectativas entre as diferentes partes interessadas na governança das corporações. Um sistema de governança corporativa bem definido pode ser usado para equilibrar ou alinhar interesses entre as partes interessadas, como uma ferramenta para apoiar a estratégia de longo prazo de uma organização.

SUSTENTABILIDADE E GOVERNANÇA

A Robeco® publica semestralmente o *Country Sustainability Ranking*, um relatório de sustentabilidade de 150 países. Através desse relatório, a Robeco® avalia os três fatores de sustentabilidade do ESG (ambiental, social e governança). O relatório aponta ainda os países que se movimentaram no *ranking* nos últimos seis meses e como isso afeta os países e as economias, e o risco de cada um dos 150 países. O link para o relatório está disponível nas "Referências Inteligentes" ao final do livro.

O Brasil é citado no índice da Robeco® através dos BRICS (Brasil, Rússia, Índia, China e África do Sul). No entanto, houve uma deterioração em relação à governança, pois o país sofre com o atual governo. O Brasil ocupava a 70ª posição do *ranking* no relatório publicado em outubro de 2021. Segundo a Robeco®, a baixíssima posição do Brasil foi impulsionada pelo baixo fator de governança. O índice de sustentabilidade dos países é aplicado aos investimentos gerenciados pela Robeco®. Este é apenas um exemplo de como a governança impacta não só as organizações, mas países inteiros.

COSO E O PLANO DE AÇÃO DE SUSTENTABILIDADE

O padrão COSO estabelece um plano de ação para atingir a sustentabilidade do negócio a partir da integração dos riscos relacionados ao ESG na governança e na cultura, para o Gerenciamento de Riscos Organizacionais (ERM).

Figura 14: | Ações e temas relativos à Governança ligada ao ESG. Adaptado de Enterprise Risk Management - Integrating with strategy and performance COSO e WBCSD 2018 ©

Governança em Gerenciamento de Riscos Relacionados ao ESG

Estágio	Tipo de Ação / Tema	Tópicos e ações por escopo de aplicação na Organização
COSO #01	COSO Mapeamento ou Definição	• Mapear requisitos e operações estruturadas relacionados ao ESG • Definir responsáveis pelos riscos relacionados ao ESG • Mapear a estrutura hierárquica de riscos ERM • Definir processos de planejamento estratégico • Identificar as áreas de supervisão, melhoria e colaboração
COSO #02	COSO Oportunidades	• Incorporar o ESG na cultura e nos valores fundamentais • Colaborar com toda a organização no acompanhamento dos processos de governança • Incorporar habilidades, capacidades e conhecimentos sobre ESG • Integrar conhecimentos sobre ESG na gestão de talentos • Promover a integração de toda a organização ao ESG
COSO #03	COSO Supervisão e Governança para ESG	• Estabelecer um comitê de ética e social no conselho • Enfatizar o papel dos stakeholders no processo de governança • Considerar a necessidade, interesse, expectativa dos stakeholders • Reconhecer o papel dos stakeholders como fiscalizador das ações de governança • Ter foco na gestão de oportunidades e na gestão de riscos • Encarregar o comitê de gestão de riscos de identificar as oportunidades • Avaliar as oportunidades relacionadas ao ESG no planejamento estratégico.

Figura 15: | Ações e temas relativos à Governança ligada ao ESG. Adaptado de Enterprise Risk Management - Integrating with strategy and performance COSO e WBCSD 2018 ©

Governança em Gerenciamento de Riscos Relacionados ao ESG
(continuação)

Estágio	Tipo de Ação / Tema	Tópicos e ações por escopo de aplicação na Organização
COSO #04	COSO Características e Responsabilidades para gerenciar riscos relacionados ao ESG	• **Riscos ESG são:** ○ evolutivos ○ interconectados ○ de longo prazo ○ menos familiares a uma organização ○ difíceis de gerenciar de forma eficaz • **Riscos ESG devem:** ○ ser integrados na organização ○ ser conectados aos processos centrais de ERM da organização ○ apoiar os diretores no cumprimento de suas responsabilidades
	Tipos de Responsabilidade	• **Responsabilidades regulatórias:** ○ penalidades a executivos ligados à má gestão do ESG ○ órgãos governamentais devem garantir interesses de longo prazo para as organizações através do ERM ○ incluir questões ESG nas avaliações de riscos organizacionais ○ impor deveres e estabelecer requisitos para organizações ○ as disposições se estendem aos executivos das organizações • **Responsabilidades voluntárias:** ○ a alta direção deve estar ciente de códigos e obrigações voluntárias assumidas pela entidade ○ políticas de sustentabilidade, diretos humanos, recursos naturais, cadeia de suprimentos, commodities, privacidade, meio ambiente e declarações aprovadas pela organização
COSO #05	COSO Consciência ESG na cultura organizacional	• **Compreender o ESG na cultura como:** ○ atitudes, comportamentos e compreensão sobre riscos (positivos e negativos) ○ fatores que influenciam as decisões da administração, da missão, visão, dos valores da organização • **Desenvolver o ESG na cultura requer:** ○ incorporar elementos ESG na missão, visão e valores organizacionais ○ exibir comportamento consciente de ESG como forma de cultivar a cultura organizacional para o risco
	Catalisadores de mudança da cultura organizacional	• **Eventos catalisadores sobre o ESG que podem provocar mudanças culturais :** ○ mudanças de liderança ○ fusões e aquisições ○ lições aprendidas ○ incidentes previstos ○ publicidade negativa de ONGs ○ jornalismo investigativo ○ pressões do consumidor • **Estes eventos sobre o ESG podem:** ○ desafiar ou ameaçar a cultura existente ○ fornecer oportunidades para a organização fortalecer sua cultura

Figura 16: | Ações e temas relativos à Governança ligada ao ESG. Adaptado de Enterprise Risk Management - Integrating with strategy and performance COSO e WBCSD 2018 ©

Governança em Gerenciamento de Riscos Relacionados ao ESG
(continuação)

Estágio	Tipo de Ação / Tema	Tópicos e ações por escopo de aplicação na Organização
COSO **#05**	COSO **Consciência ESG na cultura organizacional** **Considerações sobre a cultura organizacional**	• **Aprimorar a cultura e a integração ESG:** ○ missão, visão e valores fundamentais da organização abordam riscos relacionados ao ESG ○ Os líderes transmitem expectativas sobre o ESG ○ Administração cumpre missão, visão, valores e estratégias organizacionais • **A organização deve promover:** ○ Contratação de pessoas talentosas que refletem as necessidades de negócios ○ Decisões de remuneração, promoção e métricas atreladas ao desempenho ESG ○ Capacitação de pessoas e prover autoridade às equipes para tomada de decisões considerando informações sobre ESG ○ Comportamentos consistentes com as prioridades ○ Incorporação da sustentabilidade na cultura organizacional

GOVERNANÇA NA ERA DA TRANSFORMAÇÃO DIGITAL

O CSi investiga constantemente abordagens e temas relacionados ao gerenciamento organizacional através dos elementos de gestão. Cada elemento traz uma sequência de itens a investigar para complementar a gestão organizacional e trazer as tendências de gestão, os princípios transformadores e as práticas que impulsionam a gestão inteligente.

No fator governança, o CSi encontrou um dos mais avançados estudos aplicados ao tema no WEF (*World Economic Forum* – Fórum Econômico Mundial) relacionados à era da transformação digital, principalmente ligados à inteligência artificial (IA).

O tema da pesquisa feita pelo CSi aparece no relatório The *AI Governance Journey: Development and Opportunities* – em tradução livre, Jornada da Governança de IA: Desenvolvimento e Oportunidades.

Nesse relatório o WEF trata dos desafios da governança onde a IA reina em várias áreas organizacionais. O link para o relatório encontra-se nas "Referências Inteligentes de Riscos", ao final do livro.

O DESAFIO DA GOVERNANÇA INTERNACIONAL DIGITAL

Segundo o WEF, um grupo informal de líderes, empresários, acadêmicos e sociedade em geral se uniu para ajudar a moldar a governança internacional com base na inteligência artificial.

O Conselho Global de IA é copresidido pelo presidente da Microsoft, Brad Smith, e por Kai Fu Lee, CEO e presidente da Sinovations Ventures. Ministros e chefes de agências reguladoras, executivos-chefes, técnicos e especialistas ainda fazem parte desse conselho.

Do combate ao COVID-19, dos esforços de sustentabilidade ambiental, até o impulsionamento de negócios através da inovação, tudo passa pela IA. Mas nem tudo são flores nesse imenso mar de incertezas da inteligência computadorizada criada no século passado. Questões éticas e complexas estão deixando os membros do conselho realmente preocupados.

As questões são da ordem de aceleração digital, pois a IA está se desenvolvendo mais rápido do que as habilidades para governá-la, segundo Brad Smith (Microsoft).

Para finalizar, pode-se dizer que o grande desafio não está na tecnologia, mas em como colocá-la em prática com a devida responsabilidade, analisando os riscos e estabelecendo práticas para governar a própria tecnologia.

Um consenso sobre a IA é que ela tem um potencial benéfico além do clima, saúde, agricultura, educação etc. A tecnologia pode ajudar a mitigar a fome. Professores estão deixando de ensinar IA, mas usando a IA para ensinar na China, segundo o copresidente Lee.

OS RISCOS DE IA PARA A GOVERNANÇA

Segundo o relatório da WEF, os riscos de IA são exclusivos e não são facilmente tratados pelas ferramentas políticas atuais. O problema está em balancear o uso da IA com as práticas de governança política da atualidade.

O avanço da IA exige uma resposta das organizações para os padrões atuais e cria um novo vetor de riscos associado ao desenvolvimento tecnológico. Princípios éticos de IA de alto nível foram elaborados, porém existem questões críticas de suma importância.

O que realmente ajudou a compreender os riscos relacionados a IA foram as estruturas de governança, que tiveram uma aceleração em seus processos a partir de 2020. Os entendimentos sobre o tema vão para questões críticas como justiça, discriminação, transparência e responsabilidade. Todas elas estão ligadas à governança em geral, não somente à governança corporativa. Enfim, os desafios para a governança em IA são gigantescos e estão só começando. Muito precisa ser feito neste tempo em questão de governança.

A EVOLUÇÃO DAS ERAS DE GOVERNANÇA DE IA

Figura 17; As eras da governança de IA.
Adaptado de The AI Governance Journey: Development and Opportunities. World Economic Forum.2021 ©

O ano é 2010 e o ciclo das eras de IA começa a incomodar os processos de governança para o tema. IA migraria para posições de poder, exigindo governança cuidadosa.

O interesse pela IA diminui e as estruturas de governança não estão à altura do desafio.

A governança existente iria se basear em políticas atuais em um nível macro, o que não seria suficiente para o tema. A partir de 2010 os avanços em IA começaram a surgir. Com eles, os desafios da disrupção de dados e computação em nuvem.

A aceleração de algumas empresas no uso de *deep learning* fez surgir em paralelo os conselhos de ética para regulamento dessas práticas.

A conclusão foi que o avanço da IA aumentava na mesma proporção que as lacunas de governança se ampliavam.

As estruturas de governança devem crescer para mitigar os riscos de tecnologia. Em 2016 o governo americano publicou dois relatórios com as preocupações sobre IA.

Indústria e governo passaram a desenvolver princípios sobre IA. Em 2017 foram alinhados conceitos sobre privacidade, justiça, não discriminação, transparência, segurança e responsabilidade.

A *Ethics and Governance of AI Initiative* e o *World Economic Forum Center* para a Quarta Revolução Industrial foram formados em 2017.

Em 2019 foram apuradas as informações das principais diretrizes éticas e foi constatado que 80% de todas as diretrizes de IA pesquisadas tratam do tema responsabilidade, privacidade ou justiça.

Oito áreas de preocupação comum na governança de IA:

- Privacidade
- Responsabilidade
- Segurança e proteção
- Transparência e explicabilidade
- Justiça e não discriminação
- Controle humano da tecnologia
- Responsabilidade profissional
- Promoção de valores humanos

Mesmo assim, o risco quanto à IA permanece. O ritmo do desenvolvimento da IA continua, e a governança deve ser prioridade em todos os setores, público e privado, governos e organizações, para o avanço com responsabilidade da IA.

O futuro da IA e da governança ainda é uma incógnita.

Não há como prever o futuro da IA nem tampouco da governança sobre o tema. O risco sobre ambos tende a aumentar exponencialmente. Cabe aos gestores se adaptarem e desenvolverem processos de governança muito mais do que processos de IA.

Ambos são consequência um do outro, mas o avanço de ambos segue em ritmos diferentes.

Pode-se concluir que o gerenciamento de riscos organizacional (ERM) tem um longo caminho para percorrer no âmbito da governança.

ENCERRANDO ESTE CAPÍTULO

Neste capítulo foi possível conhecer a governança ligada ao gerenciamento de riscos. Foi apresentada a importância de estabelecer a governança aliada às estratégias e aos objetivos nos mais altos níveis de gestão. Porém, terminar este capítulo não encerra necessariamente o tema.

No decorrer do livro, novas informações sobre o tema serão tratadas, iniciando com as estratégias inteligentes aplicadas aos riscos organizacionais. No próximo capítulo, o alinhamento estratégico inteligente tratará da evolução e dos conceitos atuais de governança em um novo patamar, o conceito inteligente de múltiplas visões.

Capítulo 4: GESTÃO ESTRATÉGICA INTELIGENTE

Estratégia é fazer escolhas. Trade-offs trata de escolher deliberadamente ser diferente.

MICHAEL PORTER

O QUE VEM A SEGUIR

Este capítulo apresenta a importância da visão estratégica aplicada ao gerenciamento de riscos.

- Estratégias de sobrevivência.
- Imprevisibilidade estratégica dos riscos.
- Integração de processos estratégicos.
- Ampliando o horizonte de riscos organizacionais.
- Visão estratégica de riscos.
- A estratégia e os múltiplos impactos dos riscos.

ESTRATÉGIAS DE SOBREVIVÊNCIA

As organizações que sobreviveram às transformações tecnológicas das últimas décadas não só se mostraram resilientes como criaram uma visão global sobre suas operações e produtos. Organizações líderes nos mercados locais e setoriais passaram a concorrer com gigantes do seu setor no mundo inteiro. Mas um setor se destaca entre essas empresas, as *Small Giants* da Forbes. As *Small Giants* ultrapassaram a casa dos trinta milhões de empresas somente nos EUA. Diferentemente das grandes corporações, as *Small Giants* enfrentam outros níveis de desafios: manter-se em operação em meio às grandes oscilações do mercado. Mas em 2020 tudo mudou.

As oscilações da economia e dos mercados globais que impulsionam negócios, investimentos, importações, exportações e muitas outras áreas aplicadas às *Small Giants* não foram seus únicos problemas. Essas empresas, que atuam com estruturas e equipes enxutas, tiveram que se desdobrar para expandir seus negócios e sobreviver a um dos maiores desafios globais, a pandemia do COVID-19.

Empresas no mundo inteiro foram afetadas pelos efeitos da pandemia, que provocou fechamento de estabelecimentos e limitou o movimento de pessoas nas ruas e organizações. Reduziu o quadro de pessoal e provocou vários efeitos nas partes interessadas, entre eles o efeito YOLO – *You Only Live Once*. Em 2022, se não bastassem todos os demais fatores, Rússia e Ucrânia se enfrentam em uma guerra sem precedentes e sem um final até a publicação deste livro. O que esses eventos têm em comum? O que cada um deles pode apontar para a estratégia organizacional? Como esses eventos não foram previstos? E, por fim, qual o risco desses eventos ocorrerem novamente?

A mente humana traduz todas essas perguntas a um único aspecto: é possível medir cada um desses eventos, e isso pode ser quantificado e qualificado como riscos em potencial. Um conceito que pode mudar definitivamente a forma de ver eventos como esses é a *The Black Swan Theory* – em tradução livre, a teoria do Cisne Negro. Segundo a teoria, o aprendizado é limitado quando tentamos explicar eventos passados à luz de acontecimentos futuros. Explicar fatos e riscos que ocorreram e não puderam ser previstos não traduz necessariamente a capacidade de detectar o risco, prevê-lo ou simplesmente desenvolver estratégias capazes de mitigá-lo, reduzi-lo ou até eliminá-lo.

O fato é: não é possível atribuir indicadores a eventos passados com o conhecimento atual.

A fragilidade do conhecimento na gestão pode ser comparada ao Cisne Negro, segundo a teoria de Nassim, através de três fatores:

- O fator incomum do conhecimento na gestão (*outlier*)
- O extremo impacto das ações da gestão
- A previsibilidade retrospectiva dos fatos da gestão

A previsibilidade, o alto impacto, o fator incomum e os efeitos de ocultar os eventos de grandes desvios em processos de previsibilidade podem ser elementos comuns na gestão estratégica organizacional. O conhecimento tem um grande efeito sobre a gestão estratégica, ainda mais o conhecimento organizado. Porém, os fatos citados no início do capítulo, somados a todos os outros milhares ou milhões de fatores incertos que podem ocorrer na história das organizações, criam um efeito que pode ter um impacto muito oneroso para as organizações: a previsibilidade histórica.

Amparar os estudos estratégicos organizacionais em contextos históricos para atingir o sucesso na previsibilidade estratégica, para gerenciamento de riscos, é o mesmo que estudar o manual de um veículo do século passado para corrigir os problemas de um veículo zero km. O contexto aqui apresentado visa, tão somente, trazer à tona uma análise sobre riscos e a sua quase imprevisibilidade na visão estratégica da gestão. Os estudos do PMPROJECT e da BIO., em mais de 20 anos de projetos e consultoria organizacional, deixam claro que os erros estratégicos mais caros da história das organizações não só estão ligados à imprevisibilidade, como ao fato de ignorar os prováveis impactos dos riscos relativos às operações organizacionais.

Essa é uma análise mista, que trata da visão gerencial e conceitual dos riscos. Visando ampliar essa visão, o PMPROJECT e a BIO. desenvolveram a Gestão Estratégica Inteligente. A visão inteligente aplicada à gestão estratégica contempla a base de conhecimento que impulsiona a maioria das organizações mundiais na concepção de estratégias, os gestores, suas percepções, interesses, atribuições e os resultados das suas ações. Essa análise tem o objetivo de chamar a atenção da alta gestão e dos responsáveis pelo gerenciamento de riscos, para que atentem a outras áreas ou visões, até então ignoradas pelas principais partes interessadas.

Em resumo, a Gestão Estratégica Inteligente ajuda na leitura das entrelinhas, muito mais do que a leitura do contexto principal. Trata-se de compreender a estratégia com uma visão ampla, sem distorções, com ênfase na visão de futuro, usando o passado como história e o futuro como ciência.

IMPREVISIBILIDADE ESTRATÉGICA DOS RISCOS

Falar de estratégias organizacionais requer uma ampla visão. Negócios são realizados em patamares diversos em empresas de serviços, comércio e indústria, multinacionais ou negócios familiares, desde uma pequena loja no subúrbio até uma indústria de transformação ou uma grande construção que acomoda milhares de funcionários – todas, sem exceção, usam algum tipo de estratégia.

Outra coisa que todas elas têm em comum é a convivência com riscos, em vários níveis de probabilidade e impacto. Por isso a compreensão das estratégias, dos riscos e como um é o grande influenciador do outro é o papel fundamental dos gestores de riscos organizacionais (ERM). Os gestores ERM devem ter uma visão sistêmica dos ambientes interno e externo, para ampliar a sua habilidade estratégica de gerenciar riscos.

Para ampliar a visão de riscos, os responsáveis pelo gerenciamento de riscos organizacionais (ERM) devem avaliar as tendências globais, os avanços tecnológicos, as mudanças internas do clima organizacional (fatores internos) e as mudanças externas no cenário ambiental, social e político (ESG).

Em um cenário globalizado, uma pequena fábrica de elementos metálicos sofre os impactos das influências políticas dos EUA, da Europa e da Ásia por conta do preço dos materiais, dos equipamentos importados e da variação cambial para itens de exportação. O que era um problema das grandes corporações passou a ser compartilhado, em larga escala, por praticamente todos os níveis de negócios.

As mudanças provocadas por influências geopolíticas, impactos demográficos e ambientais e variações mundiais estão todas conectadas no cenário de gestão estratégica. Organizações de grande porte possuem áreas ou departamentos inteiros com pessoas dedicadas ao monitoramento de megatendências, relacionadas às questões ESG que podem se converter em riscos.

O foco dessas áreas está em compreender o que está acontecendo nos ambientes que influenciam as organizações, de maneira estratégica, e entender como esses fatores podem impactar os negócios na visão de riscos. No entanto, não basta apenas monitorar, compreender e avaliar essas megatendências e seus impactos nos negócios. O que os gestores precisam ter em mente é como esses fatores influenciam a capacidade do negócio de gerar ou perder valor.

A erosão de valores de negócios pode acarretar perdas incalculáveis, se não for amparada por uma estratégia eficaz de gerenciamento. Antes de se aprofundar na Gestão Estratégica Inteligente, cabe aos gestores conhecer a característica de geração ou perda de valores quando se trata de gerenciamento organizacional de riscos (ERM). Segundo o COSO ERM *Framework*, os gestores de riscos devem acompanhar os quatro componentes estratégicos do gerenciamento de riscos organizacionais ligados ao ESG:

- A análise de negócios e o seu contexto relacionado ao perfil de risco organizacional e seus efeitos potenciais.
- Definir o apetite ao risco organizacional com base na geração, na conservação (manutenção dos ativos), no aumento (potencialização de resultados) e na realização de valor (distribuição de dividendos).
- Avaliação de alternativas estratégicas ligadas ao gerenciamento e à potencialização do perfil de riscos organizacionais.
- Formulação de objetivos estratégicos de negócios alinhados com os níveis organizacionais, com base no perfil de riscos organizacionais.

INTEGRAÇÃO DE PROCESSOS ESTRATÉGICOS

O objetivo de avaliar os riscos no nível estratégico é fornecer subsídios aos gestores de riscos organizacionais, base de conhecimento para avaliar os negócios na visão de riscos, em uma perspectiva ampla, com foco em preservação do capital nas suas várias dimensões. Para avaliar as dimensões de capitais inerentes aos negócios, será adotada a abordagem de múltiplos capitais do <IR> *Framework*®. A abordagem de múltiplos capitais também está integrada ao processo de criação de valor organizacional e ao modelo estratégico de negócios. O CSi *Framework* desenvolve a integração desses processos através dos elementos de Gestão Estratégica Inteligente. **O Gerenciamento Inteligente de Riscos – The Book of Risk | Strategic** é pautado para ampliar a visão estratégica do gerenciamento de riscos organizacional (ERM) e o gerenciamento de riscos ligados ao ESG.

Ao apresentar uma visão sistêmica de negócios e projetos com foco em inteligência de gestão, a Gestão Estratégica Inteligente avalia os processos e auxilia na gestão de riscos, da alta direção e do conselho de administração até a operação, através de CSi *Framework*.

O vetor de negócios (*Business*) do CSi *Framework* avalia os múltiplos capitais que as organizações consideram em um plano de gestão estratégica. Para avaliar os riscos organizacionais são considerados seis tipos de capitais, detalhados a seguir.

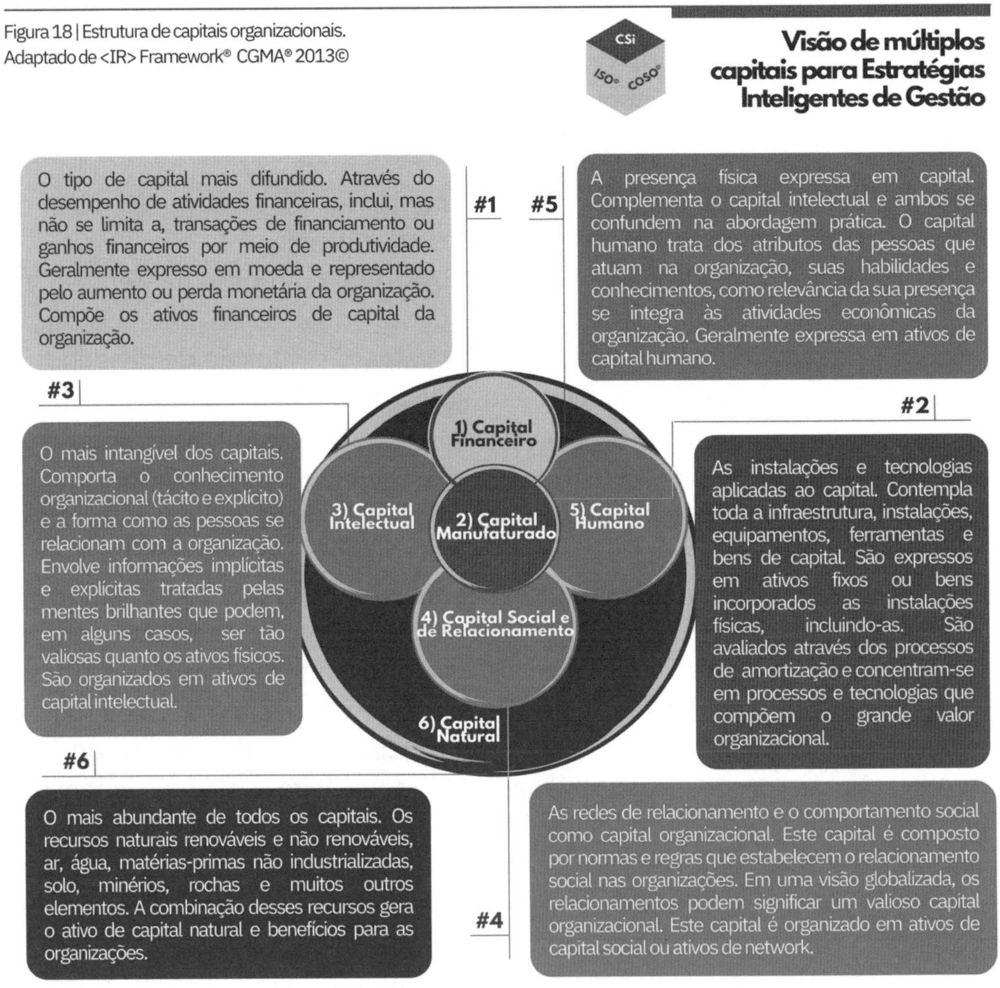

Figura 18 | Estrutura de capitais organizacionais.
Adaptado de <IR> Framework® CGMA® 2013©

O capital é estruturado nas organizações de acordo com a abordagem, relevância, aplicação e composição.

Os seis tipos de capitais são considerados para avaliações da gestão estratégica e de estruturas organizacionais.

Conhecendo as estruturas de capital, as organizações desenvolvem seus objetivos de criação de valor com base em seus negócios, estratégias e objetivos.

A Gestão Estratégica Inteligente traduz processos de administração do capital com foco nos objetivos estratégicos. Ao criar uma estrutura de capitais integrada a esses objetivos, os gestores, seja da alta direção, *C-Level*, conselhos, proprietários ou responsáveis pelo gerenciamento de riscos organizacionais (ERM), devem validar seus modelos de negócios.

A visão global traz benefícios de alta expansibilidade, porém traz consequências e fatores inerentes à globalização. Empresas com operações em muitos países devem levar em conta os fatores de ambientação, sociais e de governança. Determinados países têm regras rígidas para negócios nos seus territórios. Essas regras podem ir de direitos humanos a políticas anticorrupção e transparência de negócios.

Empresas que operam diretamente com recursos naturais (capital natural) estão sujeitas a duras sanções e elevados patamares de riscos quando se trata da conservação do meio ambiente.

Tome como exemplo uma empresa que tem seu modelo de negócio pautado no turismo ecológico ou em roteiros que envolvam recursos e territórios naturais. Esta empresa está sujeita a regulações extremas que podem inviabilizar seus negócios. Sem mencionar os riscos de desastres naturais, como furacões, tempestades, terremotos, entre outros.

Outro exemplo são empresas de mineração ou extração. Elas têm suas operações ligadas diretamente aos recursos naturais, e os impactos nessas áreas podem ser notórios e extremos na maioria dos casos.

Ao considerar o capital natural em seu modelo de negócios, essas organizações devem receber um tratamento diferenciado deste capital. Essas análises devem levar em conta estudos promovidos pelos organismos internacionais que ampliam a visão dos capitais e das áreas de gestão.

AMPLIANDO O HORIZONTE DE RISCOS ORGANIZACIONAIS

Outro fator que pode impulsionar ou limitar a visão do gerenciamento de riscos organizacionais é o horizonte de negócios traçado pelas estratégias organizacionais.

Estudos que embasam a tomada de decisões devem ir além dos modelos atuais de gestão e devem comportar análises de riscos emergentes, análise de megatendências e a ampliação da visão de negócios, considerando uma escala de tempo integrada.

O horizonte de tempo deve ser alinhado com os objetivos estratégicos do negócio, levando em conta as análises inerentes de riscos ao longo do tempo (COSO, 2017). O desafio está em alocar os diversos capitais e a criação de valor ao gerenciamento de riscos organizacional (ERM).

Organizações que estabelecem estratégias de negócios no horizonte de cinco anos podem ignorar riscos de curto prazo no seu planejamento estratégico. Para resolver esse problema, as organizações planejam seus riscos em horizontes de três, dez e cinquenta anos. Essa abordagem leva em consideração avaliação dos riscos de longo prazo, em um horizonte de curto e médio prazos.

ANÁLISE DE MEGATENDÊNCIAS NA VISÃO DE LONGO PRAZO

Organismos internacionais preparam pesquisas e análises sobre as megatendências globais. Essas análises identificam tendências que podem impactar os negócios através de riscos emergentes baseados nas megatendências. Essas megatendências tomam proporções globais, ganham força e transformam o futuro das organizações e a maneira como os negócios são realizados.

A Figura 19 apresenta fontes de informação de tendências e estão organizadas por temas. As fontes apresentadas não pretendem esgotar nem limitar a visão de riscos, mas servem como parâmetro para orientar os gestores de riscos organizacionais a encontrar informações relevantes.

Figura 19: | Referência de informações para gerenciamento e riscos
Adaptado de Enterprise Risk Management - Integrating with strategy and performance COSO e WBCSD 2018 ©

Fontes de Referências aplicadas ao Gerenciamento de Riscos Organizacionais (ERM)

Fonte	Documentos, temas e referências para gestão
WEF - Forum Econômico Mundial	**Relatório de Riscos Globais (*The Global Risks Report*)** A 17ª edição do report (2022), assim como seus predecessores, contém informações de especialistas mundiais e tomadores de decisão. O relatório identifica processos de riscos ambientais, sociais, econômicos, geopolíticos, tecnológicos, entre outros. O relatório aponta ainda para tendências e processos que concentram as barreiras e vulnerabilidades de negócios ao redor do mundo e fora dele (a corrida espacial).
ONU Organização das Nações Unidades	**Objetivos de Desenvolvimento Sustentável (*Sustainable Development Goals*)** O conjunto de 17 objetivos de desenvolvimento sustentável (ODS) das Nações Unidas teve seu embrião formado pela Cúpula da Terra realizada no Brasil em 1992. 178 países adotaram a Agenda 21. Mais de 20 anos depois, em 2015, a adoção da Agenda 2030 trouxe os 17 ODS. Hoje o *Sustainable Development*, um fórum anual de sustentabilidade, serve como plataforma central da ONU para acompanhamento dos objetivos de desenvolvimento sustentável.
Big Four Audit & Consulting **KPMG® PWC® EY® Deloitte®**	**Relatórios de Consultorias Globais (*Consultancies Reports*)** As quatro maiores empresas de auditoria e consultoria do mundo (*Big Four*) são responsáveis por produzir relatórios sobre temas como M&A, riscos, estratégias, tributos e impostos, finanças e outras frentes ligadas a auditoria e consultoria. Juntas, as *Big Four* são responsáveis por auditar +60% das empresas mundiais. Os relatórios dessas empresas trazem as megatendências globais de riscos, de uma forma geral, e tendências específicas de sustentabilidade e riscos ligados ao ESG.
Associações, seguradoras, empresas de consultoria e de capitais	**Megatendênciuas (*Global Megatrends*)** Empresas de consultoria como Accenture, McKinsey, associações e empresas que administram investimentos e publicam periodicamente relatórios setorizados com as principais megatendências globais. A perspectiva de futuro desses relatórios oferece, para cada setor, uma visão ampla de tendências. Seguradoras como Allianz, espalhadas pelo mundo, publicam periodicamente, relatórios sobre gerenciamento de riscos produzidos por especialista do setor. As informações produzidas podem auxiliar no desenvolvimento de estratégias de gerenciamento de riscos organizacionais (ERM) e riscos ligados ao ESG.
Governos, seguradoras e agências regulatórias	**Relatórios de Tendências e Segurança Nacional (*National Trends & Security Reports*)** Governos e órgãos reguladores promovem seus relatórios de sustentabilidade e tendências nacionais relativas ao futuro dos seus territórios. São estratégias governamentais e políticas públicas que visam melhorar a gestão dos recursos e capitais. Visão econômica, tendências climáticas e visão sociopolítica são algumas das informações relevantes dessas publicações.
Consórcios globais, alianças e ONGs	**Percepções Globais (*Global Insights*)** Consórcios de empresas, ONGs, alianças estratégicas de institutos, empresas e órgãos de fomento e pesquisa divulgam seus insights sobre sustentabilidade, riscos e o futuro da comunidade global. Tendências sobre o desenvolvimento sustentável, programas de incentivos, visão financeira e estratégica de riscos ligados ao ESG são algumas das contribuições dessas organizações. Organizações Não Governamentais também provém suas visões relativas ao meio ambiente, à sociedade e à governança, trazendo uma visão de como as políticas e ações podem afetar a vida no planeta.

A seguradora Allianz apresenta todos os anos o *The Allianz Risk Barometer*®, um relatório que identifica os riscos corporativos mais relevantes para os países e setores com horizonte para os próximos 12 meses. Na edição de 2022, o relatório traz a visão de mais de 2.600 especialistas em gerenciamento de riscos em mais de 80 países e territórios. O relatório foi emitido em janeiro de 2022 e curiosamente não traz a Rússia no *ranking* dos países apresentados. A representatividade dos países no relatório reduziu em torno de 20% (de 102 em 2020 para 80 em 2022).

Figura 20: | Ranking dos insights de riscos relevantes de 2022
Adaptado de Allianz Risk Barometer 2022.Pesquisas realizadas entre Outubro e Novembro de 2021.Allianz 2022©. Tradução livre.

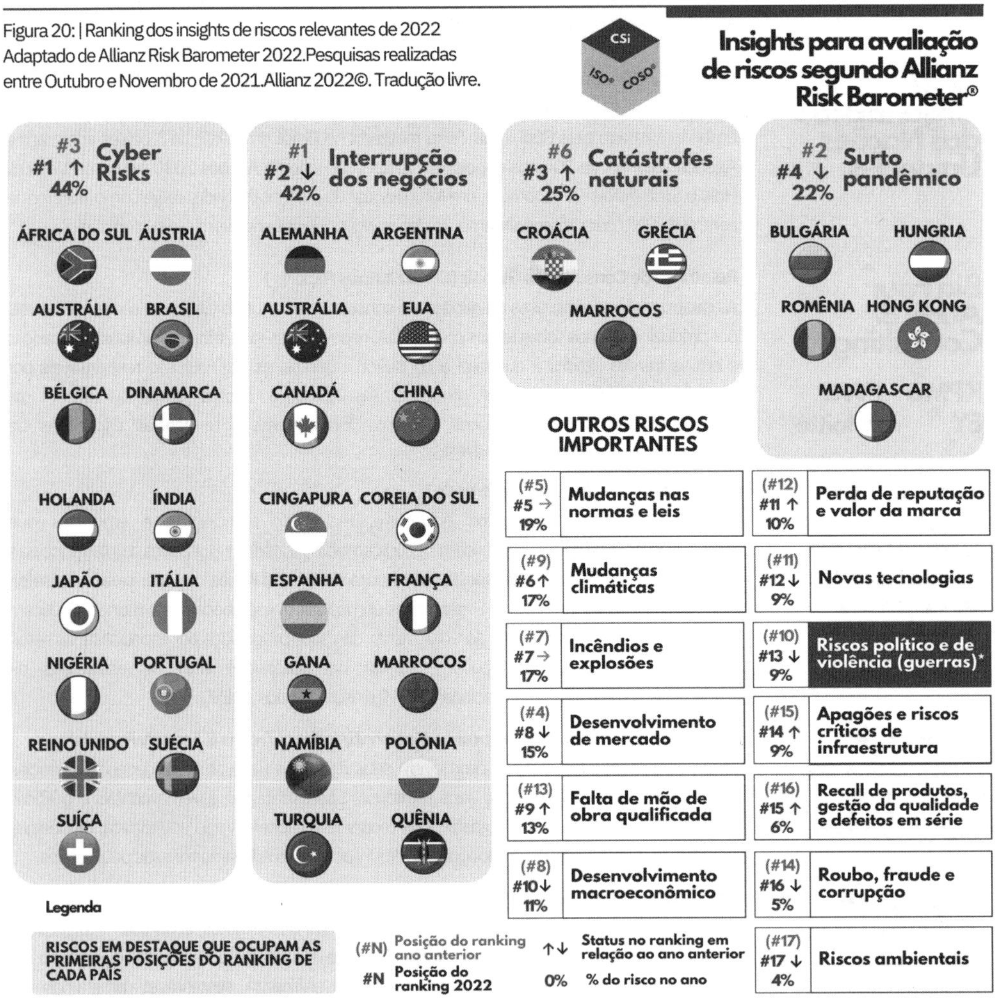

Nos relatórios de 2020 e 2021 os riscos políticos e de violência (guerras, conflitos geopolíticos, terrorismo etc.) da Rússia crescem exponencialmente, saindo da nona posição em 2019 para quarta posição em 2021.

A guerra da Rússia com a Ucrânia teve início em 24 de fevereiro de 2022 e até a data da publicação deste livro não havia se encerrado.

Este evento ajuda a compreender a imprevisibilidade dos riscos de negócios ligados ao ESG, na visão estratégica de gerenciamento de riscos organizacionais (ERM).

Ao avaliar o histórico do *ranking* de riscos do *Allianz Risk Barometer®*, que se encontra na 11ª edição, é possível compreender como eventos da pandemia do COVID-19 e da guerra da Rússia com a Ucrânia são "cisnes negros" na avaliação estratégica de riscos.

Segundo o relatório Allianz Risk Barometer® de 2019, ano anterior à pandemia, o risco de um evento global como esse ocupava a 16ª posição do *ranking*.

Em 2020 esse risco desce mais uma posição, passando a ocupar a 17ª com apenas 3% de eventualidade. Em 2021 o risco de uma pandemia global salta da penúltima posição em 2020 para a segunda posição.

Esta análise serve como um parâmetro importante para os gestores de riscos avaliarem eventos globais de alto impacto.

VISÃO ESTRATÉGICA DE RISCOS

Conceitos como imprevisibilidade dos riscos, desvios de previsões de especialistas, eventos de alto impacto que ocorrem em âmbito global, mudanças nas visões de riscos e negócios, análise de megatendências e tantas outras influências citadas neste capítulo são formas de incentivar os gestores a melhorar suas avaliações de riscos.

A responsabilidade pela visão de riscos não deve estar somente na alta gestão, nos conselhos e na visão dos proprietários, sócios ou acionistas. Gerenciar riscos com a inteligência de gestão é levar a cultura organizacional a incorporar estratégias de riscos em todos os níveis, da operação à estratégia, da produção à alta gestão.

Riscos podem ser geradores ou destruidores de valor para as organizações. Cabe aos gestores decidir onde querem operar.

A MATERIALIDADE DE RISCOS NA VISÃO INTELIGENTE

Cada organização, independentemente do tipo de gestão aplicada ao gerenciamento de riscos organizacionais (ERM), decide como classifica os riscos, para gerenciá-los de forma estratégica. No entanto, a materialidade para gerenciamento dos riscos organizacionais (ERM) e riscos relacionados ao ESG depende de vários fatores. Segundo o relatório da WBCSD® em parceria com o COSO publicado em 2018, 89% das empresas entrevistadas confirmaram que realizaram processos de avaliação de materialidade para identificar questões ESG relevantes para os objetivos dos negócios e os interesses das partes interessadas. Saiba mais sobre materialidade dos riscos no capítulo "Processos Inteligentes de Gestão".

As organizações realizam processos de avaliação de materialidade para obter informações relativas a riscos ambientais, sociais e de governança (ESG). Em algumas organizações, essas informações são estruturadas, acompanhadas e monitoradas pelas equipes de sustentabilidade.

Cabe a essas equipes compartilhar essas informações com os gestores de riscos, assim como sugere o relatório da WBCSD®. No livro **Ferramentas Inteligentes de Riscos – The Book of Risk | Toolkit**, a BIO. consolidou as principais ferramentas de gerenciamento de riscos estratégicos. Mas o que vem a ser materialidade de riscos?

A materialidade é um conceito abstrato, como qualidade ou questões ambientais. Definir a materialidade passa por vários processos, dependendo do país, da organização ou do contexto. Segundo o relatório da WBCSD®, nos arquivos financeiros ou legais dos EUA uma informação é relevante se houver uma probabilidade substancial de que a divulgação do fato omitido teria sido vista pelo investidor como tendo alterado significativamente o *mix* total de informações.

Mesmo com alguns padrões e regras estabelecidas, materializar riscos ainda é uma incógnita para muitos gestores de níveis estratégicos. Outras organizações, por exemplo, levam o conceito de materialidade muito além dos valores financeiros, o que torna a visão de múltiplos capitais ainda mais necessária. Algumas organizações consideram a materialidade uma ligação direta com os interesses das partes interessadas.

Essa visão leva em conta que, se algum tipo de manifestação ocorreu com as expectativas das partes interessadas, existe uma característica de materialização que precisa ser considerada.

Por fim, é importante compreender que o gerenciamento organizacional precisa de informações relevantes e confiáveis para embasar suas projeções. No entanto, muito além disso, as informações precisam estar em um processo comum de comunicação. Não basta apresentar cenários, projeções, índices e cálculos "estratosféricos" para embasar os relatórios de riscos. Essas informações precisam ser compreendidas e interpretadas pelas partes interessadas. Elas precisam entender o seu valor intrínseco tanto quanto seu valor conceitual.

A ESTRATÉGIA E OS MÚLTIPLOS IMPACTOS DE RISCOS

Para compreender o gerenciamento de riscos organizacionais (ERM), os riscos relacionados ao ESG e outras classificações de riscos, os gestores precisam ampliar a visão estratégica de objetivos e compreender as operações e os processos que impulsionam os negócios.

O COSO ERM *Framework* define a estratégia como um plano de gerenciamento organizacional para alcançar a missão, a visão, os valores e os pilares centrais dos negócios.

Profissionais responsáveis pelo gerenciamento de riscos devem compreender a extensão dos riscos na organização. Eles não devem tratar os riscos isoladamente, mas em um contexto organizacional amplo onde devem identificar, avaliar, responder, classificar e dimensionar os riscos de forma integrada.

Um risco de determinada característica pode impactar outras áreas e operações, unidades ou até mesmo toda a organização. Alguns riscos podem afetar inclusive várias empresas, cidades, estados e países inteiros. O COVID-19 impactou o mundo inteiro e provocou uma reação em cadeia nos riscos de *lockdown*.

Processos de paralisação e fechamento de fronteiras e cidades levaram empresas áreas ao colapso, além de operações de logística e transporte de pessoas, materiais e equipamentos. Pior do que isso, muitas empresas reduziram suas operações e os prazos de entrega de seus produtos saltaram de dias para meses.

Um exemplo dos impactos múltiplos por conta da pandemia do COVID-19 foi a indústria de componentes e equipamentos elétricos, que sofreu com a escassez de matéria-prima.

Por conseguinte, indústrias de transformação e industrialização de equipamentos, de bens de capital etc., que utilizam esses componentes em seus equipamentos, estenderam o prazo de entrega de seus produtos. Indústrias de transformação que adquiriram esses equipamentos e bens de capital, seja para revenda ou operação, sofreram atrasos na produção e expansão de seus negócios.

Se a indústria que adquiriu esses equipamentos faz parte dos segmentos de alimentos ou da área médica e utiliza esses mesmos equipamentos para produção de bens de consumo, o caos é instalado. Isso se deu porque o consumo de bens alimentícios e materiais hospitalares teve uma alta demanda durante o período da pandemia. Esse é mais um exemplo dos desafios a serem vencidos pelos gestores de riscos organizacionais na visão estratégica inteligente.

IMPACTO DOS MÚLTIPLOS CAPITAIS

As operações de organizações mundiais podem sofrer muito com as divergências de mercados de acordo com o contexto, a diversificação e as atividades ligadas aos múltiplos capitais.

Empresas que atuam em regimes extremamente controlados, com políticas rígidas de governança e *compliance*, deparam com verdadeiros "elefantes brancos" da irregularidade e do risco inerente a operações em regimes não controlados.

Essas organizações se veem em um emaranhado de riscos como as demais organizações que atuam em países que não possuem políticas tão rígidas. Os mercados europeu e norte-americano formam culturas de regulamentação e práticas de gestão de recursos controlados, enquanto os países da América Latina, África e alguns lugares na Ásia podem não ser tão reguladores quando se trata de capital humano ou políticas socioambientais.

Algumas partes interessadas querem um mundo melhor, melhores condições dos oceanos, uma vida em plena conexão com a natureza, apoiar o planeta e transformar o lugar em que vivemos.

E não muito distante dali está uma pessoa, milhares, milhões, bilhões delas, querendo apenas um lugar para fazer suas necessidades básicas, que, de tão básicas, não conseguem atrair o interesse daqueles que não compreendem o que isso significa.

Figura 21: | Mega impactos globais por tipo de capital
Adaptado de Sustainable Development Goals UN 2022 © Plos Biology 2011 ©

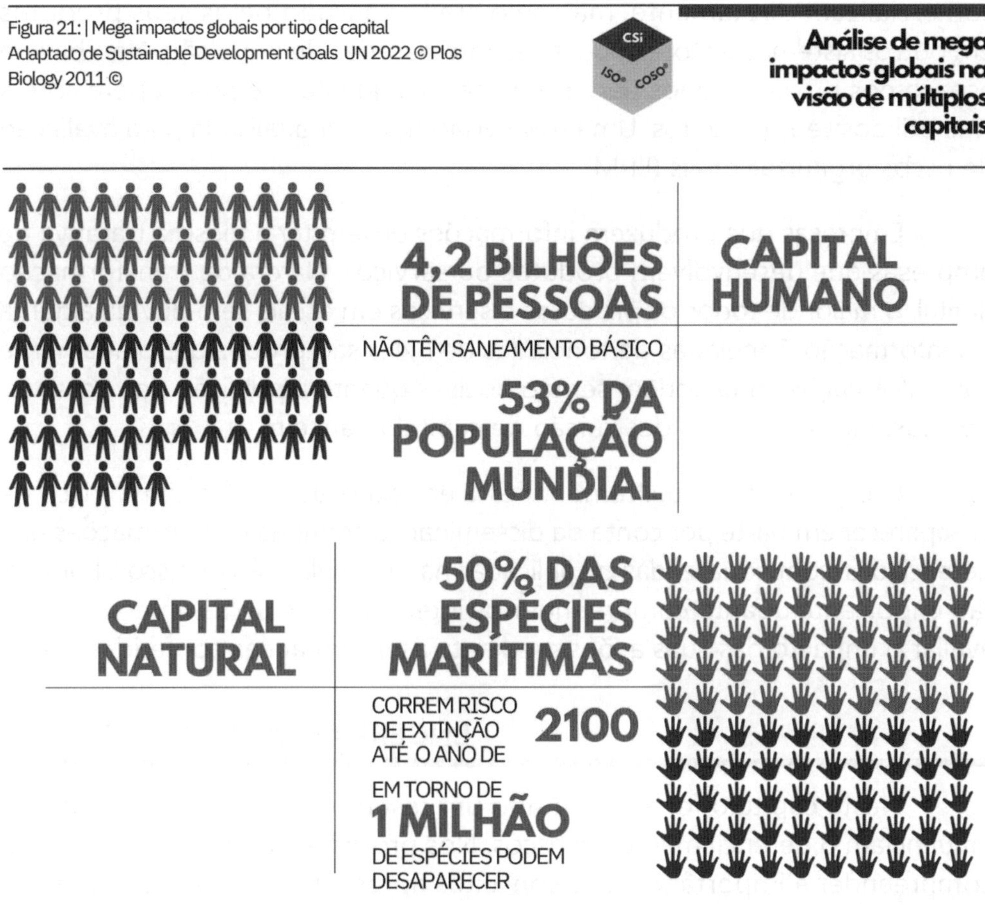

O gerenciamento estratégico dos riscos (ERM) e dos riscos relacionados ao ESG deve romper fronteiras e ocupar espaço em toda a cadeia produtiva, indo muito além dela. Por isso consideramos uma visão ampla de partes interessadas, ou partes interessadas de impulsão. As partes interessadas de impulsão (*push*) são pessoas, sistemas, empresas ou lugares afetados pelos resultados das operações de certas organizações. Empresas localizadas em escala mundial estão cada vez mais aderindo a instrumentos de *trade compliance* para compartilhar o resultado das suas operações e estratégias.

Algumas dessas organizações não comercializam produtos que podem ser utilizados por pessoas que não praticam os mesmos padrões de governança da sua organização.

Fica claro que as organizações não são responsáveis apenas pelo que comercializam diretamente, mas pelo efeito causado pelos seus produtos em outros sistemas, setores ou partes interessadas de impulsão. Não haverá espaço nos próximos anos para organizações que não se preocupem com a vida útil dos seus produtos. Uma nova visão deve ser analisada para avaliação de riscos organizacionais (ERM).

Empresas que produzem informações devem ter a mesma tratativa de empresas que desenvolvem produtos ou serviços. Na era da transformação digital, o maior de todos os produtos e serviços em escala sem dúvida alguma é a informação. Toneladas de toneladas de *bytes* são produzidas diariamente com informações que podem ser tão nocivas quanto a poluição dos oceanos, dos rios, das matas ou a destruição de capital financeiro.

O capital intelectual também está em extinção e sofre com o risco de desaparecer em parte por conta da disseminação contínua de informações não gerenciadas, contextualizadas ou aplicadas na materialização de riscos. Por isso, tão importante quanto compreender os interesses das partes interessadas é avaliar o impacto das suas ações mediante as informações conferidas a elas.

ENCERRANDO ESTE CAPÍTULO

Neste capítulo foi apresentado um resumo sobre as estratégias que influenciam o gerenciamento de riscos. Nos próximos capítulos será possível compreender a importância dos conceitos apresentados e como aplicá-los. Para os gestores de estratégias de negócios e projetos, vale ressaltar que nem sempre os riscos poderão ser mensurados, materializados, previstos ou medidos. A Gestão Estratégica Inteligente trabalha justamente com a imprevisibilidade dos riscos. Por isso, um plano de gerenciamento de riscos, uma análise complexa e inteligente, uma visão perspicaz, uma equipe engajada, dezenas, centenas e até milhares de especialistas não irão prever o imprevisível. O futuro do gerenciamento de riscos não está em aparatos tecnológicos capazes de prever as menores frações e distorções de temperatura para antever uma tempestade, por exemplo. O futuro está em compreender os objetivos das partes interessadas. Esse é o grande desafio do gerenciamento estratégico de riscos.

Capítulo 5: PROCESSOS INTELIGENTES DE GESTÃO

Se você não pode descrever o que está fazendo como um processo, você não sabe o que está fazendo.

W. EDWARDS DEMING

O QUE VEM A SEGUIR

Este capítulo apresenta uma visão global dos processos de gerenciamento de riscos.

- Processos de gerenciamento de riscos na era dos dados.
- Processos de riscos na visão de múltiplos padrões.
- Processos inteligentes de riscos (IERM).
- Processos inteligentes conduzidos por pessoas.
- Avaliando processos de gerenciamento de riscos.
- Limites de processos de gerenciamento de riscos.
- Papéis e responsabilidades no gerenciamento de riscos.

PROCESSOS DE GERENCIAMENTO DE RISCOS NA ERA DOS DADOS

Provavelmente, em algum lugar do mundo, tem alguém sendo beneficiado com informações e processos ou se alimentando do resultado de dados produzidos e espalhados pela nuvem. Uma infinidade de conexões é estabelecida todos os dias e facilita a vida das organizações. Muito provável também que pessoas em todo o mundo acessem informações, antes desconhecidas do público comum e que hoje estão disponíveis em qualquer lugar do planeta. Essa enxurrada de dados tem produzido um efeito tão devastador na gestão quanto a poluição é para as fontes de água ou outros elementos da natureza.

O documento *Human Learning in the Digital Era*, da UNESCO, NETEXPLO e UNAB (© UNESCO and NETEXPLO, 2019), produzido em 2019, trata do aprendizado humano na era da transformação digital. O documento trata do (re)aprendizado digital e das novas formas de compreender como esta era funciona. Os *insights* trazidos pelo documento refletem um pensamento compartilhado do autor e de muitas organizações que estão revisando suas estratégias pautadas na era do compartilhamento digital da extensão de informações em massa.

O primeiro *insight* trata do acesso a uma imensa quantidade de informações. O segundo *insight* trata dos novos meios de comunicação, incluindo IoT (internet das coisas), *chatbots* e a interação homem-máquina. O terceiro *insight* é o uso de IA (inteligência artificial), que está levando os humanos a repensar o papel das máquinas na sociedade.

Esses *insights* trazem uma reflexão importante: qual é o papel das organizações no futuro da informação?

Os maiores conglomerados de informações da atualidade, que ocupam o topo da lista da Forbes das empresas mais ricas do mundo, ultrapassaram a casa dos trilhões em capital financeiro. Mas o capital intelectual dessas empresas, a GAMAM (Google, Amazon, Meta (Facebook), Apple e Microsoft) ou a MANG (Meta (Facebook), Amazon, Netflix e Google), não pode ser mensurado e muito menos contingenciado.

O relatório *Digital 2022 Global Overview Report* (© WeAreSocial & Hootsuite, 2022) apresenta o índice de motivos de buscas na internet. Encabeçando o *ranking* com 61%, a busca de informações é o principal motivo de acesso à internet. Na base do *ranking*, em último lugar, com apenas 21%, o relacionamento de negócios e *network*. Esses números representam o comportamento atual das partes interessadas na era dos dados.

O comportamento das partes interessadas, porém, é afetado pela seguinte expressão:

$$PR(A) = (1-d) + d\,(PR(T1)/C(T1) + \ldots + PR(Tn)/C(Tn)).$$

Quem não é da área de tecnologia ou engenharia provavelmente não interpretará essa fórmula, e ela passaria despercebida em qualquer lugar se não fosse o algoritmo mais famoso da atualidade: o PageRank™, que realiza a classificação ou ranqueamento de páginas do Google, foi o início de tudo.

Larry Page e Sergey Brin deram à luz o que seria o Google na Universidade de Stanford e transformaram os mecanismos de buscas conhecidos até então. O Google responde por 77% de toda informação pesquisada na internet (WeAreSocial & Hootsuite, 2022). Agora, o que todas essas informações têm a ver com gerenciamento de riscos organizacionais (ERM)?

A resposta não está ligada ao contexto dessas informações, mas a como elas são colocadas em relação a todo processo de gerenciamento de riscos. Ao pesquisar o termo "Risk" em inglês no Google com região definida nos EUA, usando uma configuração tradicional, o mecanismo de busca trará 4,76 bilhões de resultados. Considerando que cada resultado tenha apenas 1 MB, seriam em torno de 4,76 PB (*pentabytes*) de informações para ler.

De acordo com o site Data Science Central, um ser humano processa, em toda a sua vida, em torno de 2,5 PB, considerando uma expectativa média de vida de 75 anos. Em resumo, seriam necessários 150 anos para ler todos os resultados apresentados em uma única pesquisa do Google. Isso sem levar em conta a quantidade de informação desnecessária ou irrelevante ao tema. Nessa mesma pesquisa, o ranqueamento do Google trouxe como primeiro resultado não um risco organizacional, ou uma possibilidade de ocorrência, nem mesmo o significado do termo *Risk*, mas um jogo de estratégia chamado Risk.

Enfim, toda essa análise serve como aparato para interpretar processos inteligentes de riscos.

Não existe apenas uma quantidade enorme de informações sobre riscos nos mecanismos de buscas, como existe em uma quantidade muito superior a desinformação caracterizada por muitos fatores. Existem enormes fatores de riscos relacionados a informação, a processos de produção de informação e interpretação de dados que daria para escrever coleções inteiras. Não é objetivo deste livro aprofundar na análise das informações puramente, mas na relevância do tema para o gerenciamento de riscos organizacionais (ERM).

PROCESSOS DE RISCOS NA VISÃO DE MÚLTIPLOS PADRÕES

COSO – DEFINIÇÃO DE PROCESSOS

Essas questões são semânticas comparadas a todo processo de inteligência por trás do gerenciamento de riscos organizacional (ERM). Prova disso é o próprio COSO, que originalmente não tinha seu foco direcionado para o gerenciamento de riscos organizacional (ERM), mas para as avaliações de relatórios financeiros das organizações através do controle interno. No primeiro relatório do COSO, lançado em 1987, o gerenciamento de riscos organizacionais (ERM) não era relevante.

No início dos anos 90 o COSO publicou o *COSO Internal Control Framework*, uma estrutura de gestão para o controle interno organizacional utilizada pela maioria das multinacionais, empresas de auditoria, conselhos e alta gestão de empresas.

O conceito de controle interno do COSO é utilizado pelo mundo inteiro como referencial de gestão de informações, através do controle interno organizacional, e é exigido pela maioria dos conselhos.

O COSO definiu um modelo de três dimensões como base para a gestão organizacional através de camadas horizontais e verticais para integrar os componentes, os objetivos e a organização. A integração dos três elementos é a base para o gerenciamento de riscos organizacionais (ERM).

Gerenciar riscos é um processo dinâmico e exige uma ação contínua de vários elementos, alguns deles fora do contexto apresentado pelo COSO, como visto no capítulo anterior. Por isso o CSi *Framework* criou o IERM – *Intelligent Enterprise Risk Management* ou Gerenciamento Inteligente de Riscos Organizacionais. O IERM estabelece um processo de integração entre COSO, ISO e CSi. No processo do IERM estão inclusos os processos de controle interno do COSO, os processos de integração da ISO e os processos de gestão estratégica do CSi *Framework*.

COSO – INTEGRAÇÃO DE PROCESSOS

Para iniciar os estudos dos processos inteligentes de gestão, serão analisados os processos de controle interno do COSO. Segundo o padrão de controle interno estabelecido pelo COSO, os gestores de riscos percebem o gerenciamento de riscos organizacionais (ERM) de maneira distinta.

Em algumas organizações, o gerenciamento de riscos é parte integrante de uma área ou é um processo dentro de outras áreas menores. Apesar da visão de gerenciamento de riscos organizacionais (ERM) ter evoluído nos últimos 20 anos, somente algumas empresas possuem recursos dedicados exclusivamente ao gerenciamento de riscos.

Muitas vezes esses processos exigem um esforço adicional, o que toma tempo da alta gestão na análise e validação das informações gerenciais.

No capítulo "Desempenho Inteligente de Riscos", serão avaliados os esforços para entregar os resultados de análises, processos e sistemas de gestão de riscos. Os processos de gerenciamento de riscos organizacionais estão interligados a nível operacional.

Essa interligação traz maior eficácia para o sistema de gestão, pois nos processos operacionais que os objetivos e estratégias são testados e implementados.

Ao interligar esses processos a nível operacional, as organizações têm maior flexibilidade para realizar seus objetivos, concluir suas metas e completar a missão proposta pela própria organização.

Olhar para um sistema de gerenciamento de riscos organizacionais (ERMS – *Enterprise Risk Management System*) pode trazer uma falsa impressão de simplificação ou de operações contínuas. Mesmo fora das áreas de projetos e programas (com caráter finito), nas operações de negócios, o gerenciamento de riscos é iterativo, incremental e com forte senso de mudanças.

Operações estruturadas com fluxo contínuo de informações e negócios estão sujeitas aos princípios da imprevisibilidade e da atemporalidade dos riscos.

Uma empresa com sólida estrutura de gestão e operação pode sofrer impactos de forças externas, não previstas em um ano, e que podem atuar intensamente no ano seguinte. Por isso o gerenciamento organizacional de riscos é dinâmico, contencioso, iterativo e exige mentes que consigam impulsionar sua missão, avaliar constantemente, de maneira única e renovada, os impactos, as forças, as megatendências e os impulsionadores de riscos.

A criação de procedimentos que regulam e tratam das operações dos processos de gerenciamento é tão dinâmica que pode ser necessário rever o procedimento antes mesmo dele ser concluído.

Toda essa visão pode ser resumida da seguinte forma: não há como esperar o mercado ficar totalmente estável para implementar a sua gestão. É necessário implementar a gestão da instabilidade como fator preponderante para a efetividade do sistema de gerenciamento de riscos organizacionais (ERM).

PROCESSOS INTELIGENTES DE RISCOS (IERM)

O CSi *Framework* possui seis vetores estratégicos ligados ao elemento de gestão BRidge. Cada elemento traduz uma visão e uma etapa de negócios e projetos na organização. Na visão de riscos, o CSi *Framework* apresenta o vetor RISK do elemento BRidge. O RISK é um conjunto de itens que tratam da inteligência de gestão aplicada ao gerenciamento de riscos, conforme demonstrado no capítulo "*Framework* Inteligente de Risco".

O IERM *Framework* integra os processos do CSi, de forma inteligente, na visão de gerenciamento de riscos, conforme apresentado na Figura 22.

O IERM *Framework* conecta os três padrões de gestão de riscos (CSi, COSO e ISO) através do elemento *Connections*. Ainda neste capítulo, é possível compreender as conexões com os três padrões. No entanto, algo que fica implícito no IERM é a possibilidade de integrar outros processos fora do escopo de gerenciamento de riscos e dos três padrões apresentados. Através do CSi é possível conectar todos os processos da organização a qualquer variável de riscos dos demais padrões (COSO e ISO).

Figura 22 | Integração do vetor Risk com os padrões COSO e ISO no IERM

Modelo de Integração Inteligente dos padrões CSi, ISO e COSO

BRidge CSi 1 — CSi 1.2 **Risk** — CSi 1.2A **Fluxo de Trabalho Inteligente de Gestão de Riscos** *SRW - Smart Risk Workflow*

CSi	CSi	COSO	COSO	ISO	ISO
CSi 1.5 **Metas** *Goals*	CSi 1.5.AB **Processos inteligentes para integração organizacional** *CPI - Consulting Process Integration*	COSO 1 **Missão, visão e princípios** *Mission, Vision & Core Values*	COSO 1.1 **Governança e cultura** *Governance & Culture*	ISO 5 **Estrutura** *Framework*	ISO 5.1 **Liderança e comprometimento** *Leadership and Commitment*
CSi 1.1 **Negócios** *Business*	CSi 1.1.A **Gestão estratégica inteligente para negócios e projetos** *SB&P - Smart Business & Projects*	COSO 2 **Desenvolvimento Estratégico** *Strategy Development*	COSO 2.1 **Estratégia e definição de objetivos** *Strategy and objective-setting*	ISO 6 **Processos** *Process*	ISO 6.3 **Escopo, contexto e critério** *Scope, context and criteria*
CSi 1.4 **Entrega de Soluções** *Delivery*	CSi 1.4.A **Processos inteligentes para entrega de soluções** *SDS - Smart Delivery Status* CSi 1.4.B **Processos inteligentes de viabilidade de negócios e projetos** *B&PF - Business & Projects Feasibility* CSi 1.4.C **Processos inteligentes para análise de investimentos** *SRBI - Smart Return Business Investment*	COSO 3 **Formulação de objetivos do negócio** *Business Objective Formulation*	COSO 3.1 **Desempenho** *Performance*		ISO 6.4 **Avaliação de Riscos** *Risk assessment* ISO 6.5 **Tratamento de Riscos** *Risk treatment*
CSi 1.6 **Experiência** *Expertise*	CSi 1.6.A **Processos inteligentes de mudanças e melhorias** *SEB - Smart Expertise Backlog*	COSO 4 **Implementação e desempenho** *Implementation & Performance*	COSO 4.1 **Análise e revisão** *Review & Revision*		ISO 6.6 **Monitoramento e análise crítica** *Monitoring and review*
CSi 1.3 **Informação** *Information*	CSi 1.3.A **Processos Inteligentes de Informação** *SIP - Smart Information Process*	COSO 5 **Valor agregado** *Enhanced Value*	COSO 5.1 **Informação, comunicação e relato** *Information, communication and reporting*		ISO 6.2 **Comunicação e consulta** *Communication and consultation* ISO 6.7 **Registro e relato** *Recording and reporting*

Segundo a visão de gestão inteligente, nem todos os fatores que influenciam uma área, segmento ou negócio vêm de uma mesma diretriz. São tantas variáveis e contextos que, ao avaliar um negócio, o gerenciamento de riscos organizacionais (ERM) deve olhar o todo, os impactos do negócio para o futuro dos clientes (partes interessadas) e dos clientes dos clientes (partes interessadas indiretas). Outros exemplos podem ser aplicados e desenvolvidos para a compreensão dos negócios na visão integrada de riscos.

Para esse papel, o CSi *Framework* desenvolveu uma estratégia de inteligência no gerenciamento de riscos que integra variáveis de forma dinâmica, iterativa e incremental.

Pode-se dizer que, através dos processos de gerenciamento inteligente de riscos organizacionais (IERM), na visão de múltiplos padrões, a organização necessita muito mais do que processos estruturados; ela necessita de mudanças na visão da gestão de aplicabilidade desses processos.

Enfim, pode-se dizer que a organização precisa ativar a inteligência de gestão também para os processos. No próximo capítulo, a visão de gestão inteligente de riscos será aplicada no tratamento de riscos, através das respostas aos riscos.

PROCESSOS INTELIGENTES CONDUZIDOS POR PESSOAS

No livro "Inteligência Organizacional", da BIO., a visão de organização viva é tratada como tema principal. Nenhuma organização no mundo é isenta de pessoas. Sistemas legados, IA (inteligência artificial), *data mining*, *cloud computing* e processos puramente conduzidos por máquinas, por mais que se apresentem sob um conceito de automação precisa, não estão "livres de contato humano". Eles possuem, em algum processo da sua operação, o fator humano como condutor de processos. Gerir = ato de coordenar atividades, processos e sistemas através de pessoas, por pessoas, para pessoas.

Esta não é uma definição dos dicionários clássicos ou glossários de gestão. Esta é uma definição clara da visão da atuação das pessoas nos processos de decisão. O gerenciamento de riscos organizacionais (ERM) envolve a alta gestão das organizações.

O conselho de administração, o *C-Level,* a alta gerência etc., enfim, todos na organização são responsáveis pelo gerenciamento de riscos. Dessa maneira, o gerenciamento é realizado por pessoas de acordo com as suas responsabilidades e atribuições ao longo da organização.

Vale ressaltar que todos os processos são criados, idealizados, projetados e acompanhados por pessoas. E mais ainda, os resultados desses processos influenciam e atingem direta ou indiretamente pessoas – em muitos casos, as próprias pessoas responsáveis pela sua implementação. No entanto, muitas vezes as pessoas que conduzem esses processos não conhecem ou compreendem seus efeitos.

A comunicação entre as áreas, interna ou externamente, não ocorre com a efetividade necessária. E, por fim, ainda existem os fatores humanos e intelectuais que englobam os capitais humano e intelectual, respectivamente.

A gestão é feita por pessoas que não compreendem ao todo a extensão das suas atividades, ao menos não no nível de detalhes em que ela ocorre. Não por conta da falta de compreensão por natureza, pois os gestores do conselho, da alta administração e alta gestão têm extrema competência para conduzir negócios e projetos, nos diferentes estágios e processos. O que ocorre é que os fatores intangíveis impedem a completa compreensão dos riscos associados aos negócios e projetos. Cada um assume uma posição na gestão.

Os conselhos supervisionam e conduzem diligências para avaliar a gestão. A alta gestão desenvolve estratégias e objetivos para os negócios e os leva aos conselhos para aprovação e posterior supervisão. As operações implementam as estratégias, que são definidas pela alta gestão, e retornam os resultados para a supervisão do conselho.

De forma resumida, o papel de cada pessoa na organização está associado ao papel e às ações que estão sob sua responsabilidade. De forma estática, esses processos parecem funcionar em perfeita ordem. Na visão dinâmica que o gerenciamento de riscos organizacionais (ERM) necessita, essa ordem pode se transformar no caos da gestão.

Por isso os papéis e responsabilidades devem estar intrinsicamente ligados à missão, à visão e aos valores organizacionais. A estratégia é a espinha dorsal da organização e serve como estrutura matriz para mantê-la ereta e na postura correta.

Os objetivos são os ossos complementares da estrutura, que apoiam as partes mais distantes da coluna central, que é a estratégia. No entanto, não é possível ter uma estrutura em toda a organização para enrijecê-la. Algumas partes das organizações necessitam de flexibilidade e mobilidade. Por isso as unidades de negócio são criadas e nelas as divisões e os processos são estabelecidos.

As unidades de negócios, divisões, subsidiárias e outras partes da organização são os membros mais distantes da estrutura.

Semelhante ao que ocorre no corpo humano, os órgãos vitais necessitam de intensidade e atenção, e os órgãos mais distantes, como os membros inferiores e superiores, sofrem mais porque toda energia, sangue e demais componentes se concentram nos órgãos vitais para que o corpo não pereça. Da mesma maneira, na organização, quanto mais distantes as unidades, subsidiárias, divisões ou unidades de negócios estão, mais os recursos demoram para ser disponibilizados.

A alta gestão e os conselhos, em casos de extrema complexidade, devem andar juntos com a área operacional, que conduz os processos organizacionais, para atingir o sucesso no gerenciamento de riscos organizacional (ERM).

Os processos inteligentes de riscos querem implementar mudanças na visão da alta gestão quanto à sua participação no gerenciamento operacional de riscos (ORM).

Por outro lado, uma mudança na visão da operação quanto à participação deles no gerenciamento organizacional de riscos (ERM) também é foco dos processos inteligentes de riscos.

Não é uma troca de papéis, mas um engajamento de partes interessadas em todos os estágios do gerenciamento de riscos. O objetivo final é o sucesso organizacional em todos os níveis da organização.

Enfim, é importante compreender que o gerenciamento de riscos organizacionais (ERM) não trata apenas de processos de gerenciamento de riscos, mas da criação, manutenção e conservação de valores organizacionais.

Não existiria o gerenciamento de riscos organizacionais (ERM) se não houvesse fatores que pudessem impedir o crescimento organizacional.

Por isso o gerenciamento de riscos organizacionais (ERM) é um processo iniciado no alto escalão, conduzido pelos conselhos e pela alta gestão, chegando até os demais membros da organização.

Todos estarão empenhados em cumprir as estratégias definidas para atingir os objetivos, identificando quais eventos, causas e probabilidades podem impedir sua concretização, através do gerenciamento de riscos organizacionais (ERM). Tudo isso deve ocorrer de forma integrada, como apresentado pelo COSO ERM *Framework*.

O gerenciamento de riscos organizacionais (ERM) possui um relacionamento integrado com todas as áreas da organização, os objetivos e os componentes. Enquanto os objetivos, citados anteriormente, estão direcionando a organização para o futuro, os componentes tratam de efetivar o gerenciamento de riscos organizacional (ERM) no presente e as áreas e níveis organizacionais estão no passado.

Considerando um processo linear, a organização estabelece os objetivos estratégicos e operacionais, a comunicação e a conformidade. Depois a organização implementa suas divisões, áreas, níveis, unidades de negócios e subsidiárias.

E, por último, estabelece componentes como o ambiente interno, a fixação de objetivos, a identificação de eventos, a avaliação de riscos, as respostas aos riscos, as atividades de controle, as informações e comunicações e o monitoramento. Mas desde já é necessário reforçar que o processo de gerenciamento de riscos organizacionais (ERM) não é linear. As conexões acontecem nas três faces do gerenciamento organizacional, para manter a organização em pleno funcionamento.

AVALIANDO PROCESSOS DE GERENCIAMENTO DE RISCOS

Considerando que todos os elementos do gerenciamento de riscos estão integrados e em pleno funcionamento, o próximo passo é avaliar se o sistema criado corresponde aos processos definidos na estratégia organizacional. Para que a alta gestão, os conselhos e os responsáveis pelo gerenciamento de riscos organizacionais (ERM) tenham garantia sobre o processo de gestão, os elementos devem estar em sintonia em sua execução. Acompanhar os objetivos e avaliar como as regulamentações cobrem as falhas de processos também é parte importante da avaliação da alta gestão sobre o sistema de gerenciamento de riscos implementado.

Diferentemente de outros processos de gestão, o gerenciamento de riscos organizacionais (ERM) pode até utilizar um *benchmarking* para validar seus processos com empresas que tenham sinergia no seu processo organizacional.

No entanto, o gerenciamento de riscos organizacionais (ERM) é algo tão particular em cada organização que sua aplicação pode ser totalmente diferente em empresas praticamente idênticas.

Esse é mais um motivo para os gestores compreenderem como aplicar o gerenciamento de riscos organizacionais (ERM) em diferentes escalas, para diferentes negócios, tamanhos e contextos das organizações que gerenciam. Mesmo empresas do mesmo grupo, com negócios semelhantes e em lugares diferentes, precisam observar as particularidades aplicadas a cada negócio ou organização.

Práticas de *compliance* e governança podem ser alteradas para determinados lugares e devem refletir a realidade de cada segmento, prática ou país em que se encontra.

Universalizar o gerenciamento de riscos é criar mais um evento de riscos, não integrar a organização ao ambiente e impactar as partes interessadas de forma negativa, dependendo da atuação.

Por outro lado, criar um gerenciamento de riscos totalmente diversificado poderá encarecer os processos de gestão e inviabilizar a implementação do sistema de gestão. Enfim, cabe aos gestores conhecer as organizações a ponto de decidir onde diversificar e onde manter os padrões atuais de gerenciamento para cada local aplicado.

LIMITES DE PROCESSOS DE GERENCIAMENTO DE RISCOS

Um evento curioso marcou a construção em um grande centro. Um pequeno buraco no tapume externo da obra começou a jorrar água na calçada. Uma pessoa que passava pelo local parou e começou a olhar com curiosidade. Uma segunda pessoa parou e ambos começaram a comentar.

Em seguida outra pessoa e mais outra, e depois outra. Uma pequena multidão foi se formando ao redor daquele evento que não passava de um pequeno furo no tapume de uma grande construção.

Um dos membros da multidão falou com o responsável pela construção, que prontamente trouxe um funcionário para resolver a situação. Em menos de dois minutos ele fechou o tapume, encerrou o vazamento e todos seguiram seu caminho.

Esta pequena história aconteceu com o autor na cidade de São Paulo. Eu observava de longe as críticas e o julgamento de pessoas que passavam por ali. Parei a uma distância que dava para observar aquele fato, sem me envolver, e ao mesmo tempo acompanhar o desfecho.

A curiosidade humana e a predefinição de conceitos levam as pessoas a emitir suas opiniões e estabelecer seus processos de acordo com o que acreditam que deve ser feito.

Este caso serve para ilustrar a limitação do gerenciamento de riscos.

Um fator preponderante que limita o gerenciamento de riscos organizacional (ERM) e o gerenciamento de riscos operacional (ORM) é que ambos são conduzidos por pessoas. Cada pessoa que participa do sistema de gerenciamento de riscos, assim como no exemplo anterior, emitirá sua opinião segundo o que acredita. Essa influência não só é um limitador como pode falhar por conta do julgamento humano.

Outro exemplo que ilustra as interpretações sobre gerenciamento de riscos são os acidentes de aviões. Existe um intenso processo de investigação que vai desde a coleta de informações dos equipamentos até a avaliação da caixa preta, que contém os últimos registros do acidente. Mas ninguém é capaz de compreender o sentimento que tomou conta dos pilotos e da tripulação naquele momento.

É notório que gerenciar riscos tem um fator humano. Não apenas na execução, na gestão ou nas implicações, mas nos julgamentos. Pessoas julgam empresas e seus produtos com base no que outras pessoas dizem sobre determinadas ações. O julgamento em situações de riscos pode muitas vezes trazer consequências graves.

Decisões imparciais podem existir no gerenciamento de riscos, porém as limitações continuam sendo reais. Pessoas limitam processos, sistemas e estratégias através de falhas nas decisões do gerenciamento de riscos organizacionais (ERM). Enfim, nem mesmo o sistema mais sofisticado entre os sistemas de gestão suportaria os impactos da visão humana, falha e limitada.

Por isso os gestores de riscos devem considerar as limitações humanas nos processos de gerenciamento de riscos organizacionais (ERM). Essas limitações ocorrem em diversos níveis e são fruto de fatores, interesses e influências internas e externas. Sistemas podem ser à prova de falhas, mas as pessoas que os gerenciam não. Isso deve estar no radar dos gestores de riscos organizacionais (ERM).

PAPÉIS E RESPONSABILIDADES NO GERENCIAMENTO DE RISCOS

Parece ser consenso que, independentemente de área, divisão, unidade de negócio ou subsidiária, todos na organização são responsáveis pelo gerenciamento de riscos organizacionais (ERM). Porém, em um nível mais criterioso, é possível definir papéis e responsabilidades de maneira global. Para definir papéis claros e os responsáveis pelos riscos, é necessário classificar os tipos de riscos de acordo com a sua aplicação.

Riscos relacionados a segurança do trabalho, desenvolvimento humano, capital intelectual e humano etc. podem estar sob a alçada do CHRO e conter várias ramificações (saúde, segurança, desenvolvimento, pessoas etc.).

Outro papel importante nos processos de gerenciamento de riscos organizacionais (ERM) está fora da organização: são os responsáveis regulatórios e legais. Inclusive a determinação das responsabilidades também passa pelas regulações no desenvolvimento dos planos de gestão estratégica.

Os gestores de riscos devem compreender suas obrigações no gerenciamento de riscos organizacionais (ERM). Dentre elas, podemos citar:

- Análise da situação financeira da organização, seu histórico e como os riscos afetaram o capital financeiro ao longo do ciclo de vida organizacional.
- Adequação a normas, políticas, processos e requisitos, obrigações e outras formas de regulação e como elas são comunicadas interna e externamente.
- Clara compreensão da missão, da visão, dos valores e das estratégias de curto, médio e longo prazos, e como a organização classifica os riscos.
- Conhecimento de como a organização se declara em relação aos riscos, suas políticas e compromissos, voluntários ou não, ligados ou não à própria organização.

Por fim, independentemente de como a organização se estrutura para gerenciar os riscos, os responsáveis pela gestão podem sofrer sanções em nome dela.

Sócios, presidentes, diretores e funcionários podem ser responsabilizados civil e criminalmente se fizerem a má gestão dos riscos organizacionais (ERM) ou relacionados ao ESG. Multas ou penalidades também podem ser aplicadas às organizações pela má gestão de riscos.

Em um processo de organização estrutural do gerenciamento de riscos, as posições que tratam exclusivamente do gerenciamento de riscos organizacionais (ERM) são bem recentes.

O COSO incluiu a função de CRO (*Chief Risk Officer*) na estrutura de gestão há menos de duas décadas.

A responsabilidade do CRO está direcionada ao gerenciamento de riscos organizacionais (ERM), com foco em identificar os riscos internos e externos, avaliar e relatar seus resultados ao conselho e à alta gestão. Mas os avanços do gerenciamento de riscos organizacionais (ERM) tiveram um impulso depois da crise financeira de 2008, criando uma nova estrutura de gerenciamento de riscos.

A lei norte-americana de reforma e proteção do consumidor exigiu que instituições financeiras com mais de US$ 50 bilhões em ativos tivessem um CRO, um comitê de riscos, um programa de gerenciamento de riscos, entre outras ações.

ENCERRANDO ESTE CAPÍTULO

Neste capítulo foi possível conhecer os processos de gestão de riscos e os avanços nessa área. As atribuições dos gestores de riscos foram expandidas até áreas como segurança cibernética, análise de megatendências, cenários sociopolíticos, ambientais e macroeconômicos, visão integrada da cadeia de suprimentos e incorporação de elementos relacionados ao ESG.

As integrações dos padrões de gerenciamento de riscos e a forma de aplicá-los usando a inteligência de gestão complementam o conteúdo deste capítulo. O EGIR ajudará a estruturar os processos de gestão inteligente de riscos em todo o ambiente organizacional.

Capítulo 6: RESPOSTAS INTELIGENTES AOS RISCOS

O tratamento sem prevenção é simplesmente insustentável.
BILL GATES

O QUE VEM A SEGUIR

Este capítulo apresenta uma visão sobre tratamento de e respostas aos riscos.

- Respondendo aos riscos organizacionais.
- A inteligência no tratamento de riscos.
- Tipos de respostas aos riscos.

O propósito do tratamento de riscos, segundo a ISO 31.000:2018, é implementar ações selecionadas para abordar cada risco em questão. O tratamento de riscos envolve várias etapas que são dinâmicas, iterativas e incrementais. Para o tratamento de riscos de maneira inteligente, é necessário abordar respostas inteligentes aos riscos. Essas respostas precisam fornecer opções para tratar os riscos de maneira inteligente em todos os aspectos de gestão, implementando os processos para tratamento, avaliando a eficácia do sistema de gestão e, por fim, como serão tratados os processos para validar a aceitação dos riscos.

Tanto o COSO quanto a ISO têm processos detalhados de tratamento de riscos que vão desde a formulação e seleção de estratégias de gestão (ISO 6.5.1A) até a definição das etapas de implementação das ações (ISO 6.5.3G). Para o COSO, as ações de tratamento estão ligadas ao componente de *Performance* amparado pela formulação de objetivos do negócio. Essa visão traz uma integração entre o tratamento de riscos e as diretrizes para revisão e melhoria dos processos de definição dos objetivos estratégicos.

Antes de avançar para o tratamento de riscos propriamente dito, o CSi traz uma visão inovadora para o gerenciamento de riscos organizacionais (ERM), a perspectiva de viabilidade inteligente de negócios e projetos na visão de entrega de soluções (*Delivery*). Cada conjunto de fluxo de processos traz uma perspectiva.

Na visão de entrega de soluções (CSi 1.4.A – SDS – *Smart Delivery Status*) a proposta de integração visa compreender toda a extensão de negócios e projetos. Nesse aspecto, o tratamento de riscos terá seu escopo ampliado para toda a visão da organização.

Na visão de análise de viabilidade de negócios e projetos (CSi 1.4.B – B&PF – *Business & Project Feasibility*) a proposta está em avaliar a organização em termos de viabilidade dos negócios e projetos, coordenando os resultados do tratamento de riscos, riscos residuais e outras perspectivas. Por fim, na visão de retorno de investimento dos negócios e projetos (CSi 1.4.C – SRBI – *Smart Return Business Investment*), a proposta gira em torno do cliente, independentemente do tipo de cliente, da postura ou, resguardadas as proporções, da compreensão de como os investidores percebem as ações de gerenciamento dos riscos organizacionais (ERM).

A INTELIGÊNCIA NO TRATAMENTO DE RISCOS

Os estágios do tratamento de riscos vão desde a identificação dos riscos até a avaliação do tratamento e das respostas aos riscos. No entanto, a complexidade da estruturação dos sistemas de gerenciamento de riscos passa por várias iterações. É importante compreender que o processo de tratamento dos riscos deve ser constante e dinâmico, como os riscos.

Outro ponto importante: o estágio de identificação dos riscos pode fazer parte de outras etapas do gerenciamento de riscos. Dessa forma, o processo de identificação pode estar atrelado a vários outros estágios fora do tratamento de riscos.

Esses e muitos outros processos podem se repetir em diversos estágios, por conta da interatividade e iteratividade dos processos de gerenciamento de riscos organizacionais (ERM). Essa premissa vale também para o último estágio (expansão da visão).

No tratamento de riscos, a expansão da visão trata de incorporar uma visão de portfólio para o gerenciamento de riscos. Enquanto riscos são tratados de forma pontual, seja em projetos, programas ou operações, na visão de portfólio os riscos são tratados de forma global.

Na realidade, a expansão da visão de riscos é uma abordagem para todo o sistema de gerenciamento de riscos organizacionais (ERM).

A integração desses processos será tratada com detalhes mais adiante. Neste capítulo serão apresentados os estágios e etapas para cada grupo de processos de gerenciamento inteligente de riscos, para o tratamento de riscos de acordo com os padrões COSO, ISO e CSi.

As integrações mostradas no capítulo anterior são apresentadas aqui na visão do tratamento de riscos. Esses processos não representam a totalidade do gerenciamento de riscos para o tratamento de riscos. Eles foram selecionados para direcionar os proprietários e gestores de riscos na tomada de decisões para o tratamento de riscos. Enfim, muitos outros processos podem ser aplicados para o tratamento de riscos.

TIPOS DE RESPOSTAS AOS RISCOS

O CSi *Framework*, através do IERM *Framework*, desenvolveu um *tracking* para compreender, de forma inteligente, como a aplicação das respostas aos riscos deve ocorrer na organização.

Segundo o IERM *Framework*, o processo de tratamento de riscos passa pela identificação do proprietário do risco até o *report* final, com a apresentação dos resultados dos riscos gerenciados e tratados de acordo com o plano de gerenciamento de riscos organizacionais (ERMP – *Enterprise Risk Management Plan*).

O tratamento dos riscos passa necessariamente pelas respostas aos riscos. Na parte 2 estão detalhadas as respostas aos riscos e como implementá-las usando a gestão inteligente. A seguir, um resumo dos tipos de respostas aos riscos. As respostas estão identificadas com (A) para riscos de ameaças e com (O) para riscos de oportunidades.

ESCALAR RISCOS (A/O)

Quando os riscos estão além dos limites da organização ou excedem seus parâmetros de influência, eles devem ser escalados. Isso vale para riscos internos, onde as alçadas de aprovação devem ser definidas para correta tomada de decisões e as respostas aos riscos podem ser aplicadas nos níveis adequados.

EVITAR (A) OU EXPLORAR RISCOS (O)

Trabalhar nas questões organizacionais e nos objetivos estratégicos sempre deve ser uma tarefa proativa. Evitar que os riscos aconteçam é uma resposta direta de antecipação dos riscos. Quando se trata de oportunidade, a proatividade se faz necessária para explorar os riscos e antecipar seus resultados.

TRANSFERIR (A) OU COMPARTILHAR RISCOS (O)

Os riscos transferidos passam a ter responsabilidade compartilhada com o novo responsável. Assim, uma outra pessoa ou entidade, fora da organização, passa a gerenciar o risco. No caso de transferência, a outra parte que recebe o risco recebe uma importância em capital para gerenciar os riscos transferidos.

MITIGAR (A) OU REALÇAR OS RISCOS (O)

Alguns tipos de riscos não conseguem ser evitados e seus impactos serão efetivos nas organizações. Em casos de riscos de ameaças, os gestores podem criar ações para mitigar seus efeitos. Em caso de riscos de oportunidade, a ação está em realçar seus efeitos. Em ambos os casos, os riscos não podem ser evitados e a ações devem ser efetivas para não impactar as organizações de forma não prevista nos planos de gerenciamento de riscos.

ACEITAR (A) OU PATROCINAR OS RISCOS (O)

O último nível de resposta aos riscos é o patrocínio das soluções para o risco de oportunidade. Para as ameaças, a aceitação do risco exige um grande esforço da organização. No entanto, em determinados casos, aceitar ou patrocinar os riscos pode não ser uma opção, mas uma necessidade da organização.

Essas são algumas das respostas inteligentes aos riscos apresentados neste capítulo. Assim como os demais itens apresentados ao longo do livro, essas são apenas algumas das possíveis respostas, no nível de inteligência de gestão, que poderão ser utilizadas pelos gestores no gerenciamento inteligente de riscos (IERM).

Segundo a visão do IERM, outras respostas podem ser adicionadas, de acordo com a necessidade dos sistemas de gerenciamento de riscos. Cada organização deve trabalhar para desenvolver essas ações e aprová-las nos conselhos de gestão, para implementação nos sistemas de gerenciamento de riscos.

ENCERRANDO ESTE CAPÍTULO

Neste capítulo foi possível conhecer, de forma resumida, as respostas aos riscos de ameaça ou oportunidade. Muito ainda precisa ser construído na gestão para atingir a performance inteligente de riscos. Para que a organização atue em altos níveis de gestão inteligente, é necessário revisar os processos atuais de gestão e incorporar novas práticas que serão aplicadas ao tratamento dos riscos organizacionais. Esse é mais um desafio para as altas cúpulas organizacionais no quesito gerenciamento inteligente de riscos organizacionais (IERM).

Capítulo 7: DESEMPENHO INTELIGENTE DE RISCOS

A capacidade de trabalho de um homem
é julgada por seus resultados.
JULES H. FAYOL

O QUE VEM A SEGUIR

Este capítulo apresenta o desempenho do gerenciamento de riscos.

- Avaliando riscos através de resultados inteligentes.
- Princípios de desempenho do gerenciamento de riscos.
- Riscos que afetam o desempenho estratégico.
- Inventário inteligente de riscos.
- Avaliando oportunidades com a inteligência de riscos.

PERFORMANCE

AVALIANDO RISCOS ATRAVÉS DE RESULTADOS INTELIGENTES

O desempenho inteligente de riscos concentra-se em apoiar a organização na tomada de decisões de alto nível no gerenciamento de riscos organizacionais (ERM). No desempenho inteligente de riscos, o IERM *Framework* trata novamente dos processos e princípios do COSO ERM *Framework e* do componente Desempenho na formulação de objetivos do negócio.

Avaliar riscos com resultados inteligentes não depende somente da análise final das informações, mas da correta compreensão de todos os estágios de estruturação das informações ao longo do processo de gerenciamento de riscos.

Para atingir os resultados inteligentes de riscos, o IERM *Framework* considera a integração dos padrões CSi, COSO e ISO.

PRINCÍPIOS DE DESEMPENHO DO GERENCIAMENTO DE RISCOS

O desempenho inteligente de riscos segundo o *framework* da ISO 31.000:2018 passa por sete estágios de implementação.

CRIAÇÃO E PROTEÇÃO DE VALOR

O desempenho inteligente de riscos passa primeiramente pela criação e pela proteção de valores da organização. Este estágio é o último dos itens apurados nos processos e nos sistemas de gerenciamento de riscos organizacionais.

Ele depende da estrutura de capitais da organização, sendo ela multicapital ou não. Ele depende também do *business case* de gerenciamento de riscos, das análises de respostas aos riscos, dos riscos residuais e da tratativa completa dos riscos. Não há como expressar o desempenho inteligente de riscos sem considerar a proteção dos valores organizacionais.

A destruição de valores por conta da má gestão de riscos pode trazer consequências graves aos proprietários de riscos, chegando à responsabilidade civil e criminal. Por outro lado, é necessário lembrar que a destruição de valores também não está ligada a valores financeiros somente, mas a todos os demais capitais (natural, intelectual, humano etc.) pertencentes à organização ou ligados a ela.

A INTEGRAÇÃO PARA GERAÇÃO DE PROCESSOS SUSTENTÁVEIS

O segundo estágio de desempenho inteligente de riscos é a integração de processos para sustentabilidade organizacional. A organização deve existir, sobreviver e ser rentável a curto, médio e longo prazos.

Os esforços para atingir os objetivos estratégicos passam necessariamente pela estrada que conduz aos riscos. Por isso os objetivos estratégicos andam lado a lado com o gerenciamento de riscos organizacionais (ERM).

Se não bastasse essa estreita linha que divide os objetivos e os processos sustentáveis, as organizações devem estar ligadas ao processo de desempenho iterativo. Uma organização não pode ter grandes oscilações em desempenho, principalmente na área de gerenciamento de riscos.

Um exemplo: uma empresa atende a todos os protocolos de segurança ambiental por dois anos seguidos e, por algum motivo, estratégico ou não, decide romper seus laços com a sustentabilidade ambiental.

No ano seguinte, um acidente ocorre nas instalações da empresa e os protocolos de proteção ambiental não foram renovados. Os diretores responderão civil e criminalmente pelas ações tomadas e as consequências provocadas pela má gestão.

DESEMPENHO ORGANIZACIONAL COMPROMETIDO

O terceiro vetor de desempenho inteligente de riscos é o comprometimento da organização em relação ao gerenciamento de riscos. O desempenho organizacional comprometido avalia e articula os processos de gerenciamento de riscos junto à alta gestão, à diretoria, aos conselhos e aos demais membros internos, engajando e criando o senso de comprometimento com o gerenciamento de riscos.

Externamente, os processos se expandem não só para agentes reguladores, políticas e leis, mas para comprometimento com a sociedade como um todo.

A organização deve estar comprometida em levar seus negócios e projetos a um certo patamar de confiança, para que a própria sociedade possa responder a favor da empresa em qualquer evento que venha ocorrer.

AVALIAÇÃO PERIÓDICA DO SISTEMA DE GESTÃO DE RISCOS

O quarto vetor de desempenho inteligente de riscos trata da melhoria contínua do sistema de gestão de riscos. Não basta apenas avaliar os riscos, as respostas aos riscos, o monitoramento dos riscos e seus respectivos resultados. É extremamente necessário avaliar o sistema de gestão de riscos como um todo. Deve-se avaliar a estrutura de gestão e a integração com os propósitos organizacionais, além de atualizar as boas práticas de sustentabilidade e os processos que interagem com outros processos externos ao gerenciamento de riscos.

A medição do sistema de gestão de riscos passa também pela avaliação de desempenho através dos indicadores inteligentes de gestão (SPI), que vão além dos tradicionais KPI.

Os SPI são indicadores autoajustáveis e dinâmicos que promovem a atualização constante de seus resultados. Saiba mais sobre SPI no capítulo "Sistemas de Gestão Inteligente".

DESEMPENHO DOS PROCESSOS DE RESPOSTAS AOS RISCOS

O quinto vetor de desempenho inteligente de riscos trata do desempenho dos sistemas de respostas aos riscos.

Diferentemente do desempenho que trata do sistema de gestão de riscos como um todo, este vetor trata da qualidade das respostas aos riscos e como o seu desempenho pode prejudicar os sistemas de gestão.

RISCOS QUE AFETAM O DESEMPENHO ESTRATÉGICO

O décimo princípio do COSO ERM *Framework* é o primeiro princípio do componente de desempenho aplicado ao desempenho inteligente de riscos. Ele trata da identificação dos riscos que afetam o desempenho estratégico e os objetivos de negócios da organização.

O COSO ERM *Framework* sugere que os riscos organizacionais, principalmente aqueles relacionados ao ESG, são mais difíceis de identificar devido às características a seguir.

RISCOS NOVOS OU EMERGENTES

A primeira característica que afeta o desempenho estratégico está relacionada ao ineditismo dos riscos e ao destaque de novos riscos que surgem para impactar as organizações.

Esses riscos podem ameaçar os objetivos estratégicos, pois não são riscos com histórico de gestão, ou seja, não existem lições aprendidas para auxiliar no processo de resposta aos riscos.

Não é possível avaliar o inventário de riscos quando não há histórico. Por isso os novos riscos devem ser inventariados e registrados na base de conhecimento do gerenciamento de riscos organizacionais (ERM). Outra característica dos riscos emergentes é a sua amplitude, que pode se estender para fora da organização, deixando os limites da gestão e impactando outras partes interessadas externas.

A IMPREVISIBILIDADE DOS RISCOS

A segunda característica que afeta o desempenho estratégico está relacionada à imprevisibilidade e à atemporalidade dos riscos, como dito nos capítulos anteriores.

O efeito dos "cisnes negros" pode comprometer o desempenho do gerenciamento de riscos.

Alguns desses riscos podem ser tão graves que não somente destroem valores como inviabilizam o negócio da organização. Esse é um dos efeitos mais críticos relacionados ao desempenho dos riscos, e deve ser tratado com toda cautela e inteligência.

A EXTENSÃO DOS RISCOS

A terceira característica que afeta o desempenho estratégico está relacionada à extensão dos riscos em relação ao plano estratégico. Nenhum planejamento estratégico consegue prever danos ou ganhos em uma extensão além do seu *roadmap*.

Ao estender o risco além do prazo estabelecido, a organização pode sofrer com a falta de recursos, com a redução de benefícios e com os impactos financeiros além das reservas previstas para o evento.

Não apenas o desempenho organizacional será afetado como todas as partes interessadas ligadas ao negócio da organização.

Talvez a extensão do risco chegue até a lugares, biomas, sistemas e outras áreas ambientais e traga sintomas irreparáveis para as partes interessadas e o próprio planeta.

COMPLEXIDADE CONTEXTUAL DOS RISCOS

A quarta característica que afeta o desempenho estratégico está relacionada à complexidade contextual do risco. Ela vai além da compreensão e dos limites da organização.

Alguns riscos são tão complexos que necessitam de ações externas de entidades, organizações e até mesmo governos.

INVENTÁRIO INTELIGENTE DE RISCOS

Segundo o COSO ERM *Framework*, o inventário de riscos é utilizado para determinar riscos que podem interromper as operações, afetar os objetivos estratégicos de negócios e impactar os processos organizacionais, incluindo a reputação da organização.

O processo de inventário de riscos deve identificar oportunidades para criar e preservar valor para a organização como um todo, partes interessadas e todo o sistema de gerenciamento de riscos organizacionais (ERM).

O inventário de riscos é como um registro do que a organização enfrenta. Através do inventário é possível classificar e categorizar os riscos em processos comuns.

Esses processos podem ajudar a avaliação das respostas aos riscos. Independentemente se os riscos foram ou não respondidos com eficácia, eles permanecem no inventário de riscos para acompanhamento e monitoramento.

Para avaliar o desempenho inteligente aplicado ao gerenciamento de riscos organizacionais (ERM), o IERM *Framework* considera o inventário inteligente de riscos um vetor de transformação na coleta, na definição e no registro dos riscos.

Para avançar com o inventário inteligente de riscos, uma base de informação consistente é criada na organização e fora dela.

A diferença entre o inventário de riscos e o inventário inteligente de riscos é a capacidade de armazenamento, retenção e recuperação de dados.

O inventário inteligente de riscos vai além dos limites tradicionais na captura de informações relevantes ao gerenciamento de riscos. Ele considera as interfaces pré-organizacional, organizacional e pós-organizacional.

Essas três interfaces avaliam os riscos antes da implementação da organização, processos, bases, elementos, infraestrutura e instalações, formação, corpo técnico e diretoria.

AVALIANDO OPORTUNIDADES COM A INTELIGÊNCIA DE RISCOS

O desempenho inteligente de riscos avalia também riscos de oportunidades ao longo dos processos de gerenciamento de riscos. As oportunidades podem trazer benefícios de alto impacto às organizações.

Para avançar no desenvolvimento de riscos de oportunidades, a mesma visão de riscos de ameaças deverá ser utilizada: análise de megatendências, estudos de mercado e evolução dos riscos emergentes são alguns exemplos. Demandas de comportamento, mudança de visão, transferência de comando, mudanças de opinião e fomento de alguns segmentos podem mudar completamente o mercado, as ações e o volume de capital negociado, se uma visão inteligente de oportunidades for utilizada.

As oportunidades podem aumentar o valor para a organização a longo prazo. No entanto, avaliá-las requer uma visão transformadora e objetividade na análise de riscos.

O desempenho inteligente de riscos prevê e antecipa as oportunidades através dos relatórios de agências, de gestoras de fundos, canais de informações com sólida reputação em análises globais etc.

Para se aprofundar nos estudos das oportunidades, é necessário fazer uma imersão no mercado em que atua e avaliar como as pequenas ondas se transformarão em um tsunami de oportunidades.

AVALIANDO RESPOSTAS AOS RISCOS EM CENÁRIOS DE MUDANÇA

Todo o contexto apresentado neste capítulo deve ser aplicado na visão de mudanças organizacionais.

O futuro do gerenciamento de riscos organizacionais (ERM) passa necessariamente pela gestão inteligente de mudanças. Por isso os sistemas de gerenciamento de riscos organizacionais (ERMS – *Enterprise Risk Management Systems*) devem contemplar atualizações e iterações suficientes para acomodar as mudanças organizacionais constantes.

Em um futuro muito próximo, as organizações não possuirão registros estáticos de respostas aos riscos. Eles serão substituídos por processos de iteração, baseados em IA e outras fontes inteligentes, para acomodar a volatilidade dos sistemas de gestão.

OPINIÃO ESPECIALIZADA

O IERM *Framework* prevê ainda uma extensa participação de profissionais e especialistas em determinados assuntos para o gerenciamento de riscos organizacionais (ERM). O objetivo é auxiliar o dimensionamento do sistema de gerenciamento de riscos, fornecer informações de caráter técnico, conceitual ou prático para o gerenciamento de riscos e alavancar o conhecimento dos proprietários de riscos e dos gestores de riscos específicos, como riscos relacionados ao ESG.

Os especialistas devem participar de reuniões nos vários estágios e processos de organização dos sistemas de gerenciamento de riscos, do inventário de riscos, do monitoramento e da análise dos resultados e comunicação de riscos. Contar com a participação dos especialistas pode ajudar a transformar a visão do sistema de gerenciamento de riscos e melhorar a confiabilidade dos dados e das informações prestadas pelos proprietários de riscos.

ENCERRANDO ESTE CAPÍTULO

Neste capítulo foi possível avaliar como é definido o desempenho relativo ao gerenciamento de riscos. Para atingir a excelência no desempenho do gerenciamento de riscos ainda existe muito trabalho a ser feito. O EGIR (Escritório de Gestão Inteligente de Riscos) atua no desenvolvimento de relatórios de desempenho inteligente de riscos através de Portais Inteligentes de Gestão. Na parte 2 deste livro serão apresentadas maneiras inteligentes de organizar os relatórios de desempenho de riscos. No livro **Ferramentas Inteligentes de Riscos – The Book of Risk | Toolkit** serão apresentados os relatórios inteligentes de riscos.

Capítulo 8: GESTÃO INTELIGENTE DE MUDANÇAS

O empreendedor sempre busca a mudança, responde a ela e a explora como uma oportunidade.
PETER DRUCKER

O QUE VEM A SEGUIR

Este capítulo apresenta os cenários de mudança organizacional e a sua relação com o gerenciamento de riscos.

- Riscos em cenários de mudança organizacional.
- Fatores relacionados às mudanças estratégicas segundo o PMI®.
- Os impactos das mudanças no gerenciamento de riscos.
- Desafios em cenários de mudança organizacional.
- Gerenciamento de riscos organizacionais, ciência ou arte?
- O fator humano como vetor de mudanças organizacionais.

RISCOS EM CENÁRIOS DE MUDANÇA ORGANIZACIONAL

Inicialmente este capítulo não iria fazer parte deste livro, que trata de ERM. Seu conteúdo entraria no livro **Gerenciamento Inteligente de Riscos – The Book of Risk | Operational**, que trata de ORM. A BIO. optou por incluir o *Intelligent Change Management* ou gerenciamento inteligente de mudanças neste livro para trazer a visão da gestão de mudanças também para o gerenciamento de riscos organizacional (ERM).

Existe a necessidade de transformar os padrões de inteligência em vários setores de gestão, e o gerenciamento de riscos é um deles. Em nenhuma outra época da história o mundo esteve à beira de tantas mudanças quanto na era chamada de transformação digital. Não há por que considerar o mundo um lugar estático e estável para uma organização em transição, quando se trata do momento de maior impacto das mudanças nos negócios, nos projetos, na vida pessoal e até no próprio planeta.

Mesmo com tantas visões de mudança, ainda existem setores, organizações inteiras e gestores que estão divididos quando se fala em ingressar no mundo líquido de Bauman. Ao contemplar o universo organizacional, é possível compreender que as pessoas são as grandes responsáveis pelas mudanças, direta ou indiretamente. E mais do que isso: as pessoas são as primeiras a evitar as mudanças causadas por elas próprias. Por isso a BIO. trouxe uma visão inteligente sobre a gestão de mudanças organizacionais na visão de gerenciamento de riscos.

A gestão inteligente de mudanças se baseia em princípios comportamentais, técnicos e de gestão. Ela se baseia no *Business Case* do negócio e especificamente no "*Business Case* de Riscos", no caso de ERM. O *Business Case* traz informações relevantes para o gerenciamento de mudanças. Riscos relacionados a mudanças também são abordados na gestão inteligente de mudanças. Eles podem impactar os negócios e a forma como as organizações estruturam suas estratégias e seus objetivos. Os impactos desses riscos podem inclusive mudar a forma como as organizações realizam seus processos de governança corporativa (organizacional). O PMI® aborda *no The Standard for Risk Management in Portfolio Program, and Projects*, no apêndice X3, *risk management controls for portfolio strategic management*, sete fatores ligados a mudanças que impactam no portfólio.

FATORES RELACIONADOS ÀS MUDANÇAS ESTRATÉGICAS SEGUNDO O PMI®

Mudanças contínuas e planejadas na organização podem impactar os objetivos estratégicos e o portfólio organizacional. Outras mudanças que podem impactar os objetivos operacionais estão ligadas ao ambiente organizacional, nos níveis de regulamentação, práticas de mercado e boas práticas de gestão.

Ainda fazem parte dos fatores relacionados a mudanças a integração dos sistemas de controle de mudanças no nível de portfólio, a interface no nível de projetos, programas e componentes e interfaces com outros portfólios e empreendimentos externos.

Fatores internos e ativos organizacionais encerram o contexto de compartilhamento de informações no nível de portfólio. No entanto, o padrão do PMI® traz ainda a interface com os sistemas e processos de gerenciamento de riscos organizacionais (ERM) como fator a ser considerado na gestão estratégica de riscos.

OS IMPACTOS DAS MUDANÇAS NO GERENCIAMENTO DE RISCOS

É possível que, em um futuro muito próximo, padrões, métodos e sistemas deixem de existir, ficando apenas controles, processos e máquinas comandando todas as estruturas de negócios. Essa visão pode assustar e até parece ser retirada de filmes de ficção científica. Mas o futuro reserva grandes surpresas para os processos de gestão e negócios das organizações.

O que realmente pode ter segurado muitos avanços tecnológicos são o que chamamos na BIO. de efeito *Boomer*, liderado pelo enfático Warren Buffett, da geração *Silent*, com mais de 90 anos de idade em 2022.

O índice da S&P 500 traz uma idade média dos CEOs de 58 anos, ou seja, os *Boomers* ainda dominam as maiores empresas e fazem parte da maioria dos conselhos de gestão no mundo. Com raras exceções, membros da alta gestão são parte da geração mais conservadora entre as novas gerações. No livro "Ensaios das Gerações", da BIO., é possível encontrar uma pesquisa completa sobre todas as novas gerações, da *Boomer* à *Alpha*.

Mas o que a análise das gerações tem a ver com o gerenciamento de riscos organizacionais e a gestão inteligente de mudanças?

O contexto histórico sempre foi um fator preponderante na visão de riscos. Como uma empresa de pesquisa e estudo da vida humana, a BIO. não acredita que gerações possam ser classificadas apenas pela data de nascimento ou um período histórico em comum.

No entanto, fica claro que as comunidades se formam ao redor de pensamentos e comportamentos semelhantes em idades próximas, o que leva a pensar que, de alguma forma, as gerações influenciam o comportamento e as práticas organizacionais.

Segundo pesquisas internas da BIO., nos próximos 20 anos haverá um *boom* de transição de comando, renda e poder da geração dos *Baby Boomers* e da *Silent Gen* para as demais gerações. Só nos EUA são mais de 100 milhões de pessoas. Considerando os números de transferência entre as gerações, o que as empresas têm a considerar na visão multigeração?

UMA VISÃO MULTIGERAÇÃO

Ao olhar as gerações, pode-se afirmar que, junto com a transição dos *Boomers* para as gerações X, Y e Z, novos desafios para o gerenciamento de riscos organizacionais (ERM) vão surgir. Por outro lado, riscos de oportunidades também podem surgir com a visão multigeração.

As novas gerações são uma incógnita para o futuro da gestão devido à falta de informações e de resultados consistentes. Análises pontuais de pessoas e grupos, empresas de tecnologia e outras *startups* ainda não apresentaram registros suficientes para o gerenciamento de riscos.

O *Wall Street Journal* em 2021 publicou uma série de denúncias sobre a maior rede social do mundo, o Facebook que possui mais de dois bilhões de usuários. Segundo especialistas, isso pode ter impulsionado a organização a mudar seu nome para Meta e focar no metaverso.

Essa é uma das megatendências que tomaram conta de redes sociais, aplicativos e plataformas como YouTube, Twitter, Snapchat e TikTok. Esta última sofreu uma sanção do governo norte-americano e ficou proibida de veicular informações durante um período em 2021.

Essas plataformas impulsionaram os órgãos reguladores a tomar providências quanto ao risco provocado pelas redes sociais em larga escala. Mas como todas essas coisas se conectam?

O mercado mundial das novas gerações tem um palco diferente do tradicional: o meio digital, as redes sociais e as plataformas *on-line*. As empresas bilionárias e até trilionárias da internet fazem um grande investimento em gerenciamento de riscos, porém não têm maturidade suficiente quando se trata de crises de alto impacto. A maturidade não tem a ver com especialistas, profissionais ou planos de gestão de riscos, e sim com a idade organizacional.

A análise das variáveis aqui apresentadas são questões conceituais para os gestores de riscos de diversos negócios em diversas organizações. O mundo não estará mais nas mãos das gerações *Silent* e *Boomer* nos próximos 20 ou 30 anos, período considerado um ciclo de planejamento estratégico. O mundo passará pela maior transição de questões de capital da história e junto com ela um mundo em plena transformação e ascensão digital extrema. Atenção, gestores de riscos: apertem os cintos que o mundo está passando por turbulências.

DESAFIOS EM CENÁRIOS DE MUDANÇA ORGANIZACIONAL

O gerenciamento de riscos organizacional (ERM) é o mais alto grau de gerenciamento de riscos que uma organização pode ter. O ERM é a soma de todos os riscos e deve considerar quaisquer outros processos de riscos tratados na organização.

O gerenciamento inteligente de mudanças com a visão do ERM trata de todas as instâncias de gerenciamento de riscos de maneira comum.

Uma linguagem inteligente de riscos deve ser proposta na organização, para correta relação entre os diversos sistemas de gestão organizacional.

No livro "Metodologias Inteligentes de Gestão", da BIO., podem ser encontrados os processos organizacionais de riscos, entre outros sistemas de gestão. O ERM é tratado no livro como o sistema mais completo do gerenciamento de riscos.

Através do ERM é possível mapear todos os demais riscos operacionais (ORM), portfólios, programas e projeto (P3RM). Através dessa abordagem comum entre os demais riscos, é possível conectar, de forma inteligente, todo o gerenciamento de riscos, dentro e fora de uma organização. Qual o objetivo de conectar todos os riscos em uma organização?

Ao conectar os riscos de forma inteligente, é possível medir o apetite aos riscos de uma organização e saber quanto ela suporta de riscos.

Nos capítulos anteriores foram apresentados fatores que definem o risco, como a imprevisibilidade, a escalabilidade, a adaptabilidade etc. Os riscos devem ser mensurados com uma visão global, independentemente do nível em que são tratados.

Os processos que provocam mudanças organizacionais devem encarar o desafio de padronizar, normatizar e regulamentar o gerenciamento de riscos. O objetivo é atender a vários níveis organizacionais, unidades, divisões, setores ou subsidiárias utilizando a mesma sistemática, não importando se a gestão de riscos ocorre em qualquer um dos níveis organizacionais.

No *Business Case* é possível encontrar uma visão geral sobre a organização, inclusive os processos de gerenciamento de riscos ERM. Nos livros da BIO. "Planejamento e Inteligência Estratégica" e "Inteligência Organizacional" é possível conhecer detalhes do desenvolvimento de documentos de gestão estratégica, como o *Business Case*.

GERENCIAMENTO DE RISCOS ORGANIZACIONAIS, ARTE OU CIÊNCIA?

O relatório *Sustainability and Enterprise Risk Management: the first step towards integration*, da WBCSD®, apresenta pesquisa realizada pelo Ponemon Institute em 2013. Foi perguntado aos entrevistados, responsáveis pela gestão de riscos de segurança da informação, se o gerenciamento de riscos era arte ou ciência. Nos EUA, 51% consideram o gerenciamento de riscos ciência e 49% arte. No Reino Unido, o resultado é semelhante: 58% consideram o gerenciamento de riscos ciência e 42% arte.

Para a BIO., a pesquisa não é o ponto relevante, mas como as pessoas enxergam a gestão. Enquanto a ciência desenvolve ferramentas, técnicas, processos de monetização, modelagem de riscos e modelos matemáticos de precisão impressionante, a arte é o contraponto. A análise de cenários para tomada de decisões é tão importante quanto a sua construção, isso é fato, porém a base intuitiva para a análise, a visão sistêmica e generalizada da organização, o conhecimento e a expertise da equipe, e os membros da alta gestão que gerenciam os riscos são igualmente importantes.

O relatório da WBCSD® apresenta um artigo sobre como certos riscos capturados pelo gerenciamento de riscos organizacionais (ERM) sofrem um desalinhamento. O relatório apresenta também casos de empresas que enfrentaram consequências por não integrarem seus riscos de maneira inteligente.

Conhecer métodos e processos, ferramentas e técnicas, o desenvolvimento tecnológico e os avanços em IA, dentre outras tecnologias disruptivas, aprimora a gestão em larga escala. Muitos avanços tecnológicos hoje sequer seriam realidade sem a computação em nuvem.

Mas tão impressionante quanto o avanço da ciência no ramo da tecnologia (considerando apenas as ciências exatas) é o avanço do conhecimento sobre a visão humana.

O FATOR HUMANO COMO VETOR DE MUDANÇAS ORGANIZACIONAIS

Ao considerar o fator humano como o grande vetor de transformação organizacional, a BIO. acredita que a inteligência humana superou, supera e superará a máquina quando se trata de inteligência aplicada ao gerenciamento de riscos.

A velocidade nos cálculos e informações de alta precisão são as vantagens primordiais que as máquinas têm e que podem impulsionar o gerenciamento de riscos organizacional (ERM). Porém, por enquanto, as máquinas não entendem as pessoas tão bem quanto as próprias pessoas.

Na visão do *Smart Business Case,* as organizações levarão em conta não apenas as ferramentas impulsionadas pela ciência, mas o comportamento impulsionado pela arte.

No livro **Ferramentas Inteligentes de Riscos – The Book of Risk | Toolkit**, a BIO. apresenta ferramentas e técnicas conceituadas no gerenciamento de riscos ERM e ORM, como Árvores de Decisão, Análise de Monte Carlo, VE (Valor Envolvido), Teste de Estresse, Análise de Cenários, Modelagem de Incertezas e muitas outras ferramentas.

A caixa de ferramentas inteligentes de riscos envolve também a arte como grande impulsionadora de ferramentas ditas abstratas, mas imensamente importantes no gerenciamento de riscos organizacional (ERM): a capacidade de tomar decisões, o empoderamento das partes interessadas, a visão de longo prazo aplicada aos negócios, a capacidade de dedução e decomposição de informações, a experiência e o conhecimento tácito dos profissionais técnicos e até mesmo o *gut feeling* ou intuição humana. Em resumo, ciência e arte não são concorrentes no processo de gerenciamento de riscos, mas complementos. Talvez sejam faces de uma mesma moeda. Imagine jogar uma moeda com duas caras ou duas coroas? Isso não faz sentindo algum. Independentemente de como a moeda foi lançada, o local que ela vai cair e o resultado, sempre haverá uma face com a arte e outra com a ciência.

Um lado sempre será visível enquanto o outro mostra os resultados que estão por trás da moeda. Isso quer dizer que, independentemente se a análise de riscos é arte ou ciência, ambas estão intimamente ligadas para a entrega de resultados no gerenciamento de riscos organizacional. No entanto, o excesso de confiança nas previsões realizadas pela ciência pode causar novos riscos importantes que podem ser subestimados, superestimados e até mesmo negligenciados.

ENCERRANDO ESTE CAPÍTULO

Neste capítulo foi possível conhecer os impactos das mudanças no gerenciamento de riscos. Muitos riscos organizacionais surgem de fatores que não podem ser observados na visão de negócios. Por isso, dificilmente eles serão quantificados pelas ferramentas e técnicas aplicadas na ciência de gerenciamento de riscos. O contraponto é a arte ou a capacidade humana de tomar decisões. Nem todas as ações de gestão estarão ligadas a dados, informações ou cálculos, mas à forma como pensamos sobre eles. No próximo capítulo teremos a visão da inteligência aplicada às comunicações.

Capítulo 9: COMUNICAÇÃO INTELIGENTE DE RISCOS

Façamos um esforço especial para parar de nos comunicarmos uns com os outros, para que possamos conversar um pouco.

MARK TWAIN

O QUE VEM A SEGUIR

Este capítulo apresenta os desafios de comunicação no gerenciamento de riscos organizacional.

- Preparando as comunicações para o gerenciamento de riscos.
- Cegueira organizacional: por que os riscos acontecem?
- A comunicação inteligente na visão multipadrão.
- Habilidades inteligentes para comunicação.
- A escuta inteligente aplicada ao gerenciamento de riscos.
- Outros processos de comunicação inteligente.
- A importância da comunicação para o gerenciamento de riscos.

PREPARANDO AS COMUNICAÇÕES PARA O GERENCIAMENTO DE RISCOS

As organizações preparam suas comunicações através de canais internos e externos. No entanto esse fluxo de informações é amplamente unilateral. A comunicação acontece da organização para as partes interessadas e relativamente pouco no sentindo contrário.

Este capítulo traz um contexto especial sobre comunicação, *reports* e os meios de aplicação da gestão de informações na visão do IERM. A palavra *beyond* em inglês tem uma conotação diferente do seu contexto em português. *Beyond* significa ir além de algo, longe, muito longe. Contudo, na língua portuguesa, "ir além" tem um sentido de distância, algo palpável e realmente limitado.

Beyond Risk significa ampliar a visão de riscos, da comunicação e de diversos outros fatores, não apenas na dimensão espacial, relativa ao lugar ou ao esforço provocado para conseguir algo, mas em termos de tempo, ações, processos e futuro. É ir além da visão tradicional de gestão de riscos para o gerenciamento inteligente de riscos organizacionais (IERM).

O intuito deste livro é levar os gestores de riscos a mudar da visão de gerenciamento com foco em processos para a visão com foco em sistemas e pessoas – uma visão holística do gerenciamento de riscos organizacionais (ERM).

Enfim, o objetivo de trazer à tona a visão do *Beyond Risk* é elevar a consciência de riscos independentemente da atuação local, instalação, porte ou gestão organizacional.

Uma pequena organização pode influenciar comportamentos por todo o mundo. Da mesma forma, pequenos atos podem mudar a cultura organizacional.

O livro de Margaret Heffernan, "Beyond Measure: The Big Impact of Small Changes" (em português, "O Poder das Pequenas Mudanças"), mostra claramente como pequenas ações no meio executivo podem mudar a cultura organizacional. O livro traz um manifesto para a alta gestão aplicar as mudanças comportamentais em favor da melhoria da comunicação organizacional.

Em uma cidadezinha em Montana chamada Libby, na fronteira entre EUA e Canadá, um efeito das pequenas ações ajudou na compreensão de como atos pequenos podem impactar a transformação da cultura, da sociedade e das organizações. Essa história é contada por Margaret Heffernan no TEDx Danubia (veja o link da palestra no capítulo de Referências Inteligentes de Riscos). Margaret conta que 85% das organizações dos EUA e Europa afirmam ter problemas.

No entanto, as pessoas não comunicam esses problemas, seja por medo da retaliação, por achar o problema fútil ou por acreditar que suas ações não vão mudar as pessoas ou as organizações. Contudo, existem pessoas que decidem enfrentar esses medos e comunicam o que estão vendo. Este capítulo não é sobre as pessoas que falam sobre os problemas, mas sobre aquelas que não fazem.

Um efeito da não comunicação é a cegueira voluntária citada por Margaret Heffernan no livro "Wilful Blindness: Why We Ignore the Obvious" (em tradução livre, "A Cegueira Voluntária (Intencional): por que ignoramos o óbvio"). Margaret traz o conceito da cegueira voluntária, que pode ser entendido como um manifesto – a falta de visão de alguns eventos pode impactar a humanidade como um todo.

Estendendo a visão de Margaret para um viés cognitivo com a visão da psicologia, a cegueira desatenta é outro tipo de patologia da era da comunicação em alta velocidade.

No entanto, antes de levantar a mão contra os milhões e milhões de dados que saltam pela internet e pela intranet das grandes organizações, o estudo mais famoso sobre cegueira desatenta foi feito há mais de vinte anos.

O Teste do Gorila Invisível, como foi chamado, foi realizado por Simons e Chabris em 1999. No estudo, os participantes assistiam a um vídeo e eram solicitados a contar o número de vezes que uma determinada equipe passava a bola.

Durante o vídeo, porém, uma pessoa vestida de gorila caminhava entre as duas equipes. Apesar da evidente presença do gorila, os participantes do teste estavam tão concentrados na tarefa de contar os passes que o gorila se tornava imperceptível.

Outros experimentos do tipo foram conduzidos, comprovando a cegueira de forma clara e contínua. Todos eles têm uma importante contribuição para o gerenciamento de riscos organizacionais (ERM): os gestores de riscos estão concentrados na contagem dos passes, através de dados técnicos de alta precisão (ciência) e não focam na visão ampla da gestão. Dessa maneira, ficam expostos e totalmente cegos para o que ocorre com as pessoas ao redor (arte).

Enfim, a BIO. quer trazer para o contexto de riscos a observação da humanidade como um todo. Os seres humanos são sujeitos a comportamentos, temperamentos e questões intrínsecas que afetam a gestão – e isso deve ser considerado no gerenciamento de riscos organizacionais (ERM). A BIO. chama essa abordagem de Gerenciamento Inteligente de Riscos Organizacionais (IERM – *Intelligent Enterprise Risk Management*).

CEGUEIRA ORGANIZACIONAL, POR QUE OS RISCOS ACONTECEM?

Compreender por que os riscos acontecem e encontrar soluções é um trabalho muito mais empírico do que científico. Condensar fatos e relatos em uma comunicação cada vez menos analítica pode esconder graves problemas.

Os proprietários de riscos são responsáveis por comunicar, de forma eficaz, como os indicadores e dados impactam a gestão organizacional, na maioria das vezes com reflexos financeiros. Outros profissionais de gerenciamento de riscos ligados ao ESG estão dedicados a outro tipo de comunicação, externa à organização.

Em resumo, enquanto os gestores de riscos se comunicam internamente sobre os riscos, outros profissionais tratam da visão externa.

A maioria das grandes organizações atua de forma global e se ampara em dados financeiros para compreender como o gerenciamento de riscos organizacionais afeta as partes interessadas. Essas informações são consolidadas por sistemas de gestão empresarial e de projetos, como ERP, MRP, EPM, PPM, etc. Algumas empresas possuem sistemas relacionados a ERM, ESG ou áreas específicas, porém estes são menos comuns.

O fato é que muito sobre o gerenciamento de riscos se perde no processo de comunicação. Esse efeito é o que a BIO. chama de cegueira organizacional ou cegueira não inteligente.

A cegueira organizacional está relacionada a processos, dados e informações que não são visíveis nos padrões organizacionais. Sistemas e pesquisas que avaliam a cultura organizacional chegam a extremos de 70% de ineficiência, segundo pesquisas do livro de Margaret Heffernan, "Beyond Measure: The Big Impact of Small Changes".

A questão da cegueira não é avaliar seus motivos, propósitos ou vetores impulsionadores, mas apenas compreender que ela existe. A cegueira organizacional é um fator que deve ser considerado na visão inteligente do gerenciamento de riscos organizacionais (IERM).

A COMUNICAÇÃO INTELIGENTE NA VISÃO MULTIPADRÃO

O COSO ERM *Framework* traz processos relacionados à comunicação do gerenciamento de riscos. Os princípios de comunicações e relatórios de riscos são aplicados através de canais de gerenciamento de riscos, relatórios de desempenho, riscos, cultura e outras informações relevantes para a organização em seus diversos níveis.

A comunicação é etapa essencial do sistema de gerenciamento de riscos organizacionais (ERM). Através dela os *reports* de riscos serão elaborados na visão estratégica e operacional para atividades rotineiras.

A comunicação interna trata, segundo o COSO, das informações relacionadas aos riscos para o público interno e apoia os conselhos, a alta gestão e a administração na tomada de decisões estratégicas na visão de riscos.

Outro papel da comunicação é promover a conscientização sobre riscos críticos para a organização. Esse tipo de informação pode ajudar na tomada de decisões e na alocação de recursos adequados a todos os níveis organizacionais.

Por fim, a comunicação não se limita apenas a esses processos. Ela tem o papel de incentivar a disseminação da cultura, a conscientização sobre o gerenciamento de riscos e o engajamento das partes interessadas.

No entanto, é preciso entender quem receberá a informação, a necessidade e a periodicidade de cada parte interessada (forma, detalhes e considerações para cada público). No caso de comunicações externas, as partes interessadas precisam entender como a organização está gerenciando seus riscos a nível organizacional (ERM).

O objetivo é ganhar a confiança das partes interessadas externas. Elas querem compreender não somente os processos de gerenciamento de riscos, mas como a organização mantém os valores dos diversos capitais para os acionistas, para a sociedade, para ela própria e para outras partes interessadas (internas e externas).

Outro aspecto que deve ser levado em conta é como comunicações, publicações e reports devem ser relatados. Existem padrões e práticas legais para publicação dessas informações. Em algumas localizações, as organizações precisam reconhecer os benefícios associados à comunicação dos riscos e os seus efeitos nas partes interessadas. A comunicação efetiva transforma as informações de gestão de riscos organizacionais (ERM) em uma excelente prestação de contas organizacional.

Para a comunicação das informações externas, existem os relatórios obrigatórios e voluntários. A emissão de relatórios voluntários é uma opção da organização. Contudo, os gestores devem ter em mente que a sua emissão contínua, mesmo que voluntária, deve ter caráter obrigatório após o início de um ciclo de publicações.

A organização que desiste da comunicação voluntária após alguma publicação mostra desinteresse pelo tema e eleva a preocupação das partes interessadas na visão de gerenciamento de riscos.

Alguns relatórios de gerenciamento de riscos organizacionais têm crescido muito nos últimos anos, quando se trata da divulgação de informações obrigatórias. Entre eles, os relatórios de riscos relacionados ao ESG têm forte relevância. Em torno de 70% dos gerentes de portfólio e profissionais de pesquisa acreditam na importância das divulgações de informações relacionadas ao gerenciamento de riscos organizacionais (EY, 2022).

Muitas empresas gerenciam os riscos internamente, porém não divulgam corretamente essas informações para o público externo. Segundo estudo da Ernst & Young, mais de 80% dos investidores afirmam que as organizações não divulgam adequadamente seus riscos de forma relevante.

Para compreender como as informações são itens de relevância quando se trata de gerenciamento de riscos organizacionais (ERM), confira o capítulo "Integrações Inteligentes de Gestão".

Por fim, outro aspecto tratado pelo COSO é a qualidade das informações apresentadas através dos processos de comunicação. Quanto maior o número de relatórios e informações, maior o nível de confiabilidade das organizações.

Segundo o relatório *Enterprise Risk Management – Integrating with strategy and performance* (COSO e WBCSD®), 85% das empresas do S&P 500 emitiram seus relatórios de sustentabilidade apenas em 2017. No entanto, mais de 40% dos investidores afirmaram que as informações não financeiras são inconsistentes e sem rastreabilidade verificável.

Estes são dados importantes para avaliação da comunicação inteligente de riscos no âmbito do ERM.

HABILIDADES INTELIGENTES PARA COMUNICAÇÃO

Segundo o PMI®, no documento *The Standard for Risk Management in Portfolios, Programs, and Projects®*, a comunicação é um fator crítico de sucesso para o gerenciamento de riscos do OPM3 (Gerenciamento de riscos organizacionais, portfólio, programas e projetos). E a comunicação ainda deve ser aberta e honesta, traduzindo a realidade da organização para todas as partes interessadas através dos processos de gerenciamento de riscos.

Porém, estudos desenvolvidos pela BIO. chegaram à conclusão de que a comunicação sofre os efeitos da personalidade humana. Nem todo o conteúdo criado é comunicado e, quando ocorre a comunicação, nem todo o conteúdo comunicado é compreendido, assimilado etc. Por isso a comunicação não é efetiva.

Não há por que continuar um processo de comunicação se ambas as partes, comunicador e receptor, têm níveis de compreensão diferentes. Parece algo simples de se constatar, porém a grande maioria das organizações não atenta para os problemas causados por falhas nos processos de comunicação.

Figura 23 | *Smart Skills Framework* - *Smart Competence* e a Comunicação Inteligente para IERM. Management Intelligence Teams – PMPROJECT 2023 ©

Estrutura de habilidades inteligentes para equipes multifuncionais do CSi

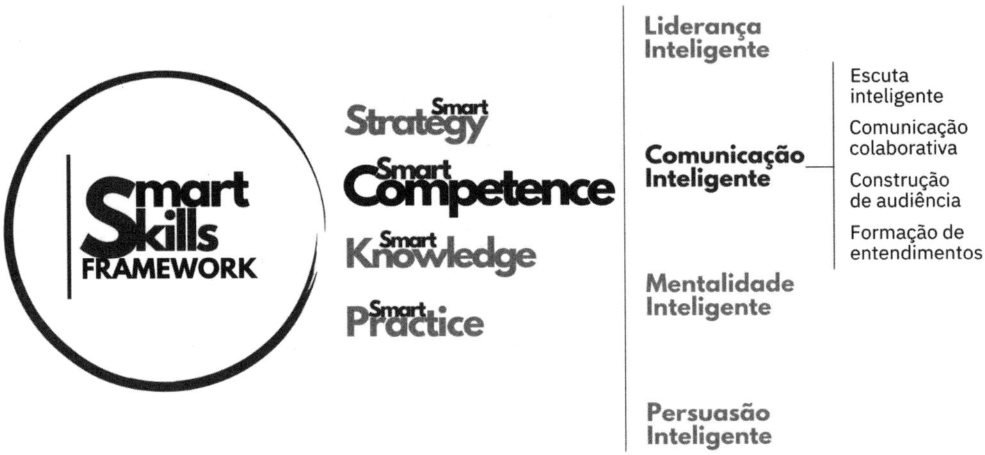

Esses processos podem trazer sérias consequências para as partes interessadas, e os proprietários de riscos serão responsabilizados. Por isso os profissionais devem conhecer os *Smart Skills*, as habilidades inteligentes para desenvolvimento pessoal e profissional. A comunicação inteligente é uma *Smart Competence*, com quatro competências de desenvolvimento.

Algumas organizações começam a compreender que a gestão organizacional passa necessariamente pelo conhecimento das pessoas, muito mais do que o conhecimento dos processos, das operações ou das estratégias. Gerir pessoas é a atividade primordial de qualquer organização. O grande desafio dos gestores é gerir pessoas de forma inteligente. Os *Smart Skills* foram criados para impulsionar a inteligência da gestão.

Um dos *skills* mais relevantes que os gestores de alto nível precisam desenvolver são as competências ligadas a uma **comunicação inteligente**.

As organizações têm diferentes percepções da eficácia da governança, devido a fatores de comunicação. Os resultados apontam uma lacuna entre como os entrevistados percebem a governança de projetos e as percepções organizacionais (KPMG; AIPM, 2021).

Ao avaliar os processos de comunicação organizacional, a BIO. constatou problemas de comunicação entre os vários níveis de gestão na organização.

Por isso a BIO. propõe a **comunicação inteligente**, que une processos tradicionais de comunicação organizacional com a psicologia cognitiva e processos de inteligência da informação. A seguir, os *skills* de comunicação inteligente aplicados ao gerenciamento de riscos organizacionais (ERM).

A ESCUTA INTELIGENTE APLICADA AO GERENCIAMENTO DE RISCOS

Na escuta ativa, segundo a psicologia, a intenção é deixar ambas as partes, interlocutor e receptor, saberem que o que está sendo comunicado é compreendido.

Existe um esforço por parte dos agentes de comunicação no intuito de compreender e ser compreendido. O controle de atenção e o esboço dos sentimentos sobre o fato comunicado traduzem o contexto desse processo.

Inspirada na escuta ativa, a **escuta inteligente** vai além do processo apresentado pela psicologia. Ela estabelece características importantes para o desenvolvimento da comunicação e inova ao incluir comunicação gerada por inteligência artificial no processo de inteligência da gestão.

A escuta inteligente inclui a comunicação não verbal e possui oito características para ativar a comunicação inteligente, apresentadas na Figura 24.

Figura 24 | Smart Skills – Escuta Inteligente para IERM
Management Intelligence Teams – PMPROJECT 2023 ©

Smart Skills - Escuta Inteligente para equipes multifuncionais do CSi

OUTROS PROCESSOS DE COMUNICAÇÃO INTELIGENTE

Existem outros processos de comunicação inteligente, assim como outros *skills* e características. Não é objetivo deste livro se aprofundar no assunto. No entanto, é imprescindível que os gestores compreendam como a comunicação é um fator crítico de sucesso no gerenciamento de riscos organizacionais (ERM).

A BIO. recomenda os livros "Management Intelligence Teams" e "Inteligência Organizacional" para aprofundar o tema. Comunicação inteligente não é uma ferramenta, técnica ou processo, mas uma nova forma de ampliar a visão gerencial para outros patamares.

A comunicação inteligente prevê a publicação de informações gerenciais com Relatórios Inteligentes de Gestão (IMR).

Os relatórios inteligentes de gestão estão sob a estrutura do elemento ROAD de gestão do CSi *Framework*. O vetor *Report* do elemento ROAD traz as características do IMR – *Intelligent Management Report*. Saiba mais sobre o vetor ROAD e os relatórios inteligentes de gestão no livro "Management Intelligence Systems – CSi", da BIO.

Os relatórios inteligentes de gestão (IMR) têm como base conceitual, para o nível organizacional, o padrão de relatórios integrados do <IR> *Framework*. Através do pensamento integrado, as conexões entre as informações gerenciais, geradas pelos sistemas e processos gerenciais, são consolidadas em portais inteligentes integrados de gestão (IMIP).

Os relatórios inteligentes de gestão (IMR) utilizam os princípios da comunicação inteligente para se manterem atualizados e precisos, sempre levando em conta a visão das partes interessadas.

No livro **Ferramentas Inteligentes de Riscos – The Book of Risk | Toolkit** estão descritos os relatórios inteligentes de riscos de acordo com as características e os níveis de informação.

Cabe aos conselhos, à alta gestão e aos proprietários de riscos compreender a importância dos relatórios inteligentes de riscos considerando as informações a seguir:

- **Riscos são imprevisíveis em sua totalidade, na visão dos "cisnes negros".** Os relatórios inteligentes de riscos devem se basear nos princípios do ROAD de agilidade, iteratividade e constante atualização. Um risco fora do radar pode ser captado pelo ROAD e percorrer todo o sistema de gestão de riscos rapidamente.
- **Riscos são atemporais e possuem alta variabilidade.** Os relatórios inteligentes de riscos devem monitorar os processos. Efeitos e impactos variáveis são captados pelos processos de inteligência de gestão e reportados de forma periódica.
- **Riscos são dinâmicos e "temperamentais", e podem mudar rapidamente sua condição, efeito, causas e impactos.** Os relatórios inteligentes de riscos devem acompanhar a dinâmica com que os riscos são criados, avaliados e replicados, além de suas causas e efeitos. Os relatórios inteligentes de riscos conseguem atualizar os objetivos estratégicos tão prontamente quanto os riscos ocorrem. As partes interessadas necessitam disso para avaliar o sistema de gestão organizacional na visão do ERM.

- **Riscos são inconstantes e passíveis de serem impactados por intempéries, sejam ambientais, sociopolíticas, de governança (ESG), tecnológicas ou humanas.** Os relatórios inteligentes de riscos devem ser atualizados continuamente e conforme o momento do risco. Seja oportunidade ou ameaça, ambas estão sujeitas a "janelas de acontecimentos" que podem mudar rapidamente.

Os relatórios inteligentes de gestão (IMR) aplicados ao gerenciamento de riscos organizacionais (ERM) devem compreender a natureza da operação, dos processos internos, das informações e dos objetivos estratégicos, para sua efetiva concretização.

Uma análise criteriosa deve ser feita para cada tipo de organização e seu modelo de gerenciamento de riscos organizacionais (ERM), pois eles podem afetar a maneira como as partes interessadas compreendem os riscos.

Enfim, os relatórios inteligentes de riscos devem apoiar as organizações na distribuição de informação sobre suas metas e seus objetivos estratégicos às partes interessadas.

Além disso, os responsáveis pelo gerenciamento dos sistemas que alimentam as informações de riscos devem apoiar a fluidez da informação, a transparência na tomada de decisões e a forma de apresentar os resultados.

A IMPORTÂNCIA DA COMUNICAÇÃO PARA O GERENCIAMENTO DE RISCOS

As informações de gerenciamento de riscos devem percorrer os sistemas de gestão em velocidade suficiente para tomada de decisão em tempo hábil. As partes interessadas devem ser conscientizadas do tipo de informação que estão recebendo e incentivadas a dar *feedback* inteligente sobre as percepções das informações.

Para a clareza de todas as partes interessadas, todos, sem exceção, são responsáveis pelo gerenciamento de riscos organizacionais (ERM): pessoas dentro e fora da organização, *supply chain*, clientes, governos, órgãos reguladores, sociedade e todos que possam ser afetados ou afetar as organizações com as quais se relacionam.

Uma barragem pode romper por falha de inspeção de uma única barra de aço. Talvez esse processo ocorra muito depois da falha na inspeção, e outras pessoas sequer consigam saber o que causou tal acidente.

ENCERRANDO ESTE CAPÍTULO

Neste capítulo foi apresentada a comunicação ligada ao gerenciamento de riscos e o poder das pequenas ações que impactam grandes negócios.

Um risco operacional (ORM) mal gerido pode se transformar em um risco organizacional (ERM) de proporções catastróficas. Por isso a comunicação inteligente prevê a força dos pequenos riscos como um vetor de transformação da consciência.

Essa visão deve ser compartilhada de forma inteligente com os gestores de riscos e a alta gestão. Comunicar é preciso, porém, a compreensão da comunicação é o elemento essencial para os sistemas de gerenciamento inteligente de riscos organizacionais (IERMS).

Enfim, o gerenciamento de riscos organizacionais deve ter em pauta a comunicação como a grande impulsionadora das transformações de gestão.

Capítulo 10: SISTEMAS DE GESTÃO INTELIGENTE

Ciência é conhecimento organizado.
Sabedoria é vida organizada.
WILL DURANT

O QUE VEM A SEGUIR

Este capítulo apresenta como os sistemas estão organizados para o gerenciamento de riscos organizacional.

- A estrutura dos sistemas de gestão.
- Sistemas de gestão na visão multipadrão.
- O controle interno como suporte para sistemas de gestão.

A ESTRUTURA DOS SISTEMAS DE GESTÃO

Will Durant, filósofo e autor de *The Story of Philosophy*, citando Herbert Spencer no livro *The Art of Education* (1854), compreende um contexto forte que Durant utilizou para falar sobre o pensamento de Kant. Mas o que filosofia, psicologia e gerenciamento de riscos têm em comum?

Conforme apresentado no capítulo "Comunicação Inteligente de Riscos", a visão do gerenciamento inteligente de riscos traz a perspectiva do conhecimento organizado. Parece óbvia a afirmação de que o conhecimento organizado é uma forma de ciência pura, onde os relatos sobre as influências do conhecimento simplesmente podem ser acessados por todos que o buscam. Mas o efeito no gerenciamento de riscos organizacionais (ERM) é muito superior a isso.

O gerenciamento inteligente de riscos está ligado à forma de categorizar os riscos. É compreender a natureza dos riscos e orientar as partes interessadas na análise das informações, na correta seleção de respostas aos riscos, no monitoramento e controle de riscos e na visão organizacional sobre os impactos dos riscos e seu apetite por novos riscos. A estruturação dos riscos passa por todos os processos de gerenciamento de riscos organizacionais (ERM).

A organização dos sistemas de gestão inteligente vai muito além dos processos organizacionais tradicionais. Na visão de riscos, a estruturação dos sistemas de gestão inteligente concatena áreas externas aos riscos com as áreas ligadas diretamente ao gerenciamento de riscos. As partes interessadas, os conselhos e a alta gestão são parte integrante dos sistemas de gestão aplicados ao gerenciamento de riscos organizacionais (ERM). Por isso a BIO. traz uma nova visão de gerenciamento de riscos organizacionais (ERM) através do gerenciamento inteligente de riscos (IERM).

O objetivo desta visão é compreender como os sistemas tradicionais de gerenciamento de riscos se comportam, quais suas falhas, demandas e necessidades, quais expectativas das partes interessadas não foram satisfeitas e como a gestão inteligente pode melhorar a visão da alta gestão sobre os riscos organizacionais. Este capítulo traz uma visão ampla sobre o gerenciamento organizacional, além do gerenciamento de riscos, para servir de apoio à alta gestão na tomada de decisões.

Pesquisas e *benchmarkings* em todo o mundo trazem resultados impressionantes quando se trata da distância da gestão e dos objetivos a serem atingidos nos níveis estratégicos e operacionais. A gestão inteligente compilou essas desmandas e unificou os processos de gestão em uma grade de processos gerenciados através dos Escritórios de Gestão Inteligente – EGI.

Os Escritórios de Gestão Inteligente, a exemplo do PMO para as áreas de projetos, aplicam as melhores técnicas de gestão de acordo com as áreas de atuação, inclusive para projetos, com o *Smart PMO* – Escritório de Gestão Inteligente de Projetos. Os processos estabelecidos pela gestão inteligente são tratados de forma resumida no livro "Escritórios de Gestão Inteligente", da BIO. No entanto, a sua completa compreensão está distribuída por todo o portfólio de inteligência de gestão de negócios e projetos, conforme demonstrado no final do livro.

Os Sistemas de Gestão Inteligente preveem uma nova filosofia de gestão, que compreende processos inteligentes baseados na organização inteligente de informações.

Os sistemas e os portfólios inteligentes são o futuro do gerenciamento organizacional. Ambos compreendem a visão sistêmica, o compartilhamento de informações gerenciais, a ativação de processos dinâmicos de gestão, incluindo, mas não se limitando a, aplicação de processos ágeis, iterativos e incrementais, a comunicação inteligente e a ampliação da visão gerencial para o comportamento. Essas e outras características da gestão inteligente podem impulsionar a forma como as organizações fazem a gestão dos seus processos.

Por outro lado, as organizações têm um longo caminho a percorrer, dentro e fora dos seus limites. O caminho a percorrer não é apenas nos seus segmentos de negócios, mas na compreensão das partes interessadas ligadas à organização ou influenciadas por ela.

Enfim, organizar os sistemas de gestão em sistemas inteligentes requer uma ampla visão dos seus gestores sobre a estruturação dos processos, o contexto de portfólios estruturados na visão inteligente, o estabelecimento de programas para criação de benefícios de longo prazo, a inculturação de projetos internos (para desenvolvimento organizacional) e externos (com visão e foco no cliente), e, por fim, não menos importante, a operação segura e inteligente.

Esses são alguns dos benefícios da gestão inteligente e da integração de sistemas gerenciais, inclusive os sistemas de gerenciamento de riscos organizacionais (ERM).

SISTEMAS DE GESTÃO NA VISÃO MULTIPADRÃO

No padrão COSO ERM *Framework,* dos oito componentes tratados pelo *framework,* três são muito importantes para a estruturação dos sistemas de gerenciamento de riscos: o Ambiente Interno, a Identificação de Eventos e a Avaliação de Riscos. O Ambiente Interno retrata a visão do controle interno organizacional e avalia a organização não apenas em processos, mas na visão das partes interessadas internas. A Avaliação de Riscos retrata uma visão ampla na questão de riscos substanciais relativos às mudanças organizacionais e de ambientes.

A Identificação de Eventos é outro componente importante na tríade de desenvolvimento organizacional. Através dela a organização não identifica apenas os riscos, mas os processos que podem ser melhorados para transformar a gestão organizacional em um negócio de sucesso.

No relatório da WBCSD® em parceria com o COSO sobre gerenciamento de riscos organizacionais surge uma questão ligada ao componente de revisão e análise de riscos: como revisar as atividades de ERM para responder às mudanças?

As mudanças organizacionais somente são significativas quando afetam as partes interessadas e os processos de gestão. No entanto, os gestores precisam compreender como essas mudanças afetam também o seu sistema organizacional. Ampliando a visão do sistema para todas as operações, projetos ou negócios, é possível compreender a amplitude do seu sistema e os riscos associados a ele.

Ao deparar com mudanças que impactam de forma significativa os objetivos estratégicos, os gestores precisam revê-los à luz da gestão inteligente. É importante ressaltar que uma empresa não é um conjunto de unidades de negócios, subsidiárias ou divisões, mas a soma de todas elas. Nenhuma organização deve esquecer que a soma de todos os seus processos constitui sua formação, e, sem distinção, cada processo de forma individual também carrega o "DNA organizacional".

No gerenciamento de riscos, qualquer membro da organização afetado corresponde à organização como um todo.

WBCSD e COSO entendem que uma organização precisa rever sua cultura e governança com base na estrutura de gestão e não em ações geradas por ela. Uma organização que sofreu com um acidente ou incidente pode gerar uma nova cultura para reduzir ou eliminar os riscos de acidentes. Isso pode acarretar um novo programa de gerenciamento de riscos e uma mudança de objetivos estratégicos.

Agentes externos podem provocar um distúrbio organizacional a partir de denúncias, eventos ou processos de crise que podem levar até mesmo ao encerramento das suas atividades. É necessário rever metas, objetivos e processos, mudando a consciência organizacional, sua cultura e seus processos.

O PMPROJECT BMO tem desenvolvido programas de gestão inteligente e transformação organizacional com o intuito de levar as empresas a outro patamar de gestão. Para seguir com esses programas, elas devem definir quais as motivações, áreas e estratégias vão adotar na revisão com viés de gerenciamento inteligente de riscos organizacionais (IERM).

WBCSD e COSO propõem avaliar as mudanças de forma substancial (vide capítulo "Gestão Inteligente de Mudanças"), revisar as atividades de ERM para responder a essas mudanças, revisar estratégias e objetivos e avaliar novos riscos ligados aos negócios ou oriundos de mudanças. Além da análise e revisão, é necessário rever as abordagens, a classificação e as respostas aos riscos. Por fim, mas não menos importante, deve ser feita a revisão dos sistemas de gerenciamento de riscos e de seus indicadores de gestão.

Todos esses processos se integram através dos sistemas de gerenciamento inteligente de riscos, incluindo a análise das alterações dos relatórios e comunicações dos riscos. Essas análises, revisões e mudanças afetam plenamente a estratégia. Por isso as organizações preveem uma variação nos processos de revisão.

Outro fator importante é a definição das partes interessadas responsáveis por análises, revisões e processos de mudança.

Geralmente quem inicia os processos de revisão são os proprietários de riscos, motivados por resultados e processos de avaliação de riscos, respostas aos riscos, riscos residuais e indicadores de desempenho.

Enfim, essa revisão é um processo de melhoria contínua. Para avaliar a melhoria, os proprietários de riscos coletam informações através de sistemas com tecnologia de ponta. Softwares de gestão, controle e monitoramento de riscos podem compilar uma grande quantidade de dados e disponibilizá-los em sistemas de gestão de informações. Os dados coletados podem ser transmitidos em tempo real, melhorando a eficácia do sistema de monitoramento e controle. Nem todas as áreas necessitam de uma revisão completa. As áreas que necessitam de uma revisão estão ligadas à mudança organizacional, ao apetite ao risco, à análise comparativa do setor em que atua e a deficiências organizacionais congênitas.

Figura 25: | Sistemas de Gerenciamento de Riscos segundo WBCSD®
Adaptado de Enterprise Risk Management - Integrating with strategy and performance COSO e WBCSD 2018 ©

Em 2016 o WBCSD realizou uma série de pesquisas e *workshops* com suas organizações-membro para consultar o estado atual dos seus sistemas de ERM.

Conforme Figura 25, 89% [1] dos entrevistados concordam que a falha nos sistemas de gerenciamento de riscos, com foco em sustentabilidade, pode gerar impactos financeiros.

70% [2] concordam que as práticas de gerenciamento de riscos não abordam adequadamente a sustentabilidade e 72% [3] não realizam uma divulgação adequada para riscos nos conselhos de gestão.

74% [4] dos entrevistados afirmam que as organizações minimizam os impactos da sustentabilidade no gerenciamento de riscos e trazem uma visão distorcida desses riscos.

O WBCSD® constatou ainda uma grande dependência dos relatórios financeiros na avaliação de riscos. No entanto, nos últimos anos, existe uma crescente dependência de relatórios não financeiros demandada pelas partes interessadas. 80% [5] dos entrevistados compreendem e consideram a supervisão dos conselhos essencial e até obrigatória nos relatórios de desempenho não financeiros.

Por fim o relatório ainda traz uma visão sobre as métricas de desempenho relativas às informações não financeiras. 72% [6] dos entrevistados acreditam nos benefícios trazidos por metas não financeiras ligadas ao gerenciamento de riscos organizacionais (ERM).

Essa visão retrata uma ampla demanda por informações não financeiras nas organizações. Nos sistemas inteligentes de gerenciamento de riscos organizacionais (IERMS), a visão multicapital e os fatores conectados às partes interessadas são implementados integralmente.

O intuito é implementar novas abordagens da visão inteligente e aplicá-las ao gerenciamento de riscos de forma ampla da alta gestão (ERM) até a operação (ORM).

O CONTROLE INTERNO COMO SUPORTE PARA SISTEMAS DE GESTÃO

O padrão *Internal Control – Integrated Framework* do COSO traz o conceito Controle Interno Organizacional, aplicado mundialmente. O controle interno é uma estrutura que atua dentro da organização e tem capacidade administrativa para supervisionar as atividades de gestão para os conselhos de gestão. Segundo o COSO, o controle interno captura os conceitos que são fundamentais para a eficácia dos sistemas de gestão organizacional.

O controle interno pode ser dividido de acordo com a demanda dos conselhos, concentrando as informações-chave para os processos organizacionais. Ele pode focar em informações direcionadas ou ampliar a visão tratando de vários temas organizacionais. O controle interno oferece ainda uma flexibilidade na aplicação de processos e práticas de gestão, possibilitando à organização definir os níveis de controle por subsidiária, divisão ou unidade de negócios. Ele oferece um princípio específico de controle, de acordo com a necessidade organizacional de atingir seus objetivos estratégicos.

O CSi *Framework* adaptou os processos de controle interno do COSO para criar o IERM *Framework* e estabelecer os processos para o Sistema de Gestão Inteligente de Riscos Organizacionais (IERMS). Através dos elementos de gestão inteligente é possível estabelecer o controle interno inteligente (*Smart Internal Controls* – SIC) nas organizações. O SIC é uma evolução do controle interno e congrega os princípios de gestão comuns nas organizações, como a garantia das execuções dos objetivos e a inteligência de negócios.

O capítulo "Matriz Inteligente de Riscos" traz o SIC como apoio à gestão organizacional. O papel do controle interno é entregar, em tempo hábil, as informações relevantes para a tomada de decisões dos conselhos e da alta gestão.

O SIC vai além. Estabelece um processo de gestão inteligente de soluções e sistemas integrados de gestão, para que os conselhos de gestão recebam de forma ininterrupta, iterativa e incremental as informações relevantes para os negócios. Como os ciclos de reuniões de gestão são longos e demandam uma mobilização dos membros do conselho e da alta gestão, o SIC possibilita a visão integrada das soluções de gestão, independentemente da reunião dos membros e dos ciclos de gestão.

O objetivo é apresentar uma visão *on-line* e constante das movimentações de processos, objetivos e estratégias de gestão enquanto os negócios e projetos acontecem.

A análise dos sistemas de gerenciamento de riscos organizacionais (ERM) compreende uma revisão geral das boas práticas de gestão tratadas de forma inteligente pelo IERM *Framework*.

Enfim, o objetivo do IERM *Framework* é integrar vários padrões de gestão, não somente aqueles aplicáveis ao gerenciamento de riscos organizacionais (ERM), mas outros padrões que estabeleçam comunicação, informação, conhecimento e gestão, todos em um único sistema.

ENCERRANDO ESTE CAPÍTULO

Neste capítulo foram apresentados os problemas enfrentados no uso dos sistemas de gestão de riscos. A integração dos sistemas na organização exige uma visão completa de todos os processos, e isso pode levar tempo e ter um custo muito elevado se os gestores não tratarem a integração de forma inteligente. Esse papel não cabe apenas aos gestores, mas a todos que atuam na organização.

Por fim, a organização precisa de um apoio externo, como é o caso do Escritório de Gestão Inteligente de Riscos (EGIR). O EGIR é implantado para promover e impulsionar a inteligência de gestão na integração de processos e sistemas. No próximo capítulo será possível acompanhar os vetores impulsionadores da integração inteligente aplicados a sistemas de gestão.

Capítulo 11: INTEGRAÇÕES INTELIGENTES DE GESTÃO

Aprenda com o ontem, viva o hoje, espere pelo amanhã.
O importante é não parar de questionar.
ALBERT EINSTEN

O QUE VEM A SEGUIR

Este capítulo apresenta os processos de integração de gerenciamento de riscos.

- Padrões de integração de gestão.
- A integração do gerenciamento de riscos na visão multipadrão.
- Os elementos da integração para gerenciamento de riscos organizacionais.

Os padrões de gerenciamento de riscos organizacionais (ERM) são ricos em detalhes e processos para a gestão integrada de informações. Tratar cada padrão em separado, sem integração, ou tentar aplicá-los à organização individualmente, é estar fadado ao insucesso na gestão. Em contrapartida, tentar aplicar todos os padrões ao mesmo tempo, sem integração, fatalmente, levará ao mesmo resultado: falha na implementação. A melhor maneira de implementar padrões e processos encontrada pela BIO. e pelo PMPROJECT é através de relatórios integrados de gestão.

Segundo o padrão <IR> *Framework* do IIRC® (*International Integrated Reporting Council*), os relatórios integrados de gestão oferecem uma visão de longo prazo para eficiência na alocação de recursos na visão financeira estratégica organizacional. O IIRC® é uma coalizão internacional de reguladores, investidores, organizações e normatizadores, profissionais e ONGs. Seu objetivo é compartilhar uma visão integrada de comunicação gerencial, para evitar a erosão de capital nas organizações. Em 2021, o IIRC® lançou a versão do <IR> *Framework* que substitui a de 2013.

A BIO. e o PMPROJECT trabalham com relatórios integrados de gestão há mais de 20 anos e se inspiraram no <IR> *Framework* para o desenvolvimento do elemento ROAD de relatórios gerenciais do CSi *Framework*.

O ROAD foi criado com base nas experiências de *Smart* PMO (Escritório de Gestão Inteligente de Projetos) aplicadas em empresas nacionais e multinacionais, principalmente na indústria de bens de capital, construção, empreendimentos e transformação. Com o intuito de expandir as possibilidades de *report* de informações, o ROAD conta ainda com uma base de desenvolvimento ágil, iterativa e incremental atualizada e integrada com as mais recentes mudanças do meio organizacional.

Uma das abordagens do ROAD é a capacidade de avançar para o futuro, através de previsões e projeções, impulsionado pelas variáveis de gestão, incluindo o gerenciamento inteligente de riscos organizacional (IERM).

Através do ROAD, é possível realizar *reports* integrados com alta tecnicidade (*Report*), analisar as oportunidades (*Opportunity*), avaliar os processos de gestão (*Available*) e aplicar os conceitos em um protótipo experimental de alto nível (*Deploy*).

O ROAD trabalha com portais inteligentes e integrados de gestão (IMP – *Intelligent Management Portal*) e canais inteligentes de informação de alta velocidade (IISMS – *Intelligent Information Selection Management System*). Ambos tratam de informações em alta velocidade.

Outro vetor importante no ROAD é o SIF (*Smart Information Flow*), ou fluxo inteligente de informações. O SIF integra o sistema de informações de alta velocidade da organização e funciona como "radar" de informações, direcionando uma correta visão para cada nível, local ou situação.

Para completar a base de *reports* do ROAD, o IIR (*Intelligent Information Replicator*) "replica" informações em tempo real. Mesmo para relações cliente/fornecedor, cliente/parceiro etc., é possível utilizar o IIR. Para saber mais sobre os vetores inteligentes de *report* consulte o livro "Management Intelligence System – CSi".

O CSi *Framework* utiliza o ROAD em consonância com o <IR> *Framework* para integrar informações com base nos objetivos estratégicos alinhados com a organização.

Através do CSi *Framework* a organização pode colher os benefícios a longo prazo dos *reports* integrados de alta velocidade do ROAD. Em um futuro próximo, o ROAD pretende ser o padrão global de informações gerenciais de alta velocidade nas organizações.

Para atingir a performance desejada na emissão de *reports*, o ROAD trabalha com sistemas de gestão inteligente na organização das informações, através do CSi *Framework*. Através do ROAD, é possível visualizar as informações gerenciais ao longo do tempo apenas retroagindo ou avançando na ferramenta.

O ROAD foca em criar relatórios multidimensionais em vários contextos, como: sazonalidade (*reports* periódicos), capital (visão multicapital), comunicação inteligente (multinível), negócios e projetos (multiabordagem) e globalizado (multilinguagem).

O CSi *Framework* prevê integrar o ROAD a outros relatórios, *frameworks* e processos para auxiliar o gerenciamento de riscos organizacionais (ERM) na difícil tarefa de juntar informações de gestão e seus impactos na organização.

A INTEGRAÇÃO DO GERENCIAMENTO DE RISCOS NA VISÃO MULTIPADRÃO

Uma solução para integrar vários padrões de gerenciamento é adotar *frameworks* inteligentes de gestão, conforme apresentado no capítulo "*Framework* Inteligente de Riscos". Mas o que está por trás da integração dos *frameworks* inteligentes? O que a ISO, o COSO e o CSi têm em comum? Como foi feita a integração desses padrões para criar o IERM *Framework*?

Antes de aprofundar os detalhes da concepção do IERM *Framework*, é necessário compreender quais características inteligentes são necessárias para a integração. Para compreender como a integração inteligente de gestão pode ajudar no gerenciamento de riscos organizacionais (ERM), é preciso entender como negócios e projetos são realizados nas organizações, na visão inteligente de riscos.

Modelos estratégicos são criados com base nos riscos positivos (oportunidades) e negativos (ameaças). Outro ponto a ser observado são as necessidades das partes interessadas em termos de informações de gestão. Na visão de múltiplos capitais, a organização deve avaliar ainda como cada um deles impacta nos objetivos e nas estratégias organizacionais. Mas este ainda não é o ponto principal.

As organizações trabalham com KPIs, indicadores-chave de desempenho. Eles traduzem uma visão estática e passada da organização. Olhar os KPIs para avaliar as estratégias de gestão é o mesmo que dirigir um veículo olhando apenas o retrovisor.

Segundo Warren Buffett, o que realmente importa é o que está à frente. Por isso o para-brisas é maior do que o retrovisor. Então, o que pode substituir os KPIs na análise do desempenho organizacional?

Os SPIs (*Smart Performance Indicators*) ou indicadores inteligentes de gestão, aplicam o conceito integrado e veloz do ROAD.

Através do SPI, é possível ver a performance organizacional de forma dinâmica, ao longo do tempo, considerando as sazonalidades, as intempéries e os impactos organizacionais, utilizando informações em três níveis: passado, presente e futuro.

Outra característica do SPI é a capacidade de simular crises, com suas respectivas ameaças e oportunidades, afetando os resultados com os impactos das cadeias de suprimentos, das projeções de mercado, das variações financeiras e das alterações significativas dos múltiplos capitais. Mas qual o objetivo de utilizar o SPI no gerenciamento de riscos organizacionais (ERM), através da visão integrada inteligente?

O objetivo do SPI é desenvolver uma visão ampliada da gestão através das múltiplas dimensões organizacionais. Enquanto um relatório financeiro promove o retrato da organização no momento da sua emissão, gerando um fato histórico em vez de avaliar a estrutura viva e pulsante do dia a dia das operações, o SPI promove essa visão ativa onde for aplicado.

Os princípios da gestão inteligente aplicados aos SPIs são baseados na visão equilibrada de sucesso organizacional, promovendo uma visão multiorganizacional que permite criar bases comparativas mesmo que sejam com negócios distintos e sem uma correlação à primeira vista, mas com grande sinergia nos objetivos propostos.

Junto com o SPI estão os relatórios e sistemas integrados, que permitem uma ampla visão sobre toda a organização. O princípio da integração permite que ações aplicadas em diversos processos organizacionais sejam unificadas em relatórios consolidados. Um exemplo dos benefícios da unificação de relatórios através da integração inteligente são os IMR (*Intelligent Management Reports*), ou relatórios inteligentes de gestão, para atendimento de processos de conformidade a nível organizacional.

Processos de conformidade exigem uma extensa gama de informações de vários níveis e necessitam de uma visão sobre os recursos. Os processos de conformidade tratam ainda dos benefícios trazidos pelo seu cumprimento, do retorno trazido na visão multicapital e dos impactos, positivos ou negativos, que podem ocorrer interna ou externamente.

São muitas as aplicações do IMR no desenvolvimento de relatórios integrados de gestão. Para compreender melhor como funciona o IMR, é necessário entender a estrutura por trás das informações inteligentes integradas 3I (*Integrated Intelligent Information*).

OS ELEMENTOS DA INTEGRAÇÃO PARA GERENCIAMENTO DE RISCOS ORGANIZACIONAIS

Os elementos do 3I (*Integrated Intelligent Information*) são baseados na estrutura de multicapital da organização, nas atividades operacionais, nas estratégias e nos objetivos, nas categorias de informações e no estabelecimento de processos para compor o relatório inteligente de gestão (IMR – *Intelligent Management Report*).

Ao criar um IMR para determinado tema, objetivo, estratégia ou área de aplicação, as informações são integradas à capacidade da organização de responder à criação de valores (múltiplos valores através de múltiplos capitais) e ao nível de gestão responsável pelo IMR.

O 3I se baseia nos princípios de ação e integração do CSi *Framework* para implementação de relatórios integrados inteligentes. Saiba mais sobre a integração inteligente na parte 2 deste livro.

ENCERRANDO ESTE CAPÍTULO

Neste capítulo foi apresentada a integração de informações relacionadas ao gerenciamento de riscos.

A integração no gerenciamento inteligente de riscos vai muito além da conexão de sistemas de gestão, processos e tecnologias. É necessário investir em capacitação, conhecimento e integração de processos de alto impacto.

O desafio em relação ao clima é um dos grandes fatores que podem ajudar a compreender como as mentes que trabalham no gerenciamento inteligente de riscos devem se desdobrar nos próximos anos.

Os índices de emissões de CO_2 devem retroagir 60 anos na próxima década (DIFFENBAUGH *et al.*, 2020). Além dos desafios do clima, a economia pós-pandemia e o avanço da tecnologia em alta escala indicam um caos organizacional para os próximos anos.

Enfim, o novo gerenciamento de riscos que passa necessariamente pela inteligência organizacional não vai apenas se embasar em dados e ciência, mas na arte de gerenciar riscos em segundo plano.

O primeiro plano deve ficar com o gerenciamento de pessoas, e a partir daí gerenciar os riscos por elas administrados. O desafio está lançado.

Capítulo 12: AUDITORIAS INTELIGENTES DE GESTÃO

Os auditores internos são os olhos e os ouvidos da administração. Certifique-se de que você não seja surdo ou cego.

MICHAEL L. PIAZZA

O QUE VEM A SEGUIR

Este capítulo apresenta os processos de auditoria para gerenciamento de riscos.

- Análise crítica de sistemas de auditoria de gestão.
- A auditoria de riscos na visão multipadrão.
- Princípios da auditoria inteligente de riscos.
- Plano para auditorias inteligentes de riscos.
- O papel do auditor nas auditorias de riscos.

ANÁLISE CRÍTICA DE SISTEMAS DE AUDITORIA DE GESTÃO

Sistemas de gestão são criados e renovados a cada ano em todo o mundo. Novas práticas e políticas surgem em decorrência das falhas de processos, e a cada novo ciclo uma nova forma de conduzir negócios é estabelecida. O COSO é um exemplo do efeito dessas práticas.

Dedicado à melhoria dos relatórios financeiros e orientado a aprimorar o desenvolvimento do controle interno, o COSO traz um conjunto de boas práticas adotadas mundialmente para prevenção de fraude, desenvolvimento de atividades de governança e *compliance*, ética organizacional, entre outras atividades.

No entanto, o *framework* de gerenciamento de riscos organizacionais, o COSO ERM *Framework*, foi emitido somente em 2004. Considerando as evoluções dos últimos 40 anos na economia, nas empresas, no mundo globalizado e na tecnologia, o gerenciamento de riscos organizacionais (ERM) ainda é um jovem sem maturidade suficiente, mas já tem lá seus princípios e pilares sólidos.

Em comparação com a ISO 31.000:2018, o COSO ainda é o maior padrão utilizado quando se trata de gerenciamento de riscos organizacionais. Muitas empresas criaram regras, padrões, processos e sistemas de gestão e expandiram suas visões de riscos por conta própria.

Diferentemente de outras áreas e padrões auditáveis, o gerenciamento de riscos organizacionais caminhou com as próprias pernas, não só nas empresas privadas, mas em empresas de capital misto, públicas, organizações sem fins lucrativos (ONGs), entidades, governos, entre outras instituições. Todas, sem exceção, trabalham com níveis de gestão que necessitam de visões e revisões do gerenciamento de riscos a nível organizacional (ERM).

A questão está em como auditar padrões tão singulares quando se trata de visões tão particulares. A própria ISO 31.000:2018 é um padrão não auditável na abrangência do gerenciamento de riscos. A questão que se estabelece é: como padronizar algo tão exponencial e tão impactante como o gerenciamento de riscos?

Talvez a visão estratégica de riscos possa ser dimensionada em padrões financeiros suficientemente organizados para embasar os mercados de capitais a avaliar as condições de uma organização. Mas a questão que se estabelece é outra. Como identificar a acuracidade de um sistema de gerenciamento de riscos a nível organizacional (ERMS)?

Os comitês de riscos estabelecem uma supervisão direta no gerenciamento de riscos organizacional (ERM), segundo o COSO ERM *Framework*. O foco está em todas as áreas de riscos e não apenas nas áreas financeiras. O comitê de auditoria de riscos auxilia os conselhos de gestão no cumprimento da governança e na supervisão dos relatórios de gestão, do controle interno e das demais atividades de gerenciamento de riscos organizacionais (ERM). Em algumas organizações, os comitês de auditoria de riscos são compostos por representantes multifuncionais, internos (parte integrante da organização) e externos (auditores independentes).

As auditorias internas são compostas por equipes técnicas e administrativas que direcionam as atividades de controle relacionadas aos riscos. As auditorias externas são promovidas por organismos de controle, consultorias, órgão reguladores etc.

Dependendo das características ligadas aos riscos organizacionais, as auditorias podem ser classificadas em auditorias de certificação, auditoria de sistemas, auditoria operacional e auditoria de regulamentação.

As auditorias auxiliam os processos de gerenciamento de riscos organizacionais (ERM) e operacionais (ORM) com o objetivo de organizar as práticas do setor e estabelecer programas de certificação. Elas também podem ser aplicadas pelas partes interessadas como forma de acompanhar, validar e certificar sistemas de gerenciamento de riscos organizacionais ligados aos seus devidos interesses. A maioria dos setores cria parcerias através de associações e entidades que ajudam a estabelecer boas práticas de gerenciamento de riscos.

Auditorias podem ocorrer em conjunto para estabelecer boas práticas de gestão e alavancar os setores que ajudam a regulamentar.

Muitas entidades são criadas para fortalecer o setor e ajudar a criar novas práticas que impulsionem, de maneira proativa, governos, legisladores e órgãos regulamentadores a adotar novas práticas criadas por essas mesmas coalizões.

A AUDITORIA DE RISCOS NA VISÃO MULTIPADRÃO

A ISO 31.000:2018 foi desenvolvida para ser um padrão customizável pelas organizações. De maneira flexível e personalizável, ela oferece diretrizes gerais. É um padrão mundialmente reconhecido que pode ser aplicado a qualquer organização com qualquer estrutura.

Alguns especialistas dizem que aplicar requisitos auditáveis tornaria a norma menos efetiva; no entanto, a ISO 31.000:2018 não pode ser usada para fins de certificação. O padrão oferece orientações para programas de auditoria interna e externa. Com a proposta da ISO 31.000:2018, a organização pode:

- esclarecer metas e objetivos relativos ao gerenciamento de riscos organizacionais (ERM);
- estabelecer e avaliar o alinhamento da sua estrutura de governança com o gerenciamento de riscos organizacionais (ERM);
- definir responsabilidades e procedimentos para relatórios de conformidade e gestão de alto nível;
- alocar recursos para aplicação dos processos internos e externos para a entrega de objetivos estratégicos;
- definir os níveis de comprometimento com o gerenciamento de riscos organizacionais (ERM);
- entre outras atividades.

A auditoria ocupa uma posição de destaque dentro do processo de gerenciamento de riscos organizacionais (ERM). Aplicável à etapa de medição e avaliação dos resultados, a auditoria vem ao encontro do desenvolvimento e da conformidade dos processos estabelecidos nos planos e sistemas de gerenciamento de riscos. São traçados protocolos para atendimento de requisitos internos e externos.

Na visão da ISO 31.000:2018, os processos de auditoria interna são definidos nos processos de avaliação de desempenho. Os componentes aplicados na auditoria são:

- **Contexto –** Monitoramento, medição, análise e avaliação:
  - **componente Estrutura –** Avaliação e medição do desempenho da estrutura e adequação para atender aos objetivos estratégicos.

- **Contexto** – Auditoria interna:
  - **componente Processo** – Monitoramento dos resultados e inclusão das informações nos relatórios de desempenho.
- **Contexto** – Revisão do gerenciamento:
  - **componentes Estrutura e Processo** – Avaliação do desempenho, incluindo o monitoramento geral dos sistemas de gerenciamento, a emissão e a publicação de informações nos relatórios de riscos e a própria estrutura de gerenciamento de riscos organizacionais (ERM).

PRINCÍPIOS DA AUDITORIA INTELIGENTE DE RISCOS

O CSi *Framework* apresenta um contexto inteligente de gestão em todos os processos, organizacionais e operacionais, negócios e projetos, em todos os níveis de gestão.

Para auxiliar nos processos de gestão, o CSi desenvolveu o PMA – *Process or Project Management Audit*. O PMA é um componente especializado em auditorias de processos e projetos organizacionais. Através do PMA, os processos de auditoria são estabelecidos segundo as melhores práticas mundiais de gestão.

O PMA consolida padrões internacionais de gestão de múltiplos sistemas, envolvendo todas as áreas organizacionais em um processo integrado de gestão de auditoria. Algo que frequentemente ocorre em grandes organizações é o choque de padrões auditáveis e auditorias de múltiplos processos.

As organizações sofrem com a grande quantidade de processos e auditorias, internas e externas, para os diversos processos de gestão.

As auditorias de certificação têm ciclos mais longos, porém necessitam de acompanhamento periódico e são realizadas pelas equipes externas. Já as auditorias internas, de manutenção ou de conformidade, têm períodos mais curtos e são feitas por equipes internas e/ou consultores externos contratados.

O PMA cria um programa de auditoria que engloba os processos de gestão e visa atender aos interesses dos conselhos de gestão, da alta e média gestão, de organismos e órgãos reguladores específicos, entre outros.

O *Smart Project Audit Program* (SPAP) é um programa inteligente de gestão de projetos, processos e outros sistemas de auditorias com base na gestão inteligente.

O livro "Smart Project Audit", da BIO., traz o contexto completo do programa SPAP de auditorias de gestão. Com base nos principais programas de gestão organizacional e com visão internacional, o SPAP traz uma estrutura robusta de gestão para auditorias de alto nível.

Na visão de riscos, as auditorias inteligentes são aplicadas através do IERM *Framework*. Através dos processos inteligentes de auditorias de gestão, o IERM *Framework* cria uma estrutura que engloba o COSO, a ISO e o CSi *Framework*.

Ainda fazem parte dos processos de auditoria inteligente de riscos padrões, recomendações, boas práticas de gestão, dados e informações aplicadas por organizações.

Padrões como PMI, UNDRR (*UN Office for Disaster Risk Reduction*), World Bank, WEF, publicações e regulamentos dos principais governos de países que atuam com sucesso em gerenciamento de riscos são alguns exemplos de como processos e regulamentações podem apresentar critérios auditáveis de gestão.

A seguir, os princípios da auditoria inteligente de riscos do *Smart Audit*.

Para nortear as auditorias inteligentes de riscos, o IERM *Framework* considera os *Smart Principles of Risk Audit* (SPRA), que são princípios inteligentes de gestão aplicados a auditorias inteligentes de riscos na visão de múltiplos padrões. A seguir, o conteúdo de cada princípio inteligente e como são aplicadas as auditorias e diretrizes para gerenciamento inteligente de riscos organizacionais (IERM).

Figura 26: SPRA - Smart Principles of Risk Audit aplicados a auditorias inteligentes de riscos. Smart Project Audit – PMPROJECT 2024 ©

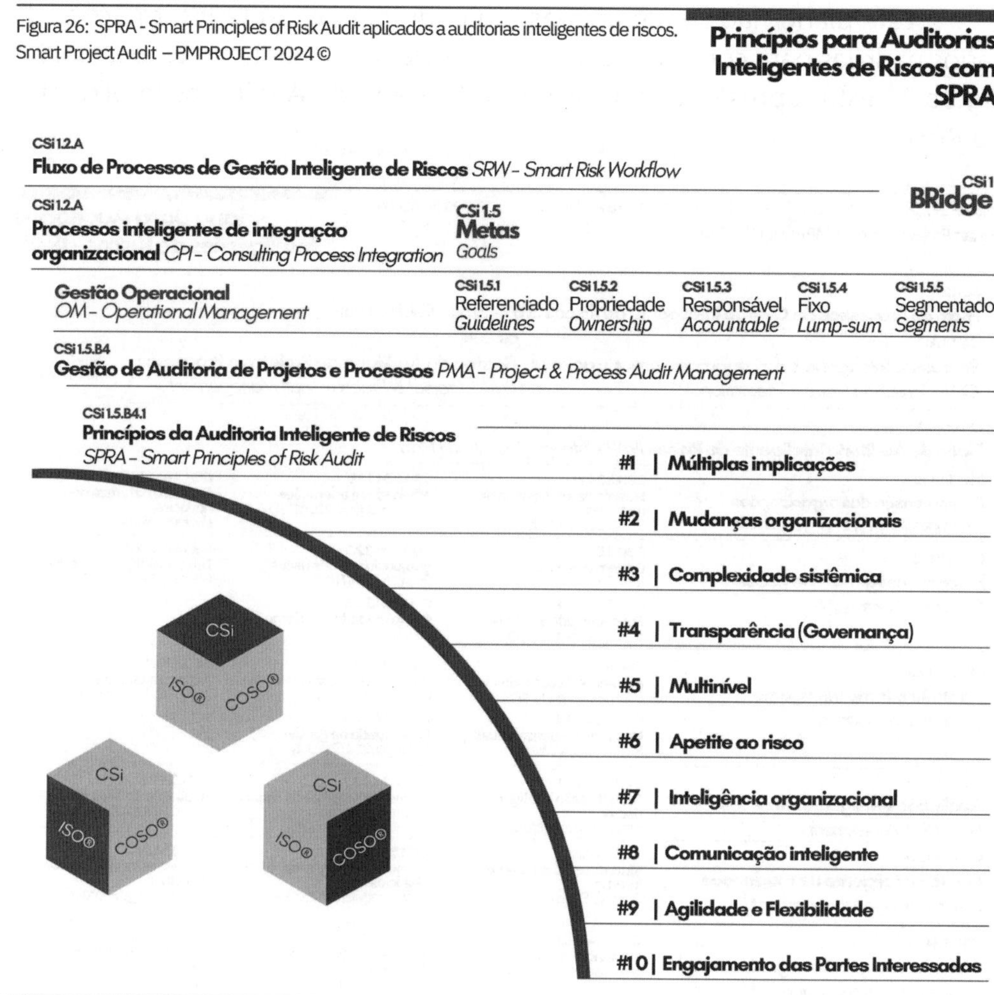

PLANO PARA AUDITORIAS INTELIGENTES DE RISCOS

O plano de auditorias inteligentes de riscos foi desenvolvido com base em normas internacionais de auditoria de gestão, aplicadas à conformidade, para avaliação de riscos associados às atividades organizacionais.

O foco deste plano não é estabelecer uma estrutura para auditoria de riscos ou um padrão normativo a seguir, mas auxiliar profissionais na compreensão dos processos de gerenciamento de riscos organizacionais (ERM) e da organização, seu ambiente e sua estrutura de gestão.

Este plano não segue apenas um padrão, mas capta informações de vários padrões para compor o contexto inteligente de auditoria de gestão. Na Figura 27 está representada a estrutura do Plano de Auditorias Inteligentes de Riscos.

Figura 27: IRAP - Intelligent Risk Audit Plan aplicado a auditorias inteligentes de riscos.
Smart Project Audit – PMPROJECT 2024 ©

Plano para Auditorias Inteligentes de Riscos - IRAP

CSi 1.2.A
Fluxo de Processos de Gestão Inteligente de Riscos *SRW - Smart Risk Workflow*

CSi 1.2.A **Processos inteligentes de integração organizacional** *CPI - Consulting Process Integration*	CSi 1.5.B4 **Gestão de Auditoria de Projetos e Processos** *PMA - Project & Process Audit Management*	CSi 1 **BRidge**

CSi 1.5.B4.2
Plano de Auditoria Inteligente de Riscos *IRAP - Intelligent Risk Audit Plan*

CSi 1.5.B4.2.1 **Compreensão das organizações** *The Understanding of Organizations*	CSi 1.5.B4.2.1.1 **Modelo de inteligência de negócios** *Smart Business Model*	CSi 1.5.B4.2.1.2 **Atividades e operações** *Activities & Operations*	CSi 1.5.B4.2.1.3 **Origem e natureza dos negócios** *Business Nature & Origin*
CSi 1.5.B4.2.2 **Fatores inteligentes de riscos** *Smart Risk Factors*	CSi 1.5.B4.2.2.1 **Origem dos riscos** *Risk Origins* CSi 1.5.B4.2.2.4 **Susceptibilidade à falhas** *Susceptibility to Failures*	CSi 1.5.B4.2.2.2 **Subjetividade dos riscos** *Subjectivity of Risks* CSi 1.5.B4.2.2.5 **Complexidade dos riscos** *Risks Complexity*	CSi 1.5.B4.2.2.3 **Imprevisibilidade dos riscos** *Unpredictability of Risks*
CSi 1.5.B4.2.3 **Controle interno inteligente** *Smart Internal Control*	CSi 1.5.B4.2.3.1 **Ambiente de controle** *Control Environment* CSi 1.5.B4.2.3.4 **Matriz de responsabilidade** *Responsibility Matrix*	CSi 1.5.B4.2.3.2 **Valores organizacionais** *Organizational Values* CSi 1.5.B4.2.3.5 **Capacidade de gestão** *Management Capacity*	CSi 1.5.B4.2.3.3 **Responsabilidade sistêmica** *Systemic Accountability*
CSi 1.5.B4.2.4 **Avaliação inteligente de riscos** *Smart Risk Assessment*	CSi 1.5.B4.2.4.1 **Identificação inteligente de riscos** *Smart Risk Identification*	CSi 1.5.B4.2.3.2 **Análise Inteligente de Riscos** *Smart Risk Analysis*	CSi 1.5.B4.2.3.3 **Avaliação Inteligente de Riscos** *Smart Risk Evaluation*
CSi 1.5.B4.2.5 **Gestão inteligente de mudanças** *Smart Change Management*	CSi 1.5.B4.2.5.1 **Mudanças no ambiente interno** *Internal Environment Changes*	CSi 1.5.B4.2.5.2 **Tecnologias para modelos de negócios** *Technology to Business Models*	CSi 1.5.B4.2.5.3 **Processos inteligentes de mudança** *Smart Change Process*
CSi 1.5.B4.2.6 **Sistemas de gestão organizacional** *Organizational Management Systems*	CSi 1.5.B4.2.6.1 **Mudanças no ambiente interno** *Strategic Management Systems*	CSi 1.5.B4.2.6.2 **Tecnologias para modelos de negócios** *Internal Control Systems*	CSi 1.5.B4.2.6.3 **Processos inteligentes de mudança** *Operational Management Systems*
CSi 1.5.B4.2.7 **Sistemas de gestão de comunicação** *Communication Management Systems*	CSi 1.5.B4.2.7.1 **Sistemas de informação de alta velocidade** *Highway ROAD System*	CSi 1.5.B4.2.7.2 **Reports inteligentes de gestão** *Smart Management Reports*	CSi 1.5.B4.2.7.3 **Sistemas inteligentes de informação** *Smart Information Systems*
CSi 1.5.B4.2.8 **Sistemas de controle organizacional** *Organizational Control System*	CSi 1.5.B4.2.8.1 **Sistemas de gestão estratégica e operacional** *Strategic & Operational Management Systems*	CSi 1.5.B4.2.8.2 **Sistemas de controle e auditoria** *Audit Control Systems*	CSi 1.5.B4.2.8.3 **Processos de aprovação e autorização** *Approvals and Authorizations Process*

Existem vários outros estágios, porém estes apresentados na Figura 27 oferecem uma visão geral sobre as auditorias inteligentes de riscos. No livro "Smart Project Audit", da BIO., é possível conhecer todo o processo de auditorias inteligentes de gestão.

O PAPEL DO AUDITOR NAS AUDITORIAS DE RISCOS

No livro **Ferramentas Inteligentes de Riscos – The Book of Risk | Toolkit** é possível conhecer o processo de auditoria inteligente aplicado ao gerenciamento de riscos organizacionais (ERM) e operacionais (ORM). Mas qual o papel dos auditores inteligentes? E como deve atuar o auditor inteligente na visão de riscos?

Existem dois tipos de auditores nas organizações: externos e internos. Nas auditorias inteligentes de gestão, os auditores inteligentes são internos. Empresas de diferentes portes e segmentos passam por vários tipos de auditoria todos os anos. Processos de auditoria são precisos e exigem que a organização se esforce para deixar claro que cumpre os padrões estabelecidos.

No entanto, muitas áreas aplicam auditorias como processos de certificação ou regulação e não como processos de gestão. Por isso os auditores inteligentes não são os únicos agentes de auditoria, mas todos que contribuem para a gestão organizacional.

ENCERRANDO ESTE CAPÍTULO

Neste capítulo foi possível conhecer os processos de auditoria de riscos e sua importância para as organizações, como manutenção da gestão. Os auditores inteligentes podem atuar como consultores organizacionais. Essa decisão deve ser tomada em consenso com a alta gestão e os agentes de mudança (os próprios auditores).

Os auditores inteligentes terão um papel importante no monitoramento das mudanças organizacionais provocadas pelos impactos dos riscos. O PM-PROJECT e a BIO. sugerem uma equipe de auditoria inteligente de acordo com cada tipo de organização a partir do EGIR (Escritório de Gestão Inteligente de Riscos). Nessa modalidade, as organizações podem contar com equipes especializadas em processos de gestão e com uma visão independente e imparcial.

Os auditores inteligentes podem atuar em diversos processos organizacionais, na gestão como um todo ou em partes específicas, em conjunto com outras equipes ou individualmente. O importante é criar um cenário de constante atualização e demonstração dos processos inteligentes de forma efetiva e produtiva. Os auditores são as joias raras da organização que precisam ser lapidadas.

Capítulo 13: MATRIZ INTELIGENTE DE RISCOS

Existem coisas conhecidas. Há coisas que sabemos que sabemos. Também sabemos que existem incógnitas conhecidas. Sei que existem algumas coisas que não sabemos. Mas também existem incógnitas desconhecidas, aquelas que não sabemos que não sabemos.

DONALD H. RUMSFELD

O QUE VEM A SEGUIR

Este capítulo apresenta a matriz de integração para gerenciamento inteligente de riscos.

- Simplificando o gerenciamento de riscos.
- Gerenciando o desconhecido.
- Matriz de riscos multidimensional.

SIMPLIFICANDO O GERENCIAMENTO DE RISCOS

As organizações que se apoiam no gerenciamento de riscos operacionais (ORM) conseguem perceber uma lacuna nos processos relacionados às organizações. No entanto, o gerenciamento de riscos organizacionais (ERM) é mais amplo e diversificado, incluindo questões do ambiente interno e externo, práticas de governança, negócios e questões sociais atreladas à cultura do risco.

Como visto nos capítulos anteriores, por se tratar de uma disciplina jovem nas organizações, o ERM ainda possui pontos a melhorar.

Organizações que optam por gerenciar riscos através de comitês devem ter conceitos de gestão muito aprimorados. Os gestores dos comitês de riscos devem implantar a melhoria contínua nos processos de gestão.

Ao extrapolar os processos de gestão para acomodar um *range* maior do que o definido pelas organizações, possivelmente mudanças organizacionais ocorrerão e um novo *range* será implementado, em um ciclo de gestão geralmente demorado e limitado a mudanças incrementais. As ações e respostas para esses processos podem ser padrões atuais para eventos futuros ou uma situação pior, como tratada na teoria do cisne negro, a previsibilidade retrospectiva, a capacidade de explicar eventos passados à luz de acontecimentos futuros.

Tomando posse desse conhecimento, a BIO. e o PMPROJECT desenvolveram um modelo de gerenciamento inteligente de riscos que trata de flexibilizar as limitações propostas pelas organizações em padrões mais extensos de gestão, sem fugir do controle gerencial e dos *ranges* de segurança da organização. Essa flexibilização está baseada no hipercubo de gestão (IMT *Intelligent Management Tesseract*).

O IMT não é um modelo exclusivo do gerenciamento de riscos, mas de toda a gestão organizacional. Através do IMT é criada a matriz inteligente de riscos (IRM – *Intelligent Risk Matrix*). A IRM é uma evolução das matrizes e ferramentas de riscos aplicadas ao gerenciamento de risco operacional (ORM) e organizacional (ERM).

O papel da matriz de riscos é priorizar, quantificar e avaliar a intensidade dos riscos. A matriz inteligente de riscos (IRM) tem um papel superior. A visão de riscos é expandida, com o uso do hipercubo de gestão (IMT), para vetores de tempo fora dos padrões atuais da organização.

A matriz inteligente de riscos não pretende substituir as ferramentas do gerenciamento de riscos tradicional nem tampouco desqualificá-las, mas tratá-las com o nível de excelência que merecem. As ferramentas de gerenciamento de riscos são *inputs* para o gerenciamento inteligente de riscos. A matriz inteligente de riscos compila as principais bases para o gerenciamento de riscos organizacionais (ERM) para criar uma matriz multidimensional.

Enquanto as matrizes tradicionais avaliam dois eixos (probabilidade e impacto, conhecimento *versus* desconhecimento), a matriz inteligente de riscos une várias matrizes em uma única forma, expandindo a terceira dimensão. Para matrizes multidimensionais (*arrays* multidimensionais) são criados vetores paralelos às matrizes existentes.

O foco deste livro não é tratar de ferramentas, mas contextualizar o uso delas no gerenciamento inteligente de riscos organizacionais (IERM). Por isso a matriz inteligente de riscos (IRM) estará detalhada na íntegra no livro **Ferramentas Inteligentes de Riscos – The Book of Risk | Toolkit**.

GERENCIANDO O DESCONHECIDO

A citação de Rumsfeld no início deste capítulo fala sobre o conhecimento e a importância de saber sobre o desconhecido (SHERMER, 2005).

A origem do pensamento de Rumsfeld pode ser remetida a um estudo muito aplicado no meio militar. Criado pelos psicólogos americanos Joseph Luft e Harry Ingham em 1955, o método Janela Johari surgiu em uma dinâmica de grupo da Universidade da Califórnia. A ideia foi aperfeiçoada pelos psicólogos e batizada com a junção dos nomes dos autores, por isso Johari. Segundo o modelo, as quatro áreas que regem o painel do conhecimento estão descritas a seguir.

- **Área aberta ou arena:** trata das informações sobre o eu ou a própria pessoa que está sendo avaliada. Incluem suas características, emoções, comportamentos, sentimentos e habilidades, pontos de vista e o seu conhecimento sobre como será visto por outras pessoas. Esta é a área mestra ou onde toda a comunicação ocorre. A expansão desta área possibilita uma melhor comunicação, como receber e compreender os *feedbacks*. Se esta área for expandida na horizontal, reduzirá o ponto cego. Se ela for expandida na vertical reduzirá a fachada ou face oculta da comunicação. Essa expansão ocorre no desenvolvimento e compartilhamento de sentimentos.

- **Ponto cego:** trata das informações sobre o eu que outras pessoas conhecem, mas o próprio eu desconhece. Um determinado grupo pode ter informações sobre uma pessoa sem ela tomar conhecimento disso. Dessa maneira, as expectativas são alteradas quando outras pessoas reagem de forma diferente a um tipo de comportamento, ou seja, o eu não sabe qual o motivo dessa reação. O ponto cego representa a falta de conhecimento de si mesmo perante os outros.
- **Área oculta ou fachada:** trata das informações que o eu conhece sobre os outros e são mantidas em segredo. Não há limites para esse tipo de informação, desde que seja mantida em segredo das outras pessoas. A pessoa tenta descobrir o que está errado na situação, porém sem sucesso. A área oculta é um dos pontos de ineficiência da comunicação.
- **Área desconhecida:** trata das informações desconhecidas em ambas as áreas, do eu e dos outros. Essas informações incluem, mas não se limitam a, sentimentos, *skills*, ações, etc. Geralmente esta área se forma ao redor de traumas e eventos passados ou futuros que permanecerão desconhecidos. Ela oculta as capacidades de inteligência e traz consigo heranças que influenciam no comportamento. A comunicação aberta sobre ações e temas que provavelmente vieram desta área pode minimizar seu impacto. Área desconhecida é uma incógnita para si mesmo e para outras pessoas, e suas ações podem configurar riscos, pela falta do conhecimento aplicado.

Para ilustrar graficamente o método da Janela Johari, os quatro quadrantes com as devidas notações estão detalhados na Figura 28.

Figura 28: The Johari Window – Janela Johari.
Adaptado de Joseph Luft e Harry Ingham 1955 ©

O método da Janela Johari

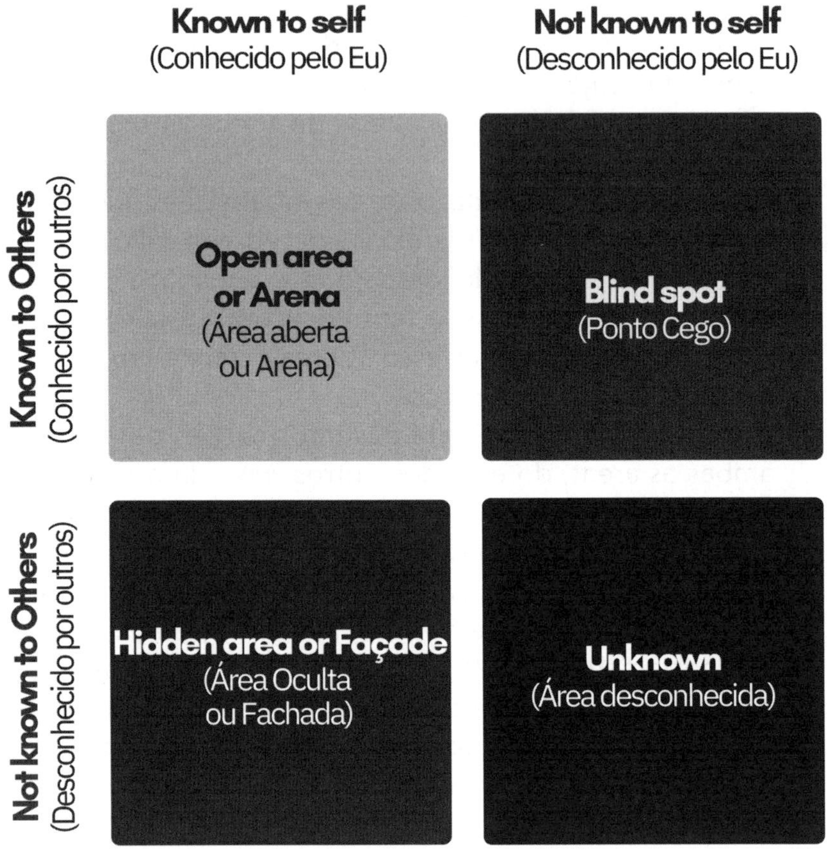

Este método inspirou Rumsfeld e a posterior matriz que leva seu nome, Matriz Rumsfeld, largamente aplicada no gerenciamento de riscos. Godfrey *et al.* (2020), no livro "Strategic Risk Management", contextualiza a Matriz Rumsfeld colocando em cada quadrante as categorias de riscos conhecidos e desconhecidos.

Segundo Godfrey *et al.* (2020), são alocados em cada quadrante da Matriz Rumsfeld os riscos a seguir:

- **Conhecidos-conhecidos:** os riscos conhecidos que se encaixam no primeiro quadrante tratam do gerenciamento de riscos tradicional realizado pelas seguradoras e por programas de *compliance* organizacional.
- **Conhecidos-desconhecidos:** os riscos organizacionais tratados pelo ERM, as fusões e aquisições, as unidades de negócios e seus processos ligados ao controle interno, as funções e responsabilidades organizacionais estão no segundo quadrante.
- **Desconhecidos-conhecidos:** riscos não gerenciados devido à incapacidade da organização de mensurá-los ou classificá-los. A gestão ambiental que faz parte do ESG pertence a esta categoria, porém os riscos atrelados a ela não podem ser mensurados sem sua materialização.
- **Desconhecidos-desconhecidos:** o quadrante que não pode ser preenchido por nenhum dos processos de gerenciamento de riscos devido à falta de materialidade e de dados. Este quadrante representa o maior risco que a gestão pode sofrer, o desconhecimento total do risco.

Embora os dois últimos quadrantes não possam ser identificados pelas limitações organizacionais, a Matriz Rumsfeld é utilizada em larga escala para outros contextos de riscos. A natureza desconhecida dos riscos nesses quadrantes não tira a responsabilidade da organização de tentar descobrir formas de traduzir esses eventos e trazê-los para outros quadrantes.

As megatendências são riscos conhecidos desconhecidos na Matriz Rumsfeld, porém as megatendências que ainda não explodiram são desconhecidos conhecidos que precisam de atenção. Sabe-se do poder das megatendências na influência dos negócios (conhecido), porém não se sabe ao certo os seus impactos (desconhecidos). Já as megatendências em criação, não se sabe quais são (desconhecidos), mas sabe-se que novas megatendências podem surgir a qualquer momento (conhecidos).

Eventos sociopolíticos extremos, que atuam em locais onde as matérias-primas para as operações organizacionais são coletadas, não são conhecidos por essas mesmas organizações. Eles podem provocar impactos na produção da matéria-prima e causar riscos operacionais com a falta de fornecimento. Este é um exemplo do quadrante desconhecidos desconhecidos.

Figura 29: Matriz Rumsfeld e o gerenciamento de risco aplicado.
Adaptado de Strategic Risk Management by Paul C. Godfrey, Emanuel V. Lauria, John A. Bugalla, Kristina L. Narvaez. 2020 ©

A Matriz Rumsfeld aplicada ao gerenciamento de riscos organizacionais

Impulsionado pelos eventos de 11 de setembro de 2001, o livro "Known and Unknown, A Memoir" (Conhecido e Desconhecido, Uma Memória) relata no Capítulo 25, "The Agony of Surprise" (A Agonia da Surpresa), os acontecimentos dos eventos que abalaram o mundo nesta data, na visão do secretário de defesa norte-americano e dos membros da alta cúpula do governo, incluindo o presidente George W. Bush. O que mais surpreende na história é a imprevisibilidade dos riscos.

Juntamente com o estado de impotência e informações desencontradas, o caos foi instalado quando o próprio departamento de defesa foi bombardeado.

A visão de Rumsfeld sobre o 11 de setembro traz uma característica nata dos gestores de riscos organizacionais: a narração da previsibilidade retroativa dos fatos. Impotentes quanto às operações, as narrativas traduzem uma visão futura para um evento passado.

Tomadas as devidas considerações, sem levar em conta a posição política de Rumsfeld, seus processos estão alinhados. No entanto, o que nos resta avaliar é, na visão da matriz que leva seu nome, quais eram os papéis conhecidos e desconhecidos dessa situação.

Na narrativa, Rumsfeld fala sobre a incapacidade temporária do maior órgão de defesa norte-americano de detectar naquele momento quais aviões foram sequestrados e ainda estavam no ar e quais estavam apenas traçando novas rotas ou mantendo suas rotas originais.

Partindo do princípio de que os EUA possuem a gestão organizacional mais avançada do planeta, o que deu errado? Onde estavam os riscos que não puderam ser detectados? E mais: como as forças do alto escalão lidaram com essa situação de crise?

As organizações devem avaliar os ambientes de riscos de acordo com a demanda e as situações que elas estão preparadas para enfrentar. Quanto aos riscos desconhecidos, eles precisam de um plano, mesmo que estejam fora do radar das organizações. É nesse processo que entra o gerenciamento inteligente de riscos organizacionais (IERM).

MATRIZ DE RISCOS MULTIDIMENSIONAL

Antes de iniciar as diretrizes da matriz inteligente, devem ser esclarecidos o papel do gerenciamento de riscos organizacional (ERM) e o seu relacionamento com as atividades do controle interno e o caráter institucional do ERM.

Os gestores de riscos e os conselhos de gestão têm atuado na avaliação de riscos organizacionais amparados por padrões expressos da mesma maneira, em relatórios financeiros. Chegou a hora de ampliar essa visão com o hipercubo de gestão.

O hipercubo é integrado ao CSi *Framework* na visão da matriz multidimensional da IRM.

O CSi *Framework* é representado pela integração dos elementos de gestão no hipercubo, trazendo a interconectividade do CSi na representação gráfica.

O CSi *Framework* não é uma estrutura de riscos como a ISO e o COSO, mas uma estrutura inteligente que engloba tudo ligado à gestão na organização. Na Figura 30 estão os elementos da IRM.

Figura 30: IRM - Intelligent Risk Matrix - Matriz Inteligente de Riscos. PMPROJECT 2022 ©

Matriz Inteligente de Riscos para IERM

CSi 1.2.A **Fluxo de Processos de Gestão Inteligente de Riscos** *SRW - Smart Risk Workflow*	CSi 1.2.A **Processos inteligentes de integração organizacional** *CPI - Consulting Process Integration*		CSi 1 **BRidge**
CSi 1.5.A1 **Conselhos Consultivos e Administrativos** *AAB - Advisory & Administrative Board*	CSi 1.5.A1.1 **Matriz Inteligente de Riscos** *IRM - Intelligent Risk Matrix*		CSi 1.5 **Metas** *Goals*
CSi 1.5.A1.1.1 **Elementos de gestão** *IRM Elements*	CSi 1.5.A1.1.1.1 **Controle interno** *IRM Internal Control* CSi 1.5.A1.1.1.4 **Estrutura de riscos** *IRM Risk Framework*	CSi 1.5.A1.1.1.2 **Funções e responsabilidades** *IRM Roles & Responsibilities* CSi 1.5.A1.1.1.5 **Modelo de riscos de negócios** *IRM Business Model Risk*	CSi 1.5.A1.1.1.3 **Visão geral de riscos** *IRM Risk Overview*
CSi 1.5.A1.1.2 **Governança** *IRM Governance*	CSi 1.5.A1.1.2.1 **Programa de Governança** *IRM Governance Program*	CSi 1.5.A1.1.2.2 **Relações de poder** *IRM Empowerment*	CSi 1.5.A1.1.2.3 **Estratégias de negócios** *IRM Strategy*
CSi 1.5.A1.1.3 **Apetite ao risco** *IRM Risk Appetite*	CSi 1.5.A1.1.3.1 **Integração dos elementos de riscos** *IRM Risks Integration*	CSi 1.5.A1.1.3.2 **Relação apetite, probabilidade, impacto** *IRM Likelihood, Impact and Appetite*	
CSi 1.5.A1.1.4 **Perfil de risco** *IRM Risk Profile*	CSi 1.5.A1.1.4.1 **Metas de riscos** *IRM Risk Goals*	CSi 1.5.A1.1.4.2 **Perfil de probabilidade e impacto** *IRM Likelihood, Impact Profile*	CSi 1.5.A1.1.4.3 **Materialidade de riscos** *IRM Risk Materiality*
CSi 1.5.A1.1.5 **Escala de risco** *IRM Risk Scale*	CSi 1.5.A1.1.5.1 **Amplificador de riscos** *IRM Amplifier*	CSi 1.5.A1.1.5.2 **Avaliação de riscos** *IRM Assessment*	
CSi 1.5.A1.1.6 **Tratamento do risco** *IRM Risk Treatment*	CSi 1.5.A1.1.6.1 **Tratamento inteligente de riscos** *IRM Smart Treatment*		CSi 1.5.A1.1.6.2 **Inventário de riscos** *IRM Inventory*
CSi 1.5.A1.1.7 **Riscos residuais** *IRM Residual Risks*	CSi 1.5.A1.1.7.1 **Tratamento de riscos residuais** *IRM Residual Risk Treatment*		CSi 1.5.A1.1.7.2 **Análise e revisão de riscos** *IRM Review and Revision*
CSi 1.5.A1.1.8 **Base para matriz de risco** *IRM Matrix Base*	CSi 1.5.A1.1.8.1 **Matriz integrada de riscos** *IRM Integrated Matrix*	CSi 1.5.A1.1.8.2 **Engajamento das partes interessadas** *IRM Stakeholders Engagement*	

Empresas como Nestlé criam matrizes de materialidade como resultado dos esforços para integrar o gerenciamento de riscos (NESTLE, 2022). As matrizes são atualizadas com base nas avaliações de riscos da organização, porém de maneira bidimensional, em escalas diversas (importância *versus* impacto, probabilidade *versus* impacto etc.).

Na visão da IRM, o CSi *Framework* trabalha com os elementos de gestão como se fossem matrizes multidimensionais, dentro de outras matrizes multidimensionais, semelhante a matrizes irregulares (*array of arrays*). As visões estática e dinâmica se integram, fazendo do CSi a mais complexa visão de elementos de gestão.

Figura 31: IMT - Intelligent Management Tesseract e as múltiplas iterações.
Management Intelligence Systems – CSi – PMPROJECT 2022 ©

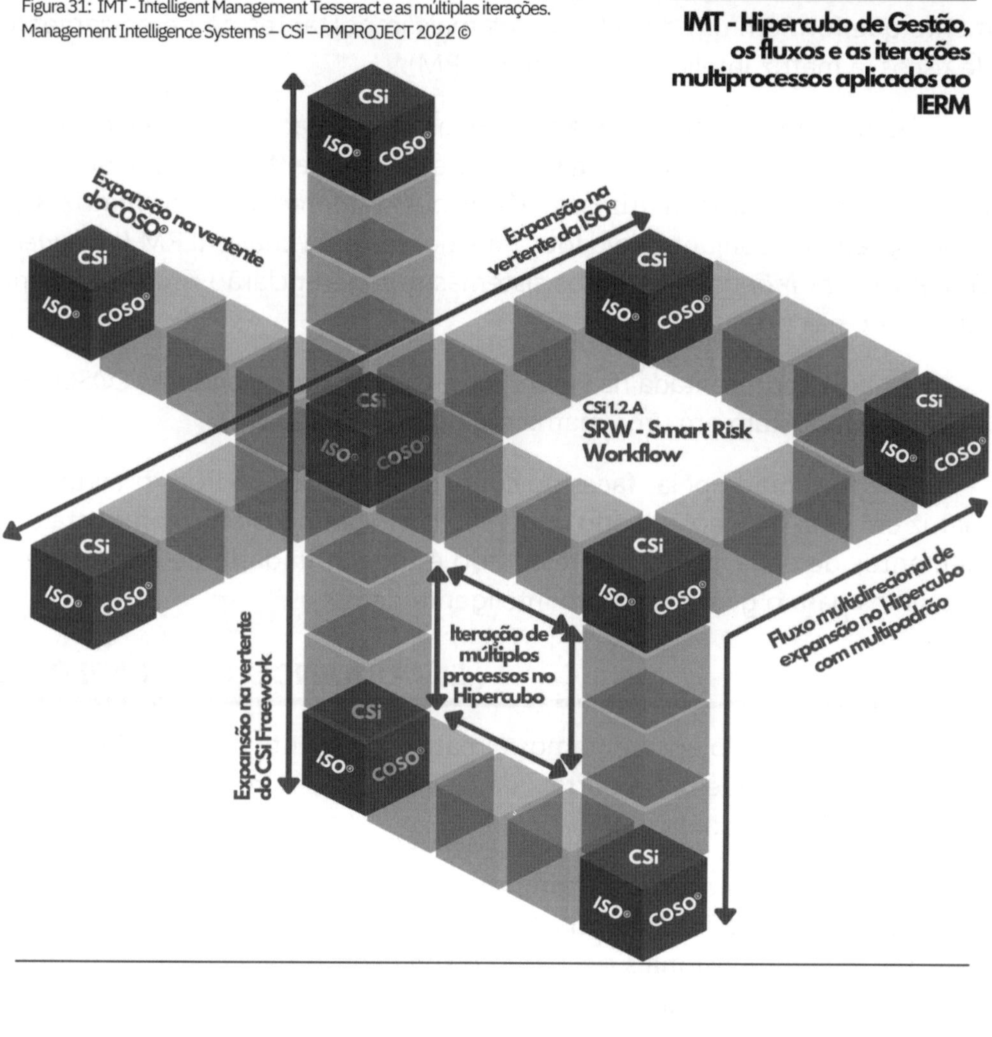

No livro "Management Intelligence Systems – CSi", da BIO., é possível conhecer todos os elementos de uma organização abordados pelo CSi *Framework* e a visão da integração de elementos no complexo sistema de visão multidimensional de gestão.

Recapitulando, o elemento do CSi *Framework* que trata de riscos organizacionais na visão estratégica é o vetor *Risk* do elemento BRidge de gestão. No entanto, o vetor *Risk* é multidimensional e cria o SRW (*Smart Risk Workflow*), um fluxo de trabalho de gerenciamento inteligente de riscos organizacionais (IERM).

O SRW estabelece as múltiplas dimensões do gerenciamento de riscos do CSi *Framework* considerando, mas não se limitando a, bases de conhecimento que formam um dos elementos mais importantes no gerenciamento de riscos, a matriz inteligente de riscos (IRM).

É importante ressaltar que nem todas as integrações ocorrem de forma linear, ou seja, cada elemento da IRM não é um elemento qualquer, um vetor ou uma face, mas uma matriz com vários outros elementos. E as matrizes se integram em um conjunto de dados inteligentes para criar o IERM (*Intelligent Enterprise Risk Management*) e os sistemas que gerenciarão riscos de forma inteligente nas organizações.

A IRM, representada na Figura 31, mostra como os padrões COSO, ISO e CSi se comportam em uma matriz multidimensional.

Representado pelas faces do cubo, cada um dos padrões projeta uma matriz em uma direção, criando uma matriz multidimensional composta dos elementos de cada padrão. O resultado é uma infinidade de informações relevantes para o gerenciamento inteligente de riscos.

ENCERRANDO ESTE CAPÍTULO

Neste capítulo apresentamos a matriz inteligente de riscos (IRM) e os fatores que a compõem. Na parte 2 deste livro serão apresentadas as etapas para construção da matriz IRM.

Os gestores necessitam compreender que as matrizes tradicionais de riscos ainda têm sua importância. Porém, em um curto espaço de tempo as matrizes multidimensionais ocuparão o seu espaço para construir o futuro do gerenciamento de riscos.

CONCLUINDO A PARTE 1

Este é o último capítulo da parte 1. A sua jornada até aqui passou pela compreensão dos riscos nas organizações (Capítulo 1) e pelas estruturas aplicadas ao gerenciamento de riscos (Capítulo 2). Foi possível conhecer as práticas de governança e o *compliance* (Capítulo 3) e como eles afetam os objetivos estratégicos (Capítulo 4). Você acompanhou os processos de gerenciamento de riscos (Capítulo 5), as respostas aos riscos (Capítulo 6) e a combinação de ambos para gerar os relatórios de desempenho de riscos (Capítulo 7).

As organizações não param de crescer e enfrentar mudanças (Capítulo 8). Por isso se torna cada vez mais necessária a comunicação inteligente nas organizações (Capítulo 9), o que pode ser combinado com os sistemas de gestão (Capítulo 10) através de integrações inteligentes (Capítulo 11). Todas as informações devem ser auditadas (Capítulo 12) e organizadas através de matrizes inteligentes de riscos (Capítulo 13) para melhor avaliação da gestão.

Agora chegou a hora de utilizar os conceitos aprendidos e aplicá-los de maneira prática, através do **guia para gestão inteligente de riscos estratégicos**, apresentado a seguir.

PARTE 2 – GUIA DE GESTÃO INTELIGENTE DE RISCOS ESTRATÉGICOS

STRATEGIC GUIDELINE

THE BOOK OF RISK

PART # 2

PRACTICE GUIDE

Apresentação: APLICANDO A GESTÃO INTELIGENTE DE RISCOS ESTRATÉGICOS

O fracasso é simplesmente a oportunidade de começar de novo, dessa vez de forma mais inteligente.

HENRY FORD

COMO ESTE GUIA ESTÁ ORGANIZADO

Este guia é um resumo das práticas de gestão inteligente aplicadas em projetos de consultoria organizacional. Ele traça um roteiro "inteligente" de gestão para aplicação no gerenciamento de riscos organizacionais.

ORIENTAÇÕES PARA NOVOS PROFISSIONAIS DE GESTÃO DE RISCOS

Profissionais experientes no gerenciamento de riscos organizacionais possuem uma série de métodos e processos. No entanto, para aplicar esses processos ou transferir o conhecimento para os novos entrantes é necessário um grande esforço de capacitação da gestão. E mesmo com o sucesso da capacitação a aplicação desses processos, ainda é necessário um "toque" de gestão adquirido ao longo de anos de experiência. O objetivo deste guia é servir de orientação para profissionais em todos os estágios de gestão, seja para capacitar novos membros ou orientar-se quanto ao gerenciamento inteligente de riscos.

OS ESCRITÓRIOS DE GESTÃO INTELIGENTE DE RISCOS (EGIR)

Para facilitar a implantação do gerenciamento inteligente de riscos organizacionais (IERM), este guia começa com uma fase preliminar que engloba a implantação do EGIR (Capítulo 1). Em seguida, a organização da estrutura de gestão (Capítulo 2) e dos processos para recebê-lo (Capítulo 3) completa essa fase.

A próxima fase engloba a identificação e priorização dos riscos (Capítulo 4), e a implementação das respostas aos riscos (Capítulo 5). A fase seguinte é a comunicação dos riscos através de relatórios inteligentes de gestão (Capítulo 6) e a integração dos processos de gestão inteligente na organização (Capítulo 7).

UM PLANO PARA A GESTÃO INTELIGENTE DE RISCOS

Os primeiros passos na gestão de riscos certamente são os mais difíceis. Este guia traz um plano de gestão inteligente de riscos (Capítulo 9) para auxiliar nesses passos. Para finalizar, este guia não estaria completo sem as matrizes inteligentes de gestão (Capítulo 10) e os processos de avaliação do sucesso da gestão (Capítulo 11). Este guia traz um roteiro para guiá-lo na gestão inteligente de riscos. Aproveite sem moderação.

Capítulo 1: IMPLANTANDO ESCRITÓRIOS DE GESTÃO INTELIGENTE DE RISCOS

A prática não leva à perfeição.
Somente a prática perfeita leva à perfeição.
VINCE LOMBARDI

O QUE VEM A SEGUIR

Este capítulo apresenta uma visão geral sobre a implantação de Escritórios de Gestão Inteligentes de Riscos (EGIR).

- O papel dos escritórios de gestão inteligente.
- Preparando a organização para o gerenciamento inteligente de riscos.
- Aplicando a estratégia em processos inteligentes.
- Pilares da gestão estratégica inteligente.
- Pilares da gestão operacional inteligente.
- A expertise na gestão inteligente de processos.
- Entrega de resultados através da gestão inteligente.

O PAPEL DOS ESCRITÓRIOS DE GESTÃO INTELIGENTE

As organizações necessitam de diversos níveis de gerenciamento de riscos organizacionais (ERM). A forma que o PMPROJECT BMO e a BIO. encontraram para auxiliar as organizações no desenvolvimento das áreas de riscos, da operação (ORM) à estratégia (ERM), foi a criação do Escritório de Gestão Inteligente de Riscos – EGIR.

O EGIR atua como um complemento da função do CRO, recebendo as suas atribuições práticas e operacionais e deixando o CRO na visão estratégica de riscos para assumir papéis e responsabilidades e desenvolver resultados no gerenciamento de riscos organizacionais (ERM).

O EGIR tem o papel importante de estreitar as fronteiras, reduzir ruídos de comunicação, interpretar e desenvolver *reports* de gestão, consolidando os resultados de diversas áreas estratégicas na organização. O EGIR atua no gerenciamento de riscos assim como o PMO atua no gerenciamento de projetos. O EGIR pode integrar áreas comuns como controle interno, controladoria, saúde e segurança, e muitos outros setores que gerenciam ou controlam riscos na organização.

O EGIR seguirá a estrutura da organização, dependendo das áreas que necessitam de integração. É importante compreender que o EGIR é um escritório de gestão estratégica inteligente e, como tal, atua nos mais altos níveis organizacionais. No entanto, o EGIR é a ponte que liga a estratégia à operação. O EGIR coleta, gerencia, conecta e organiza informações em todos os níveis organizacionais. Uma vez estabelecido, o EGIR será responsável pelo gerenciamento de riscos organizacionais (ERM), como um *staff* geral, dos conselhos até a operação.

PREPARANDO A ORGANIZAÇÃO PARA O GERENCIAMENTO INTELIGENTE DE RISCOS

DIAGNÓSTICO ORGANIZACIONAL

É possível rever os objetivos e as estratégias aplicadas aos negócios e projetos. No entanto, a efetivação dessas ações se dá por conta de novas formas de implementação na organização.

Pode-se dizer que o gerenciamento inteligente de riscos organizacionais (IERM) na visão estratégica vai muito além do desenvolvimento de alternativas e da integração dos objetivos estratégicos.

Enfim, é necessário ir muito além do gerenciamento de riscos para se ter sucesso na implementação de negócios e projetos, conforme será demonstrado no capítulo "Comunicação Inteligente de Riscos". As informações sofrem do mesmo efeito chamado de "trombose organizacional" apresentado em detalhes no livro "Inteligência Organizacional" da BIO.

A trombose é um nome genérico para um efeito inflamatório que ocorre nos membros inferiores. De forma geral, em todo corpo humano podem acontecer efeitos semelhantes, que paralisam uma área ou todo o corpo. Na organização ocorre o mesmo efeito. Durante as operações das organizações, sejam elas decorrentes da produção (operação contínua) ou de projetos (operação concentrada), as atividades não podem parar.

No entanto, quando atividades são realizadas em regime de estresse, ou seja, um excessivo uso dos recursos, sejam eles máquinas, equipamentos ou pessoas, um desgaste natural acontece. Esse desgaste pode ser evitado através de ações preventivas, mas uma parte desse desgaste ocorre em áreas ocultas aos olhos da organização, assim como no corpo humano. São as chamadas "doenças organizacionais". Os processos são interrompidos e uma reação em cadeia ocorre.

Se tudo isso for previsto pelo gerenciamento de riscos organizacionais (ERM), não será tão dispendioso ou impactante. Porém, assim como na saúde humana, células cancerígenas podem aparecer e acelerar o processo de adoecimento.

Isso não só provocará o envelhecimento precoce do processo organizacional como necessitará de recursos muito além do previsto para conter essa situação. Isso é o ambiente no qual o gerenciamento de riscos organizacionais (ERM) deve operar: em situações de crise, no sistema central da organização que mantém os organismos (negócios) vivos. As frentes de atuação da gestão devem estar posicionadas não apenas na previsão, mas no tratamento e no diagnóstico de situações organizacionais "cancerígenas".

Em certos casos, detectar um câncer precocemente não trará nenhum benefício a não ser antecipar o conhecimento da doença.

Determinados tipos de câncer se manifestam sem nenhum tratamento preventivo e maneiras de evitá-lo. O mesmo acontece com os riscos organizacionais.

Em um exemplo bem extremo, uma usina nuclear está posicionada em uma falha geológica. Segundo previsão de especialistas de gerenciamento de riscos organizacionais (ERM), dentro de um ano um terremoto de magnitude extrema pode romper as bases da estrutura da usina. Não há como transferir a usina em tão pouco tempo nem isolar ou conter os impactos ambientais relativos ao terremoto. O que resta fazer?

Assim como o diagnóstico tardio de um câncer, a avaliação de riscos de um cenário organizacional doente tratará apenas uma informação comprobatória da situação previamente estabelecida.

Os processos de gerenciamento de riscos devem ir muito além dos cenários tratados. Avaliar os impactos ambientais antes da instalação da usina não é uma resposta coerente. O problema está instalado, e agora a gestão deve utilizar os recursos necessários para minimizar seus impactos.

APLICANDO A ESTRATÉGIA EM PROCESSOS INTELIGENTES

Está claro que o gerenciamento de riscos organizacionais necessita de uma mudança estratégica. O Escritório de Gestão Inteligente de Riscos (EGIR) aborda a gestão estratégica e operacional em um único bloco de gestão. Fatores que distanciam a gestão estratégica da gestão operacional aumentam os riscos organizacionais.

A correta comunicação entre os níveis de gestão tende a minimizar os riscos relacionados e o entendimento de ações e processos de gestão. No livro "Escritórios de Gestão Inteligente", da BIO., a matriz ECMTK traz um processo de consultoria operacional através do elemento de gestão estratégica e operacional (SOM – *Strategic & Operational Management*).

O SOM, em conjunto com o elemento BRidge do CSi *Framework*, cria um conjunto de práticas de gestão para todas as áreas operacionais e estratégicas. A seguir, conheça cada elemento do SOM e como implementá-lo na organização. O BRidge possui os vetores Metas (*Goals*) e Informação (*Information*), que estabelecem os parâmetros para o SOM e para os conjuntos de processos inteligentes para integração organizacional (CPI – *Consulting Process Integration*).

Na Figura 32 está detalhado o vetor Metas (*Goals*) e na Figura 33 está detalhado o vetor Informação (*Information*), ambos com seus itens de gestão.

Figura 32: CSi 1.5AB | Fluxo de Processos do CPI do Vetor Goals Management Intelligence Systems – CSi – PMPROJECT 2022 ©

Vetor Goals do Elemento BRidge do CSi Framework

BRidge CSi 1

Vetor	Itens	Fluxo de Processos
CSi 1.5 **Metas** *Goals*	**CSi 1.5.1** **Referenciado** *Guidelines* **CSi 1.5.2** **Propriedade** *Ownership* **CSi 1.5.3** **Responsável** *Accountable* **CSi 1.5.4** **Metas Fixas** *Lump-sum* **CSi 1.5.5** **Segmentado** *Segments*	**CSi 1.5.AB** **Processos inteligentes para integração organizacional** *CPI - Consulting Process Integration*

SM - Strategic Management

- **CSi 1.5.A1** **Conselho Administrativo e Consultivo** *AAB - Advisory & Administrative Board*
- **CSi 1.5.A2** **Gestão Comercial e Vendas** *SCM - Sales & Commercial Management*
- **CSi 1.5.A3** **Gestão e Planejamento Sucessório** *SPM - Succession Planning Management*
- **CSi 1.5.A4** **Gestão de Sucesso do Cliente** *CSM - Customer Success Management*
- **CSi 1.5.A5** **Gestão Financeira e Controladoria** *FMC - Financial Management & Controllership*

OM - Operational Management

- **CSi 1.5.B1** **Gestão Estratégica e Operacional** *SOM - Strategic & Operational Management*
  - **CSi 1.5.B1.1** **Integração de áreas de Gestão Operacional** *Integration S&O areas*
  - **CSi 1.5.B1.2** **Gestão de Sistemas Integrados para Gestão Operacional** *Integrated Management Systems for S&O*
  - **CSi 1.5.B1.3** **Governança para Gestão Operacional** *Governance for S&O*
  - **CSi 1.5.B1.4** **Conformidade para Gestão Operacional** *Compliance for S&O*
  - **CSi 1.5.B1.5** **Indicadores Inteligentes de Gestão** *SPI - Smart Performance Indicators*
- **CSi 1.5.B2** **Gestão de Recursos Operacionais** *ORM - Operational Resource Management*
- **CSi 1.5.B3** **Gestão de Equipes Inteligentes** *ITM - Intelligent Teams Management*
- **CSi 1.5.B4** **Gestão e Auditoria de Projetos e Processos** *PMA - Project & Process Management Audit*

CSI *Framework Information*

> Na era da transformação digital, as fontes de informações estão nas redes, e o conhecimento, que antes estava nas pessoas, agora ocupa as máquinas. A inteligência deixou de ser pessoal e passou a ser artificial. Isso é parte da informação apenas. Saiba mais sobre o CSI *Framework* e os elementos de inteligência de gestão no livro "Management Intelligence Systems – CSI", da BIO.

Figura 33: CSi 1.3A | Fluxo de Processos do SIP do Vetor Information Management Intelligence Systems – CSi – PMPROJECT 2022 ©

Vetor Information do Elemento BRidge do CSi Framework

BRidge CSi 1

Vetor	Itens			Fluxo de Processos	
CSi 1.3 **Informação** *Information*	**CSi 1.3.1** **Instrução** *Instruction*	**CSi 1.3.9** **Integração** *Integration*	**CSi 1.3.A** **Processos inteligentes de Informação** *SIP - Smart Information Process*	**CSi 1.3.A1** **Gestão da Informação** *Information management*	**CSi 1.3.A6** **Resultados inteligentes** *Intelligent results*
	CSi 1.3.2 **Comunicação** *Notification*	**CSi 1.3.10** **Demanda** *On demand*		**CSi 1.3.A2** **Comandos e instruções** *Instructions & Commands*	**CSi 1.3.A7** **Incremento de sucesso** *Success increase*
	CSi 1.3.3 **Fonte de informações** *Font*	**CSi 1.3.11** **Avisos** *Notifications*		**CSi 1.3.A3** **Integração de dados** *Data source integration*	**CSi 1.3.A8** **Otimização da tomada de decisão** *Decision-making optimization*
	CSi 1.3.4 **Visão Geral** *Overview*			**CSi 1.3.A4** **Rastreabilidade da informação** *Information traceability*	**CSi 1.3.A9** **Velocidade de processamento de dados** *Data processing speed*
	CSi 1.3.5 **Retenção** *Retention*			**CSi 1.3.A5** **Aplicação lógica** *Logical application*	
	CSi 1.3.6 **Manutenção** *Maintenance*				
	CSi 1.3.7 **Aplicação** *Application*				
	CSi 1.3.8 **Rastreamento** *Tracking*				

CONJUNTO DE PROCESSOS DE GESTÃO INTELIGENTE

O CPI (*Consulting Process Integration*) é um conjunto de processos de consultoria que atua na integração estratégica e operacional nas organizações. Através do CPI são estabelecidos dois grupos de gestão inteligente aplicada à organização.

O SM (*Strategic Management*) ou gerenciamento estratégico trata da gestão estratégica e o OM (*Operational Management*) ou gerenciamento operacional trata da gestão operacional. Cada um dos grupos de gestão tem seu conjunto de elementos e processos aplicados à gestão organizacional.

PILARES DA GESTÃO ESTRATÉGICA INTELIGENTE

Os elementos e processos de gestão para SM são criados a partir da ampliação da visão organizacional estratégica, com ênfase em cinco pilares: gestão de alto nível ou conselhos de gestão (AAB), gestão financeira (FCM), visão sucessória inteligente para gestão (SPM) e gestão comercial (SCM) com foco no sucesso do cliente (CSM).

CONSELHO ADMINISTRATIVO E CONSULTIVO (AAB)

Os processos de gestão do conselho administrativo e consultivo (AAB – *Advisory & Administrative Board)* tratam das ações dos conselhos nas organizações, em todos os níveis de gestão, não somente no gerenciamento de riscos. O AAB trata do relacionamento dos altos níveis de gestão com a estratégia e os objetivos estratégicos.

GESTÃO COMERCIAL E VENDAS (SCM)

Os processos de gestão comercial e vendas (SCM – *Sales & Commercial Management*) e da gestão de sucesso do cliente (CSM – *Customer Success Management*) são vetores que tratam exclusivamente da estrutura e estratégia organizacional, com foco no cliente. O SCM atua com foco ligado na estratégia, na inteligência comercial e na inteligência de mercado, criando uma visão de alto nível.

GESTÃO E PLANEJAMENTO SUCESSÓRIO (SPM)

Os processos de Gestão e Planejamento Sucessório (SPM – *Succession Planning Management*) tratam de todas as transições entre os membros da gestão. Através do SPM, a alta gestão pode prever transições e planejar o futuro da gestão sem maiores impactos na visão multigestão, aplicada ao planejamento estratégico de longo prazo. O papel do SPM é garantir a estabilidade organizacional em momentos de grandes mudanças.

GESTÃO DE SUCESSO DO CLIENTE (CSM)

Os processos de gestão de sucesso do cliente (CSM – *Customer Success Management*), integrados às informações do SCM, alimentam o planejamento estratégico com projeções, visão e "tradução" do olhar do cliente para a organização.

O CSM é o elemento de inteligência comercial que visa compreender os fatores de sucesso do cliente como o elemento crucial para a gestão de riscos organizacionais.

GESTÃO FINANCEIRA E CONTROLADORIA (FCM)

Os processos de gestão financeira e controladoria (FMC – *Financial Management & Controllership*) são responsáveis por todas as áreas contábeis e financeiras e pela apresentação dos resultados organizacionais. O FMC e o PMA (*Project & Process Audit Management*) promovem integrações de auditoria de gestão para toda a organização. O FMC é o responsável por produzir as informações que embasarão os processos de governança.

PILARES DA GESTÃO OPERACIONAL INTELIGENTE

Os elementos e processos de gestão para OM são criados a partir da visão estratégica integrada na operação, com ênfase em quatro pilares: gestão de nível estratégico e operacional (SOM), gestão de recursos organizacionais (ORM), gestão de pessoas através de equipes inteligentes e multidisciplinares (ITM) e auditorias inteligentes aplicadas aos negócios e projetos (PMA), incluindo auditorias de riscos para ERM.

GESTÃO ESTRATÉGICA E OPERACIONAL (SOM)

Os processos de gestão estratégica e operacional (SOM – *Strategic and Operational Management*) não são apenas um conjunto de práticas de gestão. Eles são a própria estrutura da organização de alto nível.

O SOM é o elemento mais importante da gestão inteligente aplicada às organizações. Todas as interfaces, estratégias e operações são integradas através dele. Na visão do ERM, o SOM minimiza os ruídos de comunicação de riscos, pois traduz os contextos de estratégia para operações e vice-versa. Veja na Figura 34 como a integração da SM e da OM são organizadas pelo elemento SOM.

As áreas são responsáveis pela validação da visão do cliente em relação aos riscos organizacionais (ERM) e pela forma como a organização é vista no mercado em que atua. Todos esses vetores estão ligados à estrutura, à visão e ao controle organizacional de alto nível. Os processos relacionados a esses vetores são tratados pela consultoria organizacional (*Strategic Management*).

A consultoria organizacional trabalha para auxiliar as organizações na estruturação de processos relacionados à gestão estratégica. Apesar de estar na consultoria operacional (*Operational Management*), o SOM é um elemento integrador e é aplicado em conjunto em ambas as consultorias de gestão.

Figura 34: CSi 1.5AB | Integração de Processos do CPI do Vetor Goals Management Intelligence Systems – CSi – PMPROJECT 2022 ©

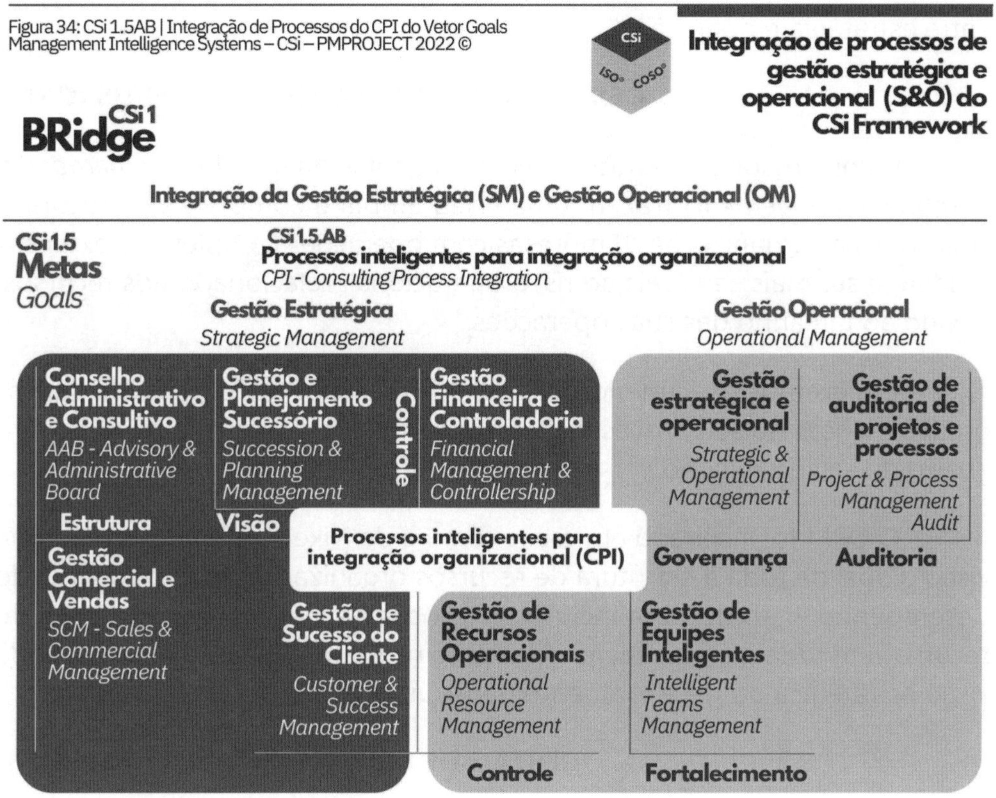

Saiba mais sobre *Operational Management* aplicada ao gerenciamento de riscos operacionais (ORM) no livro **Gerenciamento Inteligente de Riscos – The Book of Risk | Operational.**

O SOM também possui processos operacionais que atuam no desenvolvimento das operações e na integração das estratégias. Para fins de organização, o SOM é classificado como consultoria operacional (*Operational Management*). Essa classificação é devido ao caráter processual do SOM. Ele é um elemento de governança ligado à operação e à estratégia.

Na consultoria operacional o SOM é desenvolvido como um mapeamento global dos sistemas de gestão e é apresentado à alta direção um *heatmap* (mapa de calor) organizacional. O *heatmap* aponta os principais indicadores de gestão e o sucesso na sua implantação. Para o gerenciamento de riscos existe um *heatmap* específico que trata dos processos de riscos entre estratégia e operação.

GESTÃO DE RECURSOS OPERACIONAIS (ORM)

Os processos de gestão de recursos operacionais (ORM – *Operational Resource Management*) trazem uma visão ampla e completa dos recursos aplicados nas organizações. Empresas com operações complexas e extensas tendem a ser mais sensíveis ao risco operacional, relacionado aos recursos, devido ao tamanho das suas operações.

Um exemplo é a americana Nike, que nos anos 90 foi acusada de empregar crianças no seu processo de produção e remunerar sua mão de obra abaixo do salário mínimo.

O ORM foi inspirado em casos como o da Nike para poder trazer uma visão global de toda a estrutura de recursos organizacionais, indicadores de desempenho, mão de obra inclusiva e processos ligados à governança de recursos em toda a organização. Avaliar os riscos organizacionais a partir da visão estratégica do gerenciamento de recursos é o propósito do ORM.

GESTÃO DE EQUIPES INTELIGENTES (ITM)

Os processos de gestão de equipes inteligentes (ITM – *Intelligent Teams Management*) são os mais novos vetores entre todos os elementos de gestão do SOM.

O ITM foi inspirado em trabalhos com equipes remotas, multidisciplinares, multidepartamentais e multifuncionais (3MTs) e outros modelos de *Management Intelligence Teams*. Através do ITM é possível gerenciar todas as equipes de uma organização, seus relacionamentos, processos e intervenções de maneira inteligente.

O ITM é parte integrante do *Management Intelligence Teams* (MIT) ou sistema de gestão de pessoas e equipes inteligentes. O MIT foi criado inspirado no centro de inteligência norte-americano (IC – *Intelligence Center*).

O IC é o centro de inteligência do gabinete do Diretório Nacional de Inteligência (ODNI – *Office of Director of National Intelligence*). O IC concentra as principais agências de inteligência americana como uma maneira de organizar operações e informações conjuntas.

Figura 35: CSi 1.5B3 | Gerenciamento Organizacional por Células (*Cells Management*) com Equipes de Gestão Inteligente (ITM - *Intelligent Management Teams*). Management Intelligence Systems – CSi – PMPROJECT 2022 ©

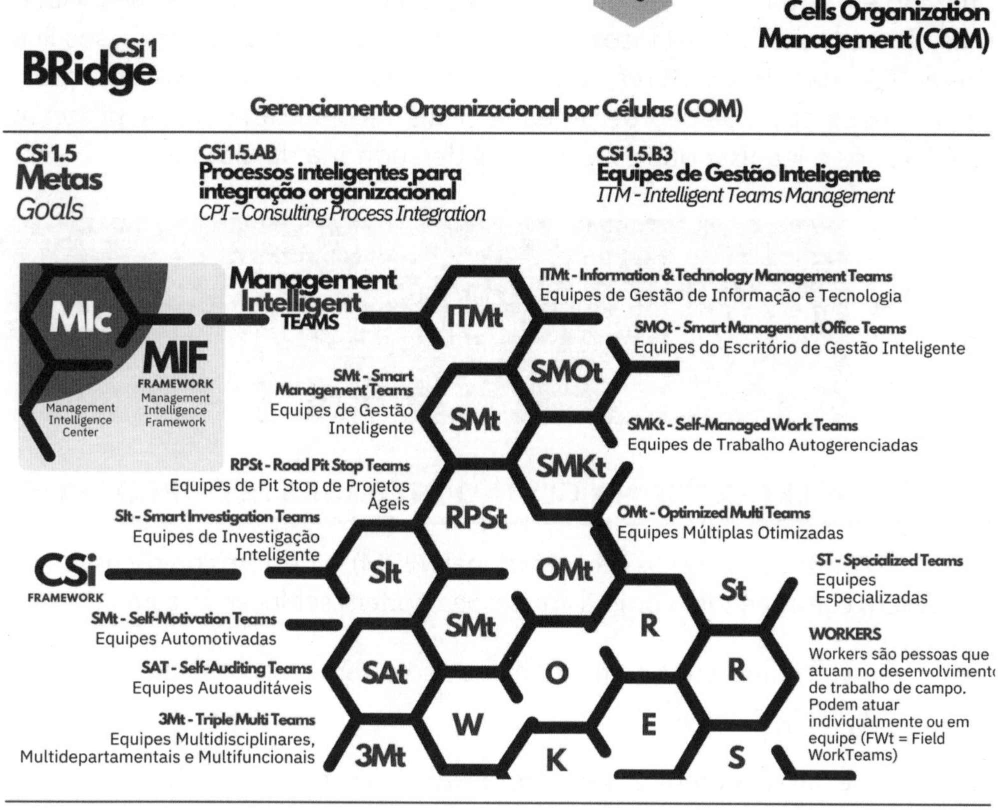

O centro de inteligência em gestão (MIC – *Management Intelligence Center*), do qual o MIT faz parte, foi criado com base nessa experiência do centro de inteligência norte-americano.

O MIC é uma estrutura de gestão organizada através do processo de gerenciamento organizacional por células (COM – *Cells Organizational Management*). O COM e o MIC foram criados como metodologias inteligentes de gestão para integrar a organização, reduzindo as divergências entre estratégia, operação e objetivos do negócio.

GESTÃO E AUDITORIA DE PROJETOS E PROCESSOS (PMA)

A gestão e auditoria de projetos e processos (PMA – *Project & Process Management Audit*) trata de avaliar os processos e projetos a nível organizacional.

O PMA pode ser aplicado em todos os níveis de gestão, porém ele é utilizado em larga escala em processos de auditoria de alto nível que incluem, mas não se limitam a: balanços e demonstrações financeiras, processos ligados ao ESG para investidores, sistemas integrados de gestão, certificações e validações externas de padrões internacionais, reconhecimentos de processos regulatórios e legais e outros processos de auditoria de alto nível.

Integrações inteligentes

Os desafios de gestão na era da transformação digital são muitos e exigem mais processos inteligentes ligados à tecnologia e à integração das informações. No capítulo das integrações inteligentes serão apresentados os mapas de gestão organizacionais inteligentes contendo os escopos de cada área de gestão. Não há como atuar na governança e no gerenciamento de riscos sem conhecer a organização como um todo. Saiba mais sobre MIT, ITM, MIC e outros processos de gestão de equipes no livro "Management Intelligence Teams", da BIO.

A EXPERTISE NA GESTÃO INTELIGENTE DE PROCESSOS

Os gestores de riscos organizacionais (ERM), e gestores de riscos em geral, devem compreender como as previsões podem ser incertas e impactantes.

Não há como prever a maioria dos riscos sem uma visão além do *status quo* das práticas de gestão.

A Gestão Estratégica Inteligente traz uma visão diferente do contexto atual de previsibilidade e gestão, o vetor *Expertise* do elemento BRidge do CSi *Framework*.

O vetor de conhecimento de negócios (*Expertise*), do CSi *Framework*, considera a visão do conhecimento integrado e compartilhado, conforme itens apresentados na Figura 36.

Figura 36: CSi 1.6A | Fluxo de Processos do SEB do Vetor Expertise Management Intelligence Systems – CSi – PMPROJECT 2022 ©

Vetor Expertise do Elemento BRidge do CSi Framework

BRidge CSi 1

Vetor	Itens	Fluxo de Processos	
CSi 1.6 **Experiência** *Expertise*	**CSi 1.6.1** **Personalidades Essenciais** *Essential person*	**CSi 1.6.A** **Processos inteligentes de Melhoria Contínua** *SEB - Smart Expertise Backlog*	**CSi 1.6.A1** **Gestão do conhecimento de negócios e projetos** *B&P Knowledge Management*
	CSi 1.6.2 **Raio x (Diagnóstico)** *X-ray*		**CSi 1.6.A2** **Fonte de conhecimento compartilhado de negócios e projetos** *Shared and Source Knowledge B&P*
	CSi 1.6.3 **Prática** *Practice*		**CSi 1.6.A3** **Raio x para evidências práticas para negócios e projetos** *XPE Vision for practice B&P*
	CSi 1.6.4 **Prova** *Evidence*		**CSi 1.6.A4** **Integração de conhecimentos de negócios e projetos** *Knowledge Integration B&P*
	CSi 1.6.5 **Registro** *Register*		**CSi 1.6.A5** **Habilidades essenciais para negócios e projetos** *Essentials Skills for B&P*
	CSi 1.6.6 **Confiança** *Trust*		
	CSi 1.6.7 **Crescimento** *Increment*		**CSi 1.6.A6** **Incremento de confiabilidade de registros de informações** *Increased reliability of records*
	CSi 1.6.8 **Sobrevivência** *Survive*		**CSi 1.6.A7** **Decisão de sobrevivência de negócios e projetos** *S&E Decision - Survival or Expire*

PROCESSOS INTELIGENTES DE MELHORIA CONTÍNUA (SEB)

Os processos de gestão de melhoria contínua (SEB – *Smart Expertise Backlog*) fazem parte do vetor *Expertise*. Através desses processos é possível estender as projeções estratégicas para atingir os objetivos das organizações. O SEB prevê a gestão do conhecimento de negócios e projetos, através de uma base de dados de inteligência de gestão.

GESTÃO DO CONHECIMENTO DE NEGÓCIOS E PROJETOS

O SEB é uma carteira de conhecimento autoincremental e iterativo. Baseado na nuvem, o SEB criará na organização um *pool* de informações organizacionais compartilhadas para negócios e projetos.

Essas informações serão gerenciadas através da gestão do conhecimento de negócios e projetos (*B&P Knowledge Management*) e integradas ao vetor *Business* (Negócios).

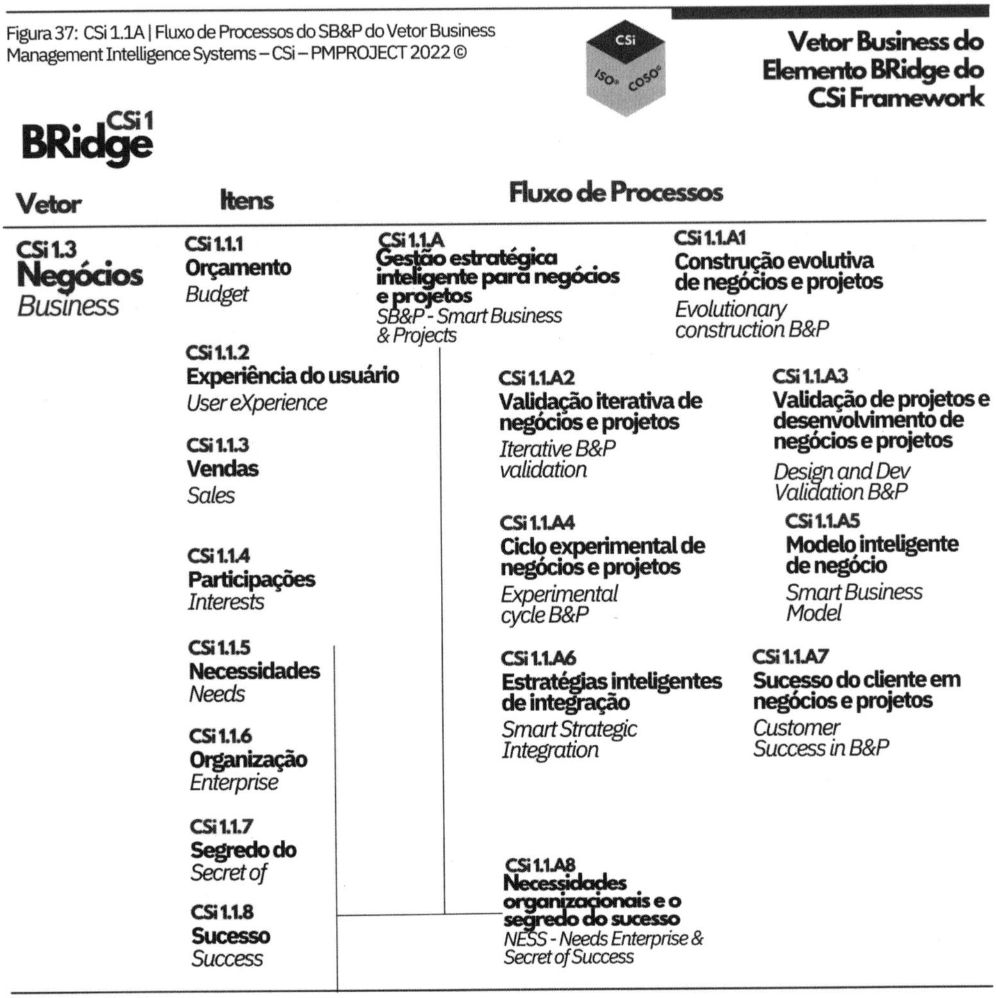

Figura 37: CSi 1.1A | Fluxo de Processos do SB&P do Vetor Business Management Intelligence Systems – CSi – PMPROJECT 2022 ©

FONTE DE CONHECIMENTO COMPARTILHADO DE NEGÓCIOS E PROJETOS

Informações estratégicas públicas são compartilhadas como forma de contribuir para o crescimento organizacional mundial. Pesquisas sobre eventos e processos compartilhados são gerados em uma base de dados global. Essa base é compartilhada com associações, entidades de classe, parceiros de negócios e grupos internos ou externos à organização.

DIAGNÓSTICO DE EVIDÊNCIAS PRÁTICAS PARA NEGÓCIOS E PROJETOS

Existem outros benefícios do vetor *Expertise*, porém o XPE, ou Raio-X para evidências práticas, é o pilar central da estratégia de negócios do CSi *Framework*. O XPE realiza um diagnóstico profundo ("raio-X") nas organizações que vai além dos relatórios gerenciais e da visão comercial, financeira ou da relação de investidores das organizações. O objetivo é acompanhar os processos organizacionais onde as visões estratégicas de alto nível não chegam. O resultado desse diagnóstico é apresentado em forma de plano de ação para correção dos objetivos de negócios e projetos.

INTEGRAÇÃO DE CONHECIMENTOS DE NEGÓCIOS E PROJETOS

Junto com as bases de dados compartilhadas pelo *Shared and Source Knowledge B&P*, uma integração de conhecimento é criada e passa a ser outra fonte de recursos estratégicos comuns.

HABILIDADES ESSENCIAIS PARA NEGÓCIOS E PROJETOS

O S&E (*Survive & Expire*) é um processo de decisão que trata da sobrevivência das organizações. Leis, normas e regulamentos, instabilidades, mudanças climáticas e sociopolíticas e tantas outras podem transformar um negócio convencional em uma falácia de gestão. O S&E propõe uma visão clara da estratégia e dos objetivos de negócios levando à decisão: sobreviver ou encerrar as operações. Para isso a organização necessita de um nível de conhecimento de negócios (*Expertise*) impulsionado pelas habilidades essenciais para a gestão inteligente de negócios e projetos (*Essentials Skills*).

CONFIABILIDADE DOS REGISTROS

A fonte utilizada para amparar os estudos do XPE são os incrementos de confiabilidade de registros. Os registros auditados na perspectiva estratégica são os grandes impulsionadores do gerenciamento de riscos organizacionais (ERM) proposto pelo CSi *Framework*. A decisão S&E é um ato de confiabilidade e expressão do verdadeiro propósito da gestão, a transparência de negócios que compõe a governança. Essa visão é amparada pelo incremento de confiabilidade de registros realizado através de *due diligencies* nos negócios em fase de decisão S&E.

CONTINUIDADE OU ENCERRAMENTO DAS ATIVIDADES

As organizações precisam definir o futuro dos negócios e projetos. Se a decisão retornar uma visão de sobrevivência (*Survive*), cabe aos gestores de riscos organizacionais apresentar planos de gestão que sustentem os negócios por um período suficiente para resolver as questões críticas de gestão.

No entanto, se a organização pretende encerrar suas atividades (*Expire*), cabe aos gestores avaliar os riscos do encerramento dessas atividades. Em ambos os casos, os gestores devem se concentrar na visão de incremento de capitais, evitando a destruição de recursos ou erosão de capital.

Gestores de riscos organizacionais devem compreender a extensão dos negócios, sua sobrevivência ou extinção, suas características evolutivas, fusões ou aquisições, tempestades e furacões econômicos e efeitos globais de megatendências.

PERSONALIDADES ESSENCIAIS PARA OS NEGÓCIOS

A Gestão Estratégica Inteligente prevê a investigação de informações utilizando o CSi *Framework*, buscando personalidades essenciais (*Essential Person*). As personalidades essenciais dos negócios são partes interessadas que estão em todos os níveis da organização, ou fora dela, e produzem ativos de gestão baseados nos seis tipos de capitais.

Dessa forma, a visão das partes interessadas pode ser ampliada para além das pessoas que se relacionam com os negócios. Uma visão que pode exemplificar a ampliação da visão de partes interessadas em projetos e negócios está ligada à conservação ambiental.

Um determinado animal em extinção pode interromper um projeto ou negócio, levá-lo ao encerramento das atividades ou impedi-lo de se concretizar. Esse animal terá mais influência que muitas outras pessoas ou organizações impactadas pelo negócio ou projeto.

Possivelmente as áreas mais conservadoras da gestão podem ignorar tal exemplo. No entanto, cabe aos gestores compartilhar da visão ampla quando se trata de gerenciamento de riscos organizacionais. Conceituar ou não um animal ou outro ser, área ou capital como um *stakeholder* está muito mais ligado aos impactos provocados por suas ações do que uma simples revisão do termo.

ENTREGA DE RESULTADOS ATRAVÉS DA GESTÃO INTELIGENTE

As organizações precisam conhecer as partes interessadas para compreender as estratégias e atingir os objetivos de negócios. No entanto, o mercado atual é extremamente dinâmico e alternativo.

Em vários momentos da história, as partes interessadas tiveram papéis importantes no desenvolvimento de negócios.

Mas a era da transformação digital trouxe um novo tipo de *stakeholder*, capaz de reconhecer e ampliar seus conhecimentos e suas informações sobre negócios apenas utilizando o seu celular.

As organizações devem criar alternativas palpáveis para atingir os objetivos estratégicos. Ao definir novas estratégias para negócios, os riscos aumentam, sejam eles ameaças ou oportunidades.

O CSi *Framework* traz o último vetor do elemento BRidge de Gestão Estratégica Inteligente, o *Delivery*. Este vetor possui três fluxos de processos de inteligência de gestão:

- **SDS (*Smart Delivery Status*):** fluxo de processos inteligentes para entrega de soluções.
- **B&PF (*Business & Projects Feasibility*):** fluxo de processos inteligentes de viabilidade de negócios e projetos.
- **SRBI (*Smart Return Business Investment*):** fluxo de processos para análise de investimentos.

Cada fluxo de processos é responsável por auxiliar na compreensão das alternativas de entrega de soluções para as novas partes interessadas.

Avaliar as possibilidades de estabelecer novas estratégias não basta para compreender as necessidades das partes interessadas. Ao mesmo tempo em que alternativas são criadas, elas devem estar integradas à organização.

Figura 38: CSi 1.4ABC | Fluxo de Processos do SDS, B&PF, SRBI do Vetor Delivery. Management Intelligence Systems – CSi – PMPROJECT 2022 ©

Vetor Delivery do Elemento BRidge do CSi Framework

BRidge CSi 1

Vetor	Itens	Fluxo de Processos	
CSi 1.4 Entrega de Soluções *Delivery*	**CSi 1.4.1 Prazo limite** *Deadline* **CSi 1.4.2 Retorno das soluções** *Earnings* **CSi 1.4.3 Duração total** *Lead time*	**CSi 1.4.A Processos inteligentes para entrega de soluções** *SDS - Smart Delivery Status*	**CSi 1.4.A1 Gestão inteligente de protocolos de informação** *Intelligent Management Protocol* **CSi 1.4.A2 Entrega de soluções inovadoras** *Delivery of Innovative Solutions* **CSi 1.4.A3 Lições integradas de multivisão** *Integrated Multi-vision Lessons* **CSi 1.4.A4 Visão do cliente do futuro** *Future Customer Vision*
	CSi 1.4.4 Avaliação da solução em andamento *In advance* **CSi 1.4.5 Valor da solução** *Value*	**CSi 1.4.B Processos inteligentes de viabilidade de negócios e projetos** *B&PF - Business & Projects Feasibility*	**CSi 1.4.B1 Projeção inteligente de dados para negócios e projetos** *Smart Data Projection for B&PF* **CSi 1.4.B2 Avaliação inteligente de prazos para negócios e projetos** *Smart Deadline Assessment for B&PF*
	CSi 1.4.6 Elegibilidade *Eligibility* **CSi 1.4.7 Requisitos** *Requirements* **CSi 1.4.8 Demanda do cliente** *Your demand*	**CSi 1.4.C Processos inteligentes para análise de investimentos** *SRBI - Smart Return Business Investment*	**CSi 1.4.C1 Indicador inteligente de desempenho para análise de investimentos** *Smart Performance Indicador for SRBI* **CSi 1.4.C2 Indicador financeiro inteligente para análise de investimentos** *Smart Finance Indicators for SRBI*

PROCESSOS INTELIGENTES PARA ENTREGA DE SOLUÇÕES

Os processos inteligentes de gestão utilizam o SDS (*Smart Delivery Status*) e consideram o prazo limite para implementação das soluções (*Deadline*), o retorno sobre a solução implementada (*Earnings*) e a duração total de cada uma das operações para implementação das estratégias (*Lead time*).

GESTÃO INTELIGENTE DE PROTOCOLOS DE INFORMAÇÃO

A avaliação dos prazos, através de processos de gestão inteligente, passa pela análise de protocolos de informação. Os protocolos classificam e orientam os responsáveis pela gestão, para avaliar as projeções de entregas de projetos e negócios. O objetivo dos protocolos é classificar o nível de informação necessária para a entrega inteligente de soluções.

ENTREGA DE SOLUÇÕES INOVADORAS

Após a avaliação dos prazos, o próximo passo é avaliar, de maneira antecipada, iterativa e incremental (*In advance*) a entrega das soluções propostas. A entrega de soluções deve ser avaliada em um contexto inteligente de inovação aliada à visão de sucesso do cliente, apresentando às partes interessadas as possibilidades de sucesso do projeto ou negócio.

LIÇÕES INTEGRADAS DE MULTIVISÃO

Avaliar soluções de gestão exige uma abertura para acompanhar as lições integradas de multivisão. Enquanto os riscos de negócios e projetos são apresentados de forma linear no gerenciamento de riscos organizacional (ERM), na visão inteligente eles são integrados a processos de multivisão. Este processo cria cenários múltiplos, em várias direções, tanto para o futuro (projeções) quanto para o passado (histórico organizacional).

VISÃO DO CLIENTE DO FUTURO

As organizações necessitam de uma visão de futuro, com cenários futuros, em um contexto futuro. Conforme apresentado pela teoria do cisne negro, a explicação retroativa empobrece a visão de gestão e aumenta o risco de subestimar a visão de riscos futuros. O SDS aplica processos de avaliação futura não apenas na gestão de riscos, mas em todos os demais processos organizacionais, com ênfase na visão do cliente do futuro.

PROCESSOS INTELIGENTES DE VIABILIDADE DE NEGÓCIOS E PROJETOS

O B&PF (*Business & Projects Feasibility*) é um fluxo de processos inteligentes para análise de viabilidade de negócios e projetos. Esse fluxo de processos realiza a avaliação de viabilidade de acordo com os requisitos (*Requirements*), a demanda do cliente (*Your Demand*), o valor envolvido da solução (*Value*) e a elegibilidade dos processos (*Eligibility*) para entrega das soluções inteligentes. O B&PF é um processo de alta complexidade, pois integra outros vetores e elementos do BRidge no desenvolvimento de estratégias inteligentes de negócios e projetos.

PROJEÇÃO INTELIGENTE DE DADOS PARA NEGÓCIOS E PROJETOS

O B&PF desenvolve projeções de negócios e projetos baseadas em dados inteligentes integrados às demais interfaces de gestão. Esses dados serão alimentados nos sistemas de projeção de resultados e acompanhados por toda a organização. Na visão de riscos, essas projeções consideram os efeitos dos indicadores inteligentes de gestão (SPI – *Smart Performance Indicators*) aplicados à organização no estágio atual e em um estágio futuro, onde as previsões são de difícil concepção.

AVALIAÇÃO INTELIGENTE DE PRAZOS PARA NEGÓCIOS E PROJETOS

A partir da projeção inteligente de dados, o B&PF cria uma análise inteligente de entregas de resultados, produtos, processos e soluções aplicadas a negócios e projetos. A análise inteligente de entregas capta uma visão importante, as mudanças provocadas por ambientes externos que impactam no negócio do cliente comprador (quem adquiriu o produto, serviço ou resultado) e do cliente usuário final (quem utilizará o produto no final da cadeia de negócios). Essa análise visa popular a mente dos gestores de riscos que, no momento da entrega, sem sombra de dúvidas, o cenário que cerca os projetos ou negócios será completamente diferente do atual. Essa é uma visão importantíssima para tratar riscos futuros ligados à entrega.

PROCESSOS INTELIGENTES PARA ANÁLISE DE INVESTIMENTOS

O SRBI (*Smart Return Business Investment*) é um fluxo de processos de investimentos para negócios e projetos. O SRBI trata de investimentos na visão de múltiplos capitais, portanto, os investimentos não são apenas financeiros, mas em todos os capitais.

INDICADOR INTELIGENTE DE DESEMPENHO PARA ANÁLISE DE INVESTIMENTOS

A primeira análise do SRBI é sobre investimentos de capital. O objetivo é criar uma sinergia com os processos existentes na organização complementando a visão financeira com elementos que serão utilizados na abordagem de múltiplos capitais. Enquanto as visões financeiras tradicionais aplicam conceitos que afunilam as informações em direção aos resultados, os processos do SRBI fazem o caminho inverso. Para poder implementar a visão de múltiplos capitais, é necessário preparar um leque de opções no momento da análise de investimentos.

Esse leque integra as demonstrações financeiras e exibe, com rastreabilidade, segurança e confiabilidade, como os impactos de múltiplos capitais são aplicados às organizações. Enfim, este processo cria uma integração entre relatórios financeiros e não financeiros, aplicados ao gerenciamento de riscos organizacionais, promovendo a criação das demonstrações de resultados na visão de múltiplos capitais. Saiba mais sobre essa demonstração no livro "Inteligência Econômica e Financeira", da BIO.

INDICADORES FINANCEIROS INTELIGENTES PARA ANÁLISE DE INVESTIMENTOS

O B&PF e o SRBI são indicadores inteligentes de gestão (SPI – *Smart Performance Indicators*). Os dados para formação dos indicadores inteligentes de projeções financeiras são criados com base nos princípios dos múltiplos capitais. Esse processo fará com que as bases de informações tragam novos indicadores para a gestão. Os novos indicadores, por sua vez, farão uma revolução nos meios tradicionais de avaliação de riscos organizacionais aplicados em negócios e projetos.

CONCLUINDO A IMPLANTAÇÃO DOS ESCRITÓRIOS DE GESTÃO INTELIGENTE DE RISCOS

A implantação dos Escritórios de Gestão Inteligente de Riscos (EGIR) fornece à organização a possibilidade de inovar no gerenciamento de riscos através de processos e resultados inteligentes. A implantação do EGIR é orientada pelo plano de gerenciamento inteligente de riscos organizacionais (IERMP). A seguir, os processos do COSO, ISO e CSi e como implementá-los na organização utilizando o EGIR.

Capítulo 2: ORGANIZANDO A ESTRUTURA PARA A GESTÃO INTELIGENTE DE RISCOS

Se você não investir em gerenciamento de riscos, não importa em que negócio você esteja, será um negócio de riscos.

GARY COHN

O QUE VEM A SEGUIR

Este capítulo mostra como organizar a estrutura da gestão inteligente de riscos.

- Identificando os componentes da gestão inteligente de riscos.
- Definindo objetivos para a gestão de riscos organizacionais.
- Organizando a estrutura da gestão inteligente de riscos.
- As áreas de controle na gestão inteligente de riscos.

IDENTIFICANDO OS COMPONENTES DA GESTÃO INTELIGENTE DE RISCOS

Para iniciar a gestão de riscos organizacionais (ERM), decisões conjuntas devem ser tomadas. O próximo passo é compreender como essas decisões devem ser conduzidas. O *framework* de gerenciamento de riscos do COSO são oito componentes que se interrelacionam e integram à organização e ao processo de gestão de riscos a nível organizacional. A seguir, um breve resumo de cada componente.

COMPONENTE 1 | AMBIENTE INTERNO (*INTERNAL ENVIRONMENT*)

O ambiente interno é o primeiro dos componentes do gerenciamento de riscos organizacionais (ERM). Cada organização tem uma visão sobre o seu ambiente interno. Independentemente dos padrões estabelecidos e das práticas similares de negócios, empresas praticamente idênticas, têm ambientes internos totalmente diferentes.

O ambiente interno é a alma da organização. É nesse ambiente que ocorrem todas as práticas organizacionais. Também é através desse ambiente que as organizações definem suas políticas para atuação no gerenciamento de riscos.

Alguns autores comparam o ambiente interno ao DNA organizacional (a identidade da organização). A BIO. adota uma visão mais ampla quanto ao ambiente interno. O DNA são as pessoas e práticas, o sentido das organizações, manifestado pelos seus participantes, membros, clientes e fornecedores (partes interessadas). Por isso cada organização estabelece uma prática de gestão de acordo com a filosofia organizacional, pautada no ambiente interno. Nessas práticas estão consolidadas ações, técnicas e soluções determinadas pelos conselhos de gestão no tocante ao gerenciamento de riscos.

O ambiente interno define como serão organizados os processos de controle, como as partes interessadas abordam os riscos e como eles são tratados. O capital intelectual e humano é o grande vetor que impulsiona o gerenciamento de riscos organizacionais (ERM) através do ambiente interno. É nesse ambiente que as pessoas determinam valores, métricas e objetivos estratégicos através das suas habilidades e competências.

COMPONENTE 2 | FIXAÇÃO DE OBJETIVOS (*OBJECT-SETTINGS*)

Os objetivos estratégicos são os primeiros rastros de vida no ambiente organizacional. Antes mesmo de a organização decidir dar seus passos rumo ao futuro, os objetivos são claramente o caminho a ser trilhado.

A necessidade de definir esses objetivos que impulsionarão o gerenciamento de riscos organizacionais (ERM) está ligada à própria existência da organização.

O gerenciamento de riscos só pode avançar mediante uma segura definição do propósito da empresa, da função de cada elemento de gestão e de como serão realizadas as operações para atingir as estratégias estabelecidas.

Os gestores esperam que os objetivos levem todas as partes interessadas, membros ou não da organização em questão, ao sucesso.

O gerenciamento de riscos organizacionais (ERM) tem um papel importantíssimo nisso. É o gerenciamento de riscos que assegura a implementação de processos e que levará a organização a concretizar seus objetivos.

Está claro que, ao estabelecer os objetivos e fixá-los na visão estratégica, todos da organização terão ampla visão do que será necessário para atingi-los. Mas essa visão nem sempre está correta.

Para que os objetivos estejam claros em todos os níveis organizacionais, deve ser implementada uma política de comunicação e divulgação dos objetivos.

O livro **Gerenciamento Inteligente de Riscos – The Book of Risk | Strategic** tem a missão de esclarecer o que são os objetivos estratégicos, como eles são criados e como devem ser comunicados. Outra missão deste livro é avaliar se os objetivos estão sendo comunicados claramente e compreendidos pelas partes interessadas, dentro e fora da organização.

COMPONENTE 3 | IDENTIFICAÇÃO DE EVENTOS (*EVENT IDENTIFICATION*)

Eventos são ocorrências internas e externas que influenciam as operações e impedem, dificultam ou impossibilitam a organização de cumprir seus objetivos estratégicos.

Uma organização decide ampliar suas operações para um determinado país. Durante os processos de estruturação, estudos e avaliação de viabilidade, o país em questão lança um programa de benefícios para novas empresas que trouxerem suas operações ao país. Esse evento não estava previsto no gerenciamento de riscos organizacionais (ERM), definido pelos especialistas.

Esse evento amplia as chances da organização de transferir suas operações para esse país. Em situação oposta, o mesmo caso em questão pode sofrer com outras questões quando o governo impede, através de uma regulamentação de políticas de segurança e fomento interno, que empresas estrangeiras atuem no país.

Da mesma forma, esse evento não previsto pode afetar a organização, agora de forma negativa, impossibilitando a transferência das operações.

Em ambos os casos, a organização teria aplicado menos recursos, minimizado impactos internos, evoluído suas operações e encontrado novas oportunidades se os eventos tivessem sido identificados. Esse é um exercício simples com apenas uma variável.

Ao expandir essa visão para outras organizações, áreas e questões, impactos financeiros, ambientais, intelectuais e humanos, sociopolíticos e tantos outros podem surgir.

Está claro que a identificação dos eventos é o ponto-chave para iniciar os processos, estabelecer estratégias e definir como a administração pode gerenciar os riscos no nível estratégico.

Enfim, identificar eventos não é elencar uma lista de itens categorizados, mas avaliar quais desses eventos podem impactar a organização. Olhar para os eventos com visão estratégica e segura em relação aos seus objetivos estratégicos é um desafio.

COMPONENTE 4 | AVALIAÇÃO DE RISCOS (*RISK ASSESSMENT*)

A análise dos eventos, dos objetivos, dos ambientes e de uma série de outros fatores será parte de uma das fases mais críticas do gerenciamento de riscos organizacionais (ERM): a avaliação de riscos.

A criticidade da avaliação de riscos não está apenas na imprevisibilidade, na atemporalidade dos riscos, na probabilidade, no impacto, nas condições da organização; ela está intrinsicamente ligada às partes interessadas responsáveis pela sua avaliação em todo o contexto organizacional.

Avaliar riscos requer experiência, visão, conhecimento e muita perspicácia. E não é só isso. Avaliar riscos depende de uma condição essencial: conhecer a organização em toda a sua extensão.

Avaliar riscos é uma questão tanto técnica quanto filosófica. É compreender o relacionamento das pessoas, a visão sociopolítica dos ambientes, as transformações organizacionais e as megatendências.

Avaliar riscos não é uma parte estática do processo, mas é o ponto alto do processo de gerenciamento de riscos organizacionais (ERM). No livro "Inteligência Organizacional", da BIO., a avaliação de riscos é comparada à palavra do médico especialista que tem que dar a notícia de uma doença terminal ao seu paciente.

Não é o que aconteceu antes do diagnóstico (processo de identificação de riscos) nem o que acontecerá depois (resposta ao risco, informações e controle); é o que está acontecendo naquele momento (avaliação do risco).

O especialista deve dar o seu veredito final e informar o *stakeholder* em questão. Outra informação importante é sobre como serão os próximos passos (resposta ao risco), como manter a estabilidade (controles de riscos), como serão as próximas consultas (planejamento e comunicação) e, por fim, como o médico pode acompanhar a evolução da doença (monitoramento).

Enfim, cada componente deve ser integrado ao outro componente, como está descrito no exemplo anterior. Mesmo que separados, todos serão responsáveis pela saúde da organização.

COMPONENTE 5 | RESPOSTAS AOS RISCOS (*RISK RESPONSE*)

Este componente é o único processo que não pode deixar de existir, em todo contexto de gerenciamento de riscos organizacionais (ERM). Tanto para riscos positivos (oportunidades) como para riscos negativos (ameaças), as respostas aos riscos devem ser elaboradas em sua totalidade. A base para as respostas aos riscos é a priorização dos riscos. Após a priorização, a seleção de respostas é o próximo passo.

Por fim, a implementação das respostas conclui o ciclo. Respostas aos riscos representam um ciclo de iteração onde o resultado são os riscos tratados e os riscos residuais. Veja mais detalhes das respostas aos riscos no capítulo "Respostas Inteligentes aos Riscos".

COMPONENTE 6 | ATIVIDADES DE CONTROLE (*CONTROL ACTIVITIES*)

O componente de controle tem atividades claras no gerenciamento de riscos organizacional (ERM), através de políticas e procedimentos que implementam processos para assegurar que as respostas aos riscos sejam executadas. Mas as atividades de controle vão além de políticas e procedimentos que podem ajudar o gerenciamento de riscos organizacionais (ERM).

O CSi *Framework* trata dos processos de controle de gestão que vão além do gerenciamento de riscos organizacionais (ERM) estabelecidos por COSO, ISO e outros padrões internacionais. O CSi *Framework* organiza a gestão de riscos na visão estratégica com o uso de controles integrados de gestão, operação, ferramentas e técnicas que se estendem por toda a organização.

Os processos de controle exercem especial importância no gerenciamento de riscos organizacionais (ERM), pois é através deles que a alta gestão implementa suas políticas de segurança, sustentabilidade, valores e objetivos estratégicos. O controle interno é responsável por gerenciar essas atividades junto com as equipes de riscos e trabalha na fundamentação de práticas e regulamentos que serão aplicados por toda a extensão organizacional. Enfim, são as atividades de controle que possibilitam extrair os resultados obtidos da aplicação de políticas, procedimentos e respostas aos riscos.

COMPONENTE 7 | INFORMAÇÕES E COMUNICAÇÕES (*INFORMATION & COMMUNICATION*)

O componente de informações e comunicações é a principal ligação entre os idealizadores dos objetivos, as estratégias, os executores e os gestores de riscos. Para direcionar as informações relevantes às pessoas certas, é necessário conhecer todo o processo de comunicação organizacional.

Muitas organizações se perdem em seus próprios processos, políticas e procedimentos, devido a falhas de comunicação. A efetividade na comunicação será atingida quando os responsáveis pelo gerenciamento de riscos forem compreendidos na íntegra pelas partes interessadas.

Enfim, cabe dizer que o processo de comunicação organizacional, assim como o próprio gerenciamento de riscos, é dinâmico e necessita de processos inteligentes de gestão. As comunicações no gerenciamento de riscos organizacionais (ERM) serão tratadas em detalhes no capítulo "Comunicação Inteligente de Riscos".

COMPONENTE 8 | MONITORAMENTO (*MONITORING*)

Os sistemas de alta complexidade que medem processos em vários níveis e escalas, em alguns casos, são tão importantes quanto os instrumentos que criam processos para eles.

No caso de sistemas médicos, as operações que resultam em implantes de dispositivos em pacientes com alguma comorbidade necessitam de aparelhos que monitorem o estado de saúde do paciente. O motivo é relativamente simples: determinadas situações só podem ser previstas quando resultados estão disponíveis em tempo real e de forma precisa e efetiva.

O monitoramento é também um dos mais importantes componentes do gerenciamento de riscos organizacionais. Estações de monitoramento climático em zonas sujeitas a catástrofes naturais, sistemas que monitoram a temperatura dos oceanos e dispositivos que avaliam se aviões estão em rota de colisão, queda ou variações bruscas são exemplos de monitoramento de alta complexidade.

É importante compreender como o gerenciamento de riscos organizacionais (ERM) funciona em relação ao processo de gestão. O gerenciamento de riscos e seus componentes não devem ser encarados como um processo sequencial, e sim iterativo, incremental e multidirecional. Cada componente interage com outro componente, promovendo uma integração múltipla de processos. Gerenciar riscos com os componentes apresentados é olhar em todas as direções possíveis.

O monitoramento é parte importante no processo de gerenciamento de riscos organizacionais (ERM), pois suas atividades de gestão são cruciais para a tomada de decisão a nível organizacional.

DEFININDO OBJETIVOS PARA A GESTÃO DE RISCOS ORGANIZACIONAIS

O gerenciamento de riscos pode ser dividido em duas grandes vertentes:

- Gerenciamento de riscos organizacionais ou corporativos (ERM), tratados neste livro.
- Gerenciamento de riscos operacionais (ORM), tratados no livro **Gerenciamento Inteligente de Riscos – The Book of Risk | Operational**.

Riscos relacionados ao ESG e gerenciamento de riscos de programas e portfólios também são tratados neste livro. Gerenciamento de riscos de projetos e operações são tratados no livro **Gerenciamento Inteligente de Riscos – The Book of Risk | Operational.**

O objetivo de separar as visões de riscos é concentrar os esforços e o conhecimento aplicados em cada uma das vertentes de acordo com os seus objetivos. No entanto, ao tratar de gerenciamento de riscos organizacionais, o gerenciamento de riscos operacionais está intrinsecamente incluso. Por isso os objetivos a seguir não se limitam a apenas uma vertente de riscos, mas à organização como um todo.

OBJETIVOS ESTRATÉGICOS (*STRATEGIC*)

Os objetivos estratégicos estão ligados a alta gestão, conselhos de administração e cúpulas que definem o futuro das organizações. Metas são propostas para desenvolvimento organizacional e são integradas aos vetores estratégicos de missão, visão, valores e propósitos organizacionais. Para a organização, os objetivos estratégicos são como faróis em uma estrada escura.

Os faróis baixos são objetivos de curto prazo e são atribuídos à visão próxima e de curto alcance da gestão. Os faróis altos são os objetivos de médio e longo prazos, que ampliam a visão para o caminho que ainda está por vir. No entanto, além dos faróis, outros instrumentos são importantíssimos para guiar a organização rumo à estrada do sucesso.

A seguir, outros elementos que auxiliam na condução do sucesso organizacional.

OBJETIVOS OPERACIONAIS (*OPERATIONS*)

Os objetivos operacionais estão ligados à produção e aos projetos e são realizados através das entregas diretas, da aplicação de recursos e do uso das instalações e dos processos produtivos. A organização de recursos de forma efetiva é realizada pela gestão operacional ou gestão do projeto.

Os objetivos operacionais podem ser os mesmos objetivos estratégicos, apenas distinguindo o local e a forma de aplicação para atingir seus resultados. Para a organização, os objetivos operacionais são como os motores e sistemas de propulsão de veículos. Eles são a força motriz da gestão e realizam, através de recursos e processos operacionais, a entrega de resultados levando a organização até o lugar necessário para atingir esses mesmos objetivos.

COMUNICAÇÃO (*REPORTING*)

A comunicação está ligada às informações organizacionais e tem um papel muito importante no gerenciamento de riscos organizacionais (ERM): a apresentação de resultados de forma objetiva. Sem o processo de comunicação, a organização ficaria perdida sem saber aonde ir (objetivos estratégicos) e desperdiçaria recursos (objetivos operacionais) andando em círculos. As comunicações são como painéis e mostradores dos veículos. Os painéis trazem as informações dos veículos em movimento. Através dos painéis é possível compreender como cada elemento se comporta.

Os relatórios emitidos pela comunicação são os elementos principais da avaliação dos objetivos. Através da informação trazida de todos os níveis de gestão, os responsáveis pelo gerenciamento de riscos organizacionais (ERM) conseguem tomar decisões objetivas quanto ao futuro da organização. A comunicação é o protocolo de confiabilidade do gerenciamento de riscos organizacional (ERM). Sem uma comunicação efetiva não há como direcionar os gestores para o caminho do sucesso.

CONFORMIDADE (*COMPLIANCE*)

A conformidade é o processo que estabelece como a gestão deve se portar para atingir seus objetivos. Seu papel é apresentar normas e práticas que regulamentam a forma de gerenciar riscos. Sem o processo de conformidade os gestores não conseguiriam identificar se a regulagem dos faróis estaria correta (objetivos estratégicos), se todo o combustível seria consumido muito antes do previsto (objetivos operacionais) e se os sinais apresentados no painel seriam uma linguagem desconhecida (comunicação) para quem conduz a organização.

Para a organização, a conformidade (compliance) é como o manual de instruções dos veículos.

Normas, leis, procedimentos e regulamentos estabelecem como a organização atingirá seus objetivos e como os seus gestores interpretarão seus resultados. A conformidade (*compliance*) representa a segurança de que todos cumprirão os processos necessários para atingir o sucesso no gerenciamento de riscos organizacionais (ERM).

ORGANIZANDO A ESTRUTURA DA GESTÃO INTELIGENTE DE RISCOS

Segundo o *Internal Control – Integrated Framework* do COSO, o controle interno possui componentes e objetivos que se integram com a estrutura organizacional. Como o controle interno está ligado à alta gestão da organização, os componentes e princípios inteligentes levam em conta que a alta cúpula precisa de suporte para sua tomada de decisões.

No entanto, nem todas as decisões são responsabilidade do controle interno e devem ser orientadas e direcionadas para os responsáveis pela gestão. O Controle Interno Inteligente (SIC – *Smart Internal Control*) desenvolve uma visão integrada de controles para a alta gestão considerando a totalidade de informações que uma organização produz.

Através da visão ampliada e integrada proposta pelo SIC, os conselhos de gestão, a alta administração e todos que gerenciam processos organizacionais (estratégicos e operacionais) podem usufruir dos benefícios do SIC.

Uma visão completa do SIC, incluindo seus processos de constituição, operação e relatórios inteligentes de gestão, pode ser encontrada no livro "Smart Project Audit", da BIO. O SIC estabelece os seguintes processos para gerenciamento inteligente de riscos organizacionais (IERM), descritos a seguir.

Tabela 3: SIC e os sistemas de gerenciamento inteligente de riscos organizacionais (IERMS)
Smart Project Audit – PMPROJECT 2024 ©

Smart Internal Controls e os Objetivos Inteligentes de Gestão para IERM

Categoria	Aplicação	Informações e processos	
Objetivos Inteligentes de Gestão	Estratégia Organizacional Inteligente	Adoção de missão, visão e valores organizacionais inteligentes.	Formulação de planos estratégicos inteligentes.
	Amplitude Inteligente	Toda a organização.	Partes interessadas internas, externas, diretas, indiretas, pessoais ou processuais.
	Configuração Inteligente	Objetivos e processos inteligentes compartilhados. Relatórios inteligentes para as partes interessadas. Gestão inteligente da reputação.	Ações inteligentes para sustentar o sucesso organizacional. Gestão de talentos e manutenção do capital intelectual ligado à gestão. Gestão inteligente de regulamentações e processos.
	Responsabilidade Inteligente	Conselhos de gestão supervisionam a alta e média gestão e administram as estratégias e os objetivos inteligentes.	Alta e média gestão alinham suas práticas com as práticas dos conselhos de gestão e são responsáveis por fazer a "ponte" entre a estratégia e a operação.

Tabela 4: SIC e os sistemas de gerenciamento inteligente de riscos organizacionais (IERMS)
Smart Project Audit – PMPROJECT 2024 ©

Categoria	Aplicação	Informações e processos	
Objetivos Inteligentes Operacionais	Integração Estratégica Inteligente	Os objetivos estratégicos e operacionais estão perfeitamente conectados e integrados em todos os níveis de gestão.	Integração do modelo de operação ao modelo estratégico de gestão inteligente.
	Desdobramento Inteligente	Abertura dos níveis dos objetivos inteligentes operacionais em uma estrutura inteligente de operação (IBS – *Intelligent Breakdown Structure*). Os desdobramentos inteligentes de gestão estão descritos a seguir.	Desdobramento dos níveis e objetivos inteligentes através das estruturas organizacionais internas (divisões, subsidiárias, unidades de negócios etc.) e externas (escritórios de gestão inteligente e partes interessadas).
	Relacionamentos Inteligentes	Relaciona os processos internos, ligados à administração e gestão, aos processos intermediários, ligados ao sucesso do cliente e à integração das áreas, e aos processos externos, partes interessadas e clientes usuários.	
	Práticas Inteligentes	Desenvolvimento inteligente de práticas de operação ligadas à estratégia, à inovação, à qualidade e à melhoria contínua.	
Inventário Inteligente de Gestão	Ativos Organizacionais Inteligentes	Organização das informações gerenciais em inventários inteligentes para transferir a cultura organizacional para os ativos de gestão.	Atualização dos ativos através de inventários inteligentes de processos, conhecimento, gestão e muitos outros.
	Revisão e Avaliação Inteligentes	Avalia o grau de complexidade dos ativos e propõe soluções inteligentes de gestão, além das práticas organizacionais já estabelecidas.	Amplia a visão de regulamentação do controle interno para integração de processos do controle interno inteligente (SIC).
	Recuperação Inteligente de Informações	Cria uma estrutura operacional dedicada à gestão inteligente de informações.	Transmite a todas as partes interessadas, internas e externas, a visão inteligente das operações através dos processos de recuperação inteligente no inventário de gestão.
	Integrações Inteligentes de Dados	Captura a essência da operação e da estratégia de negócios e projetos e aplica processos do inventário de informações.	Integra níveis de informações e ativos organizacionais, criando a base de inteligência organizacional.

Tabela 5: SIC e os sistemas de gerenciamento inteligente de riscos organizacionais (IERMS)
Smart Project Audit – PMPROJECT 2024 ©

<table>
<tr><th>Categoria</th><th colspan="2">Aplicação</th><th>Informações e processos</th></tr>
<tr><td rowspan="4">Relatórios Inteligentes de Gestão</td><td>Preparação e Classificação Inteligente</td><td>Preparação de relatórios inteligentes de gestão com foco em resultados financeiros, legais e obrigatórios.</td><td>Preparação de relatórios inteligentes de gestão com foco em evolução de processos e visão não financeira, expansão de dados e visão humana.</td></tr>
<tr><td>Visão Inteligente de Informações</td><td>Orientação das informações para os fluxos operacionais e estratégicos, com ênfase em necessidade de entendimento das bases organizacionais.</td><td>Estabelece métricas inteligentes para organização e integração da visão multinível e multicapital de riscos.</td></tr>
<tr><td rowspan="2">Abrangência Inteligente dos Relatórios</td><td>Abrangência estendida para informações financeiras obrigatórias externas com base em regulamentações, com viés inteligente, multipadrão, atendendo a várias regras em um único formato.</td><td>Abrangência estendida para informações não financeiras, com apoio de auditores externos e a criação de programas inteligentes de conformidade e gestão.</td></tr>
<tr><td colspan="2">Abrangência estendida, com apoio do endomarketing, criando um canal interno de divulgação, suporte e regulamentação através dos programas de gestão inteligente, com uso de métricas de desempenho, indicadores inteligentes de gestão (SPI) e planos de gestão estratégica e operacional. Todas essas informações são organizadas por níveis, das operações aos conselhos de gestão.</td></tr>
</table>

Tabela 6: SIC e os sistemas de gerenciamento inteligente de riscos organizacionais (IERMS)
Smart Project Audit – PMPROJECT 2024 ©

Categoria	Aplicação	Informações e processos	
Regulamentos e Padrões Inteligentes (Conformidade)	Atividades Inteligentes de Regulamentação	Avaliação dos processos regulatórios e padrões de regulamentação, com viés inteligente, compreendendo o objetivo das leis e seu impacto nas organizações.	Ampliação da visão legal, através da inteligência de gestão, para avaliar leis, normas, padrões e regulamentos, clarificando os objetivos de conformidade.
	Conduta Organizacional Inteligente	Incorporação de padrões, leis, normas e regulamentos em consonância com os objetivos estratégicos organizacionais para conduta de gestão.	Ampliação da abrangência de conduta com foco em manter a organização acima dos padrões estabelecidos pelas regulamentações.
	Enquadramento Operacional Inteligente	Estabelece normas e padrões internos inteligentes que captem as regulamentações, fazendo adaptações inteligentes, elevando a consciência organizacional para o cumprimento das normas e expandindo os objetivos operacionais.	
Integração Inteligente de Objetivos	Iteração Inteligente de Objetivos	Criação de processos de iteração inteligente de objetivos estratégicos e operacionais, evitando sobreposição de objetivos.	Oferecer suporte multiobjetivo e multinível, evitando conflitos internos no dimensionamento da gestão organizacional.
	Objetivos Inteligentes Multidisciplinares	Organização dos *frameworks* inteligentes de *report* de objetivos, para expandir os resultados através de indicadores inteligentes de gestão (SPI).	Difusão de práticas inteligentes de desenvolvimento de objetivos que permitam aos gestores de todos os níveis criar seus objetivos em consonância com a estratégia organizacional.

Tabela 7: SIC e os sistemas de gerenciamento inteligente de riscos organizacionais (IERMS)
Smart Project Audit – PMPROJECT 2024 ©

<table>
<tr><th>Categoria</th><th>Aplicação</th><th colspan="2">Informações e processos</th></tr>
<tr><td rowspan="4">Framework Inteligente de Objetivos</td><td>Derivação Inteligente de Processos</td><td colspan="2">Padronização de informações e relatórios através de frameworks inteligentes para gerar sinergia nas informações gerenciais, na comunicação multinível na organização (comunicação interna) e fora dela (comunicação externa).</td></tr>
<tr><td>Enquadramento Inteligente de Padrões</td><td colspan="2">Criação de um framework inteligente de informações gerenciais para enquadramento dos relatórios financeiros e não financeiros legais, organizacionais, operacionais e gestão inteligente.</td></tr>
<tr><td>Benchmarking Inteligente de Objetivos</td><td colspan="2">A preparação dos frameworks inteligentes é para possibilitar a comparação das informações gerenciais multinível e multiorganização interna (empresas e divisões do mesmo grupo) ou externa (empresas fora da organização).</td></tr>
<tr><td>Avaliação Inteligente de Objetivos Integrados</td><td colspan="2">Utilização dos frameworks inteligentes de gestão de objetivos para alcançar a maior sinergia possível nos objetivos multiorganização (empresas internas ou externas) com foco em diversidade de objetivos e expansão estratégica inteligente.</td></tr>
<tr><td rowspan="3">Vínculos Inteligentes de Objetivos</td><td>Vetores Inteligentes de Objetivos</td><td>Criação dos vetores de comunicação e organização de objetivos através da visão multinível de gestão inteligente.</td><td>Formatação das divisões de objetivos por nível de atuação, especificidade, aplicação, setores, segmentos, departamentos ou funções, engajamento etc.</td></tr>
<tr><td>Engajamento Inteligente</td><td>Organização dos vínculos diretos de subordinação de objetivos com os vínculos dotted line para áreas relacionadas através dos padrões de inteligência de gestão (consulte Escritórios de Gestão Inteligente).</td><td>Coordenação dos objetivos com vínculos multidivisão, multientidade e subordinação inteligente, através do gerenciamento organizacional por células (consulte Inteligência Organizacional).</td></tr>
<tr><td>Ligações Inteligentes Multigestão</td><td colspan="2">Criação dos padrões de consistência organizacional com a divisão dos objetivos por desempenho integrado de gestão, conferindo a cada área a autonomia nos processos de definições de objetivos vinculados à estratégia organizacional, através do gerenciamento organizacional por células (consulte Inteligência Organizacional).</td></tr>
</table>

Tabela 8: SIC e os sistemas de gerenciamento inteligente de riscos organizacionais (IERMS)
Smart Project Audit – PMPROJECT 2024 ©

Smart Internal Controls e as Abordagens e Vínculos Inteligentes de Objetivos para IERM

Categoria	Aplicação	Informações e processos	
Abordagens Inteligentes de Gestão de Objetivos	Limitadores Inteligentes de Objetivos	Criação dos limitadores inteligentes de gestão para gerenciar objetivos, evitando que eles se afastem da visão estratégica organizacional.	Balanceamento das práticas de gestão para manter os limites inteligentes de objetivos alinhados às práticas organizacionais.
	Extensão Inteligente de Objetivos	Criação das *baselines* inteligentes para determinar a extensão dos objetivos de gestão, considerando para cada objetivo a especificidade, a mensuração, os níveis de aceitação, limite de prazo (*deadline*), limites de custos (*overcost*) e limites de qualidade (QTL – *Quality Tolerance Limits*).	
	Compreensão Inteligente dos Objetivos	Os processos de organização inteligente de objetivos englobam também a conscientização e a compreensão dos objetivos pelas partes interessadas.	Promoção do entendimento inteligente dos objetivos, tanto para quem deve realizá-los na operação quanto para quem irá aferi-los na realização e quem deverá reportá-los na gestão de riscos organizacionais.
Divisão Inteligente de Objetivos	Hierarquia Inteligente de Objetivos	Divisão dos objetivos através da inteligência de gestão e dos *frameworks* inteligentes, com uso de padrões autoescaláveis, criando um processo de integração onde os objetivos ou subobjetivos são parte dos objetivos superiores através de "árvores inteligentes de objetivos" (SGT – *Smart Goal Trees*).	

AS ÁREAS DE CONTROLE NA GESTÃO INTELIGENTE DE RISCOS

Em grandes organizações estruturadas existem áreas responsáveis pelo gerenciamento de riscos organizacionais (ERM), listadas a seguir.

CONSELHOS DE GESTÃO

Os conselhos são os mais altos cargos de gestão das organizações. De maneira geral, eles administram as organizações em nome dos sócios cotistas, acionistas etc.

O conselho de administração é o órgão que estabelece a gestão através de membros, independentes ou não, internos ou externos, mistos ou não. O conselho ainda pode ter um caráter deliberativo, com mais independência, ou consultivo, trabalhado na orientação dos processos de gestão de maneira geral.

Outra característica é quanto à obrigatoriedade dos conselhos em empresas de capital aberto e SA – nesse caso, os conselhos deliberativos prevalecem. Já os conselhos consultivos podem se estabelecer em empresas menores ou de capital fechado onde não há a obrigatoriedade legal dos conselhos.

Existem outros tipos de conselhos ao redor do mundo (cooperativo, de trabalho, de políticas etc.), mas os conselhos administrativo e consultivo estão entre os mais comuns na maioria das organizações.

Os conselhos têm o papel de apresentar à alta gestão (alta direção, diretoria executiva etc.) a situação prevista para o gerenciamento de riscos. Junto com essa demanda o conselho supervisionará os processos e resultados do gerenciamento de riscos organizacionais (ERM).

Para isso, os conselhos devem se pautar nas ações relevantes para a gestão e no gerenciamento eficaz realizado na organização. Para adquirir confiança nos resultados, nas práticas e nos controles, os conselhos têm um grande aliado na gestão: as auditorias externas e internas. Esses modelos são mais comuns em países como EUA, Reino Unido, Austrália etc.

Na Europa são muito comuns conselhos de duas camadas: o conselho de administração supervisiona e determina os objetivos da empresa (primeira camada) e o conselho fiscal supervisiona as demais decisões em nome das partes interessadas (segunda camada).

CEO/ALTA GESTÃO OU ADMINISTRAÇÃO/*C-LEVEL*

Fazem parte da alta gestão os diretores, presidentes e vice-presidentes. Em empresas de pequeno e médio porte, esses cargos muitas vezes são ocupados pelos próprios proprietários. Empresas de grande porte possuem várias diretorias e presidências, sendo cada uma direcionada às suas áreas de responsabilidade. Muitas vezes existem presidências, vice-presidências e diretorias também por unidades de negócios. Algumas estruturas organizacionais criam uma forma de gestão direcionada por negócios internos (CEO, CFO, CIO, COO, CTI, CMO etc.).

A alta administração conduzirá uma avaliação detalhada sobre as proposições de gerenciamento de riscos organizacionais (ERM), de acordo com a necessidade de cada área em questão.

COMITÊS DE GESTÃO

Quando se trata de gerenciar organizações em escala e comunicar efetivamente os processos que implementarão as estratégias de gestão, os conselhos de gestão estabelecem comitês especializados. Cada comitê é responsável pelos processos de gestão, de acordo com as suas atribuições.

É importante compreender o papel dos comitês, para dar escala ao trabalho desenvolvido pelos conselhos de gestão.

Alguns comitês podem ser criados na fase de implementação dos projetos e são compostos por membros da organização e membros externos como consultores, auditores e profissionais especializados no tema principal do comitê. Alguns membros desses comitês também participam dos conselhos e ajudam a difundir as estratégias propostas para a organização.

No caso de comitês temporários, após a conclusão das suas atividades e vencido o período de implementação, estes são dissolvidos e seus membros retornam às suas posições.

DIRETORES, GESTORES E OUTRAS ÁREAS PARA ERM

Outros membros da organização também são responsáveis pelo gerenciamento de riscos organizacionais. Em organizações onde os processos de gerenciamento têm dedicação exclusiva, existem as diretorias de gerenciamento de riscos organizacionais (ERM).

O Diretor de ERM é o grande responsável pela gestão direta dos riscos organizacionais. Em determinadas organizações o Diretor de ERM se reporta diretamente ao CRO (*Chief Risk Officer*) ou a outra presidência ou direção do *C-Level* responsável por riscos. Em alguns casos, o Diretor de ERM se reporta indiretamente (*dotted line*) ao próprio conselho de gestão.

Quanto aos gestores de riscos, eles seguem os mesmos passos do Diretor de ERM. Caso não haja uma diretoria ERM dedicada, os gerentes de riscos são os proprietários de riscos e designam pessoas ou equipes inteiras para garantir a correta execução dos processos de gerenciamento de riscos organizacionais (ERM).

Os gestores de riscos podem atuar de maneira compartilhada em empresas menores, chegando a ocupar várias posições. É importante destacar que o gerenciamento de riscos organizacionais (ERM) demanda intensa atividade, principalmente no monitoramento e controle de riscos. O monitoramento e o controle são desenvolvidos nos planos de gerenciamento de riscos organizacionais (ERM), propostos pela alta gestão e pelos conselhos.

CONCLUINDO A ORGANIZAÇÃO DA ESTRUTURA DE GESTÃO INTELIGENTE DE RISCOS

Outras áreas também fazem parte do processo de gerenciamento de riscos, quando se trata de riscos organizacionais. Essas áreas, assim como todos dentro da organização, também são responsáveis pelo gerenciamento de riscos organizacionais (ERM). É importante compreender que cada organização é única e necessita de uma avaliação exclusiva para preparar sua estrutura para a gestão de riscos.

Enfim, o sucesso dos planos e das estratégias de gerenciamento de riscos organizacionais (ERM) passa pela compreensão dos papéis e das responsabilidades no processo de gestão de riscos em toda a organização.

Capítulo 3: PREPARANDO OS PROCESSOS DE GESTÃO INTELIGENTE DE RISCOS

A melhor preparação para o amanhã é fazer o melhor hoje.

H. JACKSON BROWN, JR.

O QUE VEM A SEGUIR

Este capítulo mostra como preparar processos para a gestão inteligente de riscos.

- Componentes para gestão inteligente de riscos.
- Processos da gestão inteligente de riscos.

COMPONENTES PARA GESTÃO INTELIGENTE DE RISCOS

Como já foi dito várias vezes ao longo deste livro, o gerenciamento de riscos organizacionais (ERM) é algo dinâmico e que exige ação de vários elementos.

Os processos inteligentes de riscos foram criados para atender a essa perspectiva do gerenciamento de riscos organizacionais (ERM). O COSO ERM *Framework* integra os processos de gerenciamento de riscos organizacionais (ERM), os componentes, os objetivos e as áreas organizacionais. A ISO 31.000:2018 tem um processo estruturado para atender às demandas organizacionais. O processo integra desde a concepção e o escopo até o registro e os relatórios de gestão. O CSi *Framework* tem o papel de integrar os outros processos que são lacunas no COSO ERM *Framework* e na ISO 31.000:2018.

COMPONENTE 1 | GOVERNANÇA & CULTURA (*GOVERNANCE & CULTURE*)

O CSi investiga como a governança pode ser implementada na organização com ênfase em gerenciamento de riscos. Porém, o CSi vai além dos processos tradicionais de governança. Ele busca compreender quais são os princípios de governança de elementos inteligentes, para integrar ao IERM *Framework*.

Durante o processo de investigação, o CSi avalia os processos que podem falhar na implementação da governança organizacional, prevista pelos conselhos, pela alta direção e pelas diretorias de riscos. Algo que o CSi leva em conta é a amplitude da visão de riscos organizacionais.

Não dá para isolar todas as áreas organizacionais e trabalhar somente com riscos, pois isso traria uma visão míope para o gerenciamento de riscos. O CSi avalia todos os processos organizacionais, compara com os processos de gerenciamento de riscos organizacionais (ERM), integra os processos necessários entre os padrões estabelecidos, complementa com fatores externos ao gerenciamento de riscos e estabelece as novas diretrizes para governança.

O CSi avalia a fragilidade e as limitações do processo de gerenciamento de riscos organizacionais (ERM), por conta das partes interessadas que integram o processo. Ele investiga os processos ligados à cultura organizacional e avalia como as informações são absorvidas e compartilhadas. Assim, governança e cultura organizacional são integradas.

A integração de governança e cultura proposta pelo componente do COSO está representada pelo conjunto de processos inteligentes para integração organizacional (CPI – *Consulting Process Integration*), detalhado a seguir.

Figura 39: | Integração de componentes Governança e Cultura no IERM

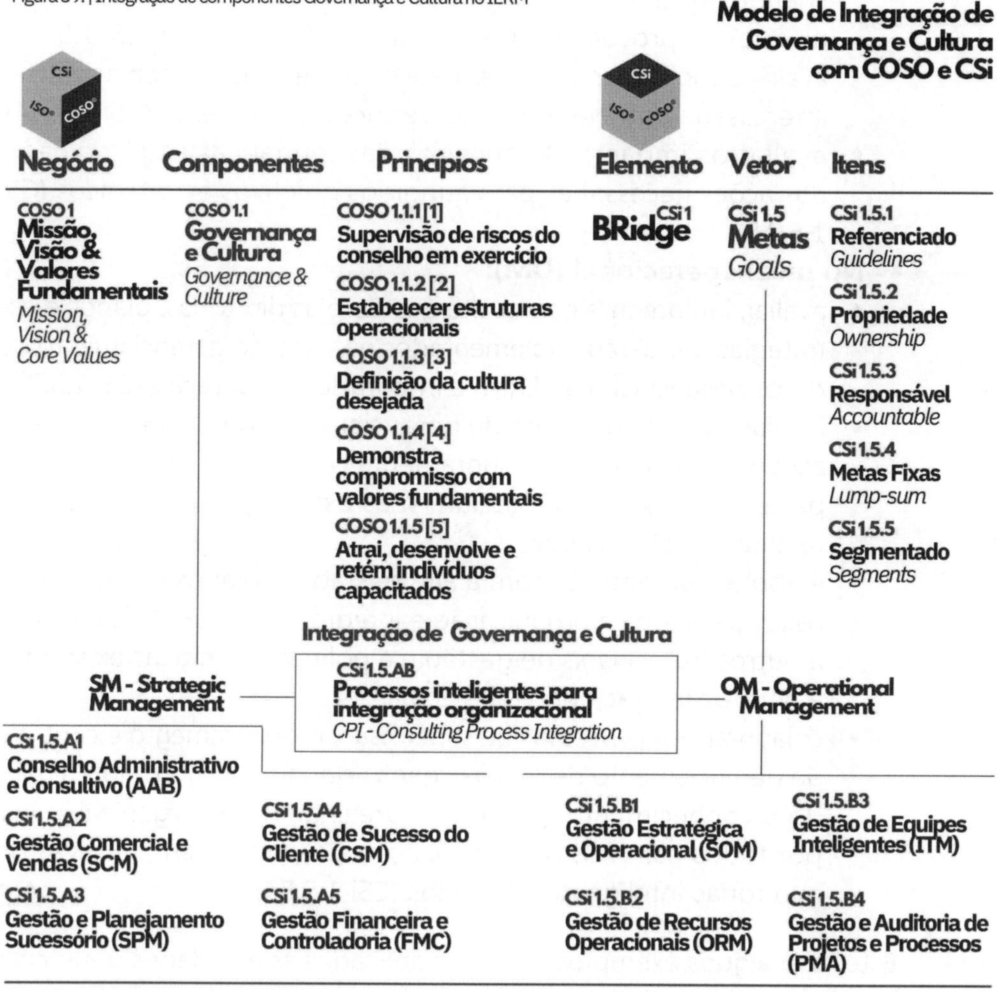

Ao conectar governança e cultura através do CPI, o IERM *Framework* cria atividades gerenciais para os processos, como:

- **No nível estratégico (SM):**
  - estabelecer conexão com a alta gestão, através da integração dos processos dos conselhos de gestão e, na falta deles, dos responsáveis pelo gerenciamento de riscos de alto nível (CSi 1.5.A1);

- desenvolver estratégias comerciais inteligentes, na visão de alto nível, integradas ao gerenciamento de riscos organizacional (ERM) (CSi 1.5.A2);
- desenvolver planos de sucessão em todos os níveis de gestão, criando um ciclo de avaliação dos impactos das mudanças organizacionais provocadas por alterações de comando (CSi 1.5.A3);
- avaliar e monitorar as necessidades do cliente e das demais partes interessadas, através da visão de sucesso do cliente (CSi 1.5.A4);
- avaliar os impactos financeiros das mudanças estratégicas e das ações necessárias para atingir os objetivos estratégicos (CSi 1.5.A5).

- **No nível operacional (OM):**
  - avaliar, juntamente com a alta gestão e as diretorias, planos e estratégias que serão implementados na visão do gerenciamento de riscos organizacional (ERM) e integrá-los à operação (CSi 1.5.B1);
  - avaliar o nível de cultura de gerenciamento de riscos na organização, compreendendo, juntamente com a alta gestão, como as partes interessadas assimilam suas estratégias e refletem seus resultados (CSi 1.5.B2);
  - elaborar, juntamente com a alta gestão, os planos da cultura de riscos para toda a organização e integrá-los ao IERM *Framework*, a outros *frameworks* de gestão e a políticas e práticas existentes a nível organizacional (CSi 1.5.B3);
  - colaborar nos processos de supervisão, monitoramento e controle de gerenciamento de riscos organizacionais (ERM), compartilhando o conhecimento gerado nas áreas de riscos organizacionais por todos os níveis da organização (*Empowerment*), através de auditorias inteligentes de riscos (CSi 1.5.B4).

Estes são alguns exemplos de ações aplicadas às atividades gerenciais de governança e cultura. Cada organização deverá desenvolver a sua lista na visão inteligente de integração do componente.

O fluxo de processos do SOM é muito amplo, pois integra toda a organização, da estratégia à operação, não apenas as áreas de gestão de riscos, mas todo o contexto organizacional.

COMPONENTE 2 | ESTRATÉGIA E DEFINIÇÃO DE OBJETIVOS (*STRATEGY AND OBJECTIVE-SETTING*)

Figura 40 | Integração de componentes Estratégias e Objetivos no IERM

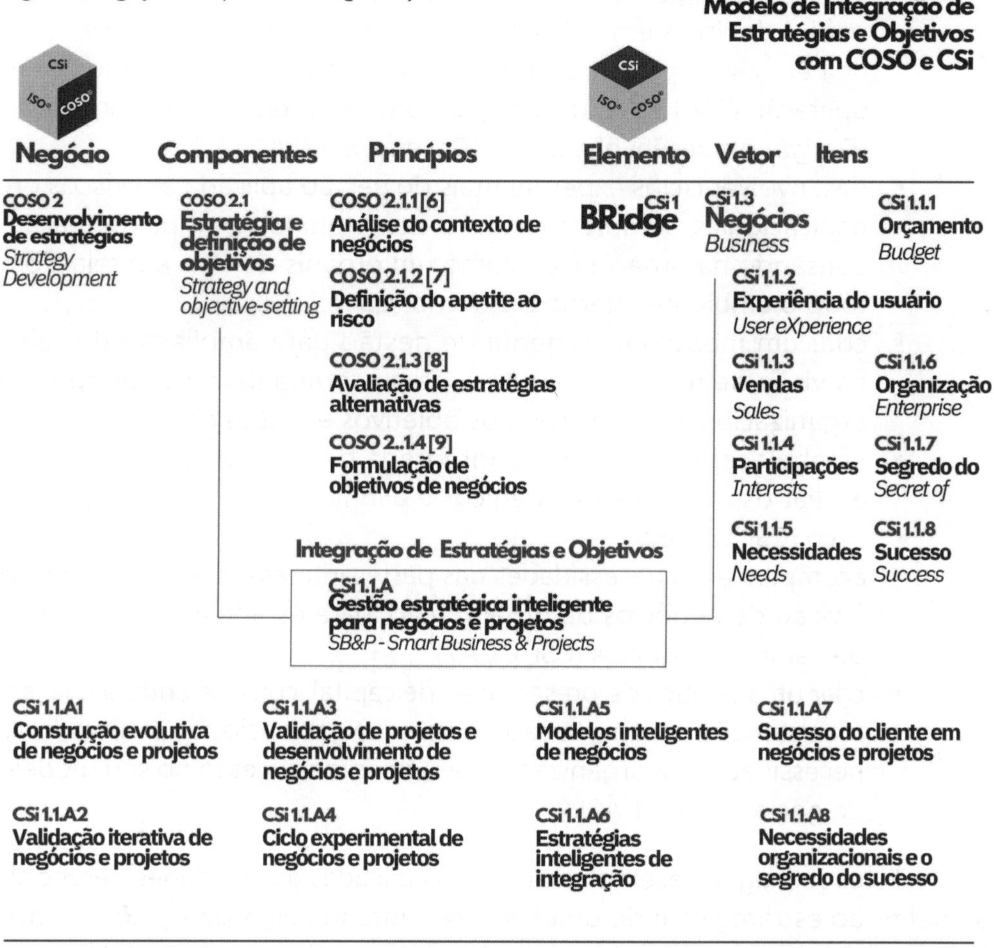

O IERM *Framework* desenvolve a inteligência de negócios pelo fluxo de processos SB&P (*Smart Business & Projects*). As estratégias são alinhadas com os objetivos organizacionais. Nessa integração os componentes (COSO) e elementos (CSi) criam processos inteligentes de gestão que vão desde a análise do contexto de negócios até a formulação de objetivos. Na visão de riscos, os perfis de negócios e projetos são estruturados através de atividades gerenciais aplicadas a processos, conforme descrito a seguir:

- analisar as evoluções de mercado, as megatendências e os impactos nos ambientes internos e externos, considerando os impactos para os negócios e projetos (CSi 1.1.A1);
- analisar as organizações, na visão multiambiente, considerando a análise de riscos em ciclos iterativos e incrementais, com validações de negócios e projetos tanto para processos implementados e em operação (CSi 1.1.A2) quanto para processos em fase de concepção (*Design*) ou desenvolvimento (*Development*) (CSi 1.1.A3);
- desenvolver ciclos experimentais de gestão aplicada aos riscos organizacionais, sempre em um contexto global de implementação, pensando na organização como um organismo vivo em relação a todo o ambiente interno e externo (CSi 1.1.A2);
- criar um modelo inteligente de gestão para ampliação de valor na visão de múltiplos capitais, para acompanhar o desempenho organizacional em relação aos objetivos estratégicos (CSi 1.1.A5);
- estabelecer uma estrutura integrada de múltiplos capitais para avaliar os objetivos estratégicos e alinhá-los com os objetivos de risco (CSi 1.1.A6);
- acompanhar as necessidades das partes interessadas e compará-las à visão de negócios da organização, para estabelecer os critérios de valor de negócios (CSi 1.1.A7);
- criar uma política de preservação de capital, considerando a criação, manutenção ou ampliação de valor organizacional, avaliando as necessidades da organização para atingir o sucesso no seu modelo de gestão (CSi 1.1.A8).

Estes são alguns exemplos de ações aplicadas às atividades gerenciais de definição estratégica e de objetivos. No entanto, as organizações consideram um horizonte de tempo alinhado com o planejamento estratégico, o que pode representar um risco. Essa visão é condizente com a característica dos riscos que levam muito mais tempo para se materializar.

Outro efeito da análise de gestão é a visão de riscos limitada ao ciclo organizacional, e não ao ciclo dos impactos gerados por ela.

Figura 41 | Integração de componentes de Desempenho Organizacional no IERM

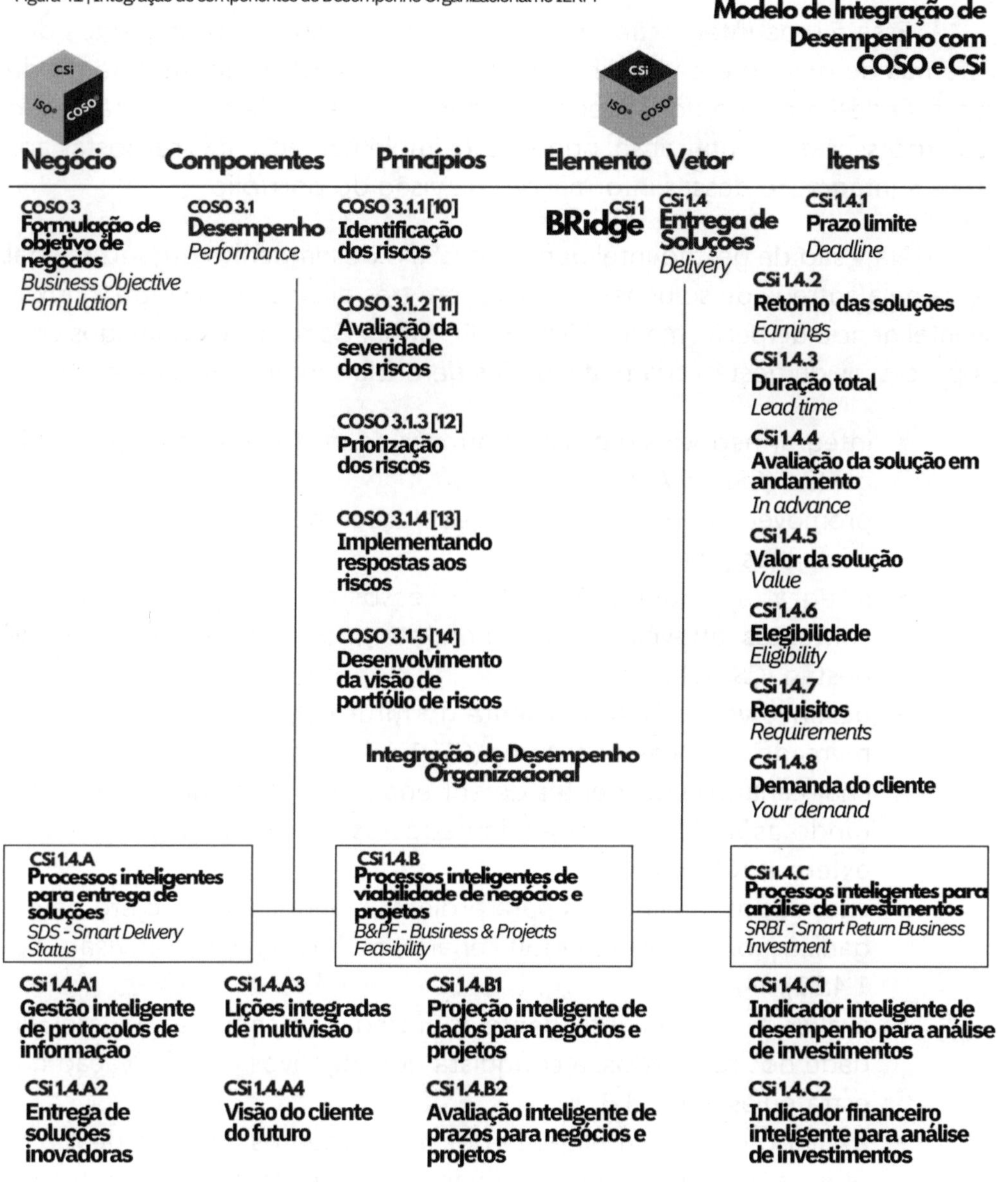

O IERM *Framework* integra as dimensões para avaliação do componente de Desempenho (COSO) e da Viabilidade de Negócios e Projetos (CSi).

Essa é uma integração importante, pois determina os impactos dos sistemas de gestão e a viabilidade dos negócios, na visão inteligente de riscos. O desempenho dos sistemas de gerenciamento de riscos está ligado aos processos de identificação, priorização, implementação das respostas aos riscos e integração dessas informações na visão do portfólio.

Na visão da gestão inteligente do CSi, o desempenho organizacional passa pela entrega de soluções (*Delivery*) em três pilares de gestão: os fluxos de inteligência de performance (SDS, B&PF, SRBI). Os fluxos combinados com os processos de gestão criam atividades gerenciais inteligentes para:

- integrar negócios e projetos através de protocolos inteligentes de gestão (CSi 1.4.A1);
- promover o desenvolvimento de soluções inovadoras para negócios e projetos (CSi 1.4.A2);
- integrar a organização aos processos de múltiplos períodos e contextos, através de análise multitemporal com o hipercubo de gestão (CSi 1.4.A3);
- desenvolver a visão do cliente do futuro atrelada a projeções de mercado e processos futuros (CSi 1.4.A4);
- criar cenários inteligentes de entrega futura de soluções, considerando as múltiplas visões de negócios em ambientes internos e externos (CSi 1.4.A5);
- criar dados inteligentes para projetar o negócio ou projeto da organização, em âmbito multicenário, multicapital e multivisão (CSi 1.4.B1);
- avaliar de maneira inteligente as entregas de soluções, a materialidade dos resultados, a conquista dos objetivos e a efetivação das estratégias (CSi 1.4.B2);
- avaliar o retorno inteligente dos investimentos na visão de múltiplos capitais, não somente financeiro, mas de múltiplos retornos (CSi 1.4.C1);
- desenvolver indicadores inteligentes de gestão, que tratarão do desempenho organizacional de riscos na visão multicenários (CSi 1.4.C2).

Estes são alguns exemplos de ações aplicadas às atividades gerenciais de desempenho. As organizações tratam desempenho organizacional com forte vínculo às questões financeiras e de caráter operacional. Porém, em um ambiente onde os riscos estão tão imersos e são tão complexos, uma análise financeira provavelmente será falha na perspectiva de múltiplas visões.

A questão não é a qualidade da informação financeira, das demonstrações ou dos relatórios, mas da análise míope considerando as múltiplas visões de negócios e projetos.

Seria como avaliar apenas a calibragem dos pneus de um veículo em um processo de manutenção, deixando todo o resto. Uma organização inteligente precisa expandir sua visão de negócios e ir muito além dos processos existentes. As organizações inteligentes trabalharão com a gestão de múltiplos processos e múltiplas visões não somente para o gerenciamento de riscos organizacionais (ERM), mas para todos os demais objetivos e processos de gestão, da estratégia até a operação.

COMPONENTE 4 | ANÁLISE E REVISÃO (*REVIEW & REVISION*)

O IERM *Framework* integra os componentes de Revisão e Análise (COSO) e a Expertise de Negócios e Projetos (CSi). Esta é uma integração dinâmica, diferente das demais.

O gerenciamento de riscos organizacionais (ERM), apesar de ter caráter de implementação, com ciclos de conclusão e entregas, é um processo iterativo e incremental.

Dada a característica evolutiva e dinâmica dos riscos, essa integração prevê um monitoramento constante dos sistemas de gerenciamento dos riscos e seus resultados. Por conta dessa característica, o CSi prevê a utilização do fluxo de processos SEB (*Smart Expertise Backlog*). O SEB é conjunto de processos aplicado e integrado ao componente de Análise e Revisão do COSO.

Através do SEB é possível avaliar as mudanças organizacionais provocadas pela dinâmica dos riscos, acompanhando e projetando os impactos dessas mudanças nos objetivos e nas estratégias organizacionais.

O SEB cria um ciclo de revisão e análise de riscos, monitorando o desempenho tratado pelo elemento *Delivery* (CSi) e o componente Desempenho (COSO), apresentados no item anterior.

Figura 42 | Integração de componentes de Análise e Revisão no IERM

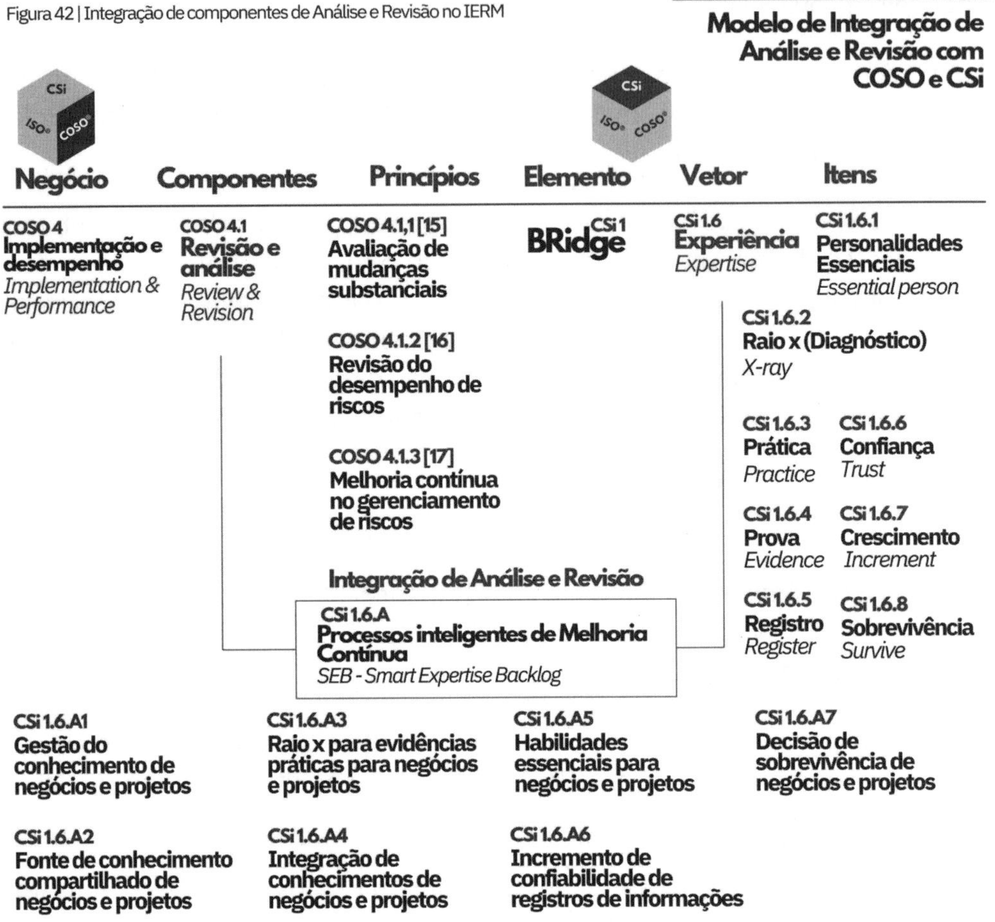

O SEB trabalha ainda na visão de melhoria contínua, desenvolvendo os sistemas de gerenciamento de riscos, com *insights* sobre os resultados produzidos pelo atual sistema e seus impactos.

Por fim, o SEB cria uma análise geral das melhorias e dos resultados apresentados pelo sistema de gestão, não apenas na gestão de riscos, mas em toda a cadeia de gestão.

Assim, o SEB criará atividades gerenciais para:

- criar e manter uma base de conhecimento sobre negócios e projetos (CSi 1.6.A1);
- compartilhar as fontes de conhecimento e resultados da organização, a respeito de negócios e projetos, com todas as partes interessadas, segmentando as informações por níveis de acesso e sigilo (CSi 1.6.A2);
- realizar diagnósticos constantes sobre a gestão, através de um raio-X da organização, avaliando as estratégias sob uma visão prática (CSi 1.6.A3);
- promover a integração de conhecimento no ambiente interno e externo, criando o empoderamento da equipe de gestão e fornecendo aos investidores e demais partes interessadas as informações necessárias para auxiliar na gestão de negócios e projetos (CSi 1.6.A4);
- realizar a avaliação dos perfis profissionais, das habilidades e competências essenciais, para o desenvolvimento dos processos de gestão na visão inteligente (CSi 1.6.A5);
- criar processos que promovam a credibilidade dos resultados, do desempenho dos sistemas e dos processos de gerenciamento de riscos organizacionais (ERM), através de auditorias inteligentes de gestão (CSi 1.6.A6);
- realizar o processo decisório de maior relevância, em negócios e projetos, quando uma situação de riscos surge: o estado de sobrevivência ou finalização das operações, tomando as ações necessárias para o futuro da organização (CSi 1.6.A7).

Estes são alguns exemplos de ações aplicadas às atividades gerenciais de análise e revisão.

Os *gaps* que existem entre a definição da estratégia e dos objetivos até sua plena implementação podem causar tantos riscos quanto os que os objetivos pretendem evitar.

Por isso os processos dessa integração também estão ligados aos processos de integração de informações e aos demais elementos.

COMPONENTE 5 | INFORMAÇÃO, COMUNICAÇÃO E DIVULGAÇÃO (*INFORMATION, COMMUNICATION AND REPORTING*)

O IERM *Framework* integra os componentes de informação, comunicação e relatórios de riscos (COSO) e os elementos de Informações de Negócios e Projetos (CSi). Esta visão vai além de processos estratégicos, chegando aos registros de dados e sua rastreabilidade. Os desafios de comunicação vão muito além da estratégia – eles estão ligados ao comportamento humano e à forma como as pessoas enviam e recebem informações. Comunicação em contextos de riscos necessita de canais confiáveis.

Figura 43 | Integração de componentes de Informação e Comunicação no IERM

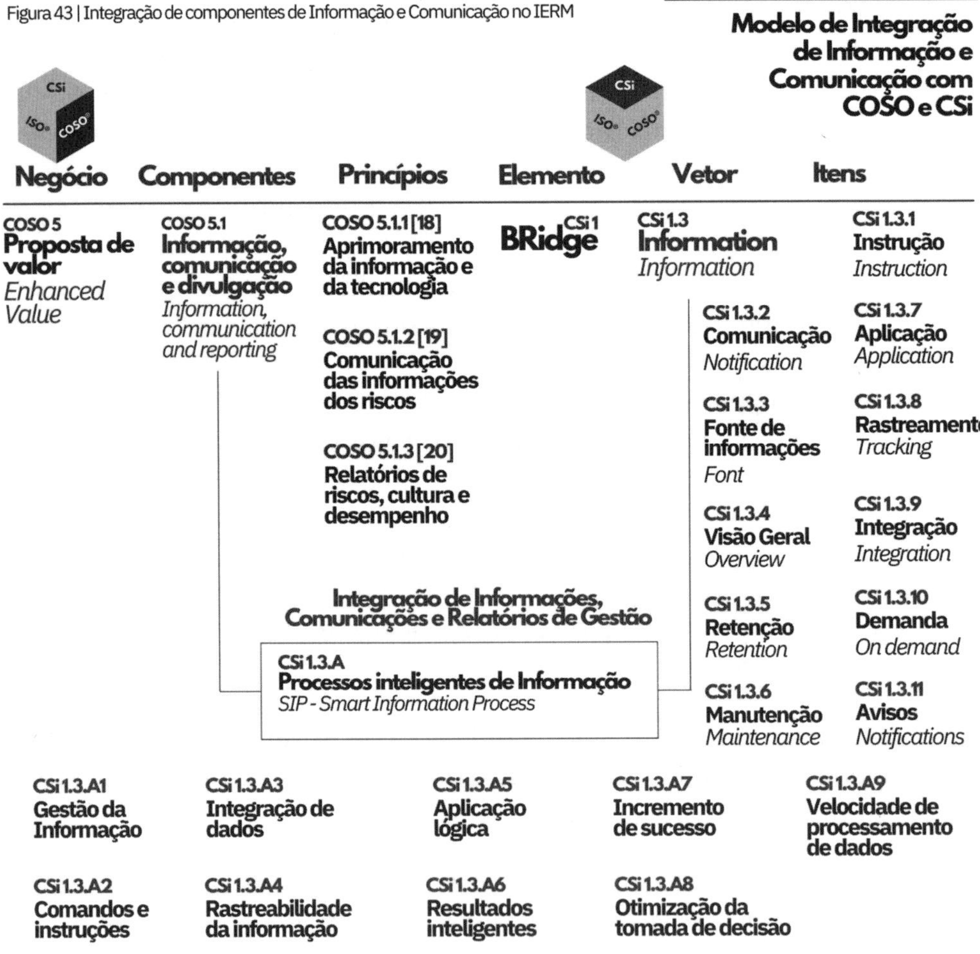

Relatórios de gestão que tratam de riscos devem avaliar não apenas o desempenho da organização nesse contexto, mas toda a assimilação da cultura organizacional, inclusive o envolvimento das partes interessadas no gerenciamento de riscos organizacionais (ERM).

Os processos de comunicação utilizam tecnologia e sistemas de informações organizacionais para realizar as atividades gerenciais de riscos. Os processos de tecnologia existentes servem de suporte para o gerenciamento de riscos organizacionais (ERM), tanto na criação e divulgação e disponibilização de relatórios externos como na comunicação interna das informações.

O SIP (*Smart Information Process*) é o conjunto de processos inteligentes para compreender todo processo de comunicação estratégica e operacional na organização. Através do SIP são criados 11 processos para:

- instruir e capacitar as partes nos processos de comunicação a compreender o contexto, o conteúdo, o uso e a aplicação das informações (CSi 1.3.1);
- estabelecer notificações de alterações nos processos de comunicação para tomada de decisões (CSi 1.3.2);
- organizar e preparar fontes confiáveis de informações para o repositório de comunicação e relatórios de gestão (CSi 1.3.3);
- apresentar o contexto das comunicações e dos relatórios, criando uma visão geral de toda a aplicação das ações, dos processos e das estratégias (CSi 1.3.4);
- zelar pelos processos de registros e retenção de dados de acordo com os padrões internacionais de política de dados e uso de informações (CSi 1.3.5);
- tratar dos processos de manutenção de informações através de monitoramento dinâmico e efetivo de dados (CSi 1.3.6);
- fazer uso dos processos de inteligência de gestão para aplicação das informações e comunicações previstas, comparando e reportando os resultados (CSi 1.3.7);
- realizar o mapeamento de todo o processo de comunicação, desde a necessidade da informação até a criação dos relatórios, disponibilização, compreensão, devolução e outras ações ligadas à comunicação (CSi 1.3.8);
- realizar a integração dos processos de comunicação e de informações com todos os processos organizacionais (CSi 1.3.9);

- criar uma solução de comunicação proativa, através de canais de solicitação de informações *on demand*, mantendo a comunicação dinâmica, como os riscos necessitam (CSi 1.3.10).
- informar, através de avisos intermitentes, o encerramento do processo de comunicação (CSi 1.3.11).

O vetor *Information* possui dois ciclos de notificação. O primeiro ciclo (CSi 1.3.2) está ligado ao mapeamento da necessidade de informações, notificando os responsáveis pela sua criação sobre o desenvolvimento dos processos de informação. O segundo ciclo (CSi 1.3.11) está ligado à captação de respostas obtidas em todos os processos de comunicação, combinadas com as soluções apresentadas, em ciclos iterativos dinâmicos, através de fluxos ininterruptos de comunicação.

Semelhante ao que ocorre em pacotes de informações enviados em processos de comunicação via protocolos, como é o caso da internet, as notificações (CSi 1.3.11) bombardeiam os processos de comunicação e informações para acompanhar em tempo real as respostas aos processos ligados aos riscos organizacionais.

Por isso o SIP promove as seguintes atividades gerenciais integradas para o gerenciamento de riscos organizacionais (ERM):

- gerenciar as informações através de processos de comunicação efetiva na visão dinâmica de riscos (CSi 1.3.A1);
- criar instruções, manuais, procedimentos e outras formas de regular os processos de comunicação e informações (CSi 1.3.A2);
- integrar dados e fontes de informações de forma dinâmica, indo além das fronteiras organizacionais e estabelecendo relações de confiança e transparência de gestão (CSi 1.3.A3);
- criar processos de rastreabilidade da informação, possibilitando às partes interessadas compreender e recuperar as fontes de informação, em toda a sua extensão (CSi 1.3.A4);
- realizar a aplicação das informações, criando processos lógicos de comunicação por toda a cadeia de gestão (CSi 1.3.A5);
- preparar os relatórios de comunicação com resultados inteligentes de gestão, evidenciando as fontes e as bases de informações (CSi 1.3.A6);

- implementar o processo para incrementar ciclos de melhoria contínua e sucesso incorporado (CSi 1.3.A7);
- realizar as atividades de otimização de decisões através dos processos de comunicação inteligente (CSi 1.3.A8);
- monitorar e reportar a velocidade das informações e o comportamento das comunicações na cadeia de gestão (CSi 1.3.A9).

Estes são alguns exemplos de ações aplicadas às atividades gerenciais de informações, comunicações e relatórios de gestão. O CSi trata de relatórios de gestão e da concepção de projetos em outro elemento de gestão, o ROAD.

PROCESSOS DA GESTÃO INTELIGENTE DE RISCOS

No padrão ISO 31.000:2018 são disponibilizados os processos de gestão de riscos. O IERM *Framework* integra os processos da ISO 31.000:2018 na visão inteligente de gerenciamento de riscos.

Na visão do IERM, ISO e CSi serão integrados para estabelecer um padrão de implementação de processos e criar sistemas de gerenciamento inteligente de riscos (IERMS). Como visto nos capítulos anteriores, a ISO 31:000.2018 possui oito processos de gerenciamento de riscos que vão da comunicação e consulta ao registro e relato.

O IERM considera a estrutura e os princípios da ISO como partes integrantes dos processos de gestão. Por isso neste item serão tratados apenas os processos integrados entre ISO e CSi. A integração ISO e COSO também se dá pelos mesmos fluxos de informações e serão demonstradas a seguir.

PROCESSO 1 | COMUNICAÇÃO E CONSULTA

O IERM *Framework* integra os processos de Comunicação e Consulta de riscos (ISO) e os elementos de Informações de Negócios e Projetos (CSi). Esta visão integra também os componentes de Informação, Comunicação e Relatórios do COSO, conforme visto anteriormente neste capítulo.

O SIP atua de forma semelhante para a ISO, assim como para o COSO. A vertente que a ISO traz para contribuir com esse processo são os fatores relevantes de comunicação com foco na tomada de decisões, descritos através das atividades gerenciais a seguir:

Figura 44 | Integração de componentes de Comunicação e Consulta no IERM

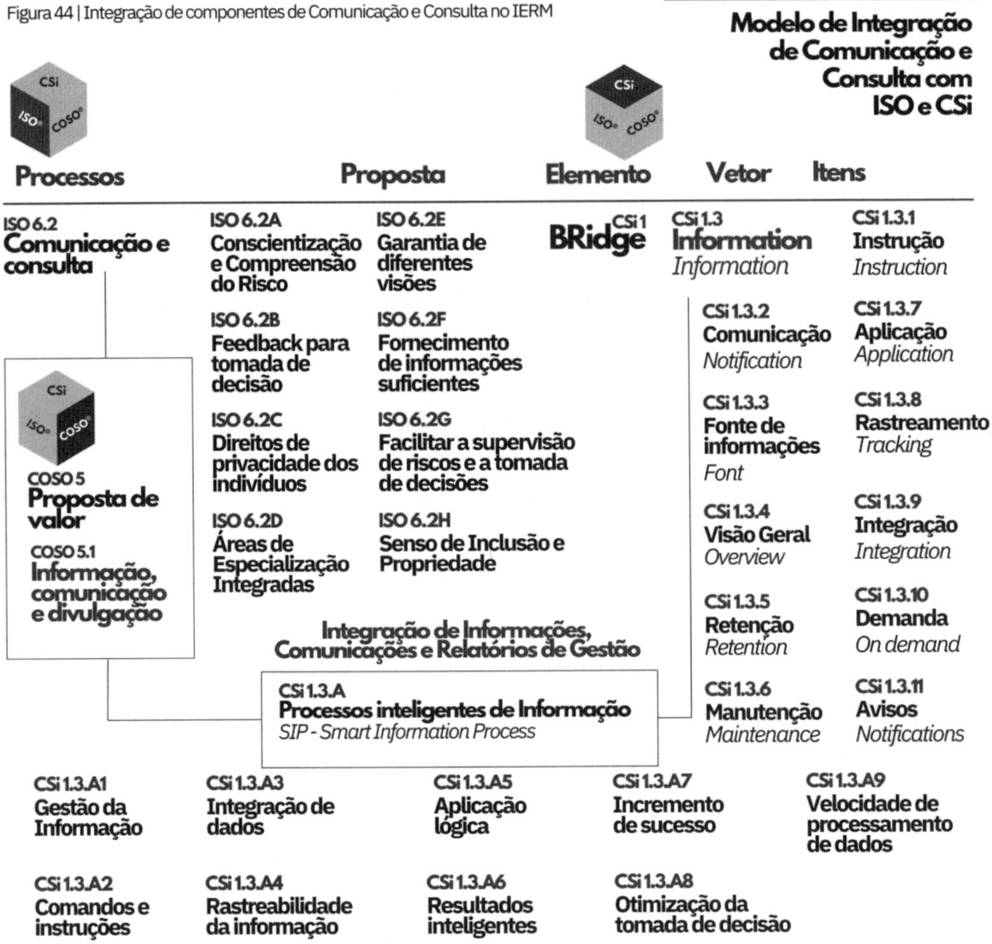

- auxiliar os tomadores de decisões e responsáveis pela gestão, partes interessadas e todos que se beneficiam da comunicação com processos de compreensão das estruturas de gestão de riscos (ISO 6.2.A);
- avaliar as respostas ao processo de comunicação e consulta de riscos através de *feedback* para tomada de decisões (ISO 6.2.B);
- acompanhar os processos de regulação das comunicações para garantir a integridade individual das informações e a privacidade das partes interessadas (ISO 6.2.C);
- integrar áreas de diferentes especializações de riscos utilizando as múltiplas visões aplicadas ao gerenciamento de riscos organizacionais (ERM) (ISO 6.2.D);

- criar o ambiente colaborativo para múltiplas visões, tomando como princípio a abertura dos processos de comunicação com diferentes visões e abordagens (ISO 6.2.E);
- monitorar o nível de entrega de informações em processos de comunicação, garantindo a aceitabilidade das informações e a manutenção continuada de entrega de resultados (ISO 6.2.F);
- promover a supervisão contínua dos processos de riscos através de informações relevantes e constantes, confiáveis e rastreáveis (ISO 6.2.G);
- estabelecer um senso de inclusão e propriedade de riscos a todos os envolvidos na cadeia de gestão organizacional (ISO 6.2.H).

Estes são alguns exemplos de ações aplicadas às atividades gerenciais de comunicações e consultas de gestão. A ISO trata de comunicação e relatos em dois processos distintos. Tanto o COSO quanto o CSi tratam em um único fluxo de processos de gestão, apesar de o CSi tratar de relatórios de gestão e da concepção de projetos em outro elemento de gestão, o ROAD.

Na visão IERM, COSO, ISO e CSi visam apresentar informações e comunicações integradas por todo o ciclo de gestão organizacional. No entanto, essas informações podem passar por vários fluxos de processos, o que dificulta a integração de múltiplos padrões. Por isso o IERM trata de todos os padrões como uma única fonte de informações, consolidada através dos elementos de gestão do CSi.

PROCESSO 2 | ESCOPO, CONTEXTO E CRITÉRIOS

O IERM *Framework* integra os processos de Escopo, Contexto e Critério de riscos (ISO) e os elementos de Negócios e Projetos (CSi). Esta visão integra também os componentes de Estratégia de Definição de Objetivos do COSO, conforme visto anteriormente neste capítulo.

O SB&P atua de forma semelhante tanto para a ISO quanto para o COSO. Enquanto a ISO foca no detalhamento do escopo e dos critérios que irão contextualizar os riscos, o COSO e o CSi atuam em uma visão estratégica de alto nível. Os processos de escopo da ISO estão descritos através de atividades gerenciais a seguir:

Figura 45 | Integração de componentes de Escopo, Contexto e Critério no IERM

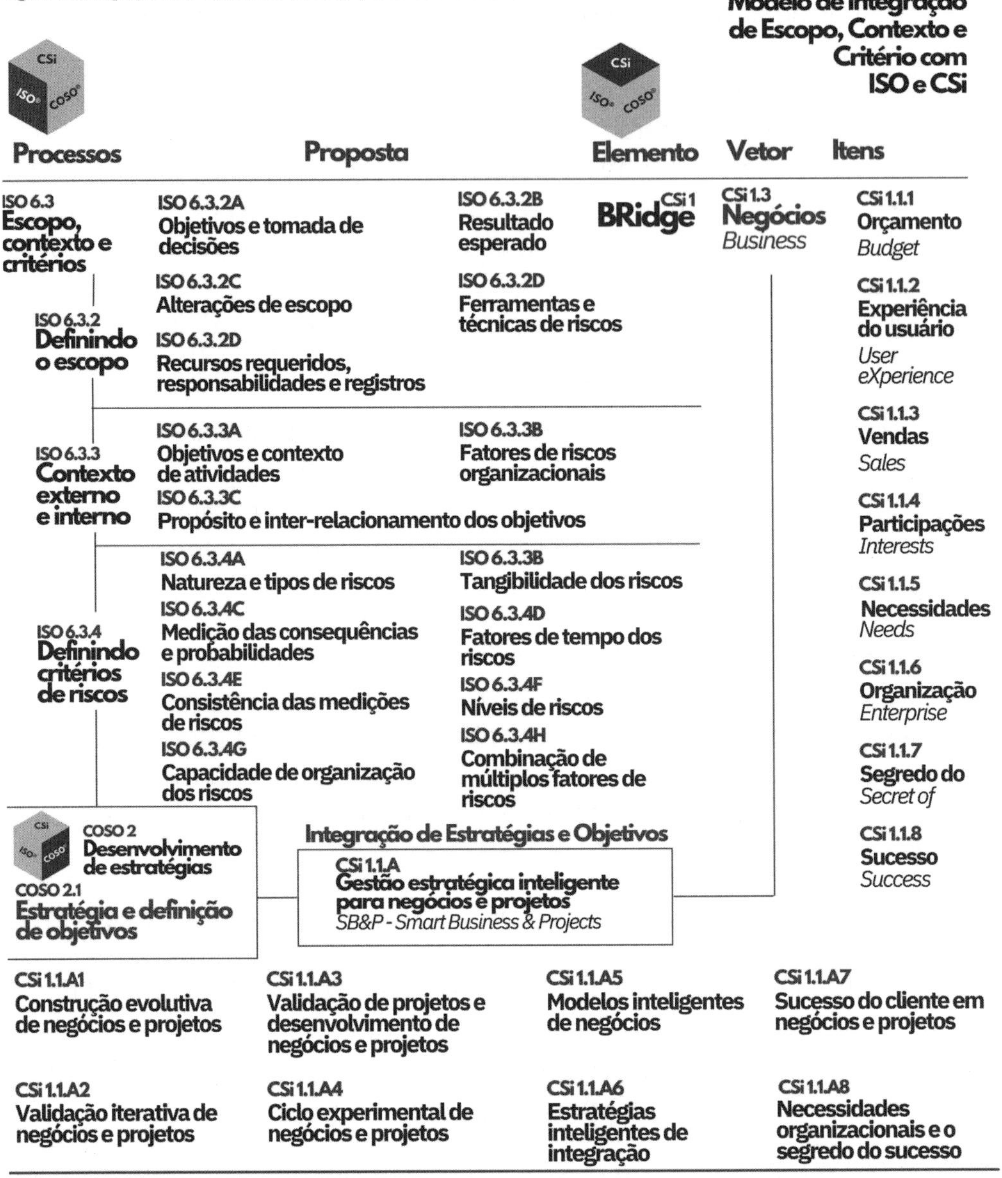

- Definindo o escopo (ISO.6.3.2):
  - considerar os objetivos estratégicos e os processos de tomadas de decisões de acordo com os níveis de gestão propostos (ISO.6.3.2A);
  - considerar os resultados esperados de acordo com as etapas de implantação dos processos de gerenciamento de riscos organizacionais (ERM) (ISO.6.3.2B);

- avaliar, para inclusão no escopo, critérios de tempo, localização e outras características específicas dos negócios e projetos que devem ser incluídas (ou excluídas) no gerenciamento de riscos organizacionais (ERM) (ISO.6.3.2C);
- considerar o uso de ferramentas e técnicas de gestão apropriadas em todos os estágios do gerenciamento de riscos organizacionais (ERM) (ISO.6.3.2D);
- planejar as abordagens de riscos considerando o fator 4R (*Resources Required, Responsibilities and Records*), que trata dos recursos, das responsabilidades e dos registros necessários para o sucesso no gerenciamento de riscos organizacionais (ERM) (ISO.6.3.2E).

- Contextos interno e externo (ISO.6.3.3):
  - compreender os contextos interno e externo aplicados aos objetivos e às atividades da organização, ampliando a visão de riscos para refletir cada ambiente de forma específica (ISO.6.3.3A);
  - considerar que a própria organização representa um risco para ela mesma, através de fatores organizacionais inerentes aos seus objetivos, estratégias, operações e ciclos de gestão (ISO.6.3.3B);
  - compreender as relações entre os objetivos estratégicos, o escopo dos processos de riscos e como a organização gerencia ambos no ambiente interno e externo (ISO.6.3.3C).
- Definindo critérios de risco (ISO.6.3.4):
  - estabelecer critérios claros de riscos, considerando fatores como quantidade, tipo, probabilidade, impacto, posição e classificação, bem como a natureza e a origem das incertezas (ISO.6.3.4A);
  - avaliar como os riscos afetam a organização em termos de objetivos estratégicos, sejam eles tangíveis ou intangíveis (ISO.6.3.4B);
  - mensurar as consequências das ações e medidas de gerenciamento de riscos organizacionais (ERM) tanto para riscos positivos (oportunidades) quanto para riscos negativos (ameaças) (ISO.6.3.4C);
  - definir critérios de gerenciamento de riscos organizacionais (ERM), considerando múltiplos fatores relacionados ao tempo e compreendendo o histórico de lições aprendidas e as projeções, além de teorias como a do cisne negro (ISO.6.3.4D);

- preparar os sistemas de gestão para atuar de forma consistente através de medidas aplicadas aos processos de gerenciamento de riscos organizacionais (ERM) (ISO.6.3.4E);
- definir os níveis de atuação dos sistemas de gerenciamento de riscos organizacionais (ERM), através da classificação de objetivos, estratégias e aplicações dos processos de gestão (ISO.6.3.4F);
- determinar a capacidade da organização em relação a toda a cadeia de gestão de riscos e prepará-la para assumir a gestão de riscos conforme o resultado dessa avaliação (ISO.6.3.4G);
- aplicar medidas consistentes e relevantes para os sistemas e processos de gerenciamento de riscos organizacionais (ERM), combinando fatores através do contexto de múltiplas visões (ISO.6.3.4H).

Estes são alguns exemplos de ações aplicadas às atividades gerenciais de escopo, contexto e critérios. No entanto, os processos de determinação do escopo em um sistema de gerenciamento inteligente de riscos vão muito além das atividades aqui descritas.

No SB&P (*Smart Business & Projects*) existe a necessidade de ampliar a visão de riscos para além dos padrões estabelecidos pelas organizações. É fato que as empresas tentam limitar o escopo da sua ação (ISO.6.3.2C) como forma de gerenciar um *range* de informações relacionadas aos riscos. Este limite é dinâmico e flexível, o que torna a definição de escopo um processo contínuo, em vez de declarado e finito. Saiba mais sobre a visão dinâmica do escopo nos próximos capítulos.

PROCESSO 3 | IDENTIFICAÇÃO, ANÁLISE E AVALIAÇÃO DE RISCOS

O IERM *Framework* integra, através da ISO e do CSi, os processos de Identificação, Análise e Avaliação de riscos (ISO) e os elementos de Entrega de Soluções (CSi). Esta visão integra também o componente de Desempenho do COSO, conforme visto anteriormente neste capítulo.

Figura 46 | Integração de componentes de Identificação, Análise e Avaliação no IERM

O CSi prevê três fluxos de processos de integração do desempenho organizacional relacionado à avaliação de riscos. São eles: o SDS (*Smart Delivery Status*), o B&PF (*Business & Projects Feasibility*) e o SRBI (*Smart Return Business Investment*). Os três fluxos atuam de forma semelhante tanto para a ISO quanto para o COSO. A ISO e o COSO tratam de detalhar a avaliação de riscos, enquanto o CSi atua na viabilidade dos negócios e projetos na visão de alto nível. Os processos de avaliação de riscos da ISO estão descritos através de atividades gerenciais a seguir:

- Identificação de riscos (ISO.6.4.2):
  - considerar e classificar as fontes de riscos de acordo com a tangibilidade dos processos associadas a elas (ISO.6.4.2A);
  - identificar causas e eventos geradores de riscos associando-os ao inventário de riscos da organização (ISO.6.4.2B);
  - analisar, na visão externa, as oportunidades e ameaças da organização contemplando a visão de múltiplos ambientes (ISO.6.4.2C);
  - identificar as fragilidades dos sistemas de gestão, bem como a vulnerabilidade dos processos e a capacidade para propor soluções de gestão aplicadas aos riscos (ISO.6.4.2D);
  - identificar vetores de mudanças organizacionais que impulsionam os objetivos e as estratégias nos ambientes interno e externo (ISO.6.4.2E);
  - identificar quais resultados, requisitos e processos serão monitorados e associá-los aos indicadores de gestão, com viés para os riscos emergentes (ISO.6.4.2F);
  - identificar e classificar a natureza dos riscos e o valor dos ativos e recursos associados aos seus processos (ISO.6.4.2G);
  - identificar impactos e consequências dos riscos nos objetivos estratégicos (ISO.6.4.2H);
  - identificar as limitações de informações, conhecimento e confiabilidade aplicadas aos processos de gerenciamento de riscos organizacionais (ERM) (ISO.6.4.2I);
  - associar todos os processos relativos à identificação dos riscos aos fatores temporais, criando análises históricas com bases sólidas e projeções realistas (ISO.6.4.2J);
  - prever hipóteses, crenças e vieses envolvidos nos processos de riscos e nos fatores que os cercam (ISO.6.4.2K).

- Análise de riscos (ISO.6.4.3):
  - analisar as probabilidades dos eventos e as consequências dos riscos (ISO.6.4.3A);
  - avaliar a natureza das consequências e a magnitude dos riscos, por ordem de grandeza, aplicando seus resultados à organização (ISO.6.4.3B);
  - avaliar a complexidade dos processos e a conectividade das iterações em todo o ciclo de gestão (ISO.6.4.3C);
  - avaliar os controles existentes e sua efetividade no gerenciamento de riscos organizacionais (ERM), decidindo por sua substituição ou conservação conforme análise (ISO.6.4.3D);
  - reavaliar os objetivos estratégicos com base na visão de riscos, propondo soluções inovadoras para a gestão (ISO.6.4.3E).
- Avaliação de riscos (ISO.6.4.4):
  - utilizar o conceito de "não fazer mais nada" na avaliação criteriosa de riscos (ISO.6.4.4A);
  - considerar os cenários de riscos, propondo opções de tratamento de acordo com a identificação, análise e classificação dos riscos (ISO.6.4.4B);
  - realizar análise complementar na gestão de riscos para propor melhorias nos processos, compreender melhor os riscos e avaliar as estruturas de gestão (ISO.6.4.4C);
  - avaliar e definir os riscos remanescentes aceitando as tratativas ou propondo uma nova avaliação (ISO.6.4.4D);
  - reavaliar os riscos remanescentes, em todos os ciclos de gestão, prevendo novas tratativas e iterações para os processos (ISO.6.4.4E).

Estes são alguns exemplos de ações aplicadas às atividades gerenciais de identificação, análise e avaliação de riscos. Os processos de identificação, tanto na ISO quanto no COSO, seguem os padrões tradicionais de gestão, com as limitações propostas e implementadas nesse contexto.

No sistema de gerenciamento inteligente de riscos, a identificação, a análise e a avaliação de riscos percorrem toda a organização, antes (período anterior à constituição) e depois (na cadeia de produtos e serviços ou no encerramento das atividades) da sua existência organizacional.

Figura 47 | Integração de componentes de Tratamento de Riscos no IERM

Modelo de Integração de Tratamento de Riscos com ISO e CSi

CSi ISO® COSO®

Processos | **Proposta** | **Elemento** | **Vetor** | **Itens**

ISO 6.5
Tratamento de riscos

ISO 6.5.1A
Formular e selecionar opções para tratamento do risco

CSi 1
BRidge

CSi 1.4
Entrega de Soluções
Delivery

CSi 1.4.1
Prazo limite
Deadline

ISO 6.5.1
Proposta de tratamento de riscos

ISO 6.5.1B
Planejar e implementar o tratamento do risco

ISO 6.5.1C
Avaliar a eficácia do tratamento de riscos

ISO 6.5.1D
Decidir sobre a aceitação dos riscos

ISO 6.5.1E
Realizar tratamento de riscos residuais

CSi 1.4.2
Retorno das soluções
Earnings

CSi 1.4.3
Duração total
Lead time

ISO 6.5.2
Seleção de opções de tratamento de riscos

ISO 6.5.2A
Evitar, não iniciar, não continuar atividades de risco

ISO 6.5.2B
Assumir ou aumentar o risco de oportunidade

ISO 6.5.2C
Remover a fonte de risco

ISO 6.5.2D
Mudar a probabilidade

ISO 6.5.2E
Mudar as consequências

ISO 6.5.2F
Compartilhar o risco

ISO 6.5.2G
Reter o risco por decisão fundamentada

CSi 1.4.4
Avaliação da solução em andamento
In advance

CSi 1.4.5
Valor da solução
Value

Preparando e implementando planos de tratamento de riscos

ISO 6.5.3A
Justificativa para seleção de tratamento de riscos

ISO 6.5.3B
Matriz de responsabilidades do plano de riscos

ISO 6.5.3C
Ações propostas para tratamento de riscos

ISO 6.5.3D
Medidas de desempenho de riscos

ISO 6.5.3E
Recursos requeridos para tratamento e contingências de riscos

ISO 6.5.3F
Restrições de riscos

ISO 6.5.3G
Relatos e monitoramento de riscos

ISO 6.5.3H
Prazo para execução das ações de tratamento de riscos

CSi 1.4.6
Elegibilidade
Eligibility

CSi 1.4.7
Requisitos
Requirements

CSi 1.4.8
Demanda do cliente
Your demand

Integração de Desempenho Organizacional

COSO 3
Formulação de objetivo de negócios
COSO 3.1
Desempenho

CSi 1.4.A
Processos inteligentes para entrega de soluções
SDS - Smart Delivery Status

CSi 1.4.B
Processos inteligentes de viabilidade de negócios e projetos
B&PF - Business & Projects Feasibility

CSi 1.4.C
Processos inteligentes para análise de investimentos
SRBI - Smart Return Business Investment

CSi 1.4.A1
Gestão inteligente de protocolos de informação

CSi 1.4.A2
Entrega de soluções inovadoras

CSi 1.4.A3
Lições integradas de multivisão

CSi 1.4.A4
Visão do cliente do futuro

CSi 1.4.B1
Projeção inteligente de dados para negócios e projetos

CSi 1.4.B2
Avaliação inteligente de prazos para negócios e projetos

CSi 1.4.C1
Indicador inteligente de desempenho para análise de investimentos

CSi 1.4.C2
Indicador financeiro inteligente para análise de investimentos

O IERM *Framework* integra os processos de Tratamento de riscos (ISO) e os elementos de Entrega de Soluções (CSi).

Esta visão integra também o componente de Desempenho do COSO, conforme visto anteriormente neste capítulo. O CSi e o COSO utilizam os mesmos processos, elementos e componentes tanto para Análise como para Tratamento de Riscos. Os três fluxos do CSi atuam de forma semelhante tanto para a ISO quanto para o COSO.

A ISO e o COSO tratam de detalhar o tratamento de riscos, enquanto o CSi atua no acompanhamento dos impactos dos riscos nos negócios e projetos na visão de alto nível.

Nesse contexto, os processos de tratamento de riscos da ISO estão descritos através de atividades gerenciais a seguir:

- Proposta para tratamento de riscos (ISO.6.5.1):
  - selecionar as opções para tratamento de riscos com base nos sistemas e processos de gerenciamento de riscos organizacionais (ISO.6.5.1A);
  - planejar as respostas aos riscos e implementar suas soluções de acordo com as diretrizes propostas pela organização (ISO.6.5.1B);
  - avaliar a eficácia dos tratamentos de riscos e analisar os resultados obtidos com o tratamento e os impactos gerados nos objetivos estratégicos (ISO.6.5.1C);
  - avaliar os processos de tratamento de riscos em termos de eficácia e implementação, alinhamento e impactos nos objetivos estratégicos (ISO.6.5.1D);
  - avaliar os riscos residuais, classificando-os e revisando os processos de tratamento de riscos, avaliando-os a cada nova iteração (ISO.6.5.1E).
- Seleção de opções de tratamento de riscos (ISO.6.5.2):
  - avaliar como conduzir as atividades que dão origem aos riscos, evitando ou não iniciando tais atividades (ISO.6.5.2A);
  - ampliar riscos positivos (oportunidades) assumindo mais riscos ou aumentar o nível para perseguir oportunidades (ISO.6.5.2B);
  - remover as fontes geradoras de riscos e buscar novas soluções de gestão para o item em questão (ISO.6.5.2C);

- atuar de forma a mudar a probabilidade de o risco afetar a organização (ISO.6.5.2D);
- trabalhar para mudar as consequências e os impactos dos riscos causados por outros riscos (ISO.6.5.2E);
- avaliar processos de transferência e compartilhamento de riscos (ameaças e oportunidades) para reduzir impactos e ampliar benefícios, seja com contratos de transferência ou parcerias (ISO.6.5.2F);
- reter os riscos para evitar danos às partes interessadas e a todos os envolvidos nos processos de riscos (ISO.6.5.2G);

- Preparando e implementando planos de tratamento de riscos (ISO.6.5.3):
  - incluir nos planos de tratamento de riscos as devidas justificativas para amparar decisões que implicam em objetivos estratégicos e benefícios alcançados pela solução apresentada (ISO.6.5.3A);
  - definir e apresentar, nos planos de tratamento de riscos, os proprietários e responsáveis pelos riscos, bem como os que devem tomar ações caso eles ocorram (ISO.6.5.3B);
  - fazer uma relação das ações propostas para o tratamento dos riscos e como elas serão implementadas (ISO.6.5.3C);
  - listar os recursos necessários para tratar os riscos e como estes serão aplicados nos processos de tratamento e nas contingências de riscos (ISO.6.5.3D);
  - identificar os processos de performance, o desempenho dos processos de tratamento dos riscos e a forma de monitorá-los, para validar o seu sucesso (ISO.6.5.3E);
  - analisar as restrições encontradas pelos processos de tratamento de riscos e os processos adjacentes (ISO.6.5.3F);
  - produzir os relatórios obrigatórios de tratamento de riscos de acordo com processos de regulação e os relatórios voluntários que se tornam necessários para avaliação da eficácia dos sistemas de gestão (ISO.6.5.3G);
  - programar ações de tratamento dos riscos e a sua alocação em relação ao planejamento estratégico organizacional (ISO.6.5.3H).

Estes são alguns exemplos de ações aplicadas às atividades gerenciais de tratamento dos riscos. No entanto, os processos de tratamento dos riscos, tanto na ISO quanto no COSO, seguem os padrões tradicionais de gestão, assim como os demais itens tratados anteriormente.

Esses padrões também estão ligados às limitações propostas pelas organizações. No sistema de gerenciamento inteligente de riscos, os processos de tratamento dos riscos percorrem toda a organização, projetos, processos, negócios e demais elementos de gestão.

Na visão dos três fluxos de processos (SDS, B&PF e SRBI), a organização precisa compreender que tratar os riscos não é uma ação ou consequência dos riscos, mas algo a ser evitado pela correta posição de gestão dos riscos. Em resumo, trabalhar para que os riscos não precisem de tratamento ainda representa a melhor solução de tratamento de riscos.

PROCESSO 5 | MONITORAMENTO E ANÁLISE CRÍTICA

O IERM *Framework* integra os processos de Monitoramento, Controle e Análise Crítica de riscos (ISO) e os elementos de Soluções e Expertise de Negócios (CSi).

Esta visão integra também o componente de Revisão e Análise do COSO. A ISO não detalha em profundidade o monitoramento e a análise crítica na norma ISO 31.000:2018. No entanto, nela são encontrados processos, ferramentas e técnicas que auxiliam na gestão e no monitoramento dos riscos.

Tanto o COSO quanto o CSi tratam de monitoramento em alto nível, porém o CSi considera as ferramentas e técnicas propostas pela ISO 31.010:2021.

Os processos de monitoramento e análise crítica de riscos da ISO estão descritos através das atividades gerenciais a seguir:

Figura 48 | Integração de componentes de Monitoramento e Análise Crítica no IERM

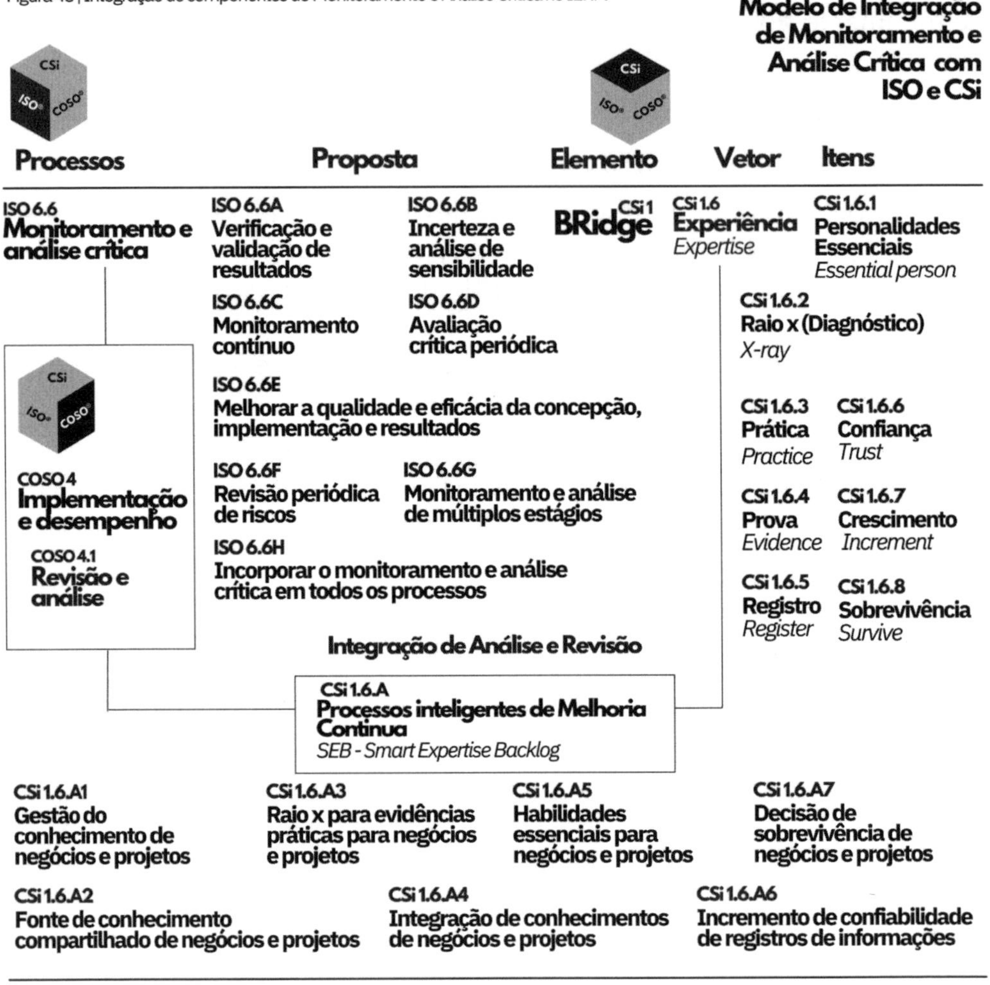

- verificar se o escopo da análise é apropriado para os objetivos estratégicos e para correta aplicação na organização, validando os resultados entregues através dos processos de monitoramento e análise crítica dos sistemas de gestão de riscos (ISO.6.6A);
- analisar todas as premissas críticas para assegurar a sua credibilidade à luz das informações disponíveis, através de análise de sensibilidade e incertezas, incluindo outras ferramentas e técnicas de gestão (ISO.6.6B);
- analisar criticamente os métodos aplicados e o tipo de monitoramento a ser utilizado em todo o sistema de gestão de riscos (ISO.6.6C);

- fazer análises periódicas e consistentes aplicadas ao gerenciamento de riscos e acompanhar o sucesso desses processos e como eles interagem com os sistemas de gestão (ISO.6.6D);
- verificar se os resultados são indiferentes à maneira como são exibidos ou apresentados em processos de monitoramento e nos demais processos ligados à gestão de riscos (ISO.6.6E);
- estabelecer ciclos de monitoramento e avaliação periódicos para os processos de gerenciamento de riscos e a forma como estes serão conduzidos (ISO.6.6F);
- avaliar periodicamente os sistemas de gerenciamento de riscos, através de monitoramento contínuo, analisando criticamente todos os estágios e a forma como cada um reflete os objetivos estratégicos da gestão (ISO.6.6G);
- realizar análise crítica periódica de todo o sistema de gestão, não apenas nos processos de monitoramento, mas em todos os estágios de implementação, tratamento e resultados (ISO.6.6H).

Estes são alguns exemplos de ações aplicadas às atividades gerenciais de monitoramento e análise crítica dos riscos.

PROCESSO 8 | REGISTRO E RELATO

O IERM *Framework* integra os processos de Registro e Relatos de riscos (ISO) e os elementos de Informações de Negócios e Projetos (CSi). Esta visão integra também os componentes de Informação, Comunicação e Relatórios do COSO, conforme visto anteriormente neste capítulo.

O SIP atua de forma semelhante para a ISO e para o COSO. A vertente que a ISO traz para contribuir com esse processo são os fatores relevantes de compartilhamento de informações (relatos), armazenamento e retenção de dados (registro). Porém, o CSi propõe relatórios dinâmicos de gestão para comunicação. Nesta visão os processos de relatos e registros são desenvolvidos através das atividades gerenciais a seguir:

Figura 49 | Integração de componentes de Registro e Relato no IERM

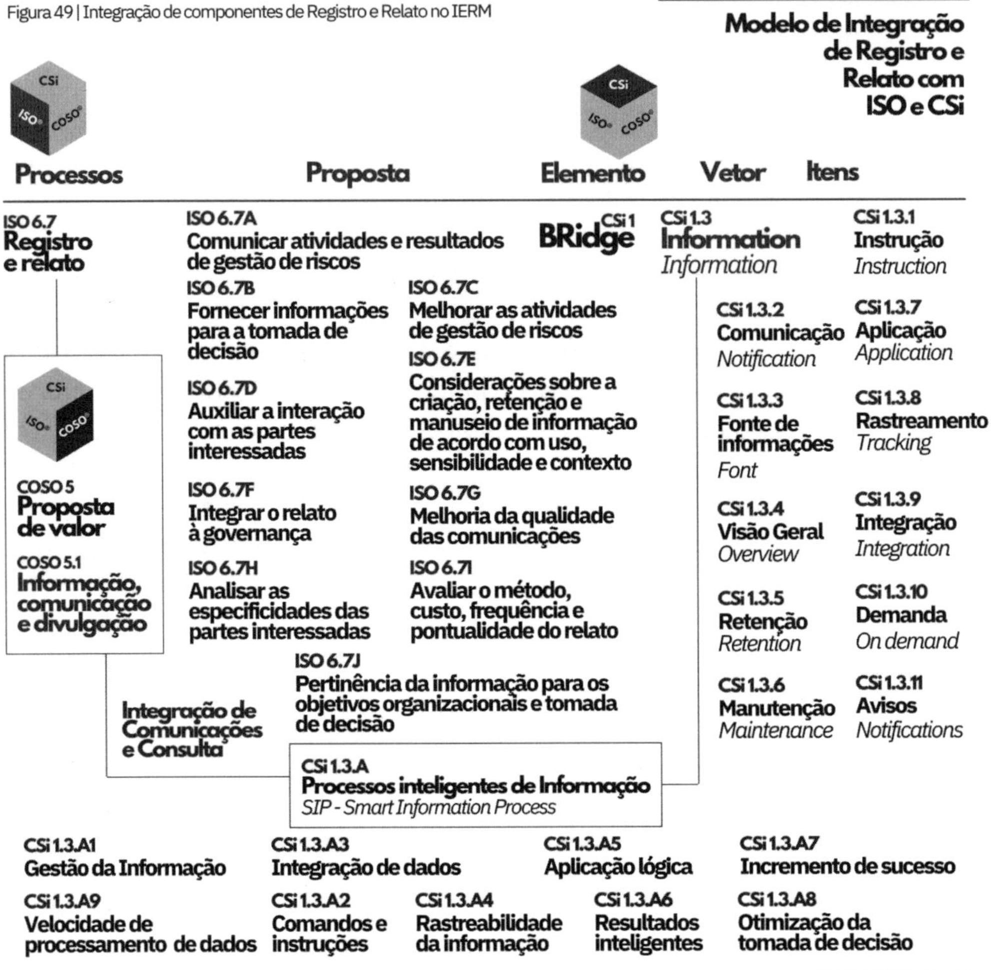

- comunicar de forma efetiva os resultados do gerenciamento de riscos em toda a organização e fora dela, de acordo com as políticas de divulgação e disponibilização das informações estratégicas (ISO 6.7A);
- fornecer informações relevantes, a nível estratégico e gerencial, para suportar tomada de decisões em todas as esferas da gestão organizacional (ISO 6.7B);
- propor o desenvolvimento e a melhoria de processos e atividades de gerenciamento de riscos organizacionais (ERM) (ISO 6.7C);
- estreitar os laços de comunicação com a divulgação de informações para as partes interessadas, criando sinergia nos processos e interação entre as partes (ISO 6.7D);

- preparar o ambiente de informações à luz da visão de responsabilidade e propriedade de riscos, apresentando às partes interessadas os responsáveis por cada item do sistema de gerenciamento de riscos organizacionais (ERM) (ISO 6.7E);
- avaliar os níveis de interação e os múltiplos fatores de gestão de riscos, como custo, frequência, pontualidade, divulgação das informações e demais processos relacionados a registros e relatos (ISO 6.7F);
- definir e implementar métodos e processos para criação, divulgação e disponibilização de informações através de relatórios de gestão (ISO 6.7G);
- avaliar junto às partes interessadas e alta gestão a pertinência das informações e dos relatórios de gestão na visão do gerenciamento de riscos organizacionais (ERM) (ISO 6.7H).

Estes são alguns exemplos de ações aplicadas às atividades gerenciais de relato e registro dos riscos. Este é o último tópico dos processos de gerenciamento de riscos da ISO. No próximo capítulo, saiba como identificar os riscos com a gestão inteligente.

CONCLUINDO A PREPARAÇÃO DOS PROCESSOS DE GESTÃO DE RISCOS

Neste capítulo apresentamos uma lista completa dos processos do COSO e da ISO, como esses padrões se integram com o CSi *Framework* e a contribuição deles para atingir os objetivos estratégicos.

É importante ressaltar que a aplicação desses processos pode variar de organização para organização. Por isso, o EGIR (Escritório de Gestão Inteligente de Riscos) irá detalhar cada um desses processos e fornecer uma estrutura sólida para o gerenciamento inteligente de riscos.

Capítulo 4: IDENTIFICANDO E PRIORIZANDO RISCOS COM A GESTÃO INTELIGENTE

Ninguém conhece o futuro com certeza.
Podemos, no entanto, identificar padrões
contínuos de mudança.
ALVIN TOFFLER

O QUE VEM A SEGUIR

Este capítulo mostra como identificar e priorizar riscos através da gestão inteligente.

- Identificação de riscos organizacionais.
- Avaliação e priorização de riscos.

Existem dois estágios de tratamento de riscos que se destacam no gerenciamento de riscos organizacionais (ERM).

Figura 50| Estágios do Tratamento Inteligente de Riscos no IERM

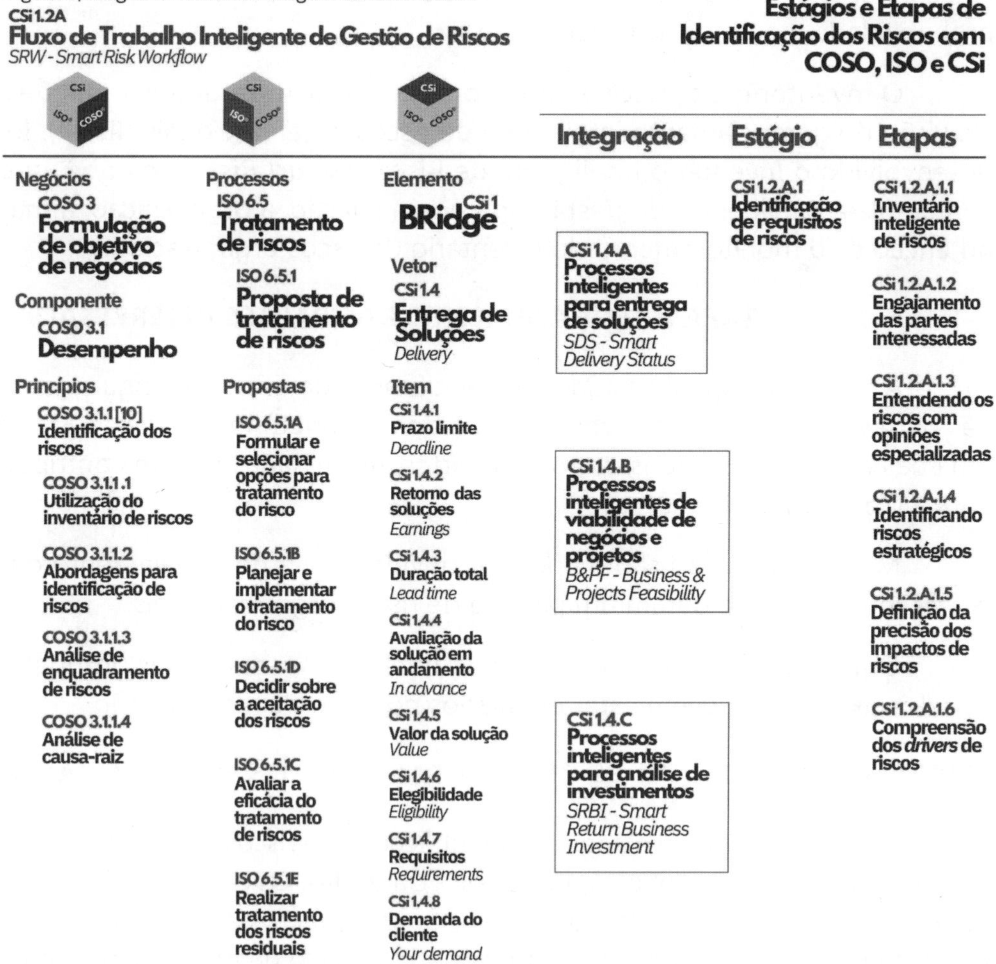

O primeiro dos estágios de tratamento de riscos é a identificação dos riscos através do processo Identificação de Requisitos de Riscos (CSi 1.2.A.1) do SRW (*Smart Risk Workflow* – CSi 1.2.A). O estágio se divide em seis etapas, descritas a seguir.

ETAPA 1 | INVENTÁRIO INTELIGENTE DE RISCOS

A primeira etapa do estágio de identificação de riscos é o inventário de riscos organizacionais. Através do inventário de riscos é possível determinar e classificar riscos de acordo com a sua identificação. Para identificar os riscos ainda é necessário organizá-los de acordo com as categorias, os impactos, a probabilidade e outras atribuições.

O inventário de riscos é uma completa estrutura de informações. Na visão do gerenciamento inteligente de riscos organizacionais (IERM), foi desenvolvido o Inventário Inteligente de Riscos (*Smart Risk Inventory*), que contempla a inteligência de gestão aplicada à criação, à organização, à manutenção e ao monitoramento do inventário de riscos organizacionais.

ETAPA 2 | ENGAJAMENTO DAS PARTES INTERESSADAS

A segunda etapa do estágio de identificação de riscos é o engajamento das partes interessadas, dos envolvidos e dos proprietários de riscos. Esta é uma das etapas mais intensas, pois as partes interessadas devem contribuir para a identificação de riscos.

Muitos riscos não são mapeados devido à falta de engajamento das partes interessadas e geram um passivo de riscos organizacionais.

Outro papel importante no gerenciamento de riscos são os proprietários dos riscos, que devem estar engajados no início da identificação.

ETAPA 3 | ENTENDENDO OS RISCOS COM OPINIÕES ESPECIALIZADAS

A terceira etapa do estágio de identificação de riscos é a compreensão dos riscos juntamente com as opiniões especializadas. Os especialistas trazem uma visão prática e aplicada dos riscos e seus impactos. Contar com o seu apoio na identificação dos riscos é priorizar o sucesso da implementação de sistemas de gerenciamento de riscos organizacionais (ERM).

No entanto, além da opinião dos especialistas, laudos, pareceres, documentos e processos que identificam riscos podem ser solicitados pelas partes interessadas.

Os especialistas atuam como assistentes técnicos das partes interessadas, para garantir a eficácia da identificação dos riscos.

ETAPA 4 | IDENTIFICANDO RISCOS ESTRATÉGICOS

A quarta etapa é a identificação de riscos estratégicos. Os riscos a nível estratégico são negligenciados em detrimento dos riscos operacionais.

Muitas organizações deixam de lado a identificação de riscos estratégicos, focando em identificar riscos da operação dos negócios e deixando de acompanhar as megatendências e os riscos associados à evolução do mercado e da tecnologia, chegando a ignorar os riscos associados à própria sobrevivência do negócio.

A história das estratégias das organizações está repleta de relatos de empresas que viram a erosão dos seus negócios em decorrência da evolução tecnológica. No livro "BRidge Strategy", do Portfólio de Ficção Inteligente da BIO., é possível encontrar relatos inspirados em casos reais de organizações que deixaram de existir por menosprezarem riscos estratégicos.

ETAPA 5 | DEFINIÇÃO DA PRECISÃO E DOS IMPACTOS DOS RISCOS

A quinta etapa do estágio de identificação de riscos é a definição da precisão e dos impactos dos riscos na organização. Ao definir o nível de precisão prevista para o gerenciamento de riscos, é possível dimensionar todo o sistema de gestão por ele demandado.

Os impactos relativos ao dimensionamento também estão alinhados aos processos de identificação dos riscos e ao apetite ao risco que a organização definiu para os objetivos estratégicos. É importante compreender que o nível de precisão e dos impactos previstos é consequência da análise dos sistemas de gestão e da iteração de ambos. A cada nova avaliação de precisão, o sistema passa pela iteração até chegar ao balanço ideal dos sistemas de gestão de riscos.

ETAPA 6 | COMPREENSÃO DOS *DRIVERS* DE RISCOS

A sexta etapa do estágio de identificação de riscos é a compreensão dos *drivers* de riscos na organização, incluindo a análise de causa-raiz. A origem dos riscos é tão importante quanto o sistema que o gerencia. Compreender a causa-raiz é implementar um protocolo de avaliação das origens e bases da própria organização.

Na visão inteligente de gestão, a análise de *drivers* de riscos ultrapassa as dimensões organizacionais, inclusive da sua própria fundação e da aplicação dos contextos por ela criados.

Em determinados casos, as causas-raízes já existiam antes da criação da organização e foram assumidas por ela a partir da sua constituição.

AVALIAÇÃO E PRIORIZAÇÃO DE RISCOS

Figura 51 | Estágios do Tratamento Inteligente de Riscos no IERM

CSi 1.2A

Fluxo de Trabalho Inteligente de Gestão de Riscos

SRW - Smart Risk Workflow

Estágios e Etapas de Priorização dos Riscos com COSO, ISO e CSi

Negócios
COSO 3
Formulação de objetivo de negócios

Componente
COSO 3.1
Desempenho

Princípios
COSO 3.1.2 [11]
Avaliação da severidade dos riscos
- COSO 3.1.2.1 Métricas para severidade de riscos
- COSO 3.1.2.2 Medições de severidade de riscos

COSO 3.1.3 [12]
Priorização dos riscos
- COSO 3.1.3.1 Avaliação para priorização de riscos
- COSO 3.1.3.2 Avaliação dos impactos e efeitos dos riscos
- COSO 3.1.3.3 Critérios de priorização de riscos
- COSO 3.1.3.4 Análise crítica para priorização de riscos

Processos
ISO 6.5
Tratamento de riscos

ISO 6.5.2
Seleção de opções de tratamento de riscos

Propostas
- ISO 6.5.2A Evitar, não iniciar, não continuar atividades de riscos
- ISO 6.5.2B Assumir ou aumentar o risco de oportunidade
- ISO 6.5.2C Remover a fonte de risco
- ISO 6.5.2D Mudar a probabilidade
- ISO 6.5.2E Mudar as consequências
- ISO 6.5.2F Compartilhar os riscos
- ISO 6.5.2G Reter o risco por decisão fundamentada

Elemento
CSi 1
BRidge

Vetor
CSi 1.4
Entrega de Soluções
Delivery

Item
- CSi 1.4.1 Prazo limite *Deadline*
- CSi 1.4.2 Retorno das soluções *Earnings*
- CSi 1.4.3 Duração total *Lead time*
- CSi 1.4.4 Avaliação da solução em andamento *In advance*
- CSi 1.4.5 Valor da solução *Value*
- CSi 1.4.6 Elegibilidade *Eligibility*
- CSi 1.4.7 Requisitos *Requirements*
- CSi 1.4.8 Demanda do cliente *Your demand*

Integração

CSi 1.4.A
Processos inteligentes para entrega de soluções
SDS - Smart Delivery Status

CSi 1.4.B
Processos inteligentes de viabilidade de negócios e projetos
B&PF - Business & Projects Feasibility

CSi 1.4.C
Processos inteligentes para análise de investimentos
SRBI - Smart Return Business Investment

Estágio

CSi 1.2.A.2
Avaliação e priorização de riscos

Etapas
- CSi 1.2.A.2.1 Compreendendo as saídas de riscos
- CSi 1.2.A.2.2 Critérios de priorização de riscos
- CSi 1.2.A.2.3 Métricas de expressão de riscos
- CSi 1.2.A.2.4 Abordagens de avaliação da gravidade de riscos
- CSi 1.2.A.2.5 Seleção de documentos e dados
- CSi 1.2.A.2.6 Priorização dos riscos com a visão dos especialistas
- CSi 1.2.A.2.7 Desafiando o viés organizacional

O segundo estágio do tratamento de riscos é a avaliação e a priorização. Após identificar os riscos, é necessário avaliá-los e priorizá-los, de acordo com as classificações estabelecidas no inventário de riscos.

A priorização passa por um processo de seleção dos riscos, impactos e probabilidades da sua aplicação. Este estágio se divide em sete etapas, descritas a seguir.

ETAPA 1 | COMPREENDENDO AS SAÍDAS DE RISCOS

A primeira etapa do estágio de avaliação de riscos é a compreensão das saídas (*outputs*) de riscos. Os *outputs* de riscos são identificados a partir dos processos de entrada de informações (identificação dos riscos – CSi 1.2.A.1) e de avaliação e priorização dos riscos (CSi 1.2.A.2.2).

As saídas de riscos são entradas para outros processos. Elas permitem a correta combinação entre o resultado das análises de riscos e a sua implementação.

Para compreender melhor as saídas de riscos e os demais processos do sistema de gestão, é necessário entender as etapas de avaliação, tratamento ou outros estágios do gerenciamento de riscos. As etapas de tratamento de riscos não são sequenciais, estanques, nem tampouco individuais.

Os processos de gerenciamento de riscos em geral são dinâmicos, iterativos e exigem uma visão que apresente como as etapas devem ser aplicadas e iteradas a cada ciclo de gestão.

ETAPA 2 | CRITÉRIOS DE PRIORIZAÇÃO DE RISCOS

A segunda etapa do estágio de avaliação de riscos é a avaliação dos critérios de priorização. Criar critérios de priorização de riscos ajudará na implementação de sistemas de gestão de riscos a nível organizacional.

Os critérios trazem uma visão clara de como os riscos serão definidos para a organização de processos futuros. Não há como priorizar riscos sem os critérios estabelecidos. Os critérios devem estar alinhados também com os objetivos estratégicos propostos pela organização.

ETAPA 3 | MÉTRICAS DE EXPRESSÃO DOS RISCOS

A terceira etapa do estágio de avaliação de riscos é a avaliação das métricas de expressão dos riscos.

As organizações avaliam os riscos em relação à capacidade da organização de gerenciá-los para atingir seus objetivos estratégicos. Entre as considerações para avaliação das métricas de riscos estão:

- Impactos e efeitos dos riscos, como a organização é afetada por eles e sua capacidade de atingir os objetivos estratégicos e de negócios.
- Compreender a abordagem de priorização de riscos e os critérios que a organização estabelece para realizar a priorização.
- Definir as avaliações necessárias para o julgamento das métricas aplicadas e como os riscos são pontuados nessas avaliações.
- Compreender as métricas de gravidade, que são adotadas para expressar os impactos provocados pelos riscos na estratégia, nos objetivos de negócios na visão de múltiplos capitais e de alocação de investimentos.
- Definir os tipos de métricas, sua forma de aferição (quantitativa ou qualitativa) e ainda como serão aplicadas à gestão.
- Acompanhar as escolhas das métricas de forma analítica, definindo quais métodos são mais apropriados para avaliar a gravidade dos riscos.
- Definir fatores relevantes para escolha das métricas e priorização dos riscos.

ETAPA 4 | ABORDAGENS DE AVALIAÇÃO DA GRAVIDADE DOS RISCOS

A quarta etapa do estágio de avaliação de riscos é a seleção de abordagens para medir a gravidade dos riscos. As organizações precisam definir abordagens de avaliação de riscos de acordo com a gravidade prevista, utilizando a visão dos especialistas para estabelecer processos de análise e critério dessa avaliação.

Várias medidas devem ser utilizadas para estimar a gravidade dos riscos e compará-los aos objetivos estratégicos, priorizando os riscos de acordo com a gravidade encontrada.

A gravidade é expressa em termos de impacto e probabilidade. No entanto, algumas organizações conseguiram expandir essa visão para fatores que afetam o negócio, como recuperação da situação de riscos, velocidade de resposta aos riscos e níveis de apetite aos riscos.

ETAPA 5 | SELEÇÃO DE DOCUMENTOS E DADOS

A quinta etapa do estágio de avaliação de riscos é a seleção de documentos e dados.

Os critérios para seleção de documentos e dados que embasem os processos de riscos são atrelados às análises e previsões do inventário de riscos, e ao resultado dos processos de priorização de riscos. *Heat maps* podem ajudar na visualização de *ratings* de riscos por área de atuação.

ETAPA 6 | PRIORIZAÇÃO DOS RISCOS COM A VISÃO DOS ESPECIALISTAS

A sexta etapa do estágio de avaliação de riscos trata da priorização dos riscos na visão dos especialistas. Eles podem complementar os relatórios de gestão através de pareceres e estudos que auxiliam a alta gestão na tomada de decisões.

A opinião especializada pode ser expressa através dos comitês técnicos aplicados aos conselhos consultivos de riscos ou outros temas relevantes para os negócios.

ETAPA 7 | DESAFIANDO O VIÉS ORGANIZACIONAL

A sétima etapa do estágio de avaliação de riscos é uma quebra de paradigmas que trata de desafiar a organização para extrapolar sua visão de riscos. O viés organizacional é limitado pelas dimensões que a própria organização estabelece na visão estratégica.

A organização não quer dispender recursos extras para expandir suas fronteiras de gestão, porém ela necessita das informações que estão além dessas fronteiras.

O gerenciamento inteligente de riscos propõe aumentar os limites de gestão para além das organizações e incorporar as partes interessadas e as áreas afetadas.

Os limites devem ser ampliados também na visão temporal, quando tratam de ciclos de planejamento de períodos específicos.

Outro fator que pode trazer melhorias para os processos de riscos é olhar para o contexto histórico com a visão do planejamento estratégico.

As lições aprendidas devem ser extrapoladas para além da formação da organização, trazendo vícios de gestão aplicados ao longo da história.

CONCLUINDO A IDENTIFICAÇÃO E A PRIORIZAÇÃO DOS RISCOS

Os estágios apresentados neste capítulo fazem parte do tratamento de riscos. A decisão de segmentá-los é parte da estratégia de gestão inteligente para ressaltar a importância das primeiras etapas de identificação e priorização de riscos.

A correta identificação e priorização dos riscos reduzirá impactos nos processos de tratamento de riscos, levando a organização a atingir seus objetivos estratégicos.

Para cada organização, a correta identificação e priorização de riscos será realizada pelo EGIR (Escritório de Gestão Inteligente de Riscos) e será apresentada para aprovação da alta gestão.

Capítulo 5: IMPLEMENTANDO RESPOSTAS INTELIGENTES AOS RISCOS

Viver em risco é pular do penhasco e
construir as asas na descida.
RAY BRADBURY

RISK RESPONSES

O QUE VEM A SEGUIR

Este capítulo mostra como selecionar e implementar respostas aos riscos com a gestão inteligente.

- Implementar respostas inteligentes aos riscos.
- Expandindo a visão inteligente de riscos.
- Selecionando as melhores respostas aos riscos.

Após identificar e priorizar os riscos no capítulo anterior, o próximo passo é implementar as respostas aos riscos. A gestão inteligente auxiliará no processo de tratamento de riscos nos processos descritos a seguir.

Este é o terceiro estágio do tratamento de riscos, principalmente aqueles de alto nível relacionados ao viés estratégico, difíceis de prever.

Figura 52 | Estágios do Tratamento Inteligente de Riscos no IERM

CSi 1.2A
Fluxo de Trabalho Inteligente de Gestão de Riscos
SRW - Smart Risk Workflow

Estágios e Etapas de Implementação das Respostas aos Riscos com COSO, ISO e CSi

Integração | **Estágio** | **Etapas**

Negócios
COSO 3
Formulação de objetivo de negócios

Componente
COSO 3.1
Desempenho

Princípios
COSO 3.1.4 [13]
Implementando respostas aos riscos

COSO 3.1.4.1
Escolhendo as respostas aos riscos

COSO 3.1.4.2
Preparando processos de resiliência aos riscos

COSO 3.1.4.3
Colaboração multifuncional na implementação de respostas aos riscos

COSO 3.1.4.4
Criando o *business case* de riscos

Processos
ISO 6.5
Tratamento de riscos

ISO 6.5.3
Preparando e implementando planos de tratamento de riscos

Propostas

ISO 6.5.3A
Justificativa para seleção de tratamento de riscos

ISO 6.5.3B
Matriz de responsabilidades do plano de riscos

ISO 6.5.3C
Ações propostas para tratamento de riscos

ISO 6.5.3D
Medidas de desempenho de riscos

Elemento
CSi 1
BRidge

Vetor
CSi 1.4
Entrega de Soluções
Delivery

Item

CSi 1.4.1
Prazo limite
Deadline

CSi 1.4.2
Retorno das soluções
Earnings

CSi 1.4.3
Duração total
Lead time

CSi 1.4.4
Avaliação da solução em andamento
In advance

CSi 1.4.5
Valor da solução
Value

CSi 1.4.6
Elegibilidade
Eligibility

CSi 1.4.7
Requisitos
Requirements

CSi 1.4.8
Demanda do cliente
Your demand

Integração

CSi 1.4.A
Processos inteligentes para entrega de soluções
SDS - Smart Delivery Status

CSi 1.4.B
Processos inteligentes de viabilidade de negócios e projetos
B&PF - Business & Projects Feasibility

CSi 1.4.C
Processos inteligentes para análise de investimentos
SRBI - Smart Return Business Investment

Estágio

CSi 1.2.A.3
Implementar respostas aos riscos

Etapas

CSi 1.2.A.3.1
Seleção de respostas aos riscos

CSi 1.2.A.3.2
Desenvolvimento do *business case* de riscos

CSi 1.2.A.3.3
Gerenciar respostas aos riscos

CSi 1.2.A.3.4
Avaliação das respostas aos riscos - nível organizacional

Esses riscos têm uma probabilidade menor de ocorrer, se comparados aos riscos operacionais, porém são extremamente voláteis e trazem impactos potencialmente significativos para a organização.

Por isso, implementar respostas a riscos organizacionais exige uma concentração de estratégias e planos para preparar a organização para responder ao caráter dinâmico que esses riscos trazem.

É necessário estabelecer processos claros, com características definidas. Em seguida, a organização deverá definir quem são os proprietários de riscos responsáveis pelas abordagens e respostas a serem implementadas.

Por fim, cabe aos gestores avaliar todos os contextos necessários para implementação de respostas, envolvendo inclusive os investimentos necessários para custear as respostas aos riscos organizacionais. Este estágio se divide em quatro etapas, descritas a seguir.

ETAPA 1 | SELEÇÃO DE RESPOSTAS AOS RISCOS

A primeira etapa do estágio de implantação de respostas aos riscos é a seleção de respostas aos riscos. Após todos os riscos serem identificados e priorizados, os responsáveis devem selecionar as respostas aos riscos de acordo com a classificação das respostas nas categorias de riscos.

ETAPA 2 | DESENVOLVIMENTO DO *BUSINESS CASE* DE RISCOS

A segunda etapa do estágio de implantação de respostas aos riscos é o desenvolvimento do *Business Case* de Riscos.

O *Business Case* identifica e seleciona as respostas aos riscos de negócios e inclui a estrutura de negócios da organização, a estrutura operacional e outros fatores relacionados ao negócio.

Para os negócios, as respostas aos riscos são avaliadas quanto aos impactos nas estratégias e nos objetivos de negócios, nas dependências entre os riscos, nas diretrizes propostas pela organização e na visão de múltiplos impactos.

Os problemas que a organização enfrentará por conta dos riscos devem ser refletidos no *Business Case* de Riscos, incluindo a forma como serão controlados, os processos afetados, os impactos e as respostas coerentes com os problemas apresentados.

ETAPA 3 | GERENCIAR RESPOSTAS AOS RISCOS

A terceira etapa do estágio de implantação de respostas aos riscos é gerenciar o processo de implementação das respostas aos riscos organizacionais, através dos sistemas de gestão.

Esta etapa abarca um conjunto de processos que interligam todos os estágios de implementação das respostas aos riscos.

ETAPA 4 | AVALIAÇÃO DAS RESPOSTAS AOS RISCOS – NÍVEL ORGANIZACIONAL

A quarta etapa do estágio de implantação de respostas aos riscos é a avaliação das respostas aos riscos no nível organizacional.

No gerenciamento de riscos operacionais (ORM) esta etapa é aplicada a nível operacional.

A avaliação de respostas aos riscos passa pelas considerações de implementação dos processos de respostas de acordo com as abordagens a seguir:

- Inclusão de medidas e modelos de avaliação que traduzem o resultado da implementação.
- Avaliação da quantidade de informações necessárias para os processos de respostas aos riscos e o impacto dessas informações no gerenciamento estratégico de riscos.
- Varredura de informações que contemplem os resultados obtidos pelas respostas aos riscos, incluindo, mas não se limitando a, informações sobre negócios e análise de ambientes, processos, estratégias e partes interessadas.
- Avaliação das incertezas ligadas à reputação da organização após implementação das respostas aos riscos, avaliando o resultado das consequências relacionadas a falhas em gerenciar os riscos.
- Avaliação operacional com viés estratégico que impacta toda a organização.
- Avaliação de processos que impactam na continuidade dos negócios e provocam interrupções críticas no correto funcionamento da organização.

EXPANDINDO A VISÃO INTELIGENTE DE RISCOS

A expansão da visão de alto nível para gerenciamento de riscos é o quarto estágio do tratamento de riscos. Este estágio integra o gerenciamento de riscos ao portfólio organizacional.

Figura 53 | Estágios do Tratamento Inteligente de Riscos no IERM

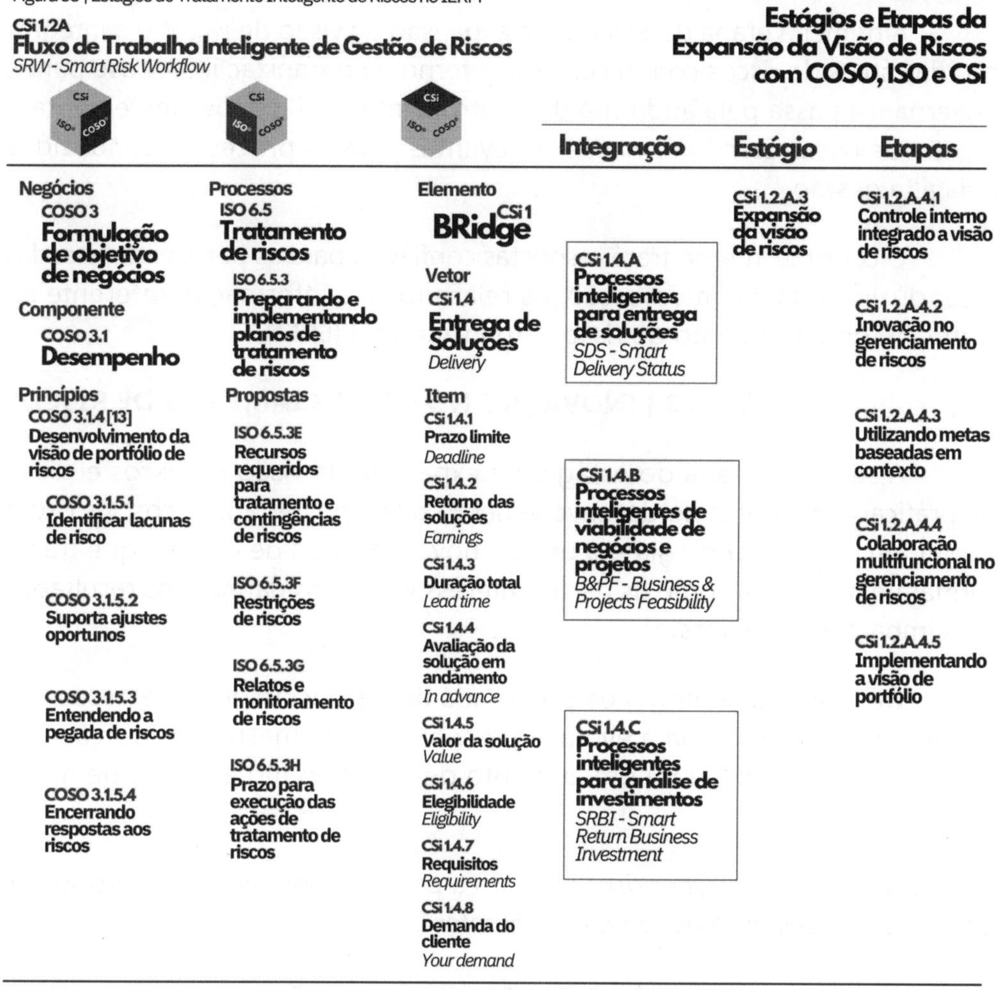

A maioria das organizações não executa este estágio, tratando dos riscos de maneira individual, por processos e projetos, a nível de operação. A expansão da visão de riscos extrapola os conceitos previstos para atingir o gerenciamento inteligente de riscos.

A proposta é elevar a consciência de riscos para o patamar da alta gestão, deixando de tratar riscos como operações e passando a gerenciá-los com viés estratégico. Este estágio se divide em cinco etapas, descritas a seguir.

ETAPA 1 | CONTROLE INTERNO INTEGRADO À VISÃO DE RISCOS

A primeira etapa do estágio de expansão da visão de riscos é a integração das áreas de riscos com o controle interno da organização. A base para a governança passa pela auditoria do controle interno. As ações incrementam a visão de riscos com informações relevantes para os processos conduzidos pela alta gestão.

O controle interno trará respostas confiáveis para as partes interessadas e conduzirá toda a comunicação, os relatórios e a informação referente ao status do gerenciamento de riscos organizacional (ERM).

ETAPA 2 | INOVAÇÃO NO GERENCIAMENTO DE RISCOS

A segunda etapa do estágio de expansão da visão de riscos é o uso de práticas inovadoras no desenvolvimento de respostas aos riscos. Os riscos evoluíram com a tecnologia e o uso de novas técnicas de gestão, que transformaram a maneira como as partes interessadas acompanham os resultados e os impactos dos riscos.

De maneira análoga, os processos de gerenciamento de riscos deveriam acompanhar toda a evolução tecnológica na mesma proporção. No entanto, o que ocorreu foi um aumento de riscos com o advento de novas tecnologias.

Os chamados *cyber risks* ocupam a primeira posição nos relatórios de riscos dos países no *Allianz Risk Barometer*®.

O gerenciamento inteligente de riscos é uma das formas de utilizar a inovação em processos de gestão aplicados aos riscos. Enquanto os riscos estão cada vez mais integrados, dinâmicos e *on-line*, o gerenciamento de riscos deve atuar da mesma maneira.

ETAPA 3 | UTILIZANDO METAS BASEADAS EM CONTEXTO

A terceira etapa do estágio de expansão da visão de riscos é a utilização de metas baseadas em contextos. O planejamento estratégico organizacional não reflete a base dos contextos de negócios da forma que o gerenciamento de riscos organizacionais necessita.

As metas baseadas em contexto preveem a criação de processos de acordo com cada característica dos negócios da organização. Enfim, o objetivo é olhar o estágio organizacional e compará-lo ao estágio de gerenciamento de riscos.

Ambos devem estar em sinergia quanto à aplicação das práticas de gestão. Por isso a expansão da visão de riscos trata de mudar padrões de gestão inflexíveis para padrões dinâmicos, iterativos e incrementais em todos os contextos de gestão.

ETAPA 4 | COLABORAÇÃO MULTIFUNCIONAL NO GERENCIAMENTO DE RISCOS

A quarta etapa do estágio de expansão da visão de riscos é a colaboração multifuncional das partes interessadas no gerenciamento de riscos. Veja a seguir no *tracking* do tratamento de riscos como as equipes multidisciplinares ajudam a transformar o conceito de gerenciamento de riscos para uma visão multifuncional.

ETAPA 5 | IMPLEMENTANDO A VISÃO DE PORTFÓLIO

A quinta etapa do estágio de expansão da visão de riscos é a implementação da visão de portfólio para o gerenciamento de riscos.

Enquanto a organização trabalha por portfólios, organizando seus negócios em torno de objetivos comuns e processos agrupados em níveis, o gerenciamento de riscos continua atuando de forma pontual e direta nos elementos de gestão.

A proposta da implementação da visão de portfólio é visualizar toda a organização e acompanhar o perfil de riscos, o apetite aos riscos e o inventário de riscos de forma global.

SELECIONANDO AS MELHORES RESPOSTAS AOS RISCOS

Para atingir o desempenho definido nos objetivos estratégicos é necessário atuar fortemente na escolha das melhores respostas aos riscos. A seguir, uma lista das principais respostas aos riscos e como interpretá-las para a gestão de riscos organizacionais.

RESPOSTA 1 | ESCALAR RISCOS DE MANEIRA INTELIGENTE

Tanto para oportunidades quanto para ameaças, as decisões a nível organizacional devem ser escaladas de forma inteligente. Os proprietários das áreas afetadas, juntamente com a alta gestão e os conselhos, devem discutir a adequada decisão a ser tomada.

Pode-se dizer que escalar os riscos é uma resposta intermediária, por isso ela precisa de monitoramento para garantir sua correta continuidade no sistema.

A decisão de escalar é uma resposta direta aplicada pelos gestores de riscos e deve ser monitorada em todos os estágios para atingir seu objetivo.

RESPOSTA 2 | EVITAR OU EXPLORAR RISCOS DE MANEIRA INTELIGENTE

Os responsáveis pelo gerenciamento de riscos organizacionais (ERM) criam formas de evitar que as ameaças aconteçam, pois evitar que um risco ocorra é uma das melhores formas de tratá-lo.

Nas oportunidades de riscos, a ação é inversa. As equipes de gerenciamento de riscos deverão trabalhar para explorar ao máximo as oportunidades, garantindo que elas sejam intensificadas e absorvidas em sua totalidade.

Essa resposta exige ações diretas sobre os riscos que estão sendo gerenciados e uma relação tempo *versus* atuação imediata, através da inteligência de gestão.

RESPOSTA 2 | TRANSFERIR OU COMPARTILHAR RISCOS DE MANEIRA INTELIGENTE

Os riscos organizacionais são de inteira responsabilidade das empresas. No entanto, alguns riscos podem ser transferidos (ameaças) ou compartilhados (oportunidades).

Erroneamente, algumas organizações não gerenciam os riscos transferidos, deixando-os 100% nas mãos de terceiros. Mesmo transferindo os riscos, cabe à organização geradora dos riscos monitorar seus impactos, efeitos, causas e outros fatores inerentes a eles. Esse processo deve ser meticulosamente avaliado para não gerar duplicidade de gerenciamento e desperdício de recursos. No caso de oportunidades, o compartilhamento da fonte geradora traz benefícios para a organização. O detentor do risco da oportunidade poderá desenvolvê-la de forma mais efetiva que a organização geradora.

O compartilhamento de oportunidades também exige transferências de recursos para o tomador do risco de oportunidade. Em alguns casos, a transferência ocorre de outras formas, além de capital monetário, como bens e direitos sobre a oportunidade. Antes de realizar o compartilhamento, cabe à organização geradora da oportunidade atuar de forma inteligente e avaliar a capacidade do tomador de alavancar as oportunidades. Esta visão ajudará a organização a atuar de forma proativa e a ampliar as possibilidades dos riscos de oportunidade se concretizarem.

RESPOSTA 4 | MITIGAR OU REALÇAR OS RISCOS DE MANEIRA INTELIGENTE

As ações podem ser tanto para reduzir a probabilidade ou o impacto (no caso de ameaças) ou ampliar (no caso de oportunidades). As respostas de mitigação de ameaças podem, mas não se limitam a, reparar o dano ocorrido pelos seus impactos.

Esse tipo de resposta pode não ser o mais viável em muitos casos, pois o fator tempo pode impactar negativamente o processo de mitigar os riscos.

Em caso de ameaças de ordem natural, quando catástrofes podem ocorrer em locais de riscos, os reparos podem atrasar o retorno dos ambientes ao estágio anterior ao evento. Em alguns casos, esses locais nunca mais voltarão ao estágio anterior.

No caso de oportunidades, realçar seus benefícios deve ser uma ação antecipada. As oportunidades, se forem realçadas após o ocorrido, não terão o mesmo impacto e provavelmente não levarão aos resultados desejados.

Direcionar fatores para ampliar ou concentrar os resultados sobre as oportunidades exige boas práticas e excelentes estratégias de gerenciamento de riscos a nível organizacional (ERM) e operacional (ORM).

RESPOSTA 5 | ACEITAR OU PATROCINAR OS RISCOS DE MANEIRA INTELIGENTE

Este é o último nível de respostas aos riscos. Um plano de gestão inteligente de riscos deve evitar este nível ao máximo ou certificar-se de que todas as possibilidades foram esgotadas antes de atingir este nível.

Por um lado, no caso de ameaças, aceitar envolve uma quantidade de recursos significativa. Uma decisão de alto nível deverá ser tomada sobre aceitar ou não os riscos.

Por outro lado, aceitar as oportunidades não significa ter condições de aproveitá-las. O risco de aceitá-las também necessita de aprovação dos altos níveis de gestão.

CONCLUINDO AS RESPOSTAS INTELIGENTES AOS RISCOS

Neste capítulo apresentamos os estágios e etapas que complementam o capítulo anterior sobre o tratamento de riscos.

Os estágios finais de tratamento devem levar em conta não apenas a aplicação das respostas aos riscos, mas a disseminação da cultura de gestão de riscos. Por isso o EGIR (Escritório de Gestão Inteligente de Riscos) trabalhará durante esses estágios na criação de etapas que incentivarão os gestores de riscos a disseminar fortemente a cultura de gestão de riscos por todos os níveis organizacionais.

Capítulo 6: REPORTANDO O DESEMPENHO DA GESTÃO INTELIGENTE DE RISCOS

Este relatório, pela sua própria extensão, defende-se contra o risco de ser lido.

WINSTON CHURCHILL

O QUE VEM A SEGUIR

Este capítulo apresenta a interface dos relatórios de desempenho da gestão inteligente de riscos.

- Preparando relatórios inteligentes de riscos.
- Interface de relatórios inteligente de riscos.

PREPARANDO RELATÓRIOS INTELIGENTES DE RISCOS

Um dos maiores desafios encontrados nos últimos 20 anos de consultoria em projetos foi, sem sombra de dúvida, a criação de relatórios de gestão.

Independentemente do porte, segmento ou mercado, as organizações necessitam de informações gerenciais. O desafio está em atender a essa demanda com o máximo de informação em um relatório conciso e direto.

No livro "Metodologias Inteligentes de Gestão", da BIO., apresentamos diversos métodos para criação de relatórios inteligentes de gestão através do CSi ROAD, o elemento de gestão da informação do CSi *Framework*.

Para preparar um relatório de desempenho na visão inteligente é necessário abordar desde a identificação dos responsáveis pela informação até a entrega dos resultados.

IDENTIFICANDO OS PROPRIETÁRIOS DE RISCOS

O primeiro passo para o tratamento inteligente de riscos é identificar o responsável pelo risco na organização. Essa identificação vai além dos padrões tradicionais, pois o responsável pelo risco responderá administrativa e legalmente pelo risco de alto nível. Ele passa a ser o proprietário do risco segundo os padrões internacionais.

Cada organização define como serão nomeados os responsáveis pelos riscos em cada nível de gestão. Em países como os EUA, essa nomeação é obrigatória por lei para empresas com ativos acima dos 50 bilhões de dólares.

EQUIPES INTELIGENTES DE GERENCIAMENTO DE RISCOS

O segundo passo para o tratamento inteligente de riscos é a diversificação de membros das equipes de gerenciamento de riscos organizacionais (ERMT – *Enterprise Risk Management Teams*).

O livro "Management Intelligence Teams", da BIO., trata da criação de equipes inteligentes e multifuncionais e traz um capítulo especial para o desenvolvimento de equipes de gerenciamento de riscos organizacionais (ERMT).

As equipes ERMT utilizam dois *frameworks* de gestão inteligente: *MIT Framework* (*Management Intelligence Teams*), para criação de equipes inteligentes, e o *Smart Skills Framework*, para avaliar os perfis inteligentes das equipes multifuncionais.

Figura 54 | Smart Skills – uma visão sobre os Skills de Inteligência de Gestão para IERM Management Intelligence Teams – PMPROJECT 2023 ©

As equipes de gestão inteligente fazem parte do EGIR (Escritório de Gestão Inteligente de Riscos) e necessitam desenvolver as quatro áreas de inteligência de gestão. Cada área possui quatro habilidades inteligentes, com quatro ações em cada uma, conforme demonstrado na Figura 54.

ANÁLISE DE DADOS DOS SISTEMAS DE GESTÃO INTELIGENTE

O terceiro passo para reportar o tratamento inteligente de riscos é a análise de dados de entrada para os sistemas de gestão inteligente de riscos organizacionais (ERMS – *Enterprise Risk Management Systems*).

O ERMS engloba as soluções e os dados para análise de riscos em toda a organização. Saiba mais sobre ERMS no capítulo "Sistemas de Gestão Inteligente".

PROCESSOS INTELIGENTES DE TOMADAS DE DECISÃO

O quarto passo para reportar o tratamento inteligente de riscos é a integração dos processos inteligentes aos sistemas de gerenciamento de riscos através da incorporação de respostas inteligentes aos riscos.

O processo de tomada de decisões acompanha todo o ciclo de gestão e engloba todos os processos organizacionais, mesmos aqueles que não estão ligados diretamente ao gerenciamento de riscos. Saiba mais sobre processos de tomada de decisão no capítulo "Integrações Inteligentes de Gestão".

MÉTRICAS INTELIGENTES DE MONITORAMENTO DE RISCOS

O quinto passo para reportar o tratamento inteligente de riscos é a definição de métricas para monitorar a eficácia dos sistemas de respostas aos riscos.

Conforme tratado anteriormente, os processos de métricas inteligentes propõem uma visão estruturada para o tratamento de riscos, através de monitoramento constante dos processos de riscos. Entre as métricas para monitoramento de riscos estão os indicadores inteligentes de riscos SPRI (*Smart Performance Risk Indicators*).

O SPRI é um conjunto de indicadores inteligentes que apresentam de forma iterativa toda a movimentação dos riscos na organização. Saiba mais sobre SPRI no livro "Management Intelligence Business", da BIO.

REPORT INTELIGENTE DO SISTEMA DE GERENCIAMENTO DE RISCOS

O sexto passo para reportar o tratamento inteligente de riscos é a comunicação inteligente dos resultados de respostas aos riscos.

Os relatórios inteligentes aplicados à comunicação em todos os estágios do gerenciamento de riscos serão disponibilizados às partes interessadas de acordo com a demanda e a forma de gestão dos processos. Saiba mais sobre relatórios gerenciais inteligentes no livro "Inteligência Econômica e Financeira", da BIO.

INTERFACE DE RELATÓRIOS INTELIGENTE DE RISCOS

O desempenho inteligente de riscos, segundo o IERM *Framework*, considera informações relevantes para o gerenciamento de riscos do CSi *Framework*, do COSO e da ISO e estabelece interfaces para relatórios de gestão, descritas a seguir.

INVENTÁRIO INTELIGENTE DE RISCOS NO ESTÁGIO PRÉ-ORGANIZACIONAL

A primeira interface do relatório de desempenho de riscos trata do inventário inteligente de riscos no estágio pré-organizacional. À primeira vista, não parece algo coerente, visto que os riscos estão todos no plano de existência e execução e não em registros anteriores à organização.

Um exemplo que ilustra a análise pré-organizacional é o caso de indústrias que se instalaram em terrenos com infraestrutura que fere o meio ambiente. Por algum motivo esse episódio não faz parte dos registros organizacionais e poderá afetar a organização no futuro.

No inventário inteligente pré-organizacional, os dados anteriores à constituição da organização são registrados para alimentar as bases de dados de gerenciamento de riscos organizacionais (ERM).

Nessa interface, utilizando o exemplo anterior, todo o histórico da vida pré-organizacional é registrado e embasado com fatores que podem impactar os negócios no futuro.

No capítulo "Integrando a Gestão Inteligente de Riscos na Organização" será apresentado em detalhes o *case* da Usina Santo António, uma das maiores do mundo, que ilustra como o histórico inteligente de gestão pode impactar negócios futuros.

INVENTÁRIO INTELIGENTE DE RISCOS NO ESTÁGIO ORGANIZACIONAL

A segunda interface do relatório de desempenho de riscos é o inventário inteligente de riscos no estágio organizacional. Ele equivale ao inventário de riscos tradicional, acrescido de informações externas à organização.

Outros inventários podem surgir para complementar o processo organizacional, levando em conta os limites organizacionais e a extensão dos riscos. Além dessas visões, o inventário inteligente de riscos segue as premissas do inventário de riscos tradicional.

À primeira vista, o inventário inteligente de riscos não parece ser tão diferente do inventário tradicional. No entanto, as informações tratadas fora da organização exploram mercados e megatendências e registram ações que são amparadas pela visão inteligente e que possivelmente não seriam detectadas na visão tradicional.

Esse fato ocorre porque a visão tradicional limitará esse processo de coleta de dados justamente pelo fato de não fazer parte do contexto. O inventário inteligente de riscos busca incessantemente fontes que possam impactar a organização, positiva (oportunidades) ou negativamente (ameaças).

INVENTÁRIO INTELIGENTE DE RISCOS NO ESTÁGIO PÓS-ORGANIZACIONAL

A terceira interface do relatório de desempenho de riscos é o inventário inteligente de riscos no estágio pós-organizacional. Ele prevê ações de gerenciamento de riscos organizacionais (ERM) nos casos de descontinuidade de atividades em subsidiárias, divisões, unidades de negócios, ou mesmo no caso de extinção da própria organização como um todo.

O inventário inteligente de riscos pós-organizacional ajuda a apurar processos que possam implicar em riscos após o encerramento de operações, negócios ou projetos.

Este inventário inteligente não trabalha apenas com riscos residuais, mas com riscos que possam acontecer fora da alçada da organização nos casos de encerramento operacional, societário, fusões e aquisições, transferências de comando, falência ou outras modalidades de encerramento.

Uma parte dessa interface está ligada a ativos de conhecimento produzidos pela organização e a outros fatores na visão de múltiplos capitais.

Oportunidades podem surgir na interface pós-organizacional, como um histórico inteligente que pode ser aplicado no desenvolvimento dessas oportunidades. Cabe à organização capturar o espírito das ações futuras, mediante processos que possam impactá-la em estágios pós-organizacionais citados anteriormente.

CONCLUINDO OS RELATÓRIOS DE RISCOS

Neste capítulo apresentamos orientações para a preparação de relatórios de gestão de riscos. A visão inteligente de riscos traz para esse processo questões que podem não fazer parte da gestão de riscos atual.

Os estágios pré e pós-organizacional dos inventários de riscos (interfaces) e as habilidades de desenvolvimento dos gestores de riscos (*smart skills*) são pontos de atenção.

Modelos de relatórios inteligentes de riscos estão disponíveis no site do Programa de Gestão Inteligente de Riscos da *Management Intelligence School* <http://imanagement.com.br>.

O EGIR (Escritório de Gestão Inteligente de Riscos) auxiliará os gestores de riscos a desenvolver os estágios de inventário de riscos inexistentes ou incompletos. Ele atuará também no desenvolvimento das habilidades (*smart skills*) das equipes de gerenciamento de riscos promovendo a melhoria do desempenho organizacional.

Capítulo 7: INTEGRANDO A GESTÃO INTELIGENTE DE RISCOS NA ORGANIZAÇÃO

A liderança é uma combinação potente de estratégia e caráter. Mas se você deve ficar sem um, fique sem a estratégia.

NORMAN SCHWARZKOPF

O QUE VEM A SEGUIR

Este capítulo mostra como integrar a gestão inteligente de riscos na organização.

- Preparando a integração inteligente de riscos na organização.
- Aplicando conceitos de integração inteligente.
- Adotando abordagens ágeis na entrega de resultados inteligentes.
- Disponibilizando os resultados da gestão inteligente de riscos.
- Finalizando o processo de integração inteligente de riscos.

PREPARANDO A INTEGRAÇÃO INTELIGENTE DE RISCOS NA ORGANIZAÇÃO

Para atuar com a gestão inteligente de riscos é necessário integrá-la à organização. Para promover a integração entre os padrões internacionais de gerenciamento de riscos organizacionais, o IERM *Framework* criou, com base nos princípios do CSi *Framework*, cinco elementos de integração inteligente.

Cada elemento unifica ou expande os padrões integrados, de acordo com a necessidade. A seguir, o detalhamento de cada elemento da integração inteligente conforme estabelecido pelo CSi *Framework*.

PREPARAÇÃO DA INTEGRAÇÃO INTELIGENTE

No capítulo "Integrações Inteligentes de Gestão" foram apresentadas informações integradas inteligentes (3I – *Integrated Intelligent Information*). O primeiro dos elementos da 3I está baseado no princípio da **PREPARAÇÃO** do CSi *Framework*, nos objetivos Missão, Visão e Valores Fundamentais (COSO 1) e no componente Governança & Cultura (COSO 1.1) do COSO ERM *Framework*.

Ainda fazem parte do primeiro elemento a compreensão e o contexto de Liderança e Comprometimento (ISO 5.2) e Integração (ISO 5.3) da ISO 31.000:2018.

Nesse estágio, as oportunidades são mapeadas com base nas estratégias e nos objetivos, avaliadas no ambiente interno, mensuradas através de metas e definições organizacionais e analisadas segundo a sua viabilidade.

Este estágio ainda contempla a diversidade e a complexidade das estruturas organizacionais, seus propósitos e responsabilidades. Tudo se resume no conhecimento organizacional que será aplicado na organização no estágio de **PREPARAÇÃO**.

A organização precisa conhecer as fontes que irão nortear a preparação dos relatórios integrados inteligentes, como eles se comportam e como serão atualizados ao longo do tempo (IMT – *Intelligent Management Tesseract*).

Figura 55: CSi Framework – Princípios de Ação na Preparação de Sistemas Integrados Inteligentes. Management Intelligence Systems – CSi – PMPROJECT 2022 ©

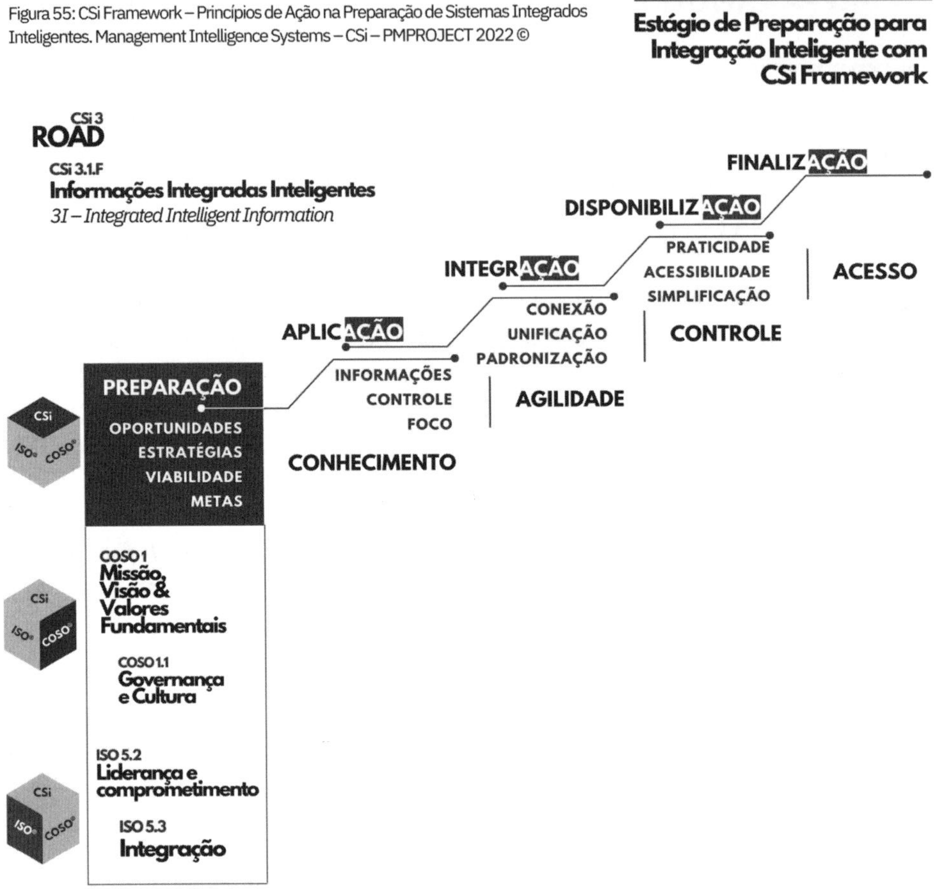

Os gestores devem compreender como a estratégia se relaciona com a capacidade da organização de atingir seus objetivos de forma viável e sustentável ao longo do tempo. Devem ser estabelecidas estruturas de gestão de fácil compreensão pelas partes interessadas, incluindo ainda a visão multicapital.

Durante o estágio de preparação, a organização tem que avaliar a informação gerada para o gerenciamento de riscos organizacionais (ERM). De acordo com o COSO e o WBSCD®, as informações financeiras estão subordinadas ao controle interno, porém as informações não financeiras não estão no mesmo nível. Elas recebem uma tratativa diferenciada e muitas vezes são negligenciadas. Na visão da integração inteligente, o IERM prevê a integração das bases de informações, financeiras ou não, em fontes inteligentes de dados, internos ou externos à organização, que possam gerar resultados relevantes para as pesquisas durante a preparação.

Cada fonte de dados traz consigo uma seleção de processos e integrações inteligentes, alinhados através do IMT (*Intelligent Management Tesseract*) e representados pelas arestas do hipercubo. Independentemente da posição no hipercubo, as informações integradas não são classificadas quanto ao seu nível de importância nesta fase, mas simplesmente integradas à base geral de dados do gerenciamento inteligente de riscos organizacionais (IERM).

O propósito do hipercubo é avaliar as condições organizacionais, e todas as esferas possíveis, não em uma visão estática como é apresentada pelo KPI, mas em uma visão dinâmica como apresentada pelo SPI (*Smart Performance Indicator*).

Na visão financeira de riscos a variação cambial de uma determinada moeda sofre com a movimentação de mercadorias que a organização produz. No caso de *commodities*, a organização, ao modificar sua produção ou sofrer impactos de improdutividade, por fatores internos ou externos, afeta a entrega de materiais. Se ela atrasar a entrega, o valor dos materiais pode subir em decorrência do atraso, provocando uma reação em cadeia.

Na visão inteligente de gestão, os cenários analisados estão integrados, proporcionando uma visão completa da situação atual e da situação futura, com a entrega dos materiais e a variação decorrente dessa integração. A influência da moeda nas próximas entregas também faz parte da análise, entre outros fatores. No entanto, nada disso é factível se não for preparado nessas condições, através dos elementos inteligentes de gestão. Por isso o estágio de preparação é importante na concepção do modelo de integração de informações. Ele deve considerar as interfaces da organização operando ao longo do tempo e aplicar critérios dinâmicos de medição e desempenho, com olhar multiperíodo. A organização deve, inclusive, considerar a sazonalidade, a variabilidade e a volatilidade de determinados processos.

Os processos do estágio de preparação devem conter os seguintes tópicos, mas sem se limitar a eles:

- Qualidade e confiabilidade das bases de informações.
- A variável tempo como vetor dinâmico de informações, não se limitando aos períodos de um, três e cinco anos, propostos pelos padrões financeiros.
- Avaliação de investimentos de longo prazo na visão dinâmica do hipercubo, considerando a variabilidade dos valores aplicados e evitando a erosão na visão de múltiplos capitais.

- Projeto de protótipo de longo prazo considerando cenários e visões do hipercubo, conectando as variabilidades e sazonalidades do mercado em que a organização atua.
- Entendimento do alcance de metas e objetivos estratégicos na visão multinível, considerando a integração inteligente dos objetivos.
- Preparação da análise de impactos causados na visão do hipercubo, ao longo do período considerado no planejamento estratégico, extrapolando para períodos suficientes para acomodar todos os riscos.
- Considerando a imprevisibilidade dos riscos, a avaliação futura de processos que utilizam técnicas de antecipação deve ser tratada com cuidado e experiência por parte dos gestores, para evitar falsas projeções e minimizar os impactos dos riscos futuros.
- Criação da estrutura de gestão inteligente na visão de preparação integrada de riscos multipadrão, multinível e multicapital.
- Outros fatores não listados anteriormente, porém que impactam direta ou indiretamente a organização.

É importante ressaltar que a visão do estágio de preparação é apenas uma parte do processo que necessita de um mapeamento organizacional inteligente. Por outro lado, aplicar todos os conceitos descritos neste livro não trará a melhor solução se os fatores que impulsionam a organização não forem conhecidos e tratados.

Em resumo, não é a melhor técnica ou prática que trará o resultado esperado pelo gerenciamento de riscos organizacional (ERM), mas a visão correta das técnicas e práticas e a integração de objetivos com a experiência necessária para essa função.

A avaliação dos responsáveis pelos riscos é tão importante quanto o sistema, os processos e outros elementos do gerenciamento de riscos organizacionais (ERM). Profissionais que compreendem a visão multidimensional devem atuar na gestão ERM de uma organização.

APLICANDO CONCEITOS DE INTEGRAÇÃO INTELIGENTE

O segundo elemento do 3I (*Integrated Intelligent Information*) está baseado no princípio da **APLICAÇÃO** do CSi *Framework*, nos objetivos de Conformidade e nos componentes Estratégia e Definição de Objetivos (COSO 2.1) e Desempenho (COSO 3.1) do COSO ERM *Framework*. Ainda fazem parte do segundo elemento os itens Concepção (ISO 5.4), Implementação (ISO 5.5) e Avaliação (ISO 5.6) propostos pela ISO 31.000:2018.

As informações que foram preparadas no estágio anterior são organizadas de acordo com os controles que serão criados a partir do método inteligente de gestão e integração de dados. Esse estágio se baseia ainda na compreensão da organização, no seu funcionamento e no contexto em que está inserida, como propõe a ISO 31.000:2018.

As relações organizacionais externas, como a complexidade da estrutura e da gestão, os relacionamentos integrados, as megatendências que influenciam as decisões e os multifatores (econômico, social, político, jurídico, ambiental etc.), impactam a organização direta ou indiretamente.

E ainda fazem parte da base de concepção desse estágio os vetores estratégicos de visão, missão e valores, a governança e as responsabilidades, as estratégias e a cultura organizacional, as bases de informações, os recursos envolvidos e as interdependências aplicadas às integrações inteligentes de gestão.

Apesar de apresentar uma extensa gama de fatores compreendidos pela organização, o sucesso da aplicação está pautado na metodologia ágil de gestão de dados, nos fluxos de processos e informações, nas relações com as partes interessadas, considerando seus valores e percepções, nos contratos e nas conexões existentes.

Figura 56: CSi Framework – Princípios de Ação na Aplicação de Sistemas Integrados Inteligentes. Management Intelligence Systems – CSi – PMPROJECT 2022 ©

Estágio de Aplicação para Integração Inteligente com CSi Framework

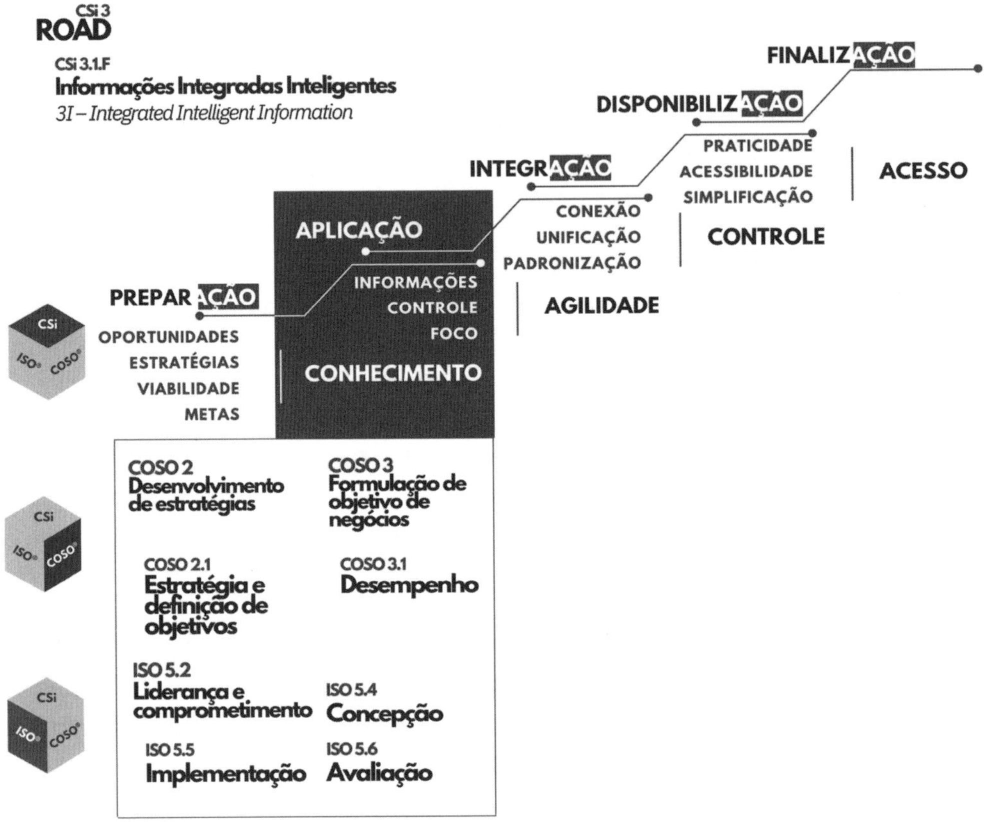

Nesse estágio a gestão estabelece o foco no controle do gerenciamento de riscos organizacionais (ERM) e nos padrões estabelecidos. A gestão prioriza os riscos e determina o seu nível de urgência das respostas em relação aos objetivos estratégicos. Para priorizar os riscos no estágio de implantação, a organização prevê uma discussão multinível com avaliação dos impactos e das probabilidades aplicados aos riscos para priorizá-los e categorizá-los com base na gravidade dos seus efeitos.

Tudo se resume à **capacidade de resposta organizacional** que será aplicada. Este é o estágio de **APLICAÇÃO**, no qual a gestão precisa conhecer a sua capacidade de resposta aos processos, que irá nortear a aplicação dos relatórios integrados inteligentes.

Nesse estágio avalia-se como a gestão se comporta em relação aos riscos e como será seu comportamento ao longo do tempo na visão do hipercubo de gestão (IMT – *Intelligent Management Tesseract*).

A gestão precisa conhecer os seus limites e sua capacidade de atender aos objetivos estratégicos relacionados aos riscos no dia a dia. Ela deve conhecer quais riscos podem afetar a organização ao longo do tempo e como as partes interessadas serão afetadas, incluindo a visão multicapital.

Para priorizar os riscos, muitas empresas utilizam a abordagem Delphi como ferramenta inteligente de gestão na identificação, classificação e priorização de riscos.

Para saber mais sobre a abordagem Delphi no gerenciamento de riscos, consulte o livro **Ferramentas Inteligentes de Riscos – The Book of Risk | Toolkit**. Na visão da integração inteligente, o IERM prevê a aplicação de bases de conformidade para suportar as decisões de seleção e priorização de riscos.

As bases para seleção, categorização e priorização de riscos podem ser financeiras e não financeiras, levando em conta fontes inteligentes de dados (internos e externos à organização) que possam impactar a imagem, os objetivos estratégicos e os resultados organizacionais.

Independentemente do nível da aplicação da seleção de riscos, no hipercubo eles são integrados não só na base atual de dados da organização, mas são classificados quanto ao seu nível de criticidade ao longo do tempo. Outros fatores que ajudam na aplicação desse estágio são testados na visão do hipercubo considerando, inclusive, o seu prazo de implementação.

Em um processo de seleção e priorização de riscos, pode parecer simples a decisão de optar por uma solução ou outra. No entanto, é necessário avaliar os recursos aplicados para cada uma das opções e como eles irão reagir no futuro, se haverá escassez ou algum outro risco consequente. Pode parecer algo complexo e de difícil detecção.

O objetivo do hipercubo é promover uma pesquisa interativa de riscos considerando a organização em movimento.

Cenários onde a ausência de recursos pode ser um risco devem ser substituídos por cenários onde pode, inclusive, haver paralisação das atividades.

Na visão financeira e não financeira de riscos, seria algo como um risco de direitos humanos em um projeto de expansão organizacional. No caso, a organização em questão tende a expandir seus negócios para um outro local. Nessa expansão, a organização deverá levar em conta quais serão os futuros colaboradores das suas divisões, subsidiárias ou unidades de negócio.

A classificação de riscos deve levar em conta o público-alvo que irá compor as novas unidades e como ele se comportará na visão de direitos humanos.

Esse pode ser um viés voluntário da organização para adotar práticas globais de gestão em determinados níveis. No entanto, essa visão pode se tornar obrigatória caso o país traga regulamentações severas, como é o caso da Lei da Escravidão Moderna do Reino Unido.

Na visão inteligente de gestão, os cenários analisados estão integrados, proporcionando uma visão ampliada, onde a operação resultante da estratégia e dos objetivos previstos considera uma prática ainda não implementada.

No entanto, este processo não terá êxito se as condições de aplicação não forem analisadas ao longo do tempo. Por isso o estágio de aplicação tem como foco os vetores de direcionamento na visão integrada de riscos. É de vital importância, na concepção do modelo de integração de informações, considerar fatores que serão aplicáveis durante a operação contínua ou intermitente das atividades.

Outro exemplo que pode ilustrar essa situação está relacionado a operações de grandes projetos que ocorrem em uma determinada janela de tempo. Quando as operações de grande porte são necessárias para implementação de projetos em uma determinada localidade, principalmente em lugares remotos ou com baixo índice demográfico, muitas vezes a operação leva para o local de implantação um grande número de pessoas.

Nesse exemplo, o local sofre um *boom* demográfico durante um certo período de tempo e depois retorna aos índices demográficos anteriores.

Esse processo afeta, de maneira intensa, o local de realização do projeto e sobrecarrega a estrutura da região. Extrapolando essa visão, o evento leva a localidade a depender desse tipo de operação.

Em comunidades onde a renda local está limitada, o advento de novas operações traz um impulsionador para a economia local. Esse evento cessará em um determinado espaço de tempo e a economia voltará aos patamares anteriores. Nessa visão, as estruturas criadas para atender à alta demanda terão uma destinação incerta após o encerramento das operações. Enfim, os processos do estágio de aplicação devem considerar os pontos críticos causados não apenas pelas operações da organização, mas pela sua ausência.

O risco sociopolítico deve ser levado em conta em situações como essa, pois oportunidades podem ser geradas quando existe esse tipo de dependência operacional. Em muitos casos as operações podem ser estendidas se benefícios locais forem concedidos, como isenção de impostos, parcerias parciais ou totais na infraestrutura, transferências de operações e comandos, incorporação de negócios e processos alternativos etc. Todos os envolvidos têm o objetivo de manter a situação criada pela operação e os patamares dos benefícios trazidos por ela. Por isso os seguintes tópicos devem ser levados em conta, sem se limitar a eles, durante o estágio de aplicação:

- Estrutura organizacional e operações ao longo do tempo na visão do hipercubo.
- Viés dominante gerado na aplicação de estratégias e objetivos que podem gerar riscos na visão ERM e ESG.
- Ancoragem dos resultados organizacionais para respostas a riscos específicos, temporais ou sazonais.
- O apetite ao risco da organização *versus* a implementação de novas estratégias.
- A promulgação de novas diretrizes internas impactadas pelas regulamentações em larga escala.
- Desafiar a visão conservadora de riscos e aplicar a visão dinâmica para tomada de decisões relativas ao ERM e ao ESG.
- Revisar os processos de disponibilidade de recursos, considerando operações futuras e reciprocidade de capital (operação gera recursos e riscos, e os recursos são aplicados no gerenciamento dos riscos).
- Aplicar teorias como a do "cisne negro" para evitar trabalhar somente com riscos identificáveis e subestimar riscos conhecidos.
- Avaliar a tendência das pessoas de enfatizar suas crenças, em vez de aplicar a visão multidimensão.

- Encontrar direcionamentos ligados a grupos de opiniões e avaliar variáveis de aplicação, levando em conta tendências de pressões direcionadas.
- Balancear o conhecimento, as técnicas e as opiniões especializadas, no sentido de evitar excesso de confiança na aplicação de técnicas de gerenciamento de riscos organizacionais (ERM).
- Aplicar os conceitos do veículo organizacional em movimento para tomada de decisões, incluindo os fatores de caminhos desconhecidos, evitando a acomodação na implementação de processos conhecidos.
- Outros fatores que possam impactar a tomada de decisões e influenciar a aplicação de processos de gerenciamento de riscos organizacionais (ERM).

É comum a tomada de decisões de aplicação dos processos de gestão ser levada ao extremo por atrasos durante a sua implantação. Algo que deve ser motivo de preocupação para os proprietários de riscos é a síndrome do *Burnout* Organizacional.

O *Burnout* é uma síndrome de esgotamento profissional que toma conta de muitos executivos e profissionais de vários níveis. Através de processos acumulados de estresse e altas demandas, os profissionais se veem em um estado mental crítico.

O *Burnout* Organizacional segue a mesma linha. A organização, por falta ou atrasos no planejamento, problemas financeiros ou esgotamento, provoca situações críticas, elevando os riscos para manter suas operações e atingir seus objetivos estratégicos.

Essa pressão organizacional, aplicada aos negócios e projetos, tende a aumentar os níveis de riscos por colocar demandas excessivas sobre uma estrutura frágil.

A avaliação dos responsáveis pelos riscos é crítica e deve ser levada em conta nos sistemas, processos e outros elementos do gerenciamento de riscos organizacionais (ERM).

Figura 57: CSi Framework – Princípios de Ação na Integração de Sistemas Integrados Inteligentes. Management Intelligence Systems – CSi – PMPROJECT 2022 ©

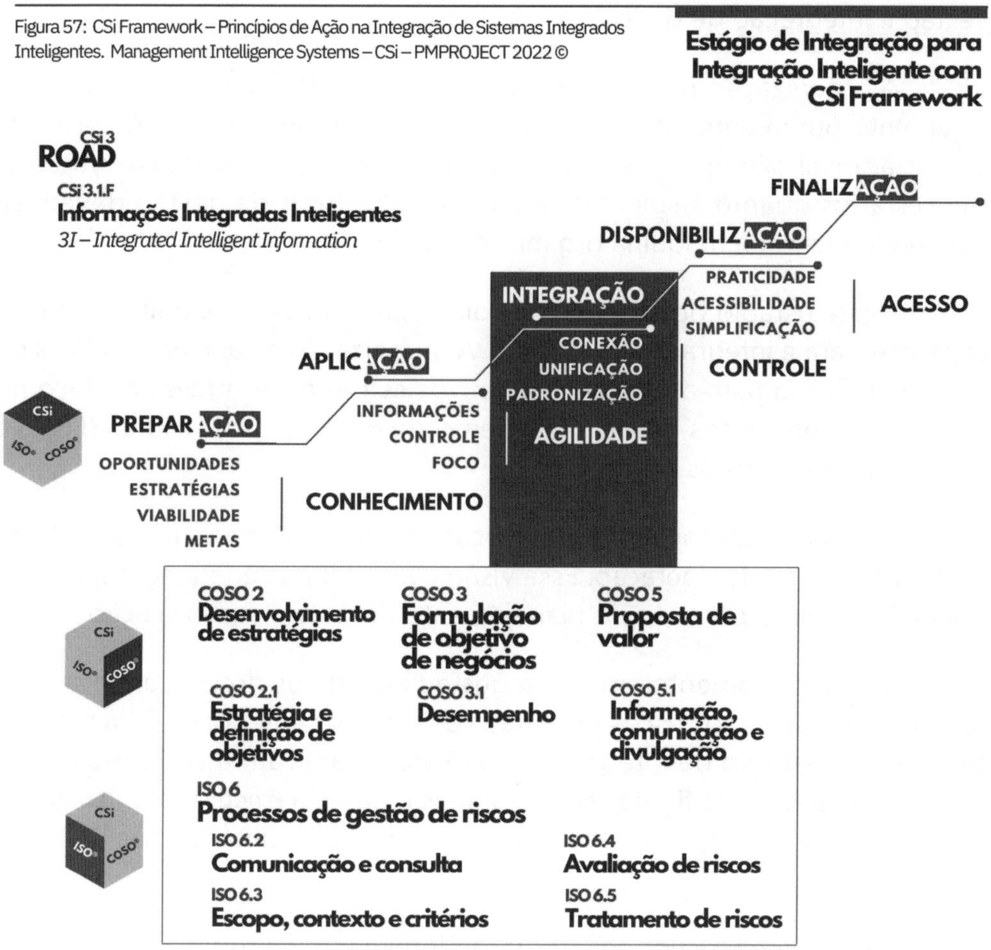

O terceiro elemento do 3I (*Integrated Intelligent Information*) está baseado no princípio da **INTEGRAÇÃO** do CSi *Framework*, nos objetivos Desenvolvimento Estratégico (COSO 2), Formulação de Objetivos de Negócios (COSO 3) e Proposta de Valor (COSO 5) e nos componentes Estratégia e Definição de Objetivos (COSO 2.1), Desempenho (COSO 3.1) e Informação, Comunicação e Divulgação (COSO 5.1) do COSO ERM *Framework*.

Ainda faz parte do terceiro elemento o Processos de Gestão de Riscos (ISO 6) proposto pela ISO 31.000:2018.

Neste estágio, as informações que foram preparadas e aplicadas nos estágios anteriores são integradas aos controles organizacionais existentes através de conexões que serão criadas a partir do método inteligente de gestão e integração de dados.

A organização não está mais na fase de análises ou projeções, planejamento puramente dito, mas está em pleno funcionamento. As relações organizacionais são mais intensas, pois planos, processos, metas e estratégias são testados quanto à sua efetividade. As estruturas de gestão devem se adequar e manter a máquina organizacional funcionando.

Neste estágio ocorrem o controle, a padronização, a unificação e as conexões para a integração inteligente. A organização estabelece práticas de gestão unificada para atingir seus objetivos estratégicos através do foco no controle em processos do gerenciamento de riscos organizacional (ERM) e na revisão dos padrões criados.

Muitas organizações se equivocam no estabelecimento de padrões fora do processo de operação. Essa visão causa muitas adequações, pois as operações divergem muito do planejamento durante a sua execução.

Esse é o momento em que a gestão aborda os riscos "cara a cara" e aplica as respostas aos riscos previstas nos estágios anteriores. Para resolver os riscos no estágio de integração, os gestores aplicam a visão multinível, onde desaparecem as figuras segmentadas e passa a existir um único corpo organizacional. O risco não é de um ou de outro proprietário, mas de todos ali presentes.

Outra característica da integração inteligente de gestão é a aplicação do tempo nas informações gerenciais. O tempo é um dos fatores que mais influenciam a tomada de decisões e traz fortes implicações na implementação estratégica para atingir os objetivos. No gerenciamento inteligente de riscos organizacionais (IERM), os fatores de imprevisibilidade e atemporalidade dos riscos são substituídos pela aplicação do tempo com vetor crucial de informações para gestão. Todos os elementos da integração inteligente têm o vetor tempo como o grande impulsionador das informações integradas inteligentes.

O vetor tempo é aplicado em todos os processos de gestão organizacional inteligente.

Ele é utilizado em larga escala em visões multidimensionais no planejamento estratégico inteligente. Consulte o livro "Planejamento e Inteligência Estratégica", da BIO.

No entanto, a integração de uma quarta dimensão nos processos organizacionais não é tão simples. Ao adicionar uma nova face ao cubo de gestão, a visão continuaria tridimensional e incompleta. Para completar a quarta dimensão do cubo, é necessário expandir as faces do cubo ao longo do tempo em todas as direções.

Figura 58: IMT - Intelligent Management Tesseract o Hipercubo de Gestão Inteligente. Management Intelligence Systems – CSi – PMPROJECT 2022 ©

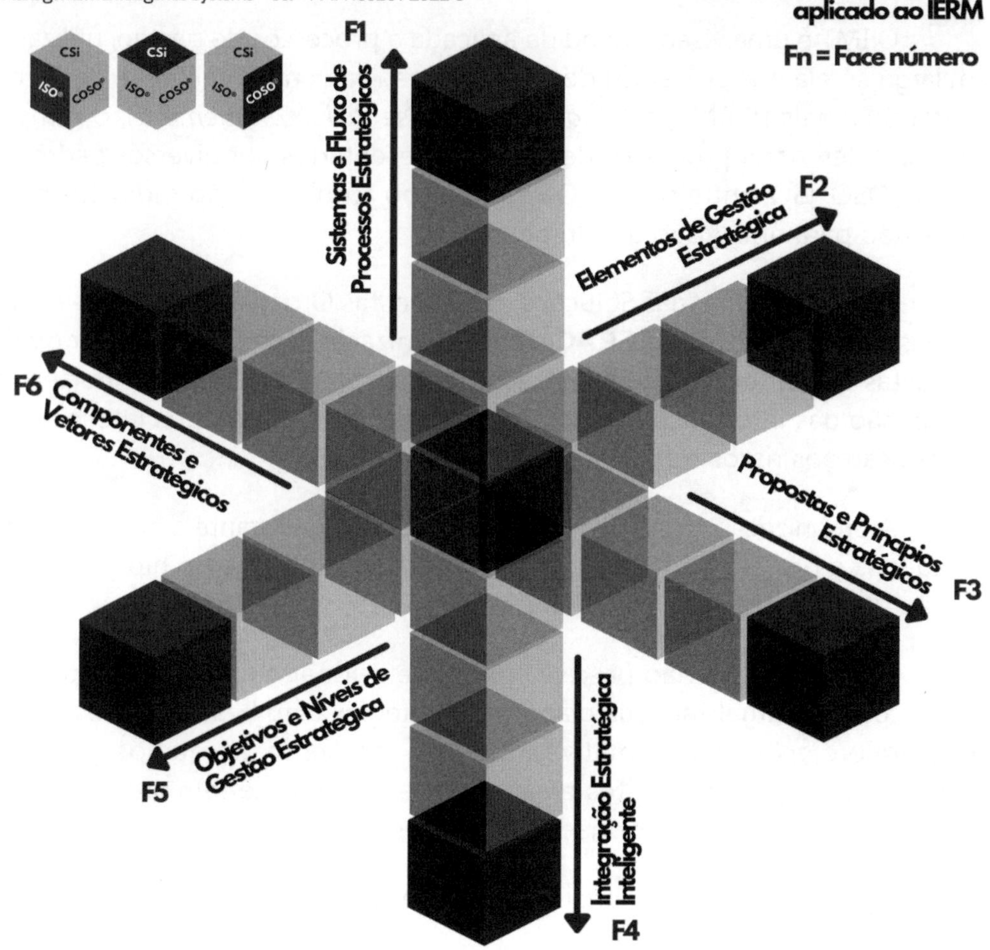

O elemento que é utilizado pela física para expressar a quarta dimensão é o hipercubo, conhecido como *Tesseract*. O hipercubo possui um desdobramento para a quarta dimensão (tempo) que necessita de uma visão ampla dos conhecimentos organizacionais ao longo do tempo.

A obra de Salvador Dalí "Crucifixion (Corpus Hypercubus)", de 1954, retrata como o hipercubo se comporta na visão multidimensional. A BIO. e o PMPROJECT desenvolveram a visão do hipercubo incluindo a variável tempo e expandindo a visão de processos para uma visão multidimensional. Assim foi criado o IMT (*Intelligent Management Tesseract*), um cubo multidimensional para apresentar a quarta dimensão em sistemas inteligentes integrados de gestão.

O IMT é uma visão estendida aplicada a processos de gestão, utilizada em larga escala nos processos do CSi. No gerenciamento inteligente de riscos organizacionais (IERM – *Intelligent Enterprise Risk Management*), o tempo vem complementar processos de gestão apresentados por diversos padrões, como COSO, ISO, entre outros. O vetor tempo amplia a visão tridimensional da gestão para uma visão quadrimensional.

Tudo se resume nas Soluções de Respostas Organizacionais que serão criadas no estágio de **INTEGRAÇÃO**. A organização necessita escolher quais respostas utilizar em um curto espaço de tempo. As escolhas vão nortear a integração das informações e atualizar os relatórios integrados inteligentes em relação aos riscos tratados e aos riscos residuais.

A organização comunica como está a situação durante a execução das atividades e projeta o futuro com os dados atuais através do hipercubo de gestão (IMT – *Intelligent Management Tesseract*).

A organização não precisa apenas selecionar e aplicar as respostas aos riscos, mas atualizar seus planos e estratégias com base em fatos e não mais em projeções ou estimativas. Esse é o momento em que os gestores compreendem se seus limites e capacidades realmente têm atendido aos objetivos estratégicos relacionados aos riscos.

Agora a visão multicapital é testada na íntegra, as soluções e respostas são aplicadas na prática e o inventário de riscos é atualizado constantemente.

Durante o estágio de integração a organização seleciona as respostas aos riscos constantes no plano de gerenciamento de riscos, com o intuito de resolver questões anteriormente planejadas.

O fato é que o gerenciamento de riscos organizacionais (ERM) não é estático, por isso as respostas aos riscos podem gerar outros riscos, que precisam de constante atualização no plano de gerenciamento de riscos organizacionais (ERM).

Nesse momento a gestão de riscos não se divide em ERM (Estratégia) e ORM (Operações), mas torna-se um único processo, um complementando o outro, abastecendo o portfólio organizacional com informações para reavaliação dos objetivos estratégicos e operacionais.

A organização deve estar totalmente integrada e não há espaço para manobras muito longas. Para saber mais sobre o gerenciamento de riscos operacionais (ORM), consulte o livro **Gerenciamento Inteligente de Riscos – The Book of Risk | Operational**.

Na visão da integração inteligente, o IERM seleciona as melhores respostas aos riscos com base no planejamento de gestão. É importante compreender que as melhores respostas estão ligadas à capacidade da organização de preservar o capital, na visão multicapital, através dos processos operacionais integrados.

Esse é um momento importante para a organização testar suas respostas aos riscos enquanto a operação acontece.

Os riscos são tratados e os resultados são alimentados através do IMT, representado pelas arestas do hipercubo, que tratam da execução. Independentemente do nível de integração da execução e das respostas aos riscos aplicadas, no hipercubo elas são unificadas na base de dados da organização e seus efeitos ao logo do tempo são estudados com ajuda dos parâmetros do IMT.

Outros fatores que ajudam são testados na visão do hipercubo considerando, inclusive, o seu prazo de resposta e a agilidade da organização para estabelecer o controle de forma proativa.

Na visão do hipercubo, as condições de operação e execução são levadas ao extremo e traduzidas como resultados potenciais baseados em dados reais. Por isso é preciso repensar a maneira que as partes interessadas, diretas ou indiretas, são influenciadas pelo processo de gestão. Para o gerenciamento de riscos organizacional (ERM), não há espaço para manobras e discussões de responsabilidade dentro da organização em nenhum dos estágios de gestão. Todos são responsáveis pelo gerenciamento de riscos organizacional (ERM).

Essa não é uma atribuição exclusiva dos conselhos, da alta gestão ou dos proprietários de riscos. Eles são responsáveis por conduzir e direcionar as informações e estratégias e organizar a supervisão dos processos. Mas a visão sobre os riscos, os acontecimentos, as respostas aos riscos e os fatos que agregam valor à organização, evitando a propagação dos riscos e aplicando suas respostas, é de fato um evento compartilhado.

Enfim, cabe aos gestores compreender que, no estágio de integração, não devem ser levados em conta apenas fatores internos e externos relativos à própria organização, mas a todas as extensões das suas atividades e às partes interessadas. Por isso é importante atentar para os tópicos a seguir quando se trata do estágio de integração e controle aplicado ao gerenciamento de riscos organizacionais (ERM):

- Ampliar a visão de integração utilizando o hipercubo de gestão e extrapolando as arestas de ligações externas.
- Atrelar as decisões, pontuais ou conjuntas, aplicadas durante a execução, à visão de longo prazo e simular, através do hipercubo, os efeitos das decisões tomadas de imediato.
- Consolidar sinergias entre negócios e projetos, na visão multissetorial, através da integração de pensamento, para atingir a eficácia do gerenciamento inteligente de riscos.
- Envolver associações, organismos reguladores, conselhos e governos nas decisões que impactam setores e sistemas, biomas naturais e organizacionais, na visão de riscos de longo prazo.
- Avançar na visão conjunta de processos e divisão de responsabilidades, atentando ao contexto de múltiplas responsabilidades sobre o risco organizacional.
- Apoiar as decisões em todos os níveis de gestão, compreendendo que a organização é um corpo vivo, onde ações e reações em uma determinada área podem causar um desgaste em toda a organização.

- Avaliar os impactos do uso de recursos na visão multicapital e evitar a erosão de capital organizacional, levando em conta o custo das operações e seus impactos futuros para a organização.
- Fortalecer os laços com as partes interessadas para ganhar corpo para tomada de decisões extremas e respostas aos riscos que exigem uma visão ampliada e imediata.
- Promover a integração não só das ações em respostas aos riscos, mas da cultura e da consciência organizacional de que riscos não são pontuais e eventuais, mas cíclicos, dinâmicos, potencializados e podem sofrer graves influências dos meios que ocorrem.
- Outros fatores inerentes à execução, ao controle e à integração que afetam o futuro não só da organização, mas de todas as partes interessadas.

Essa lista poderia ocupar várias páginas e ainda assim não estaria completa. No entanto, ela traz alguns pontos para os gestores, proprietários e alto comando do gerenciamento de riscos organizacionais (ERM) repensarem as posições em relação à tomada de decisões no âmbito da operação.

Algo que deve ser muito transparente no processo de governança é a forma como a organização trata dos esforços para atingir seus objetivos estratégicos. A tomada de decisões em determinados processos, durante a execução ou outro momento do gerenciamento de riscos organizacionais (ERM), deve carregar o DNA Organizacional.

Nessa visão é possível compreender que, enquanto ações são tomadas diretamente em determinados pontos durante o gerenciamento de riscos organizacionais (ERM), os efeitos não ficam apenas nas organizações, mas em todos que dela participam. Funcionários, gestores, diretores, conselhos e proprietários carregam em si o DNA Organizacional. Em caso de transição de gestores para outras organizações, os responsáveis pelos riscos, ou mesmo pessoas que não estavam ligadas diretamente a eles, levarão consigo os efeitos das tomadas de decisões. Enfim, esses processos e ferramentas apresentadas ao longo deste livro e das demais publicações da BIO. não são fatores de sucesso sem a presença da inteligência de gestão.

DISPONIBILIZANDO OS RESULTADOS DA GESTÃO INTELIGENTE DE RISCOS

O quarto elemento do 3I (*Integrated Intelligent Information*) está baseado no princípio da **DISPONIBILIZAÇÃO** do CSi *Framework*, no objetivo de Implementação e Performance (COSO 4) e na Proposta de Valor (COSO 5) e no componente Revisão e Análise (COSO 4.1) e Informação, Comunicação e Divulgação (COSO 5.1) do COSO ERM *Framework*.

Ainda faz parte do terceiro elemento o Processo de Gestão de Riscos (ISO 6) proposto pela ISO 31.000:2018. A partir deste estágio, as informações devem ser disponibilizadas para todas as partes interessadas, seja em nível organizacional (ambiente interno) ou aquelas externas mas impactadas por ela, direta ou indiretamente (ambiente externo).

A disponibilização ocorre através de comunicações inteligentes, práticas, acessíveis e de fácil assimilação. A comunicação será criada a partir da compreensão da cultura organizacional, avaliada e classificada quanto ao seu contexto e identificada por níveis de acesso.

Neste estágio, a gestão precisa não apenas comunicar, mas envolver as partes interessadas nas informações gerenciais. Esse é o momento em que a gestão compartilha os riscos, seus efeitos, impactos e causas. Para avançar com o controle de riscos, a organização aplica os processos de disponibilização de resultados do gerenciamento de riscos organizacionais (ERM) juntamente com os demais resultados. A organização precisa de instrumentos, processos e métodos de divulgação eficazes para apresentar informações de qualidade, seguindo os processos do controle interno.

Tudo se resume na divulgação de resultados organizacionais que serão entregues no estágio de **DISPONIBILIZAÇÃO**.

A gestão deve gerar informações relevantes, com a devida qualidade, para apoiar as atividades de controle interno.

A organização comunicará, interna e externamente, as informações através de portais de comunicação, agências, instituições e muitos outros locais públicos, compartilhando seus objetivos, responsabilidades, resultados e operações.

A organização precisa atentar para o fato de que a disponibilização de informações retrata não somente o estágio atual, mas o passado, através dos resultados apresentados, e o futuro, através das projeções e estimativas.

Figura 59: CSi Framework – Princípios de Ação na Disponibilização de Sistemas Integrados Inteligentes. Management Intelligence Systems – CSi – PMPROJECT 2022 ©

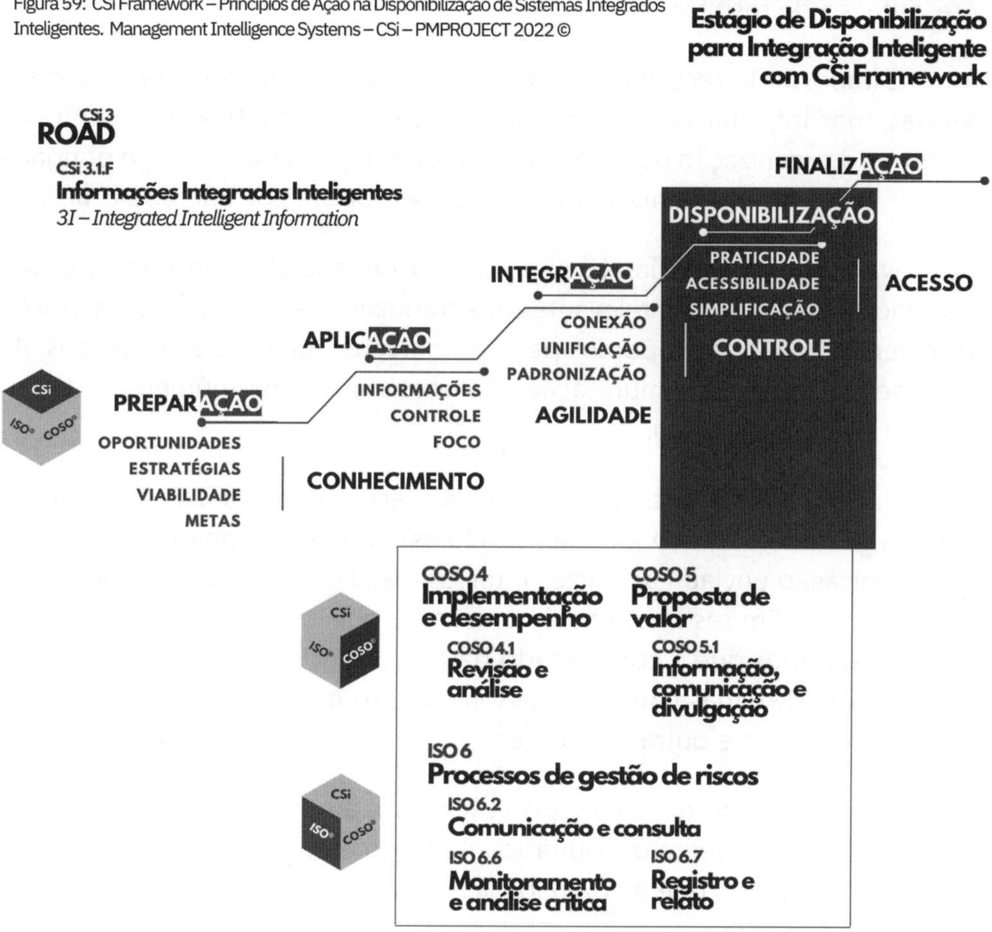

Como alternativa para investidores, partes interessadas externas e internas, organismos reguladores e conselhos de gestão, a organização pode adotar o hipercubo de gestão (IMT – *Intelligent Management Tesseract*) para apresentar uma visão dinâmica dos acontecimentos à luz das múltiplas projeções aplicadas pela gestão inteligente. A comunicação das informações gerenciais apoia o funcionamento da organização em todos os seus níveis.

Através das comunicações integradas aos demais processos, a organização apoia a realização dos seus objetivos. A integração das informações com o controle interno e com os sistemas de gerenciamento de riscos organizacionais (ERM) deve cumprir as responsabilidades e obrigações de apresentação de resultados.

É importante ressaltar que não se trata apenas de informações obrigatórias, mas informações voluntárias também. Como citado nos capítulos anteriores, a organização que emite informações voluntárias torna-se obrigada a disponibilizá-las frequentemente, sob o risco de ser considerada omissa.

Na visão da gestão inteligente, informações não são dados agrupados e resumidos, mas resultados relevantes que traduzem a situação da organização nos diversos cenários propostos para atingir seus objetivos estratégicos. As atividades referentes à comunicação não envolvem apenas números e dados, mas vão muito além disso.

Pessoas, processos, cultura e outras vertentes organizacionais fazem parte da gestão integrada inteligente. No estágio de disponibilização, parte da comunicação enviada às partes interessadas acontece através da cultura organizacional. Em resumo, não é somente o que a organização comunica em seus relatórios que é considerado para o gerenciamento de riscos organizacionais (ERM), mas como as pessoas dentro e fora dela se comportam em relação a riscos e outras vertentes.

Durante o estágio de disponibilização, a organização, através dos diversos níveis, apresenta o resultado integrado entre o que foi planejado, o que foi cumprido e o que ainda não foi realizado.

Para as dimensões que ainda não foram realizadas, não importando se são riscos negativos (ameaças) ou positivos (oportunidades), o plano de gerenciamento de riscos continuará em execução.

O fato é que o gerenciamento de riscos organizacionais (ERM) atuará de forma cíclica, ininterrupta e nunca deve ser descontinuado. Esse é o momento em que a organização deve usufruir da integração gerada nos estágios anteriores.

Na visão da integração inteligente, o IERM disponibilizará muito mais do que simples resultados; disponibilizará também as melhores práticas, colhidas como frutos da boa gestão ao longo da estrada do sucesso.

É importante compreender que o sucesso da organização, no gerenciamento de riscos organizacionais (ERM), passa pela apuração dos métodos e processos utilizados para a boa gestão. Se o gerenciamento de riscos organizacionais (ERM) não obteve o sucesso esperado, a alta gestão, os conselhos, os proprietários de riscos e todas as demais partes interessadas cobrarão da organização respostas sobre as ações necessárias para corrigir as falhas.

Em um ambiente de projetos, onde o produto, objeto do escopo, é entregue, ele carrega consigo os riscos inerentes ao produto. Na visão do gerenciamento de riscos organizacionais (ERM), entregar o produto não significa ficar isento de riscos, mas se conscientizar de que o uso do produto, seus processos de garantia e sua aplicabilidade se estendem por toda a vida útil do produto.

É notório dizer que as atividades de monitoramento de riscos são consideravelmente reduzidas após a disponibilização das entregas. Mas outra visão surge nesse momento. Novos riscos podem ser criados a partir da entrega, da entrada em operação, ou das fontes ligadas às entregas. Existem duas vertentes quanto à análise de riscos pós-disponibilização. Uma linha de especialistas afirma que os riscos relativos às entregas passam dos proprietários de riscos, que conduziam os seus efeitos na organização, para quem adquiriu a posse do novo produto.

Outros afirmam que a organização é proprietária do risco mesmo após a entrega e a disponibilização. Alguns ainda estendem essa dependência para além da disponibilização, indo até o descarte final dos produtos.

Cabe uma análise minuciosa sobre essas visões e definições de estratégias ligadas a cada um dos cenários de riscos. Se uma organização afirma que tem um processo de produção sustentável e seus produtos são biodegradáveis, ou de fácil assimilação pelo meio ambiente, a sua própria política ou missão reflete a necessidade de acompanhar o descarte dos produtos.

Essa é uma questão delicada e precisa de um alinhamento estratégico consistente com as declarações disponibilizadas. Por outro lado, se a organização omite esse processo em sua missão, valores ou relatórios, isso não quer dizer que ela não seja obrigada a monitorá-los. Tudo depende dos processos, dos impactos e do próprio gerenciamento de riscos organizacionais (ERM) previstos na visão estratégica.

Vejamos um exemplo que pode ajudar a compreender a extensão da disponibilidade e os impactos futuros. O caso em questão é sobre a SAE (Santo Antônio Energia), a quarta maior usina do Brasil e uma das vinte maiores do mundo em termos de capacidade de geração. No capítulo Referências Inteligentes de Riscos é possível acessar o link para o estudo completo sobre a usina. A questão que ilustra o problema da disponibilidade está em um fator de risco, o risco hidrológico.

No caso em questão, o que ocorreu com a SAE foi um "cisne negro" na questão hídrica. Em 2020 o Brasil sofreu a maior estiagem dos últimos 91 anos. A SAE se viu em um impasse ambiental. O Rio Madeira sofre com o assoreamento e a usina busca aumentar seu volume de água, ao menos em proporção mínima para funcionamento das turbinas.

No entanto, essa ação provocaria inundação em áreas de unidade de conservação. E, como se não bastasse o impasse, a operação poderia paralisar o Sistema de Transposição de Peixes. Tudo estaria mais bem amparado se houvesse uma transferência de riscos por parte da SAE, porém, segundo as fontes de pesquisa, a empresa não conta com um seguro hidrológico nessa etapa do contrato.

Em resumo, trata-se claramente de riscos que vão além da disponibilização. O livro "Inteligência Econômica e Financeira" explica em detalhes os indicadores financeiros de gestão. Por ora basta saber que, em casos como o da SAE, os riscos podem perdurar por anos, mesmo sendo algo que foi entregue em perfeitas condições.

Enfim, os gestores devem compreender que, no estágio de disponibilização, não devem ser deixadas de lado as questões de gestão por conta da entrega e disponibilização de resultados. Esse é um momento tão crítico quanto todos os demais no gerenciamento de riscos organizacionais.

Por isso é importante atentar para os tópicos a seguir quando se trata do estágio de disponibilização e acessos concedidos ao gerenciamento de riscos organizacionais (ERM):

- A cultura organizacional é um fato relevante e expressa a visão da organização antes, durante e depois da disponibilização dos processos de gerenciamento de riscos organizacionais (ERM).
- A validação das informações disponibilizadas e seus efeitos sobre a organização são tão cruciais quanto os processos de gestão aplicados aos riscos.
- Fontes externas e internas podem mudar a visão de riscos organizacionais, mesmo depois da disponibilização.
- Segmentos que necessitam de gestão complementar (pós-disponibilização) podem contar com programas de gestão e monitoramento contínuo de riscos.
- Os resultados fragmentados durante os processos de implementação devem ser consolidados e integrados no estágio de disponibilização, para facilitar a compreensão.
- Riscos organizacionais vão além das proposições estabelecidas durante seu processo de operação, pois contam com grandes volumes de ações a serem tomadas pós-disponibilização.
- A avaliação dos *feedbacks* de disponibilização é uma entrada importante para os sistemas de gerenciamento de riscos e para ativar um novo ciclo de gestão.
- Durante a disponibilização de informações, é importante conceber respostas aos riscos residuais, às fontes e às réplicas das disponibilizações e compreender a visão das partes interessadas.
- As marcas deixadas na organização durante a disponibilização representam a resiliência organizacional e seus efeitos podem ser benéficos para a sua imagem.
- Organizações que conseguem disponibilizar suas fontes de informação usando a comunicação inteligente percebem que suas análises posteriores são mais bem estruturadas.
- A capacidade de uma organização de responder aos riscos fica limitada no estágio de disponibilização, enquanto aguarda o *feedback* das partes interessadas.
- A visão dos gestores do conselho, da alta gestão e dos proprietários de riscos deve ser expandida neste estágio, onde decisões devem favorecer a compreensão e a disponibilidade de prestar esclarecimentos.

Essa lista pode ser complementada por ações pontuais e conjuntas, aplicadas por cada organização em particular. Os efeitos da disponibilização no gerenciamento de riscos organizacional (ERM) vão muito além do seu próprio estágio. Este é o momento no qual gestores, proprietários e alto comando do gerenciamento de riscos organizacionais (ERM) avaliam a eficácia dos sistemas de gerenciamento de riscos, dos processos de comunicação, das fontes de emissão e disponibilização e dos processos que envolvem ouvir o *feedback* das partes interessadas, entre outras recomendações.

Por fim, o estágio de disponibilização trata de aferir também os processos de governança organizacional. Os efeitos causados durante a disponibilização das informações não são fruto do próprio estágio em si, mas da forma como ele foi comunicado. Por isso o processo de auditoria inteligente capta, nesse estágio de disponibilização, quais as fontes que necessitam de correção de rumo, reavaliação de objetivos e quais processos e sistemas necessitam de melhoria na gestão. Esse processo está detalhado na íntegra no livro "Inteligência Organizacional", da BIO.

FINALIZANDO O PROCESSO DE INTEGRAÇÃO INTELIGENTE DE RISCOS

O quinto elemento do 3I (*Integrated Intelligent Information*) está baseado no princípio da **FINALIZAÇÃO** do CSi *Framework*, na integração de objetivos de Implementação e Performance (COSO 4), Proposta de Valor (COSO 5) e dos componentes Revisão e Análise (COSO 4.1) e Informação, Comunicação e Divulgação (COSO 5.1) do COSO ERM *Framework*. Ainda fazem parte os processos de Liderança e Comprometimento (ISO 5.2) e Processos de Gestão de Riscos (ISO 6) propostos pela ISO 31.000:2018.

A partir deste estágio as informações são submetidas a uma análise interna conclusiva dos sistemas de gerenciamento de riscos organizacionais (ERMS – *Enterprise Risk Management Systems*). A finalização ou encerramento é um dos estágios mais importantes para a organização avaliar a eficácia do seu sistema de gerenciamento de riscos organizacionais (ERMS).

A finalização é o momento de aferir os resultados apresentados na disponibilização, acompanhar o andamento dos processos de integração, conferir como foram implementados os processos no estágio de aplicação e por fim compreender como a implantação afetou todo o sistema de gestão.

A partir do estágio de finalização, a organização abre um precedente em todo o seu sistema de gestão, confirmando, renovando ou substituindo a estrutura proposta para o gerenciamento de riscos organizacionais (ERM).

É extremamente importante e convém que o conselho, a alta gestão e os proprietários de riscos sejam os protagonistas deste estágio, em todas as suas instâncias. Este estágio é realizado, em suma, pelos processos de auditorias de gestão. Através das auditorias, todo o sistema pode ser validado e aprovado.

Todos os estágios se resumem na Auditoria do Sistema de Gerenciamento de Riscos Organizacionais (ERMSA – *Enterprise Risk Management Systems Audit*), que terão sua eficácia testada no estágio de **FINALIZAÇÃO**.

A organização deve preparar todo o seu sistema com informações, processos e resultados, etapas de revisão e a devida qualidade de toda a estrutura de gestão.

Para apoiar as atividades dos auditores internos e externos, no quesito certificação do gerenciamento de riscos organizacionais (ERM), a organização deve estar com todas as atividades do sistema concluídas e com processos de melhoria contínua aplicados.

A organização comunicará, interna e externamente, os resultados das auditorias através dos principais certificados que atestam o sistema de gerenciamento de riscos organizacionais (ERMS).

No entanto, o maior entre todos os certificados não é emitido por nenhum organismo em especial, mas pelas partes interessadas. Os certificados emitidos atestam a capacidade da organização de atingir os resultados de gestão. Porém, as percepções das partes interessadas em relação ao ERMS são os resultados que mais afetam a organização.

A novidade que o gerenciamento inteligente de riscos organizacionais (IERM) traz neste estágio é a possibilidade de simulá-lo em qualquer estágio anterior, através do hipercubo de gestão (IMT – *Intelligent Management Tesseract*).

Figura 60: CSi Framework – Princípios de Ação na Finalização de Sistemas Integrados Inteligentes. Management Intelligence Systems – CSi – PMPROJECT 2022 ©

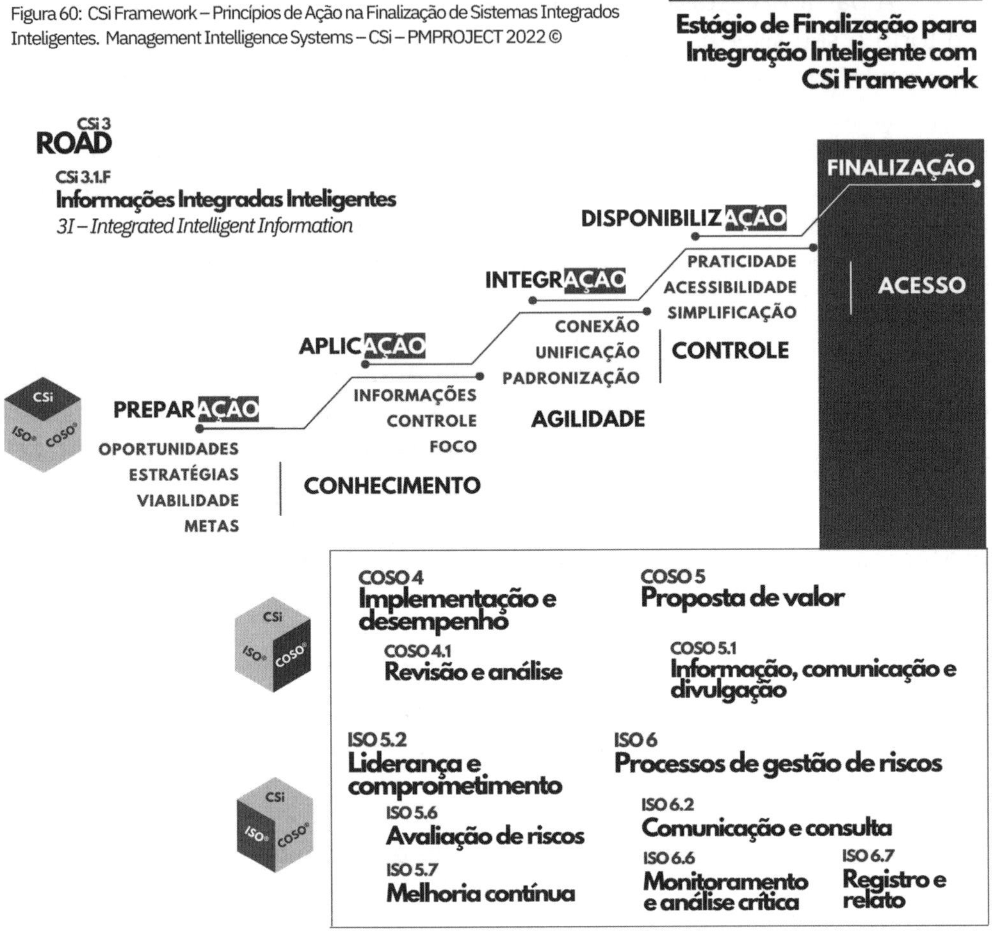

Enquanto a organização elabora o seu sistema no estágio de preparação, ou enquanto implanta seus processos, integra suas informações ou disponibiliza seus resultados, qualquer um desses estágios pode ser submetido à implementação, de acordo com os demais estágios, até a finalização com o IMT.

Os processos organizacionais que representam a finalização estão ligados à aprovação dos sistemas de gestão pelas partes interessadas. Para que as partes interessadas aprovem o seu sistema de gestão, é necessário apresentar toda a estrutura de gestão compatível com o sistema. E este estágio vai além.

Na visão da gestão inteligente, um estudo utilizando o princípio do MVP (*Minimum Viable Product*) entrega valor ao cliente do sistema de gestão a cada etapa. Para o gerenciamento de riscos organizacionais (ERM), todas as etapas são carregadas de entregas e soluções. E mais: elas trazem um consenso entre si. Todas as etapas são passíveis de simulações de sistemas completos, através do IMT.

Na visão da gestão inteligente, todo o sistema de gerenciamento de riscos organizacionais (ERMS) deve ser trabalhado no formato de gestão integrada, do início ao fim. Dessa maneira, um processo de preparação (primeiro estágio) estará completo com todos os demais estágios no momento da análise de oportunidades, estratégias e viabilidade.

Esse processo é possível graças ao IMT, que simula todas as demais etapas necessárias para conclusão do sistema de gerenciamento de riscos organizacionais (ERMS) através da visão quadridimensional. O mesmo ocorre para cada um dos estágios até a finalização.

As técnicas de previsões aplicadas ao gerenciamento de riscos organizacionais (ERM) foram massivamente aprimoradas nos últimos anos. No entanto, as organizações carecem de estruturas mais bem detalhadas em termos de longo prazo. Quanto mais a organização atua no gerenciamento de riscos organizacionais (ERM), maiores são seus conhecimentos e maior é a exposição ao risco.

O alemão Horst Lenz, perito em desarmamento de bombas na Alemanha, afirmou que, só em 2018, foram encontradas 35 toneladas de munições, incluindo 63 bombas não detonadas. Em entrevista à DW, disponível na íntegra no link no final do livro em "Referências Inteligentes", Lenz conta como exerce sua profissão. Ele está 100% do tempo em risco. Lenz destaca que esta é uma profissão para pessoas com habilidades específicas, paciência e concentração. O estresse constante não faz parte da sua atividade porque ele consegue avaliar bem o que está à sua frente, o que representa, segundo ele, 99% do que é necessário para executar esse trabalho.

A curiosa profissão de Lenz traz uma lição para gerentes, proprietários, alta gestão e conselhos: o olhar para o futuro. A imprevisibilidade do risco, bem como seu caráter dinâmico e atemporal citado nos capítulos anteriores, não o torna impossível de ser resolvido, calculado ou previsto.

Essas características trazem os riscos para uma posição de destaque de acordo com o seu impacto, necessidade de atenção ou busca por recursos para solução. Assim como as bombas de Lenz, que são fruto de uma herança de mais de 70 anos, os riscos que estão sendo negligenciados hoje podem atravessar gerações.

Gerenciar riscos de maneira efetiva é considerar desarmar bombas ao longo do caminho, sem mesmo ter iniciado a jornada. Por isso é importante compreender os tópicos a seguir, quando se trata da finalização aplicada ao gerenciamento de riscos organizacionais (ERM):

- Nenhuma organização está livre dos riscos mesmo após o seu tratamento, resposta ou escolha de soluções. Riscos são encerrados quando os seus impactos não são mais possíveis em um contexto global.
- Parte dos esforços do estágio de finalização ocorre a cada estágio, da preparação à disponibilização, deixando para o final a concretização dos planos de gestão.
- Os trabalhos desenvolvidos pela alta gestão, pelos conselhos e pelos proprietários de riscos não devem ser menosprezados no desenvolvimento de soluções para o gerenciamento de riscos organizacionais (ERM). Cada atividade deve estar integrada às demais atividades de gestão organizacional, criando a sinergia necessária para conclusão dos objetivos.
- A organização não precisa apenas de soldados de linha de frente no desenvolvimento de estratégias de gestão, mas de pessoas com compreensão das atividades a serem desenvolvidas e capazes de manter a calma nos processos de tomada de decisões sobre riscos.
- Processos que podem ser previstos, revistos e revisitados no gerenciamento de riscos e que necessitam de uma grande quantidade de informações para tomada de decisão devem ser observados antes de iniciar o processo de gestão.
- Riscos residuais são extremamente caros se não forem conhecidos, compreendidos e tratados antes mesmo de serem considerados residuais.
- Prever a visão de longo prazo em situações de curto e médio prazos pode ser o diferencial entre o sucesso e o fracasso no gerenciamento de riscos organizacionais (ERM).

- O foco da organização deve estar ligado ao entendimento das partes interessadas sobre o que se deve ser feito em todo contexto de gestão.
- Documentos, processos, políticas, normas e regulamentações somente serão efetivos se desenvolverem de soluções eficazes para o gerenciamento de riscos organizacionais; caso contrário, serão mais documentos que dizem a todos o que não se deve fazer, em vez do contrário.
- A organização deve se preparar para o futuro com mapas estratégicos e diretrizes simples e diretas para trazer clareza aos responsáveis de riscos.

A variável mais impactante em todo o sistema de gestão com certeza ainda é o fator humano. São centenas de milhões de interações que necessitam de avaliações, estudos e revisões.

CONCLUINDO A INTEGRAÇÃO INTELIGENTE DE RISCOS

Neste capítulo apresentamos orientações e estágios para integrar a gestão inteligente de riscos na organização. O EGIR (Escritórios de Gestão Inteligente de Riscos) suporta os gestores e proprietários de riscos na implantação das etapas deste capítulo criando um plano de integração consistente com cada tipo de organização. Voltamos a dizer que organizações são diferentes em muitos aspectos e fatores. Sendo assim, para uma organização atingir o desempenho ideal para o seu sistema de gerenciamento de riscos organizacionais (ERMS) são necessários muitos recursos. Provavelmente o uso de tantos recursos tornaria inviável qualquer operação, por maior que seja o capital investido. Por outro lado, as organizações necessitam integrar seus sistemas de gestão de riscos com os demais processos. Cabe aos gestores de riscos realizar cada uma das etapas aqui previstas e manter o alinhamento financeiro da organização.

Capítulo 8: PAPÉIS E PRINCÍPIOS PARA AUDITORIAS INTELIGENTES DE RISCOS

Contradições não existem. Sempre que você achar que está enfrentando uma contradição, verifique suas premissas. Você vai descobrir que uma delas está errada.

AYN RAND

O QUE VEM A SEGUIR

Este capítulo apresenta uma lista de papéis e princípios de auditorias inteligentes de riscos.

- Definindo papéis para auditorias inteligentes de riscos.
- Os dez mandamentos da auditoria inteligente de riscos.

DEFININDO PAPÉIS PARA AUDITORIAS INTELIGENTES DE RISCOS

Como citado anteriormente, as responsabilidades previstas se estendem a todos os responsáveis pelos riscos, e não apenas aos auditores.

Cabe a todos, sem exceção, realizar o papel de auditores em processos de gerenciamento de riscos organizacionais (ERM).

As responsabilidades da auditoria incluem, sem se limitar a elas, avaliar amplamente o contexto de gestão em que atua, mensurar a capacidade do sistema em questão e avaliar os requisitos tratados pela organização, comparados aos padrões por ela estabelecidos ou por outro organismo regulador.

O auditor tem suas funções e responsabilidades estabelecidas em termos de referência, procedimentos de auditorias ou outros documentos internos de regulação equivalentes.

Nos contextos de gestão e auditorias inteligentes aplicadas a riscos, as responsabilidades do auditor vão além dos padrões estabelecidos. O caráter dinâmico e atemporal dos riscos, o mercado, o segmento, os fatores (internos e externos) que trazem mudanças organizacionais constantes e a visão incremental, ágil e iterativa de determinados contextos organizacionais são aspectos observáveis e considerados nas auditorias inteligentes de riscos.

Os auditores inteligentes de riscos possuem ainda responsabilidade de executar procedimentos que serão traduzidos em resultados organizacionais na visão multinível de gestão. Os auditores inteligentes de riscos devem garantir a eficácia dos sistemas de gestão de riscos, através da avaliação dos processos de gestão com a visão de governança e *compliance.*

Os sistemas de gerenciamento de riscos organizacionais (ERMS) serão objeto de auditorias inteligentes aplicadas, com ênfase em sistemas de controle interno, processos de governança, políticas, padrões e procedimentos, para avaliar seu alinhamento com os objetivos estratégicos da organização.

Quando se trata de gerenciamento de riscos organizacionais (ERM), as responsabilidades dos auditores inteligentes de riscos devem ser direcionadas à visão de múltiplos capitais e não apenas ao contexto econômico-financeiro da organização.

É importante compreender que, no mundo atual, dinâmico e em constante desenvolvimento, com preocupações ambientais sistêmicas, mudanças políticas intensas e uma necessidade intrínseca de provar sua governança (ESG), a organização necessita de agentes que vislumbrem os riscos com um olhar muito além das demonstrações financeiras e contábeis, mas com uma visão do futuro.

Os auditores inteligentes também são agentes de mudança organizacional. Eles contribuem para a efetiva realização das operações, avaliando os processos com uma visão muito além dos riscos (*beyond risk*).

Enfim, os auditores inteligentes de riscos devem tratar seus objetivos e responsabilidades como parte dos ativos organizacionais. As ações dos auditores inteligentes podem culminar em mudanças e revisões de estratégias e objetivos, processos e procedimentos, políticas e normas ou até mesmo reavaliação dos valores organizacionais.

Os auditores inteligentes têm a oportunidade, que também é um risco, de transformar o ambiente organizacional e levar a empresa para um outro patamar. Eles estão entre os poucos que conseguem avaliar todo o ambiente organizacional e ter acesso a todos os processos de gestão.

AUDITOR *VERSUS* CONSULTOR ORGANIZACIONAL

Os auditores inteligentes de riscos podem ser considerados consultores organizacionais na visão da gestão inteligente de riscos. Eles podem contribuir ativamente para o gerenciamento de riscos organizacionais (ERM).

Os responsáveis pela gestão podem solicitar aos auditores inteligentes de riscos informações importantes. A alta gestão e os conselhos podem conceder espaço nas reuniões para os auditores inteligentes de riscos fornecerem esclarecimentos, de forma técnica e gerencial, para várias questões ligadas a riscos.

Os auditores inteligentes de riscos podem fornecer ainda informações relevantes através de avaliação dos relatórios financeiros, do sistema de controle interno, das variações encontradas nos processos de gestão, entre outros pareceres inerentes ao seu papel.

Nos processos de auditoria inteligente de riscos, os auditores inteligentes obtêm informações importantes que podem ser cruciais para a avaliação dos níveis de risco organizacional e que podem não estar refletidos nos relatórios de gestão. Os relatórios de auditoria inteligente, aliados às narrativas e explanações dos auditores inteligentes, podem contribuir para a revisão das declarações organizacionais ligadas à gestão em diversos documentos, internos e externos.

É importante ressaltar que os auditores inteligentes terão um importante papel no desenvolvimento organizacional. Cabe aos gestores avaliar a imparcialidade dos auditores inteligentes e analisar como foram emitidos os pareceres e as explanações feitas em reuniões. As informações trazidas pelos auditores inteligentes de riscos devem amparar as constatações realizadas nos ambientes auditados. Elas precisam ser relevantes e de materialidade comprovada para a gestão poder tomar ações diretas a respeito. Informações não materializadas necessitam de avaliação por parte da alta gestão e dos conselhos, para evitar conflitos de interesse e riscos inerentes à própria função dos auditores inteligentes de gestão.

É necessário avaliar os trabalhos realizados pelos auditores inteligentes também em termos de *compliance*, evitando colocar a organização em risco por falta de aderência de informações.

MONITORAMENTO INTELIGENTE DOS AUDITORES

As auditorias inteligentes de riscos devem estar em consonância com o princípio da continuidade de processos e negócios. Os processos de auditoria inteligente devem ser avaliados através da visão do monitoramento inteligente de riscos. Os auditores inteligentes devem considerar que os processos de auditoria inteligente não são ciclos extensos com ações intensas e concentradas em determinados períodos.

Ações efetivas de gestão por parte dos auditores inteligentes devem considerar o aspecto dinâmico dos negócios. Os auditores inteligentes devem monitorar constantemente as atividades para evitar ações críticas por falta de acompanhamento.

Em um contexto organizacional conturbado, as ações corretivas trarão grandes impactos, se comparadas a ações preventivas consideradas no estágio de monitoramento inteligente. Não há por que tratar os riscos de forma diferente, visto que estes não marcam data e horário para acontecer. A natureza dinâmica dos riscos exige um tratamento diferenciado ligado ao contexto histórico da gestão.

Os auditores inteligentes devem, junto com a organização, monitorar processos de gestão de riscos organizacionais de forma contínua e ininterrupta.

OS DEZ MANDAMENTOS DA AUDITORIA INTELIGENTE DE RISCOS

Os mais de vinte anos de experiência em consultorias de gestão nos levaram a criar uma lista dos principais fatores de sucesso em auditorias. Veja a seguir.

PRIMEIRO MANDAMENTO – PRINCÍPIO DOS MÚLTIPLOS IMPACTOS

Segundo o IERM *Framework*, o primeiro mandamento da auditoria inteligente de riscos (SPRA – *Smart Principles Risk Audit*) são os múltiplos impactos. Eles representam a posição mais importante nos processos de gerenciamento de riscos.

Para avaliar sistemas de gerenciamento de riscos organizacionais através do IERM *Framework*, são consideradas as interações em múltiplos níveis de gestão e múltiplos capitais.

A interação dinâmica dos processos ligados ao gerenciamento de riscos traz consigo as ameaças e a vulnerabilidade dos sistemas, as oportunidades e a exposição em massa aos riscos organizacionais.

Ao avaliar o contexto organizacional de riscos, as soluções não podem ser direcionadas e unilaterais, nem tampouco segmentadas. A visão de riscos deve ser multissetorial, considerando o caráter evolutivo dos riscos e os múltiplos impactos que eles causam, independentemente do segmento, processo ou *modus operandi* da organização.

Quando a avaliação e a auditoria inteligente tratam de processos e riscos ligados ao ESG (fatores ambientais, sociopolíticos e de governança), todos eles, sem exceção, são processos com visão de múltiplos impactos.

Considerando a base que integra as informações referentes a clima, impactos em recursos hídricos, fauna, flora etc., independentemente de setor, produto ou serviço que a organização fornece, a visão de múltiplos impactos representa um processo comum. Com a ampliação da visão de múltiplos impactos, as organizações conseguem se aproximar mais dos valores envolvidos no gerenciamento de riscos organizacionais (ERM), na comunicação dos seus resultados e na compreensão dos critérios auditados pelas partes interessadas.

Enfim, cabe dizer que a visão de múltiplos impactos tende a avaliar os riscos com um conceito de valor agregado. Todos os impactos causados pelos riscos em questão, sejam ameaças ou oportunidades, serão elencados no princípio dos múltiplos impactos e tornarão os riscos agregadores de informações.

Os múltiplos impactos levarão em conta não apenas os impactos causados na organização, nas partes interessadas por ela suportadas e nos seus processos de gestão, mas em toda a cadeia que está agregada aos riscos em questão no momento da auditoria. Para esse princípio são consideradas as seguintes recomendações:

- soluções e impactos com abordagem de valor agregado de riscos;
- análise multissetorial de riscos;
- política de extensão da visão de riscos;
- compartilhamento de atividades de gestão com associações e grupos de inteligência de riscos;
- implementação de políticas de extensão de danos com riscos associados ao ESG;
- visão de múltiplos impactos associada a múltiplos capitais;
- análise e interpretação de requisitos multipadrões aplicáveis de forma conjunta e complementar;
- criação da solução de auditorias inteligentes de gestão em escala multissetorial e conjunta através de programas de riscos compartilhados;
- impulsionamento dos vetores de gestão através da política de uso misto de informações para gestão;
- segurança da informação com a visão de múltiplos impactos, através de canais de divulgação oficiais (organismos reguladores, normas, padrões, políticas e leis em âmbito local, setorial e global).

As organizações que adotam os princípios de múltiplos impactos recebem um tratamento direcionado e compartilham com as demais organizações as visões de sucesso na implementação dos sistemas de gerenciamento de riscos integrados.

SEGUNDO MANDAMENTO – PRINCÍPIO DAS MUDANÇAS ORGANIZACIONAIS

Segundo o IERM *Framework*, o segundo mandamento da auditoria inteligente de riscos (SPRA) são as mudanças organizacionais constantes. Elas caracterizam o perfil dinâmico das organizações e dos riscos que elas carregam.

Para avaliar sistemas de gerenciamento de riscos organizacionais através do IERM *Framework*, são considerados ambientes em constante mudança e a visão dinâmica dos riscos.

Essa visão gera a constante necessidade de avaliar os sistemas de gerenciamento de riscos, seus padrões, os níveis de confiabilidade, impactos, riscos residuais, inventários de riscos e muitas outras variáveis.

A auditoria inteligente de riscos (SPRA) considera que as mudanças organizacionais constantes são um fator intrínseco das organizações. Empresas que não consideram fatores de mudanças em seus vetores de gerenciamento de riscos enfrentam constantes variações nos resultados e no desempenho dos sistemas de gerenciamento de riscos.

Para atuar de forma inteligente, é importante compreender que os princípios aplicados à auditoria inteligente de riscos (SPRA) não são complementares, processuais ou sequenciais, mas, sim, conectados. Não há como aplicar apenas um princípio e ignorar os demais. Os princípios consideram o dinamismo dos sistemas de gestão organizacional, aliados aos processos de riscos que tramitam com esse mesmo dinamismo. Os princípios que norteiam a auditoria inteligente de riscos (SPRA) norteiam também os processos de gestão organizacional.

Para completar, os efeitos das mudanças organizacionais provocam múltiplos impactos, sem contar as interligações e os riscos consequentes (criados a partir de processos de gerenciamento de riscos).

E fazem parte ainda do contexto de mudanças organizacionais a ligação entre o setor em que a organização atua e os objetivos estratégicos estipulados pela alta gestão e o efeito cascata provocado pelas mudanças na visão estratégica. Sem contar as interrupções de processos, que são mudanças não concretizadas, mas que se encontram em diversos estágios na organização. Essas mudanças podem provocar alterações de processos, criação de novos projetos, troca de estratégia ou direcionamento organizacional, alteração em processos de gestão e operação, entre tantas outras formas de mudanças.

Em processos onde princípios de auditoria inteligente de riscos (SPRA) estão ativos, novas formas de auditar a organização passam necessariamente pela mudança de cultura organizacional, direcionada para a visão inteligente de gerenciamento de riscos. O segundo mandamento leva em conta as mudanças organizacionais e os impactos causados pela gestão, dentro e fora dos seus limites, fruto das mudanças sugeridas pelos gestores.

A organização deve ser capaz de absorver mudanças previstas, mudanças em andamento e, o principal, mudanças em análise. Estas últimas podem provocar sérios problemas para a gestão organizacional, adicionando riscos complementares por conta da falta de definição do que se pretende. Para esse mandamento são consideradas as seguintes recomendações:

- um ambiente em constante mudança não é um ambiente desorganizado, mas em fase de construção;
- novas abordagens organizacionais não concluídas até o momento da auditoria caracterizam mudanças em andamento ou mudanças previstas, de acordo com o estágio de cada uma delas;
- novas abordagens em estágio de implantação, parcial ou totalmente concluídas, porém sem resultados apresentados, também constituem mudanças em andamento;
- novas abordagens não previstas, mas com necessidade de implementação imediata, devem ser consideradas mudanças previstas, com impactos imediatos no momento da auditoria;
- abordagens correntes que se alteram devido à característica do negócio, do setor, mercado etc., considerando as influências internas (forças e fraquezas) e externas (oportunidades e ameaças), podem estar em diversos estágios durante a auditoria e serão consideradas efeitos das mudanças organizacionais;

- a quantificação dos riscos e dos processos de incerteza, feita durante a auditoria de riscos, deve ser aplicada a riscos complexos devido ao alto custo de implantação desses processos;
- outros fatores que influenciam ou são influenciados pelas mudanças organizacionais, como a auditoria inteligente de riscos, devem ser levados em conta.

As organizações precisam compreender que auditorias estáticas e condicionadas a padrões não dinâmicos de avaliação de riscos organizacionais tendem a direcionar os resultados para fatores não condizentes com a realidade organizacional.

A organização precisa ser avaliada em plena operação e nos momentos em que as mudanças provocam os ajustes necessários para o seu bom funcionamento. Saiba mais sobre a gestão inteligente de mudanças aplicada ao gerenciamento de riscos organizacionais (ERM) no Capítulo 8 da Parte 1.

TERCEIRO MANDAMENTO – PRINCÍPIO DA COMPLEXIDADE SISTÊMICA

Segundo o IERM *Framework*, o terceiro mandamento de auditoria inteligente de riscos (SPRA) trata da complexidade sistêmica dos riscos. Além dos múltiplos impactos e das mudanças organizacionais, os riscos devem ser avaliados segundo a visão sistêmica e complexa, oriunda das características dos próprios riscos e da gestão em si. Por natureza, os sistemas que utilizam processos e gerenciam riscos são complexos e carregam no seu DNA Organizacional a necessidade de avaliação.

Para avaliar sistemas de gerenciamento de riscos organizacionais através do IERM *Framework*, são considerados ambientes conectados através de sistemas de gestão em praticamente toda a organização. Os riscos representam um arranjo organizacional sistêmico por natureza.

Sejam riscos ligados ao ESG, riscos financeiros ou quaisquer outros tipos de riscos, a visão sistêmica não é uma opção, mas uma necessidade intrínseca e própria dos riscos. Riscos são agregadores de incertezas e provocam efeitos e impactos múltiplos.

Em processos onde os princípios de auditoria inteligente de riscos (SPRA) são aplicados, não é possível considerar apenas parte de um sistema. A auditoria inteligente de riscos deve considerar os efeitos da complexidade na estrutura de gerenciamento de riscos e na organização como um todo.

A complexidade sistêmica dos riscos deve sempre ser levada em conta no desenvolvimento de processos de gestão, em conjunto com as demais práticas de gerenciamento. É imprescindível a visão do todo (holística) quando se trata de gerenciamento de riscos organizacionais (ERM). Para este mandamento são consideradas as seguintes recomendações:

- um risco aplicado em determinada área, divisão, segmento ou área de negócios é um risco de toda a organização;
- todas as vertentes de riscos devem ser aplicadas considerando um sistema integrado de gestão, sem mencionar a complexidade nata de cada negócio;
- riscos segmentados são uma forma de avaliar parte dos sistemas, devido a sua complexidade; porém, após a sua análise devem ser consolidados na visão sistêmica novamente;
- componentes, processos, princípios e tantas outras formas de organizar o conhecimento ao redor da gestão dos riscos são apenas formas de organizar a gestão, porém não simplificam nem diminuem a necessidade de atenção sistêmica aos riscos;
- vetores que impulsionam os riscos ligados à complexidade são vetores de incerteza, impacto, direcionamento, resistência, resiliência e outras formas de classificar os riscos;
- oportunidades são comumente deixadas de lado por se tratar de um dos processos mais complexos de avaliar os riscos;
- um sistema de gestão organizacional não pode ser replicado na íntegra devido à característica diversificada dos riscos;
- quanto maior a visão da organização no âmbito da complexidade e da extensão sistêmica do sistema, maiores as chances de sucesso no gerenciamento de riscos organizacionais (ERM).

Auditorias inteligentes são formas de integrar processos auditáveis ao caráter sistêmico e complexo da organização.

Como citado anteriormente, padrões simplistas podem tornar a visão sistêmica organizacional sem efeitos e diminuir a eficácia do gerenciamento de riscos.

QUARTO MANDAMENTO – PRINCÍPIO DA TRANSPARÊNCIA

Segundo o IERM *Framework*, o quarto mandamento de auditoria inteligente de riscos (SPRA) trata da transparência e da governança aplicada ao gerenciamento de riscos. Além dos princípios tratados anteriormente, a transparência de informações é o principal pilar de sustentação de um sistema de gerenciamento de riscos organizacionais (ERM) eficaz.

Para avaliar sistemas de gerenciamento de riscos organizacionais através do IERM *Framework*, são considerados processos de governança que impulsionam a emissão de informações gerenciais transparentes. Quanto maior a transparência na gestão, maior e melhor é convivência na organização e fora dela. A auditoria inteligente de riscos deve considerar os efeitos da falta de transparência nos programas e sistemas de governança, não somente na visão de riscos, mas em todo o contexto gerencial.

A transparência, expressa em processos de governança aplicados ao gerenciamento de riscos organizacionais (ERM), eleva o patamar de gestão a níveis altíssimos de confiabilidade e *compliance*. É imprescindível compreender que, independentemente do estágio em que se encontre, ser transparente sobre a sua maturidade no gerenciamento de riscos torna a organização mais madura somente pelo fato de assumir suas falhas e estabelecer processos de melhoria de gestão para saná-las.

A eficácia de um sistema de gestão não está na perfeição e nos processos integrados e isentos de erros, mas na capacidade de responder a eles a contento, caso seja necessário. Para este mandamento são consideradas as seguintes recomendações:

- as lentes que promovem a visão precisam aferir o grau de transparência de acordo com os processos de governança e *compliance* organizacional;
- envolver o público interno e as partes interessadas nos compromissos de transparência e na performance da gestão;
- compartilhar os resultados adotando abordagens extensas e que vão além da organização, considerando normas, regulamentos, governos, políticas e processos, múltiplas visões, setores e associações, grupos de discussão e de conhecimento, os diversos tipos de mídia e a adesão em massa das partes interessadas;

- expansão dos conceitos e disseminação da cultura da transparência na gestão e em todo o contexto organizacional;
- avaliação dos fatores que impedem a transparência da gestão, removendo os obstáculos e estimulando a criação de processos que ampliem a transparência como um todo;
- acompanhar os setores internos no desenvolvimento das práticas de transparência e na visão de gestão consciente através das políticas de governança;
- compreender que processos de governança são criados nos altos níveis de gestão, porém eles são consolidações dos processos operacionais e dos mais baixos níveis de informação;
- atuar na promoção da política de transparência de gestão sem se deixar levar pela autopromoção, seja departamental, ou mesmo na alta gestão.

Auditorias inteligentes são formas de "limpar os vidros" que se encontram embaçados no processo de governança. Ampliar a visão da governança trará, não só para a organização, mas para todas as partes interessadas, a chance de compartilhar processos de alto nível no mais alto grau de transparência. Saiba mais sobre os processos de transparência e governança no Capítulo 3 da Parte 1.

QUINTO MANDAMENTO – PRINCÍPIO DE MÚLTIPLOS NÍVEIS

Segundo o IERM *Framework*, o quinto mandamento de auditoria inteligente de riscos (SPRA) trata das medidas de desempenho aplicadas aos múltiplos níveis de gerenciamento de riscos organizacionais (ERM).

A visão inteligente aplicada ao princípio de múltiplos níveis considera a visão de portfólio no gerenciamento inteligente de riscos organizacionais (IERM).

O gerenciamento de riscos organizacionais (ERM) aplicado pelo gerenciamento de projetos organizacionais (OPM) trata de seis fatores de sucesso na visão multinível, projetos, programas e portfólio (PMI®, 2019). Os critérios específicos tratados no padrão do PMI® levam em conta os fatores-chave de sucesso descritos a seguir.

- Integração com o gerenciamento organizacional de projetos (OPM).
- Reconhecimento do valor do gerenciamento de riscos.
- Compromisso e responsabilidade individual.

- Comunicação aberta e honesta.
- Compromisso organizacional.
- Adaptação dos esforços de riscos.

Os fatores de sucesso do PMI® aplicados ao gerenciamento de riscos organizacionais (ERM), na visão da gestão inteligente, passam necessariamente pelo princípio de múltiplos níveis.

O gerenciamento de riscos não se dá por projetos, programas ou portfólios na organização, de forma individualizada, mas pela combinação de todos eles em processo integrado.

As partes interessadas não interpretam o gerenciamento de riscos organizacionais (ERM) de maneira fracionada, mas conjugada em todos os níveis da organização. Para obter sucesso no gerenciamento de riscos, segundo o PMI®, é necessário conceber a disciplina de gestão de riscos como uma valiosa fonte que traz um retorno positivo sobre o investimento para a organização.

As partes interessadas aceitam as responsabilidades, na visão multinível de projetos, programas e portfólios, para realizar as atividades relacionadas aos riscos conforme necessário. O gerenciamento inteligente de riscos organizacionais (IERM) considera que a gestão de riscos é de responsabilidade de todos. O detalhe de cada fator está disponível no *The Standard for Risk Management in Portfolios, Programs, and Projects*, do PMI®.

Independentemente dos processos aplicados ao gerenciamento de riscos, a visão de portfólio é o melhor ponto para encontrar a estrutura de alto nível do gerenciamento de riscos. Nem todas as organizações estruturam os riscos na visão multinível. Elas sofrem com os efeitos em cascata que os riscos de nível único provocam na visão integrada do gerenciamento de riscos.

A ampla visão obtida pela combinação de portfólios e setores que os regulam ajuda no desenvolvimento de práticas direcionadas e estudos de gerenciamento de riscos organizacionais (ERM) e operacionais (ORM) aplicados.

Em uma organização com múltiplos portfólios, onde cada segmento, unidade de negócio ou divisão recebe uma combinação de produtos e serviços, operações e projetos, fica visivelmente difícil combinar informações e processos direcionados para cada segmento. No princípio multinível, as visões combinadas de cada setor sumarizam uma integração global no portfólio.

O produto dos processos de gerenciamento de riscos de cada unidade de negócios, divisão ou segmento, as boas práticas e regulamentações, suas políticas e diretrizes, todos farão parte do gerenciamento de riscos organizacionais (ERM) aplicado ao portfólio em questão. No princípio multinível, a visão integrada dos processos estabelece diretrizes no portfólio que serão aplicadas e direcionadas a cada negócio. Dessa forma, processos de uma determinada unidade de negócios podem contribuir com boas práticas de gerenciamento de riscos para outra unidade, sem impor restrições na sua aplicação.

Para atuar na visão multinível, a organização precisa ter maturidade suficiente para construir seus portfólios de forma a não impactar seus programas, projetos e operações. Processos internos e regulamentações que são atribuídas ao portfólio devem levar em conta a visão multinível e multinegócios do portfólio. Para este mandamento são consideradas as seguintes recomendações:

- abertura de processos em larga escala considerando a navegabilidade entre níveis organizacionais;
- a interposição de processos sem restringir projetos, programas, portfólios e operações a uma visão multinível e multinegócios;
- ampliação de portfólios para incorporar negócios com sinergia de riscos equiparada na visão multinível;
- resguardar os princípios organizacionais e as boas práticas de gerenciamento de riscos com intensidade e grau de detalhes por nível organizacional;
- aplicabilidade de processos congênitos da inteligência organizacional, compreendendo a unicidade da organização;
- compreender como foi construída a visão multinível, sem perder a visão holística da organização;
- abertura dos processos ligados à visão multinível e multinegócios para expandir portfólios e estruturas organizacionais equivalentes;
- abrir espaço para novos negócios em portfólios que apresentarem maturidade de riscos, impulsionando o gerenciamento de riscos organizacionais (ERM);
- outros fatores que corroborem com as características dos processos multiníveis aplicados à visão de portfólio.

Auditorias inteligentes podem ser cada vez mais independentes e ágeis na visão multinível. A organização pode estender a auditoria por todos os níveis simplesmente auditando o portfólio que engloba esses processos.

SEXTO MANDAMENTO – PRINCÍPIO DO APETITE AO RISCO

Segundo o IERM *Framework*, o sexto mandamento de auditoria inteligente de riscos (SPRA) trata do nível de exposição a riscos que a organização está disposta a enfrentar, também chamado de apetite ao risco.

O apetite ao risco é medido através de um valor financeiro aplicado, como uma taxa de exposição financeira ao risco, ou valor total de risco líquido, para o gerenciamento de riscos organizacionais (ERM).

A *Risk Appetite Statement* (RAP), ou declaração de apetite ao risco, estabelece os limites de riscos na visão de múltiplos capitais, traduzidos em valores financeiros, para serem aplicados em processos, previsões e delimitações de governança e *compliance* (NIB, 2022). Na maioria das organizações, os conselhos de gestão aprovam a RAP. Com o intuito de documentar e disponibilizar às partes interessadas, a RAP auxilia na definição de quais volumes de riscos a organização está disposta a assumir.

Em termos bem simples, o apetite ao risco é um barômetro que mede os níveis de riscos em volume de capital. As boas práticas de gestão estabelecem um limite ao apetite ao risco condizente com aquilo que a organização necessita para operar com margens confiáveis de segurança. Altos índices de apetite ao risco traduzem uma gestão deficitária ou um novo risco em potencial.

Os responsáveis pela declaração de apetite ao risco (RAP) possuem um mandato com periodicidade condizente com as análises de riscos nela contidas. Geralmente, a RAP traz, além dos limites, as políticas e os *hot points* de análise de riscos que suportam a decisão sobre o apetite ao risco.

Em empresas com múltiplos investidores, o capital deve ser protegido por garantias e processos suficientes que impulsionem a entrada de novos investidores. Em ambientes onde os níveis de riscos não oferecem garantia ou estas não são suficientemente tratadas de forma a garantir os volumes negociados, as partes interessadas podem retirar seu capital investido.

Na crise do *sub-prime*, os títulos negociados não apresentavam as garantias necessárias para amparar o capital investido. Uma retirada em massa do capital provocou a maior crise financeira dos últimos tempos e trouxe outro patamar de apetite ao risco para os bancos.

Diferentemente do que ocorre em economias como a do Brasil, onde as taxas de inflação foram aos mais altos patamares nos anos 80 e 90, as economias de primeiro mundo não se apegaram a tantos fatores de segurança na comercialização de produtos financeiros de baixo valor. Hoje o cenário é diferente: os investidores estão mais exigentes e as respostas a essas exigências são políticas concisas. A RAP representa os limites de riscos que podem ser aferidos.

A RAP tratará de como a organização deve operar com os limites financeiros para se resguardar dos riscos existentes. Não há como organizar um planejamento de riscos sem considerar os limites do apetite aos riscos.

Para atuar com o princípio do apetite aos riscos, as organizações precisam se basear em dados relevantes. O apetite ao risco, apesar de dinâmico, não pode ser alterado com frequência sem ser comunicado previamente às partes interessadas. Para este mandamento são consideradas as seguintes recomendações:

- capacidade técnica e operacional para compreender todo o escopo tratado no apetite ao risco;
- ampliação da visão de riscos para comportar todas as ações necessárias que envolvem o cumprimento das metas estabelecidas na RAP;
- emitir relatórios de desempenho que comprovem e assegurem que a organização se mantém nos limites de riscos estabelecidos na RAP;
- manter os níveis de apetite ao risco sob controle e alterar os limites nas condições estabelecidas nos planos de gerenciamento de riscos organizacionais (ERMP);
- elaborar programas para implementação de múltiplos níveis de apetite ao risco para a visão multinível e multiimpacto considerando o limite máximo estabelecido pela organização;
- aplicar as boas práticas de gerenciamento de riscos organizacionais (ERM) e avaliar junto a associações, órgãos reguladores e organismos financeiros os limites do apetite ao risco conforme mercado;
- aplicar na íntegra os processos relativos ao gerenciamento de riscos organizacionais (ERM), conforme informado na RAP.

As organizações precisam emitir a RAP como forma de documentar e tornar pública sua visão de riscos e os investimentos para gerenciá-los. Os responsáveis e proprietários de riscos devem administrar e aferir os limites de apetite ao risco com a frequência necessária que a organização demandar.

SÉTIMO MANDAMENTO – PRINCÍPIO DA INTELIGÊNCIA ORGANIZACIONAL

Segundo o IERM *Framework*, o sétimo mandamento de auditoria inteligente de riscos (SPRA) trata da inteligência organizacional e da formação de sistemas integrados aplicados ao gerenciamento de riscos organizacionais (ERM).

A visão aplicada ao princípio da inteligência organizacional trata toda a organização como um ser único e vivo. Para os riscos, a inteligência organizacional também representa uma questão de sobrevivência, principalmente quando se trata de pessoas, meio ambiente, clima organizacional etc. Para o gerenciamento de riscos organizacionais (ERM), a visão da inteligência organizacional prevê que cada indivíduo presente na organização, seja parte integrante dela ou não, pode impactá-la e contribuir para alterar os limites de riscos.

Pessoas internas à organização representam órgãos e células que ela possui como ambiente vivo.

Pessoas externas à organização representam objetos inseridos no corpo organizacional de forma positiva (oportunidade) ou negativa (ameaça). Assim como acontece nos ambientes vivos, a organização tende a repelir as ameaças e acolher as oportunidades. Esse processo não se dá automaticamente, mas através das pessoas, que são a menor porção de uma célula organizacional.

A inteligência organizacional prevê que pessoas sofrem influências de comportamento e da psique humana. Portanto, em qualquer cenário de gerenciamento de riscos organizacionais, pessoas são imprevisíveis por natureza. Não se trata de uma característica nata das organizações, mas das pessoas que dela se ocupam.

Quem está ligado aos mais altos níveis de gestão provoca decisões que impactam o maior número de pessoas na organização. No entanto, pessoas que estão em nível operacional podem provocar mais danos imediatos se houver um incidente ou acidente.

Quem pode determinar se os riscos podem ou não ocorrer, na visão da inteligência organizacional, é o próprio indivíduo. Por isso, na visão da auditoria inteligente, as organizações devem monitorar não apenas os riscos gerenciados por pessoas, mas as pessoas que monitoram e/ou são responsáveis pelos riscos em todos os níveis de gestão. Para este mandamento são consideradas as seguintes recomendações:

- avaliar os níveis de inteligência de gestão das pessoas que estão nos níveis de destaque na visão de riscos;
- atuar junto a áreas e pessoas que gerenciam os riscos;
- avaliar os processos de cultura relacionados aos riscos presentes na organização;
- expandir a compreensão dos riscos através de processos de comunicação;
- avaliar o ambiente onde as pessoas estão inseridas e como os processos internos as afetam;
- acatar a visão da organização como o conjunto das práticas e ações das pessoas que dela fazem parte;
- estabelecer canais e processos de comunicação que impulsionem a visão da inteligência organizacional em termos de riscos;
- incentivar a inteligência organizacional e o trabalho em equipes multidisciplinares;
- acompanhar a evolução dos processos de gerenciamento de riscos organizacionais (ERM) e utilizar a visão empática para acompanhar os objetivos das partes interessadas;
- criar um ambiente de responsabilidade compartilhada de gestão onde as múltiplas visões são integradas do planejamento estratégico até a operação;
- outros fatores que impliquem no uso de atribuições de inteligência organizacional.

Os processos relativos à inteligência organizacional estão sob o controle das pessoas. Atuar com práticas de inteligência de gestão significa atuar sobre as pessoas e não sobre os processos que elas conduzem.

Os responsáveis e proprietários de riscos, na visão de auditorias inteligentes de riscos, devem administrar, antes de qualquer atividade, as pessoas que estão sob seu comando e a si mesmos como pessoas. Saiba mais como atuar na inteligência de gestão no livro "Inteligência Organizacional", da BIO.

OITAVO MANDAMENTO – PRINCÍPIO DA COMUNICAÇÃO INTELIGENTE

Segundo o IERM *Framework*, o oitavo mandamento de auditoria inteligente de riscos (SPRA) trata da comunicação inteligente de informação de gerenciamento de riscos organizacionais (ERM). A visão inteligente aplicada ao princípio da comunicação trata da combinação de processos e de diversas fontes de informação, métodos e conceitos, conhecimento e colaboração, considerando vetores de gestão que implicam nas boas práticas e na desenvoltura dos sistemas de gerenciamento de riscos organizacionais (ERMS).

A base para a comunicação inteligente está amparada na necessidade da compreensão e disponibilização de informações na visão multinível e nos demais princípios de auditoria inteligente. Fatores que prejudicam ou interferem em processos de auditoria e gestão, em sua maioria, estão ligados muito mais à comunicação do que às atividades de gestão.

Os processos de auditoria inteligente identificam quais informações são bem geridas e mal comunicadas.

A má comunicação não está ligada apenas à documentação escrita, mas à comunicação verbal e não verbal, a expressões, comportamentos e decisões que afetam o gerenciamento de riscos organizacionais (ERM).

Posturas sociopolíticas, ambientais e de governança adotadas pelos conselhos, pela alta administração e pelos demais níveis organizacionais que interfiram nos processos de gerenciamento de riscos organizacionais (ERM) podem impactar na visão da organização pelas partes interessadas, positiva ou negativamente, tanto no ambiente interno quanto no externo. A organização pode se expor diante de situações adversas se os processos de comunicação não forem aferidos e auditados de forma inteligente.

Na visão da qualidade total e nos processos de gestão da qualidade como um todo, existe uma forte cultura de aferição e calibração de instrumentos e processos. A comunicação deveria ocupar o mesmo destaque nessa aferição e calibração no gerenciamento de riscos e demais processos de gestão.

Quando a comunicação e as denúncias partem do meio externo ou para o meio externo, o esforço de gestão é muito maior. A organização pode perder o controle sobre as informações e aquilo que entra e sai das suas instalações. Se a gestão das informações não estiver calibrada, bem como os processos de comunicação, um e-mail, uma foto, uma declaração verbal ou simplesmente um produto ou serviço mal interpretado no ambiente externo pode causar sérios danos à reputação da organização.

A organização deve calibrar e aferir seus processos de comunicação através da auditoria inteligente, com base nas boas práticas de gestão, nos processos de inteligência organizacional, em processos de governança e *compliance* inteligentes e muitos outros fatores. Para esse mandamento são consideradas as seguintes recomendações:

- avaliar as lacunas de comunicação nas informações publicadas interna e externamente e nos processos de divulgação de resultados e objetivos estratégicos;
- manter os registros de boas práticas de comunicação para resguardar a organização em casos de divulgação de *fake news*, denúncias e acusações sem precedentes;
- trabalhar para que ocorra uma mudança comportamental, através da inteligência organizacional e da responsabilidade compartilhada, para que todos estejam cientes de que são responsáveis pela organização e pelo que nela ocorre;
- compartilhar de forma inteligente os processos de gestão que trazem riscos ao perfil organizacional trabalhando na melhoria de processos, no acompanhamento da comunicação e na proposição de soluções;
- avaliar, através dos processos de auditoria inteligente, a cultura e o meio ambiente organizacional e como eles afetam os processos, as informações e a divulgação de resultados de gestão de riscos;
- capacitar gestores na comunicação inteligente para gerenciar as informações de riscos em toda a organização;
- criar indicadores que identifiquem falhas nos processos de comunicação e ingerência nas informações;
- criar formas de incentivar a comunicação criativa e inteligente, com o intuito de melhorar o entendimento das relações, dos processos e das práticas relativas ao gerenciamento de riscos organizacionais (ERM);

- outros fatores que impactam na boa comunicação e na visão de inteligência organizacional.

Auditorias inteligentes podem ser amplamente utilizadas para a melhoria da comunicação, com processos que identifiquem as falhas na gestão das informações e conduzam à melhoria contínua da comunicação na visão inteligente de gestão de riscos organizacionais (ERM).

NONO MANDAMENTO – PRINCÍPIO DA FLEXIBILIDADE E AGILIDADE

Segundo o IERM *Framework*, o nono mandamento de auditoria inteligente de riscos (SPRA) trata da visão ágil, dinâmica, iterativa e incremental dos processos de gerenciamento de riscos organizacionais (ERM). A visão inteligente aplicada ao princípio da iteratividade e agilidade de processos trata de combinar os processos gerenciais estruturados e sólidos com a dinâmica que o gerenciamento de riscos organizacionais (ERM) necessita.

As auditorias inteligentes de riscos impulsionam e compartilham das práticas ágeis de gestão. Os processos de gerenciamento de riscos organizacionais (ERM) devem ser tratados de forma iterativa e incremental quando se trata do caráter dinâmico dos riscos.

Para tratar os riscos organizacionais, não basta estabelecer processos enrijecidos. A organização está em constante mutação e necessita de respostas ágeis, dinâmicas e muitas vezes iterativas. Soluções que resolvam processos de forma iterativa e incremental criam ciclos de melhoria contínua em toda a estrutura de riscos.

Não há grandes espaços para manobra em processos organizacionais de determinados campos de atuação. Conforme apresentado no Capítulo 11 da Parte 1, estudos sobre o meio ambiente tratam da intensa pressão por conta da redução das emissões de carbono, tentando reverter o índice para os patamares de 60 anos atrás em apenas 10 anos.

A condução de processos como este se inicia de forma iterativa e incremental. O fator agilidade é aplicado para desenvolver soluções que se complementam a cada etapa do processo.

Os auditores inteligentes farão uso das boas práticas de iteratividade e agilidade para verificar de maneira inteligente os processos de riscos em toda a sua extensão. Para esse mandamento são consideradas as seguintes recomendações:

- combinar diferentes metodologias e aplicações (processos convencionais com medidas rígidas e sólidas ou processos ágeis que adotam medidas dinâmicas, iterativas e incrementais);
- criar processos de auditoria inteligente que interajam com a característica dinâmica e imprevisível dos riscos organizacionais;
- avaliar de forma proativa as possibilidades de flexibilidade e criar meios de interagir com os sistemas que regulamentam e aplicam soluções para o gerenciamento de riscos organizacionais (ERM);
- interpretar as situações à luz da inteligência organizacional, promovendo correções dinâmicas e incrementais, no sentido de melhorar continuamente os processos de gerenciamento de riscos organizacionais (ERM);
- facilitar a auditoria de processos criando indicadores inteligentes de gestão (SPI) para amparar as decisões aplicadas à estrutura, aos processos e aos desafios da gestão de riscos;
- propor medidas que possibilitem tratar de processos de forma ágil e dinâmica os processos de auditoria inteligente para o gerenciamento de riscos organizacionais (ERM).

O gerenciamento inteligente de riscos pode implementar medidas que flexibilizem ações diretas aplicadas ao contexto organizacional. Essas ações serão direcionadas para diferentes áreas, criando processos que se integram de forma iterativa e incremental.

Ao criar essas ações, a organização implementa uma cultura ágil. Os gestores de riscos devem atentar para o quesito incremental. Não cabe no gerenciamento de riscos a visão incremental por conta de novos processos que surgirão.

Para o gerenciamento de riscos, as previsões e as respostas aos riscos devem ser totalmente planejadas com ampla visão, porém de forma iterativa, para aplicar ações que necessitam de maior conhecimento durante a sua implementação.

À medida que ocorrem novas descobertas de riscos, os processos devem alterar os elementos de gerenciamento de riscos de forma flexível, sem perder o seu caráter de previsibilidade. Saiba mais sobre agilidade e flexibilidade nos *frameworks* inteligentes no Capítulo 2 da Parte 1.

DÉCIMO MANDAMENTO – PRINCÍPIO DO ENGAJAMENTO DAS PARTES INTERESSADAS

Segundo o IERM *Framework*, o décimo mandamento de auditoria inteligente de riscos (SPRA) trata do engajamento das partes interessadas aplicado ao gerenciamento de riscos organizacionais (ERM).

A visão inteligente trata de diretrizes ligadas à forma como as partes interessadas interagem com os processos de ERM: a comunicação, os fatores de sucesso, os impactos, as expectativas, os objetivos, as estratégias e os interesses em comum com a organização.

As auditorias inteligentes de riscos criam caminhos que facilitam a comunicação com as partes interessadas. Estas recebem informações com aval dos auditores internos e externos, aumentando a confiabilidade nos sistemas de gestão e melhorando o seu engajamento e a sua participação no gerenciamento de riscos organizacionais (ERM).

As auditorias inteligentes de riscos ainda conseguem desenvolver programas internos de conscientização e educação de riscos para as partes interessadas. O engajamento das partes interessadas ocorre primeiramente pelo interesse no tema tratado.

Os riscos são tratados em diversas instâncias de gestão, porém as partes interessadas não se engajam plenamente no tema, seja por desconhecimento, por desinteresse ou por falta de comunicação. Muitas vezes a informação existe em um contexto muito global e de forma padrão, prevista por mercados financeiros, órgãos reguladores e processos obrigatórios de emissão de informações.

Para a auditoria inteligente, fica visivelmente claro que as partes interessadas não compreendem ou não buscam o engajamento das informações por não haver uma comunicação efetiva e clara da visão do gerenciamento de riscos organizacionais (ERM).

Relatórios não financeiros, segundo pesquisa apresentada neste livro, são frequentemente inconsistentes e com baixa rastreabilidade de informações. Dessa forma, as partes interessadas se distanciam cada vez mais das informações, reduzem o engajamento e prejudicam a organização no quesito tomada de decisões.

A auditoria inteligente propõe a aplicação de processos de inteligência de gestão desde o mapeamento de riscos até a sua implementação e disponibilização de informações. Na maioria dos casos, conselhos, alta gestão e proprietários de riscos não compartilham a mesma visão sobre os riscos enfrentados pela organização e a forma como gerenciá-los para atingir os objetivos estratégicos previstos.

Para o mandamento de engajamento das partes interessadas, são consideradas as recomendações a seguir, porém sem se limitar a elas:

- esclarecer as definições e o contexto dos riscos aplicados nos planos de gerenciamento de riscos e relatórios gerenciais de riscos;
- apresentar o programa de gerenciamento inteligente de riscos organizacionais (IERM) e os benefícios da sua aplicação;
- apresentar os processos de gerenciamento inteligente de riscos organizacionais (IERM) através de exemplos práticos e relevantes, adotados da própria gestão, para ilustrar as práticas de gerenciamento aplicadas, bem como seus impactos na organização;
- usar referências e recursos gráficos para representar os impactos do gerenciamento de riscos em todo o contexto organizacional;
- definir responsabilidade de riscos compartilhada, na medida do possível, envolvendo todos os responsáveis e as partes interessadas;
- outros fatores que impulsionam a integração e o engajamento das partes interessadas estão descritas ao longo deste livro.

Enfim, para consolidar todos os princípios da SRAP no gerenciamento inteligente de riscos é importante compreender que auditorias de riscos organizacionais, tanto no COSO quanto na grande maioria dos órgãos reguladores, tendem a apresentar informações para as áreas de contabilidade e finanças.

Por isso, na maioria das organizações que possuem sistemas de gerenciamento de riscos organizacionais estruturados, eles estão sob o comando dos conselhos, da alta gestão e dos CFOs. Os CROs ainda são poucos em relação à quantidade de organizações que gerenciam riscos organizacionais (ERM).

Outra característica importante na compreensão das auditorias de riscos é a integração de governança, *compliance*, controle interno e demais processos que fazem parte da gestão organizacional.

No intuito de ajudar a esclarecer o papel do gerenciamento de riscos organizacionais (ERM) para os profissionais que estão fora das áreas citadas, este livro traduz em linguagem simplificada os processos do contexto de ERM.

CONCLUINDO OS PAPÉIS E PRINCÍPIOS DA AUDITORIA INTELIGENTE DE RISCOS

Neste capítulo apresentamos definições de papéis e os princípios (mandamentos) para auditorias de riscos. Muitas organizações já possuem papéis claros e definidos para auditores e gestores de riscos. O EGIR (Escritórios de Gestão Inteligente de Riscos) auxilia na validação dos papéis no gerenciamento de riscos, na capacitação dos auditores-consultores e na criação dos processos necessários para implementar os mandamentos da auditoria inteligente de riscos.

Capítulo 9: UM PLANO DE GESTÃO INTELIGENTE DE RISCOS PARA COMEÇAR

É preciso tanta energia para desejar quanto para planejar.
ELEANOR ROOSEVELT

O QUE VEM A SEGUIR

Este capítulo apresenta uma lista de orientações para preparação do Plano de Gestão Inteligente de Riscos.

- Compreendendo a organização como ponto de partida.
- Avaliando fatores de riscos.
- Sistemas de controle interno.
- Avaliação dinâmica de riscos.
- Efeitos das mudanças organizacionais.
- Monitoramento dos sistemas de gestão.

COMPREENDENDO A ORGANIZAÇÃO COMO PONTO DE PARTIDA

Compreender a organização é o ponto de partida para aplicar os processos de gestão inteligente de riscos ao engajamento das partes interessadas. O IRAP (*Intelligent Risk Audit Plan*) apresenta diretrizes para construir um plano inteligente para gestão e auditorias de riscos e será detalhado a seguir.

O primeiro passo para implementar o plano é compreender a organização, seu modelo de negócios e seus processos. Isso ajuda todos os envolvidos nos processos de auditoria a avaliar o sistema de gestão, o modelo de negócio, os objetivos estratégicos etc.

Estes fatores ajudam na identificação de riscos de negócios e na avaliação dos impactos financeiros e não financeiros. Além disso, a compreensão da organização permite identificar riscos organizacionais, bem como eventuais discrepâncias.

MODELO DE INTELIGÊNCIA DE NEGÓCIOS

O modelo de inteligência de negócios descreve a estrutura organizacional e os processos que auxiliam na gestão. Ainda fazem parte da inteligência de negócios:

- estratégias e objetivos que impulsionam a organização no desenvolvimento dos negócios;
- a inteligência de estruturação dos negócios através de portfólios, operações, linhas de produtos e serviços;
- a estrutura de entradas do negócio (matéria-prima, serviços, processos) aplicada às operações;
- a estrutura de saídas do negócio (produtos, serviços e resultados) aplicada aos clientes diretos e indiretos;
- o ciclo de negócios que se inicia na inteligência de mercado, percorre todo o processo organizacional e vai até a avaliação dos resultados;
- as operações estruturadas que se ocupam dos processos de desenvolvimento, preparação, aplicação, transformação, resultados e avaliação;
- a ampliação do engajamento das partes interessadas na visão geral do negócio.

Na visão estratégica, as abordagens tratam de processos administrativos que ajudam no planejamento estratégico, no desenvolvimento de objetivos e na forma como a organização planeja seu negócio. Os processos incluem oportunidades e ameaças no gerenciamento de riscos e a forma como tratá-los. Outros fatores que influenciam nos negócios são a forma como a organização opera, interna ou externamente, o modelo de gestão e como os gestores são vistos pela sociedade e pelas partes interessadas.

Na visão de negócios, a organização pode ser caracterizada das seguintes maneiras:

- pela forma como cria seus processos e realiza suas operações em um contexto de inteligência de negócios;
- pela forma como se prepara internamente para cumprir seus objetivos;
- pelo mercado em que atua e pelo posicionamento em relação às operações globais, no caso de multinacionais;
- pela forma como precifica produtos;
- pelos processos de logística e operações de distribuição, armazenamento, entrega e operações para disponibilização de produtos ou entregas de resultados, no caso de serviços;
- pelos processos financeiros e de gestão econômica, de captação de capitais e como se relaciona com os investidores, no caso de empresas de capital aberto;
- pelos processos internos ligados à cultura organizacional e como gerencia seus colaboradores, diretores, sócios, membros dos conselhos e demais pessoas;
- pela forma como preserva, captura ou cria valores;
- pelos recursos de gestão estratégica e operação, incluindo, mas não se limitando a, recursos humanos, tecnológicos, financeiros, ambientais e como eles são gerenciados na organização;
- pelos relacionamentos envolvendo as partes interessadas internas e externas, pessoas, órgãos governamentais, sociedade etc.

Para os riscos, a visão aplicada na auditoria inteligente também está ligada à estrutura de negócios e às tecnologias necessárias para avançar com seus processos de gestão. Um risco, na visão inteligente, pode ter impactos imediatos na gestão ou a longo prazo.

Outra característica do gerenciamento inteligente de riscos organizacionais (IERM) é o processo de classificação de informações financeiras (demonstrações financeiras) e não financeiras (relatórios de sustentabilidade, relatórios de riscos etc.). O IERM traz ainda a possibilidade de avaliar iterações complexas com riscos multi-impacto e multiperíodo.

Fatores de riscos podem ser os mesmos em várias organizações, porém seus impactos podem ser diversos. Enquanto um risco pode trazer ameaças para um setor, para outro pode ser uma oportunidade. Em ambos os casos, riscos podem ter impactos significativos nas organizações, na sua capacidade de operação e na administração dos seus objetivos estratégicos.

OPERAÇÕES E ATIVIDADES

As atividades do negócio descrevem como a organização realiza seus objetivos operacionais. Fazem parte da inteligência de operações de negócios:

- a origem dos recursos financeiros e não financeiros para as operações;
- os produtos, serviços, o mercado em que atua e a forma como comercializa sua produção;
- a exposição aos riscos operacionais e organizacionais;
- os processos de parcerias estratégicas (*joint ventures*, parceiros de negócios etc.) e operacionais (*outsourcing* etc.);
- o posicionamento das operações em relação à logística e aos processos globais de operação, segmentação de mercado e outras visões sobre a localização;
- edificações, equipamentos, processos operacionais e questões ligadas à infraestrutura;
- outras informações relativas à produção.

Quanto às atividades e operações, as questões no nível de gerenciamento de riscos organizacionais (ERM) estão ligadas aos processos e às formas como as operações impactam na realização dos objetivos estratégicos.

Saiba mais sobre gerenciamento de riscos operacionais (ORM) no livro **Gerenciamento Inteligente de Riscos – The Book of Risk | Operational**. Ainda fazem parte das operações e atividades de gestão inteligente para auditorias de riscos os processos ligados a:

- clientes compradores (adquirem o produto das organizações);
- clientes finais (utilizam os produtos das organizações);
- colaboradores organizacionais e prestadores de serviços que integram a operação;
- órgãos reguladores que impactam os processos operacionais, como sindicatos, organizações não governamentais, entidades e outras fontes de regulação;
- políticas, normas e práticas governamentais relacionadas às atividades e operações;
- atividades ligadas à cultura organizacional;
- mudanças internas e externas que impactam nas operações.

Para o gerenciamento de riscos é necessário avaliar ainda como as operações são impulsionadas por ações de fomento no setor, por atividades e operações externas como:

- fusões e aquisições internas (da própria organização) ou externas (do mercado em que ela atua ou relacionadas a ela);
- investimentos e projetos no setor, segmentação de processos e desenvolvimentos em novas frentes, como mercados em expansão, projetos de fomento e políticas públicas de desenvolvimento;
- aportes de capital ou investimentos diretos (sócios, proprietários, investidores do grupo ou organização) ou indiretos (capital de fontes de fomento, ações e outras fontes de capital);
- organizações para fins específicos que se aliam para conclusão de objetivos transitórios e temporários (consórcios, SPE e outras formas de coalizão de organizações);
- fontes de financiamento de estruturas de operação;
- unidades de negócios, subsidiárias e filiais com novas formas de realizar a operação;
- processos financeiros e não financeiros que impactam na operação, como endividamento, acordos e benefícios concedidos ou recebidos, informações e processos que devem ser levados ao conhecimento das partes interessadas;
- deliberações que impactam na organização, sejam internas (promovidas por conselhos, alta gestão, grupos de investidores ou outras formas de sociedade) ou externas (políticas e regulamentações que impactam nas operações e atividades).

Muitas características tratadas nesta etapa são de caráter estratégico, mas impactam nas operações e atividades. O objetivo da auditoria inteligente de riscos (SPRA) é avaliar como essas atividades impactam nas operações e nos processos ligados ao gerenciamento de riscos organizacionais (ERM). O foco desta etapa não é avaliar os riscos operacionais do ORM, mas os riscos que impulsionam e transferem para a organização como um todo os impactos das operações.

NATUREZA DAS OPERAÇÕES E ORIGEM DOS NEGÓCIOS

A natureza das operações representa a origem dos negócios. Uma organização pode ter várias constituições e formações de capital.

Em algumas situações, as organizações criam estruturas temporárias de negócios e associações para atingir objetivos estratégicos. Nesse caso, as organizações são estruturadas de forma restrita ao objetivo organizacional específico, podendo ser constituídas em forma de *trust,* parcerias, entidades mistas, abertas ou fechadas, incorporadas ou consórcios etc. Esses tipos de operações estão ligados aos processos de negócios para fornecimento ou entrega de bens e serviços, podendo ter parte do seu capital oriunda de outras formas de organização.

A natureza da junção das organizações tem várias vertentes, e algumas delas estão ligadas ao processo de financiamento, investimento ou fornecimento de capital, no conceito de múltiplos capitais, para conduzir um negócio ou projeto.

Um exemplo são organizações detentoras de conhecimento (*know how*) em determinados segmentos que se aliam a empresas que possuem capital de investimento (financiamento) e a outras que possuem o direito de propriedade.

Juntas elas conseguem exercer o negócio ou projeto que, individualmente, não conseguiriam. Nesses casos as organizações necessitam de controles consolidados de gestão, sem deixar de realizar controles individuais. As estruturas organizacionais devem ser levadas em conta, muitas vezes detalhadamente, trazendo uma visão clara da posição da organização conjunta e de cada organização em separado.

O gerenciamento de riscos organizacionais (ERM) fornece duas visões de *reports* de riscos: uma consolidada na atual empresa, objeto da junção de duas ou mais organizações, e outra no contexto de cada empreendimento em separado. É muito comum ambas as visões caminharem lado a lado, sem abandonar a visão do negócio, projeto ou objeto pelo qual foi demandada a necessidade de junção das organizações. Por isso, na visão de auditorias inteligentes de riscos, devem ser considerados:

- a necessidade e a motivação que levaram à junção das organizações;
- os modelos de junção adotados na visão de riscos;
- os objetivos conjuntos como resultado da união das organizações e os objetivos individuais;
- a origem dos negócios e a forma como as organizações respondem a essa origem;
- os riscos de capital, societário, estendido ou aplicado, individual ou coletivo, aplicados ao negócio ou gerados por ele;
- a busca pela identidade organizacional;
- a visão desses processos ao longo do tempo;
- outros fatores relevantes.

Essas informações podem demandar estudos, análises, buscas e rastreamento. Não há como conseguir informações da organização, origem dos contratos, fontes de financiamento ou natureza dos negócios sem suas diretrizes.

AVALIANDO FATORES DE RISCOS

A organização, seus representantes e responsáveis pelo gerenciamento de riscos organizacionais (ERM), auditores e demais partes interessadas devem avaliar os fatores de riscos organizacionais através da inteligência de gestão aplicada.

A compreensão dos fatores de riscos é ponto crucial nas auditorias inteligentes de gestão. Muitos fatores de riscos podem ser tratados de forma convencional pelos padrões auditáveis de gestão, trazendo erro de interpretação no processo dinâmico, multissetor e multivisão de riscos.

Como citado no estágio anterior, um mesmo fator de riscos pode ter várias interpretações, não só devido às características da organização, mas por conta dos fatores externos, como mercado, economia, políticas públicas, socioambientais, governança, entre tantos outros. Esses processos podem ajudar os envolvidos nas auditorias a avaliar o sistema de gerenciamento de riscos organizacionais (ERM).

Esse estágio traz ainda uma visão ampliada de riscos não só para as auditorias inteligentes, mas para conselhos, alta gestão, proprietários e gestores de riscos.

NATUREZA DOS RISCOS

Fatores de riscos inerentes aos negócios são caracterizados por eventos e condições que afetam como a organização lida com riscos organizacionais.

Informações como classe dos riscos, valores envolvidos, distorção de eventos, estrutura de negócios, controles, processos e complexidade são alguns dos fatores avaliados pelas auditorias inteligentes de riscos. Ainda fazem parte da inteligência de negócios na visão da natureza dos riscos:

- complexidade dos riscos que surgem na classificação da natureza dos riscos, através das informações geradas pela gestão da organização;
- obrigatoriedade das informações exigidas por órgãos reguladores, políticas, normas e condicionantes que classificam e organizam riscos pela natureza da operação, organização etc.;
- relacionamentos nas fontes de fornecimento, seja para recebimento de recursos, produtos, serviços, insumos, seja para entrega de soluções, produtos, projetos ou resultados, considerando as visões locais (país ou região em que atua) ou globais (para multinacionais e organizações globalizadas);
- inter-relacionamento das etapas de avaliação e classificação dos riscos devido à complexidade da estrutura da organização, do segmento ou dos fatores que influenciam os riscos, como gravidade, impacto, tempo de atuação, respostas aos riscos etc.;
- processos que visam capturar, identificar, classificar e compreender os fatores de riscos de acordo com a sua natureza e a sua atuação na organização;

- outros fatores ligados à natureza e à classificação dos riscos nas organizações.

A avaliação da natureza dos riscos e dos fatores que influenciam no seu desenvolvimento cabe não só aos gestores de riscos, mas a todos os envolvidos.

Os auditores de riscos, que, em sua maioria, respondem através de relatórios aos conselhos, à alta gestão e aos proprietários de riscos, têm como missão avaliar a natureza e os fatores de riscos não só dos impactos causados, mas na visão de inteligência de riscos.

Enfim, cabe aos auditores compreender a natureza dos riscos e avaliá-la segundo os contextos citados anteriormente – não apenas pelos padrões que estabelecem processos de classificação, mas pela combinação de fatores que formam o negócio da organização, como ambientes interno e externo, mercado ou segmento, influências e fatores sociopolíticos, ambientais e governança (ESG).

SUBJETIVIDADE DOS RISCOS

A avaliação da subjetividade dos riscos nas organizações está ligada aos limites organizacionais e à capacidade da gestão em materializar essas informações. Riscos só podem ser tratados se contextualizados e identificados como processos que impactam a organização, positiva (oportunidades) ou negativamente (ameaças).

Aspectos da subjetividade dos riscos:

- a administração fica limitada ao conhecimento e à compreensão das informações, considerando os limites propostos na escolha de respostas aos riscos subjetivos;
- a organização deve avaliar as informações financeiras e não financeiras, considerando os processos que identificam os riscos nas próprias organizações;
- as abordagens de riscos alimentam os padrões de informações e os processos de auditoria, gerando a necessidade de alinhar a estrutura de informações aos processos de riscos;
- as limitações também estão ligadas ao conhecimento da organização, dos processos que nela são aplicados, ao aprimoramento dos objetivos estratégicos e à forma como as partes interessadas interpretam seus resultados;

- as razões pelas quais os processos são limitados não estão ligadas apenas à subjetividade dos riscos, mas a toda a cadeia que gerencia os riscos organizacionais, desde o sistema de gestão até as respostas aos riscos e as informações finais relevantes.

A subjetividade dos riscos provoca mudanças organizacionais constantes, o que gera novos riscos organizacionais e novos processos de gestão.

Os resultados esperados dos processos de gerenciamento de riscos organizacionais (ERM) são constantemente afetados também por conta da avaliação subjetiva dos auditores, gestores e conselhos acerca dos impactos relacionados a riscos mensuráveis e não mensuráveis. Tão importante quanto compreender o caráter intrínseco dos riscos na organização é compreender como as partes interessadas enxergam, avaliam e analisam esses mesmos riscos.

Os auditores devem compreender a relevância da interpretação subjetiva dos riscos tanto quanto a subjetividade natural dos próprios riscos. Pessoas na gestão podem analisar determinados riscos subjetivamente, enquanto outras pessoas em posições diversas, semelhantes ou não, podem ter outra visão. A visão sobre o risco pode alterar as suas características de gestão, ações ou respostas, mas não a natureza do risco em si nem os fatores ligados a ele.

De fato, esses fatores são aplicados aos relatórios de informações gerenciais nos diversos contextos de riscos, não só no inventário de riscos, mas nos processos de gerenciamento de riscos como um todo, chegando até a emissão dos relatórios financeiros e não financeiros. Tais análises serão feitas no ambiente em que a organização opera, nos processos em que ela está inserida e nos processos que ela influencia. Assim, independentemente das razões dos processos ou abordagens adotadas, a organização sempre será avaliada como um todo.

IMPREVISIBILIDADE DOS RISCOS

A imprevisibilidade dos riscos está ligada a como a organização deve se comportar na tomada de decisões e nas respostas a riscos. Ações podem ser necessárias e podem não estar disponíveis: a reserva de contingência para ações pode acarretar uma sobrecarga no sistema de gerenciamento de riscos organizacionais (ERMS).

A imprevisibilidade dos riscos está entre os fatores mais impactantes nas organizações, pois não determina apenas como a organização deve se comportar nos processos dos planos de gerenciamento de riscos, mas como ela deve agir em casos nos quais a aplicação de recursos é necessária.

Outros fatores influenciados pela imprevisibilidade são:

- as restrições referentes aos limites de riscos organizacionais;
- as circunstâncias provocadas pelos processos de incerteza que necessitam de abordagens complementares;
- a necessidade de preparar a organização para gerar informações suficientemente razoáveis que comprovem a sua preparação para eventos incertos;
- as restrições e responsabilidade, nas informações disponíveis, que alteram os resultados pretendidos pelas organizações e que não estão sob o seu controle;
- a precisão das respostas aos riscos, comparada com o volume de riscos gerados por processos incertos e o tratamento de riscos conhecidos.

A imprevisibilidade pode ser um fator preponderante em organizações que não se preparam para gerenciar as altas taxas de riscos residuais de processos fora da sua alçada, entre outros processos que operam em altos níveis de incerteza. Existem ambientes, mercados e segmentos que são dotados de imprevisibilidade por natureza.

Nesses casos, as auditorias inteligentes de riscos devem compreender o caráter imprevisível do ambiente e preparar tratativas condizentes com os processos inteligentes de respostas aos riscos.

Conselhos, proprietários de riscos e gestores de riscos devem compreender que os riscos são imprevisíveis por natureza. Tentar organizá-los de uma maneira direta e consolidada é o objetivo de todo sistema de gerenciamento de riscos organizacionais (ERMS). No entanto, a realidade das organizações que atuam em ambientes de médio e alto riscos indica que a imprevisibilidade é realmente o maior de todos os vilões no gerenciamento de riscos.

SUSCETIBILIDADE A FALHAS

A suscetibilidade a falhas provocada pela distorção de processos é uma das características principais dos processos que avaliam riscos nas organizações.

O fator da suscetibilidade a falhas dos riscos está ligado aos processos que a organização estabelece enquanto avalia e prepara seus sistemas de gestão sem considerar os processos de falhas operacionais.

Um exemplo bem amplo da suscetibilidade a falhas é o processo ocorrido com os bancos norte-americanos na crise financeira mundial em 2008. A estrutura financeira dos EUA não considerou a suscetibilidade a falhas dos riscos das operações de títulos de *sub-prime*. O resultado foi a crise financeira.

Várias reportagens, documentários e filmes retrataram esse cenário e contextualizaram os sistemas como grandes demais para quebrar. Esse foi um típico caso de falta de avaliação ou cegueira intencional para o processo de falha de grandes sistemas.

Na avaliação da auditoria inteligente, sistemas de alta complexidade são dimensionados e avaliados quanto à suscetibilidade a falhas. Outros fatores influenciados pela suscetibilidade a falhas dos riscos são:

- a tendência de menosprezar o caráter de falhas dos riscos em contextos de grandes operações;
- a improbidade administrativa em termos de falhas provocadas por fatores que ignoram a suscetibilidade a falhas dos riscos;
- fatores relevantes apresentados em relatórios financeiros e não financeiros que comprovam a existência de processos que podem não só trazer à tona situações críticas para a gestão como colocar em risco as áreas afetadas pela organização, interna e externamente;
- a existência de impulsionadores econômicos que criam um fluxo operacional ou estratégico intenso, sem considerar os processos suscetíveis a falhas.

Enfim, o papel das organizações não é evitar falhas, mas abarcá-las nos processos de gestão.

Os gestores de riscos devem preparar a organização não apenas para funcionar nos limites estabelecidos, mas para falhar, corrigir suas falhas e saber como agir se essas ações ocorrerem em larga escala.

COMPLEXIDADE DOS RISCOS

A complexidade dos riscos organizacionais é outro fator imperativo nas organizações. Ela é um fato inerente à organização e traz sistemas e processos para simplificar os riscos e suas tratativas.

No entanto, os processos que estão ligados aos fatores de complexidade dos riscos podem não trazer os resultados esperados para as estratégias organizacionais.

Como resultado, as organizações necessitam de uma ampla visão dos riscos de alta complexidade, exigindo habilidades e competências específicas dos atores que trabalham nos processos de gerenciamento de riscos organizacionais (ERM).

Quando a organização falha na determinação da complexidade dos riscos, na sua gestão ou nas ações que necessitam da sua atenção, geram novos riscos que não são de fácil solução. Fazem parte da complexidade dos riscos:

- fatores provocados por alterações de regulações, políticas, normas e sistemas que afetam a organização de forma complexa;
- criação de sistemas complexos que implicam em soluções tão complexas quanto os próprios sistemas;
- falta de habilidade e conhecimento dos corpos técnico e gerencial na tratativa de riscos e na compreensão desses fatores de complexidade;
- necessidade de avaliar, por conta da visão multifator dos riscos, que a complexidade inerente ao risco não está apenas no processo de gerenciamento dos riscos, mas nos impactos e nas ações, intencionais ou não, em todo o contexto do sistema de gerenciamento de riscos.

Enfim, o papel das organizações no gerenciamento de riscos organizacionais (ERM) é trazer para seu quadro de gestores e operadores pessoas com habilidades em tratar da complexidade dos riscos. Não basta ter processos, sistemas e estratégias que impliquem em consolidar os riscos e classificá-los, independentemente da sua complexidade. É necessário ter pessoas que consigam avaliar essa complexidade, propor soluções e empregar processos de gestão condizentes com as necessidades dos riscos.

O controle interno e a forma como as organizações gerenciam suas políticas e seus sistemas são fatores preponderantes de sucesso.

A organização, seus representantes e responsáveis pelo gerenciamento de riscos organizacionais (ERM), auditores e demais partes interessadas devem conhecer na íntegra os processos de controle interno e como eles contribuem para o ERM.

O controle interno é o responsável pelas auditorias inteligentes de gestão. Ele é gerenciado pelos conselhos e pela alta gestão. Com base na estrutura da organização, o controle interno estabelece as boas práticas de gestão, através de procedimentos, normas e políticas.

Esse estágio trata do controle interno na visão de riscos e como ele pode agregar as informações para auditorias inteligentes de riscos organizacionais (SPRA).

Os processos relacionados ao controle interno e às políticas de gestão organizacionais, além das áreas de riscos, são tratados nos livros "Smart Project Audit" e "Planejamento e Inteligência Estratégica", da BIO. Saiba mais sobre os livros da BIO. que auxiliam no desenvolvimento de informações gerenciais no final do livro, em "Referências Inteligentes", no tópico "Base de conhecimento de negócios e projetos".

Para poder auxiliar no desenvolvimento de informações para o gerenciamento de riscos organizacionais (ERM), o controle interno, na visão de riscos, atua nos processos a seguir.

AMBIENTE DE CONTROLE

O ambiente de controle interno organizacional possui componentes que, desenvolvidos juntos com os processos, apresentam a forma como a organização deverá preparar, coletar, distribuir e apresentar os resultados da gestão. Ainda fazem parte da inteligência de negócios os seguintes componentes do controle interno organizacional:

- o ambiente de controle e as funções destinadas a governança, gestão, processos, ações e responsabilidades das partes interessadas;

- o ambiente de controle estabelece processos, procedimentos e práticas que definirão a estrutura com a qual a organização trabalhará na gestão dos objetivos estratégicos;
- a cobertura dos processos estabelecidos pelo ambiente organizacional de controle leva em conta os sistemas que organizam as informações da organização;
- o ambiente interno de controle congrega as informações intangíveis contemplando processos que envolvem a consciência e a cultura organizacional.

O ambiente de controle resume praticamente toda a organização em uma ou várias estruturas, dependendo dos portfólios, negócios ou divisões da empresa. O controle interno ainda responde a questões de natureza estratégica que traduzem o *modus operandi* da organização. As questões estão ligadas à governança, nos papéis e responsabilidades de cada membro da gestão, na forma de agir e nas maneiras como o mercado, a sociedade e demais áreas externas compreendem a organização.

O sucesso da organização passa necessariamente pelo sucesso do controle interno. No entanto, para ter sucesso, o controle interno deve ser independente, ter autonomia e tratar de ações de gestão como transações que devem ser levadas em conta para atingir os objetivos estratégicos.

O ambiente de controle é a alma da organização. A estrutura física é o corpo. Os valores que ela aplica, através do controle interno, são o espírito. O corpo organizacional traz consigo toda a estrutura física e os processos operacionais para realizar a entrega física de produtos e serviços.

Os valores que a organização compartilha com as demais organizações, o mercado em que atua e as redes de contatos (clientes e fornecedores), o modo como ela é vista pela sociedade, pelos órgãos externos e pelo mundo, tudo isso representa o espírito organizacional.

Por fim, representam a cultura organizacional o modo como a empresa encara tudo o que acontece com ela mesma e o olhar interior sobre como ela própria se classifica e se vê no mercado em que atua.

É possível estruturar o controle interno para trazer, de forma inteligente, os processos necessários para a constituição da organização.

VALORES ORGANIZACIONAIS

Os valores organizacionais representam a forma como a gestão realiza seus objetivos através da divisão de tarefas e responsabilidades. Ainda fazem parte da inteligência de negócios dos componentes de valores organizacionais:

- a compreensão das responsabilidades da gestão e como ela executa e administra os processos e estabelece a cultura organizacional;
- os compromissos com o desenvolvimento organizacional assumidos pela gestão;
- a eficácia dos controles de gestão que comprovam o compromisso da organização com os valores que ela mesma estabeleceu;
- o comportamento e a forma ética de gerenciar a organização;
- a política de desenvolvimento, detalhada em padrões, processos, códigos de conduta e direcionamento das práticas de gestão, que será refletida nos processos de governança;
- a comunicação de informações e posturas que a alta gestão assume, por meio de declarações que exprimem os valores organizacionais.

Os valores não são apenas declarações que tratam da visão da organização. Eles são muito mais do que isso e devem ser sentidos desde a comercialização de negócios e projetos até os processos de engenharia e desenvolvimento de soluções, na produção de bens e serviços, na entrega e implementação de soluções e na busca de parcerias estratégicas e duradouras.

Tudo isso deve ser norteado pelos valores organizacionais. Os gestores devem compreender ainda que esses valores e a eficácia dos controles de gestão, bem como os processos organizacionais e operacionais para atingir os objetivos estratégicos, devem estar balanceados. Isto é, tudo o que a organização realiza não pode ultrapassar os seus valores, mantendo-a sempre alinhada com a ética, a governança e o *compliance*. Outros fatores ainda são influenciados pelos valores organizacionais e devem ser observados:

- a integridade da organização é o elemento-chave para as negociações, a visão de mercado e a exposição de negócios e projetos no ambiente externo;
- o comportamento das pessoas são o produto dos códigos de ética e conduta;
- a organização é o reflexo dos comportamentos daqueles que atuam em seu nome, da operação até a alta gestão;

- as declarações que a gestão emite, bem como qualquer tipo de comunicação, interna ou externa, também refletem como a organização se comporta no nível de governança;
- as práticas e as operações realizadas pela gestão devem ser consequências das políticas e dos padrões organizacionais estabelecidos;
- as políticas e os procedimentos devem tratar não apenas de padrões estabelecidos de qualidade e eficácia, mas de valores organizacionais e comportamentais para todos que dela fazem parte.

Enfim, os valores são as diretrizes que a organização deve seguir. Tanto os valores quanto as práticas devem ser reflexo um do outro. Não há por que estabelecer valores que não serão seguidos e nem mesmo práticas que não estão de acordo com esses valores.

Para o gerenciamento de riscos, deixar de seguir os valores organizacionais, realizar atividades que estão em desacordo com esses valores, ou estabelecer valores que ferem outros valores intrínsecos das pessoas e da sociedade pode não só trazer riscos de *compliance* como provocar outros riscos à empresa.

SUPERVISÃO DOS SISTEMAS

A supervisão dos sistemas de controle determina como as atividades contribuirão para os processos de governança e *compliance*. Aspectos dos componentes de supervisão do controle interno:

- a conscientização da entidade é influenciada pelas políticas estabelecidas pela governança e pelo controle organizacional;
- as políticas de controle e regulamentação traduzem a visão das pessoas sobre o contexto de gestão das atividades;
- a supervisão das ações realizadas pode concluir que não há pessoas suficientes na organização para realizar a gestão e as demais atividades;
- o controle interno identifica se as pessoas que realizam a gestão estão dispostas a aceitar as responsabilidades inerentes à governança;
- identificadas as responsabilidades, elas são retratadas em códigos, normas e práticas que traduzem como as pessoas devem se comportar na gestão;
- a supervisão passa a fazer parte das atribuições dos conselhos e da alta gestão para atingir os objetivos estratégicos.

Os processos de supervisão do controle interno criam condições para a própria gestão compreender seus processos. Os responsáveis pela organização usam a governança como instrumento para balizar a gestão nos processos de supervisão. Os responsáveis pela governança criam condições de administrar a organização através da supervisão do seu próprio sistema de controle interno.

A supervisão dos sistemas de controle interno permite que a organização atinja seus objetivos estratégicos. Com isso, os gestores de riscos organizacionais podem entender como é o ambiente e como são as condições, os efeitos e os fatores que impulsionam os riscos. Eles utilizam a supervisão como fonte de informação confiável e de alto valor agregado para o gerenciamento de riscos organizacionais (ERM).

MATRIZ DE RESPONSABILIDADES

A matriz de responsabilidades determina responsabilidades para os envolvidos na gestão. Cada área recebe políticas, normas e práticas que devem ser seguidas para atingir os objetivos traçados pelo planejamento estratégico organizacional.

A matriz de responsabilidades não direciona apenas as atividades e a autoridade para os membros da gestão. Ela também orienta e estabelece áreas-chave.

No entanto, existe uma falha nas matrizes de responsabilidades que consideram apenas o estado estático da organização, sem avaliar a visão dinâmica e sua aplicação no tempo.

Através do hipercubo de gestão, a matriz inteligente de responsabilidades cria uma visão muito além da situação atual da organização. Um exemplo dos efeitos da matriz inteligente de responsabilidades é a visão sucessória da gestão. Os Escritórios de Gestão Inteligente avaliam, através do elemento SPM (*Succession Planning Management*), o planejamento sucessório da gestão criando uma matriz inteligente de responsabilidades dinâmica, iterativa e incremental.

O SPM contribui ainda para a gestão multivisão da organização, onde cada membro passa a ser uma posição, e não um cargo. Através da visão do SPM, todas as posições podem ser responsáveis por várias atividades, criando uma visão de inteligência múltipla de gestão.

Esse não é um processo simples e exige grande esforço de planejamento. No entanto, o resultado é uma matriz inteligente de responsabilidades que permite à organização atuar no ambiente dinâmico da era da transformação digital.

CAPACITAÇÃO DOS GESTORES

Gestores que pretendem atuar no controle interno precisam de treinamento e capacitação. Boa parte do conhecimento sobre a organização não está nas mesas de conselhos nem nas salas da alta direção. O conhecimento está espalhado por toda a empresa e, em certos casos, ocupa as mentes brilhantes que conduzem a organização nos vários níveis de gestão. O conhecimento organizacional ainda é o maior capital que uma empresa possui.

Os gestores devem se capacitar e estreitar os laços com os diversos níveis organizacionais, da produção e operação até a alta gestão.

Antes de avançar com a capacitação inteligente, os gestores devem avaliar aonde a gestão deve chegar, por que deve chegar, como chegar e quais os recursos necessários para compreender como a organização funciona. Parece redundante solicitar aos gestores que se capacitem na sua própria organização, porém isso trará uma visão prática da gestão e da sua operação. Uma visão ampliada dos sistemas de gestão e controle interno traz conhecimento prático sobre o funcionamento da organização.

Muitos gestores relatam não conhecer certas práticas devido à extensa operação da organização. Alguns não o fazem pelo tempo demandado para conhecer todos os processos. Outros ainda replicam práticas de outras organizações, deixando de lado as particularidades da empresa onde está.

Conhecer as práticas organizacionais exige capacitação e treinamento. Esses processos devem estar listados nas políticas de treinamento das funções de gestão e operação.

O foco dos sistemas de controle interno deve estar na capacitação através de universidades organizacionais. Esses treinamentos e capacitações devem estar de acordo com os valores organizacionais e devem trazer os níveis de excelência e comportamento esperados pela própria organização. As avaliações periódicas realizadas pelos sistemas de controle interno, através da supervisão, promovem o compromisso com a formação continuada e a qualificação dos responsáveis pela gestão.

A capacitação vem ao encontro da necessidade de elevar o status do conhecimento dos gestores de riscos. Muitos riscos são peculiares e nem todos são aplicadas à organização.

No WIERM são criados processos de capacitação de profissionais que necessitam se aprimorar em gerenciamento de riscos organizacionais (ERM). Saiba mais sobre o WIERM no livro **Ferramentas Inteligentes de Riscos – The Book of Risk | Toolkit**, da BIO.

COMUNICAÇÃO DOS SISTEMAS DE CONTROLE

A comunicação dos sistemas de controle será abordada em todos os níveis organizacionais. Mecanismos de gestão são criados para aprimorar a comunicação e auxiliar os responsáveis pela organização no cumprimento dos objetivos estratégicos. A responsabilidade da alta gestão e dos conselhos é implementar políticas que estimulem a comunicação e os processos de melhoria contínua conforme a necessidade da organização.

Outro papel importante da comunicação nos sistemas de controle é o estabelecimento de medidas de desempenho organizacional através de políticas de incentivo, recompensas e meritocracia.

Enfim, a comunicação tem um papel fundamental no estabelecimento de medidas de desempenho. A forma como a própria organização trata do alcance dos objetivos e como eles são comunicados em todos os níveis organizacionais retrata como a empresa se importa com as pessoas que compõem o seu sistema de gestão.

AVALIAÇÃO DINÂMICA DE RISCOS

Os processos de avaliação de riscos organizacionais são dinâmicos, iterativos e incrementais e se alinham para identificar os impactos e reflexos nos negócios.

A relevância dos riscos é expressa em números nas demonstrações financeiras e refletida na documentação que mostra a capacidade da organização em superar tais riscos.

No entanto, os relatórios financeiros nem sempre conseguem expressar como a organização avalia os riscos em um contexto global, na visão ERM.

A organização estima os riscos, seus impactos e a forma como serão tratados na visão de probabilidade e impacto, de ocorrência e gestão, e decide, por conta das práticas e dos valores estabelecidos, como serão tratados os riscos, se suas respostas são eficazes e se os riscos residuais representam algum tipo de impacto.

O objetivo de avaliar os riscos é estabelecer o impacto deles no resultado organizacional, não apenas na visão financeira, mas na visão de múltiplos capitais.

As organizações da era da transformação digital repelem os riscos de exposição à mídia e os riscos de imagem muito mais que as empresas de outras eras. O motivo é simples: empreendimentos da era das mídias digitais têm boa parte do capital intelectual e visual pautada nas mídias sociais e em como o mercado a enxerga.

Mesmo empresas de capital aberto e com grande exposição na mídia avaliam a comunicação, os efeitos do posicionamento e da postura dos seus membros e muitas outras vertentes que impactam na gestão.

Não basta avaliar os impactos dos riscos, o valor envolvido, os impactos gerados no meio ambiente, na visão sociopolítica e de governança, como é o caso do ESG, mas em todas as visões que a organização enfrenta no ambiente onde atua.

Os mercados financeiros avaliam as organizações não apenas pelos *reports* e pelas demonstrações financeiras divulgadas, mas pelo histórico do seu processo de gestão, os riscos em carteira e como a organização tratará esses riscos no futuro.

Quando os riscos no ambiente organizacional (ERM, ORM, ESG) são mal avaliados, a empresa se vê em sérios problemas de gestão. O futuro da organização começa pela correta avaliação dos riscos no ambiente organizacional. A partir dessa avaliação, processos serão desenvolvidos para tratar os riscos, e os gestores devem monitorá-los através de processos de auditorias de riscos e controle interno.

Algo inovador que as auditorias inteligentes de riscos trazem são a ampliação da visão de riscos muito além da visão tradicional. Enquanto a visão de riscos tradicional trata da avaliação de riscos como um processo organizacional, a visão inteligente trata da avaliação como um pilar de gestão. A avaliação de riscos não é um simples processo de escolha de parâmetros para tomada de decisão, mas vai muito além disso.

O gerenciamento inteligente de riscos organizacionais (IERM) prevê a visão ampliada através do hipercubo de gestão IMT, olhando todo o contexto organizacional ao longo do tempo.

A avaliação de riscos no estado atual é de fácil compreensão com a visão atual e histórica. No entanto, olhar o futuro trará tantas incertezas que pautar os processos de avaliação em limites e padrões na visão atual é estar fadado ao insucesso organizacional.

Os gestores devem observar como as questões de avaliação de riscos afetam as organizações e como ela própria se comporta em resposta a essas ações. Elas precisam melhorar seus processos de avaliação, corrigir sua postura em relação às transações realizadas, previstas ou não nos relatórios de gestão, e tratá-las de forma significativa quando se trata de riscos.

Enfim, é necessário avaliar a confiabilidade dos relatórios de gestão tanto quanto os riscos que deles são extraídos, tanto para circunstâncias internas quanto para efeitos externos que podem ocorrer. Cabe aos gestores transformar planos, programas e respostas aos riscos em ações eficazes.

EFEITOS DAS MUDANÇAS ORGANIZACIONAIS

As mudanças oferecem a oportunidade de transformar o pensamento organizacional. Elas se dividem de acordo com o escopo, processo ou ambiente.

MUDANÇAS NO AMBIENTE INTERNO

Os riscos provocados pelas mudanças organizacionais se dividem em riscos de mudança e os impactos provocados por ela. Os riscos de mudança, por sua vez, compreendem os impactos antes e durante o processo de implementação das mudanças.

A organização trata de riscos de operações e processos relevantes para a necessidade de mudança e dos impactos e efeitos caso as mudanças não sejam implementadas. Por outro lado, os riscos provocados pelas mudanças são condições desconhecidas das organizações no momento do planejamento das ações relativas a esses riscos.

Por isso a organização precisa focar nas ações que irão ocorrer após a implementação das mudanças, compreender seus impactos e como o sistema de controle interno pode apoiar na detecção, no monitoramento e em outras ações ligadas à própria mudança.

Os sistemas de informação auxiliam na divulgação das informações através de canais de colaboração e implementação das mudanças. Mudanças de alto nível demandam projetos.

Projetos são tratados com o intuito de criar processos para implementar as mudanças. No entanto, os projetos também têm seus riscos.

Dessa forma, mudanças provocadas pelas transformações organizacionais de alto nível tendem a trazer mais riscos. É nesse contexto que as bases da organização precisam ser tratadas, revistas e reformuladas para atingir os objetivos estratégicos.

TECNOLOGIAS E MODELOS ORGANIZACIONAIS

Novas tecnologias e modelos de negócios têm surgido em todo o mundo nos últimos anos.

Escaláveis ou não, ágeis ou tradicionais, com visões que disputam atenção das mídias ou completos desconhecidos, os negócios têm criado novas formas de relacionamento – e essa é a questão, relacionar-se. Mas uma organização precisa lidar com vários fatores muito além das relações tradicionais de tecnologia e gestão.

No Manual de Normas dos Arcos Dourados (McDonald's), a organização divide com os seus funcionários a responsabilidade do uso das comunicações eletrônicas, deixando claro que a empresa espera que os funcionários cumpram normas éticas de conduta, não usem as comunicações para promover seus interesses privados ou qualquer outro fim diferente dos interesses da organização. Porém, o que chama atenção não está ligado à tecnologia, mas ao comportamento. O manual deixa claro que não é permitido aos funcionários aceitar qualquer tipo de presente.

Em uma pesquisa interna, um dos funcionários cita que, em sua cultura, recusar um presente é um insulto. Então uma exceção foi aberta, mantendo os valores da companhia. Esse é um exemplo claro de visão ampla de gestão quando se trata de pessoas.

Costumes, práticas e padrões são tão importantes quanto processos e normas. Para os gestores de riscos organizacionais, os sistemas de informação são geradores de riscos quando mudanças rápidas nos processos de gestão são realizadas, principalmente nos sistemas de controle interno.

O crescimento organizacional é outro fator que traz riscos significativos para a organização, pois o processo de expansão, aliado às rápidas transformações tecnológicas que ele exige, pode sobrecarregar os controles e sistemas. As tecnologias incorporam ainda os processos de produção de informação e sistemas de gestão, por isso elas também são geradoras de riscos.

Novas tecnologias, mudanças no ambiente e a incorporação de novos sistemas de controle, gestão ou operação podem criar riscos e afetar os resultados da organização e a maneira como ela pretende atingir seus objetivos estratégicos.

As tecnologias não são vilões organizacionais. Pelo contrário: elas agregam valor. No entanto, seu uso desordenado provoca riscos e graves problemas.

As tecnologias trazem riscos de integridade para o processamento das informações e afetam as estratégias dos negócios. Os problemas causados pela política desordenada no uso da tecnologia provocam o desgaste e o mau funcionamento da organização, impedindo-a de atingir seus objetivos estratégicos.

Mudanças e interrupções no ambiente organizacional, fruto de intervenções tecnológicas, provocam desde o *turnover* das próprias áreas de tecnologia até a falta de atualização de sistemas e perda de informações estratégicas. Casos de empresas que perderam boa parte do seu capital intelectual por não gerir corretamente o uso das tecnologias de armazenamento e compartilhamento são mais comuns do que se imagina. Os riscos não param por aí.

Em 2017, uma onda de "sequestro de arquivos e dados" afetou muitas organizações brasileiras (e ainda afeta). Esses são os *cyber risks* atuando em pleno funcionamento. Muitas dessas organizações não tinham estruturas de recuperação de dados em fontes externas devido a rígidas políticas de não compartilhamento de informações com uso de tecnologia disruptiva. Os efeitos desses processos podem chegar à perda de sistemas inteiros.

Enfim, os impactos das tecnologias ainda não podem ser totalmente avaliados. Por isso eles estão entre os primeiros riscos em uma extensa lista de países como Brasil, Austrália e Suíça, como aponta o *The Allianz Risk Barometer®*. Este é mais um grande desafio para a gestão de riscos organizacional.

MONITORAMENTO DOS SISTEMAS DE GESTÃO

O monitoramento dos sistemas de gestão envolve, mas não se limita a, sistemas de gestão estratégica, sistemas de controle interno, sistemas operacionais, sistemas de avaliação, medição, monitoramento etc. Compreender os sistemas de gestão é um dos pilares de sustentação da gestão organizacional.

O processo de monitoramento e controle dos sistemas passa pela condução de auditorias, na visão inteligente, para que seja possível avaliar não só a eficácia dos sistemas, como das pessoas que conduzem seus processos. Juntamente com esse monitoramento, a organização precisa compilar as informações em uma periodicidade auditável, que permita o acompanhamento por gestores e sua visualização pelas partes interessadas.

As atividades de monitoramento dos sistemas de gestão são muitas vezes coordenadas com outros processos. Esses processos e sistemas de gestão são incorporados em atividades recorrentes de monitoramento, sendo submetidos a aferições frequentes para o uso correto da informação.

Processos de monitoramento podem incluir ainda atividades de regulamentação e medidas corretivas. Essas medidas são necessárias para manter o funcionamento dos sistemas organizacionais. Eles visam ainda receber e enviar informações aos órgãos reguladores externos, como forma de certificar seus sistemas gerenciais.

Em organizações estruturadas, as atividades de monitoramento são incorporadas aos processos de gestão, sendo frequentemente reavaliadas quanto ao escopo, aos riscos e aos impactos nas partes interessadas.

As auditorias inteligentes de gestão (SPRA) têm ação contínua nos processos de monitoramento dos sistemas de gestão. A eficácia dos sistemas é auditada de acordo com o procedimento apresentado pela organização. A alta gestão conta com as auditorias para tomar decisões, que incluem, mas não se limitam a:

- revisão dos processos e sistemas de gestão para atingir a performance estabelecida pela alta gestão;
- avaliar os resultados produzidos, fazendo a integração das informações;
- acompanhar em tempo hábil os processos de conformidade das áreas de gestão, envolvendo todos os ciclos, estratégico e operacional, da gestão comercial até a gestão contábil e fiscal;
- o monitoramento é realizado para garantir que os controles atendam às demandas dos gestores em tempo hábil, contínuo e sem interrupções, de forma confiável, ao longo de todo o ciclo de gestão;
- o monitoramento também tem o propósito de reconciliar as informações que não foram tratadas dentro do ciclo de operação dos sistemas, lidando com as exceções e promovendo mudanças organizacionais em ciclos repetitivos de intervenção.

É importante compreender que os controles dos sistemas de gestão, avaliados no estágio de monitoramento, não podem ser um complemento das operações. As informações que precisam ser tratadas repetidamente deverão ser estruturadas para combinar processos que necessitam de monitoramento constante e processos que necessitam de melhorias e implementações.

No entanto, nem sempre a organização poderá contar com um alto nível de supervisão no monitoramento. Isso se dá com o tempo e com o amadurecimento. Sistemas de gestão são ferramentas que auxiliam nos processos da organização. Cabe aos gestores e conselhos combinar conhecimento e monitoramento na busca da melhoria desses sistemas. A verdadeira gestão acontece nas pessoas que atuam nesses sistemas.

CONCLUINDO O PLANO DE GESTÃO INTELIGENTE

Neste capítulo apresentamos uma extensa lista de orientações para avaliar em detalhes sistemas de gerenciamento de riscos. O conteúdo deste capítulo serve para ilustrar a necessidade de ampliar a visão quando se trata de gerenciamento de riscos organizacionais (ERM). A organização não precisa apenas de relatórios de gestão ou sistemas de monitoramento de riscos. Ela precisa de muito mais se quiser avançar no gerenciamento inteligente de riscos. O EGIR (Escritórios de Gestão Inteligente de Riscos) pode auxiliar os gestores na preparação e implementação dessas informações com ações concretas e dinâmicas adaptadas a cada tipo de organização. Gestor, existe muito trabalho a fazer quando se trata de riscos organizacionais. Pense nisso.

Capítulo 10: CONSTRUÇÃO DE MATRIZES INTELIGENTES NA GESTÃO DE RISCOS

Para cada esforço disciplinado há uma recompensa múltipla.

JIM ROHN

O QUE VEM A SEGUIR

Este capítulo apresenta uma lista de *inputs* para a construção de matrizes inteligentes de riscos.

- Preparando as matrizes inteligentes de gestão.
- Estrutura das matrizes inteligentes de riscos.
- Visão sistêmica da gestão de riscos.
- Modelos de gestão inteligente de riscos.
- Padrões de governança e transparência.
- Limites do apetite aos riscos.
- Definindo o perfil de riscos.
- Definição da escala de riscos.
- Alocação das respostas aos riscos na matriz de gestão.
- Tratando riscos residuais.
- A base final da matriz inteligente.
- Construindo a matriz inteligente de riscos.

PREPARANDO AS MATRIZES INTELIGENTES DE GESTÃO

As bases do gerenciamento de riscos organizacionais (ERM) são o COSO *Framework*, o *Internal Control Framework* e a ISO 31.000:2018. Porém, outros padrões podem ser utilizados para contribuir com a construção da matriz inteligente de riscos.

ELEMENTOS DAS MATRIZES INTELIGENTES

O primeiro passo para a criação da matriz inteligente de riscos é o conhecimento dos elementos da IRM (*Intelligent Risk Matrix*). Cada elemento contribui com informações e processos para o gerenciamento de riscos organizacionais (ERM).

A matriz IRM não substitui outras matrizes aplicadas ao gerenciamento de riscos. Ela utiliza tais informações para construir sua base multidimensional. Os elementos da matriz inteligente de riscos (IRM) estão ligados à forma, ao local e ao contexto de atuação nas organizações. Para ilustrar a criação da matriz IRM, será considerada uma organização global, com sede nos EUA e no Reino Unido, e subsidiárias espalhadas pelo mundo. O objetivo é demonstrar, através de padrões internacionais, como a IRM é criada na visão de inteligência de gestão.

CONTROLE INTERNO

O controle interno foi tratado em detalhes ao longo deste livro. No entanto, para a criação da matriz inteligente de riscos, o controle interno será trazido à tona para compreender a origem das informações gerenciais que alimentam a IRM. Ele é a base dos processos organizacionais.

O controle interno auxilia a organização no desafio de atingir os objetivos estratégicos. Mas como funciona o controle interno para esse fim?

O controle interno não é apenas um conjunto de sistemas e processos, ele também é uma fonte de recursos e conhecimento para auxiliar as organizações na execução de atividades de controle. Ele ajuda a impulsionar as organizações no desenvolvimento dos objetivos estratégicos e na eficácia das operações.

O controle interno serve também de fonte confiável sobre os processos operacionais e ajuda a organização a cumprir leis e regulamentos. Os relatórios de controle devem ser atribuídos à IRM na fase de detalhamento das ações de gerenciamento de riscos.

ÁREAS DE GESTÃO DE RISCOS – MATRIZ DE RESPONSABILIDADES

A matriz de responsabilidades define as atribuições das pessoas que trabalham na área de gestão de riscos. Ela traz informações e processos relevantes para a construção da matriz IRM .

Os responsáveis pelo gerenciamento de riscos organizacionais (ERM) estão espalhados pela organização e vão desde a alta gestão e conselhos até os gestores e proprietários de riscos. O gerenciamento de riscos organizacionais (ERM) é um processo de gestão de alto nível, por isso está ligado à alta cúpula. Por outro lado, existem outros níveis de gestão que auxiliam nos processos de gerenciamento inteligente de riscos organizacionais (IERM), como auditores externos, agentes reguladores e gerentes que atuam no desenvolvimento dos sistemas e informações do gerenciamento de riscos organizacionais (ERM).

A lista a seguir traz uma noção dos papéis definidos para uma estrutura de gerenciamento de riscos organizacionais (ERM):

- **Conselhos (administrativo, consultivo, corpo diretivo etc.):** são responsáveis pela supervisão dos processos administrativos, através do controle interno. Eles devem garantir o desenvolvimento de programas de gestão para identificação e avaliação de riscos organizacionais (ERM) e outras áreas que afetam a boa gestão.
- **Comitês de gestão de riscos, de recursos, nomeação, auditoria etc.:** são responsáveis pelo desenvolvimento de áreas integradas ao gerenciamento de riscos organizacionais (ERM). Eles atuam supervisionando os riscos organizacionais, com foco em toda a organização, áreas financeiras e não financeiras, avaliando e direcionando os recursos necessários para aplicação no gerenciamento de riscos organizacionais (ERM). Existem outros comitês que auxiliam na tomada de decisões e fornecem subsídios para os conselhos, como é o caso dos comitês de auditoria. Outras organizações possuem comitês adicionais que incrementam a gestão e suportam as áreas de riscos, cada um dedicado a um tema da organização.

- **CEO/*C-Level* (presidência e vice-presidência executiva, CRO etc.):** são os responsáveis pela implementação das estratégias de gestão definidas pelos conselhos. Algumas organizações possuem posições dedicadas a riscos, como CRO (*Chief Risk Officer*). As funções executivas do *C-Level* apoiam os conselhos na aprovação e supervisão de processos ligados a riscos nos níveis estratégicos de gestão.
- **Direção de ERM, ESG e outras áreas de gestão de riscos organizacionais (diretoria de sustentabilidade, diretoria de governança e *compliance* etc.):** coordenam as atividades de gerenciamento de riscos organizacionais (ERM). As diretorias se reportam ao CRO, C-*Level*, presidência e vice-presidência para apresentar os resultados dos processos de gerenciamento de riscos organizacionais (ERM). Os diretores de riscos lideram as equipes de riscos organizacionais no cumprimento dos objetivos estratégicos, a nível de implementação.
- **Conselhos consultivos multifuncionais (riscos, sustentabilidade, finanças etc.):** são responsáveis pela administração, conforme citado anteriormente. Eles tratam de vários temas específicos com várias partes interessadas, de forma direcionada. Eles fornecem informações para as diretorias de riscos e atuam como consultores, externos ou internos, em temas relevantes para auxiliar nos processos de gestão.
- **Gestores ou proprietários de riscos:** toda a organização é responsável pelo gerenciamento de riscos. No entanto, algumas organizações, com o intuito de centralizar as informações e concentrar os esforços de gerenciamento de riscos organizacionais (ERM), designam proprietários ou gestores de riscos. Os responsáveis pelos riscos garantem, de forma específica e direcionada, a correta execução do gerenciamento de riscos.
- **Auditores internos e externos e agentes reguladores:** são responsáveis por aferir os sistemas de gestão de riscos e trazer a confiabilidade necessária para esses sistemas. Através das auditorias internas e externas, apresentam relatórios com pontos de melhoria para os processos de gestão. Outro papel dos auditores e agentes reguladores é trazer confiabilidade para os sistemas de gestão através de certificações.

Dependendo do tamanho e do porte da organização, outros papéis devem ser integrados à matriz inteligente de gestão de riscos (IRM). Outras visões de riscos também devem ser integradas nos processos de gerenciamento inteligente de riscos organizacionais (IERM) através da IRM. O objetivo é consolidar todos os responsáveis pelas interfaces de riscos em um único lugar. Saiba mais sobre os auditores no Capítulo 12, "Auditorias Inteligentes de Gestão" da Parte 1.

Os papéis serão aplicados de acordo com cada área responsável pelo risco organizacional na visão ERM, mesmo se tratando de outras áreas de gestão. Para isso é importante compreender as estruturas de riscos definidas a seguir.

ESTRUTURA DAS MATRIZES INTELIGENTES DE RISCOS

As estruturas de riscos organizacionais para ERM são construídas em torno da proposta de governança.

Apoiada pela alta gestão e pelos conselhos, a estrutura de gerenciamento de riscos é incorporada através das decisões estratégicas baseadas nos padrões internacionais de gerenciamento de riscos (ISO e COSO).

Independentemente do padrão selecionado, os responsáveis pela estrutura de riscos devem definir a sua integração com os processos, cumprindo os objetivos de gestão e integrando missão e cultura organizacional.

A estrutura do gerenciamento de riscos é importante para o desenvolvimento da conformidade. A princípio, o que tem de mais relevante no ERM não é a estrutura em si, mas como as organizações gerenciam seus riscos e a conformidade para atender aos objetivos estratégicos. Por outro lado, as estruturas de gerenciamento de riscos podem causar outros riscos se não forem mensuradas, dimensionadas e construídas corretamente.

Enfim, uma estrutura de gerenciamento de riscos organizacionais (ERM *Framework*) deve contemplar processos voltados para avaliações do futuro. De posse da avaliação dos níveis de maturidade, a organização deve analisar quais processos são necessários para o bom gerenciamento de riscos organizacionais (ERM). Saiba mais sobre maturidade de riscos no livro **Ferramentas Inteligentes de Riscos – The Book of Risk | Toolkit**.

VISÃO SISTÊMICA DA GESTÃO DE RISCOS

A visão sistêmica de riscos é mais um processo de orientação do que de desenvolvimento da matriz de riscos. Na organização todos são responsáveis pelo gerenciamento de riscos, no entanto, a gestão deve levar em conta os riscos inerentes a toda a organização, mesmo em análises pontuais.

Fatores de riscos devem ser avaliados por todo o ciclo de gestão, considerando os sistemas integrados. A organização deve capacitar os gestores de riscos para que avaliem a organização como um único bloco.

Os gerentes e proprietários de riscos devem ter habilidades e recursos suficientes para prover o adequado gerenciamento de riscos. Além disso, as organizações devem ser avaliadas em termos de comunicação sistêmica de riscos, analisando como as partes interessadas, internas e externas, capturam as informações apresentadas nos relatórios de riscos. O objetivo é estabelecer um entendimento dos processos de gerenciamento de riscos por toda a organização de forma uniforme, constante e precisa.

Na visão sistêmica dos riscos, cabe salientar que os gerentes são donos dos riscos. A responsabilidade pelo sucesso do gerenciamento de riscos depende de cada área da organização. Em cada alçada um gerente ou proprietário de riscos se incumbe de tratar dos riscos relativos ao nível aplicado, sejam riscos em projetos, programas, portfólios, operações ou estratégicos.

No entanto, para atuar efetivamente os proprietários de riscos devem ter a visão global de portfólio e de sistemas. Riscos não têm fronteiras e necessitam de integração sem limites organizacionais.

MODELOS DE GESTÃO INTELIGENTE DE RISCOS

Os modelos de gestão são baseados em programas de gerenciamento de riscos em nível organizacional (ERM). A maioria das organizações utiliza o COSO como base para criação dos seus sistemas de gestão de ERM, adaptando-o conforme necessário. É preciso considerar que existem várias estruturas organizacionais, e cada uma traz elementos próprios de gestão. Outro fator importante do ERM são os modelos de processos de gestão que incluem, mas não se limitam a:

- **contexto de riscos:** cada organização funciona em um ambiente próprio no qual os riscos são gerados;
- **identificação de riscos:** as organizações usam padrões e processos de forma sistêmica que identificam riscos significativos para o seu funcionamento;
- **análise e avaliação de riscos:** as organizações avaliam os riscos considerando causas-raízes, probabilidades, ocorrências, fontes e tipos de riscos;
- **alternativas para gerenciamento de riscos:** as organizações, guiadas pelo apetite ao risco, identificam e avaliam uma série de respostas aos riscos e estratégias para conduzi-las de acordo com as políticas organizacionais;
- **respostas aos riscos:** as organizações, após a identificação e análise dos riscos, desenvolvem formas de priorizá-los e apresentam estratégias apropriadas para lidar com os riscos, de acordo com os recursos alocados nos orçamentos;
- **monitoramento de riscos:** as organizações precisam manter o nível de controle dos riscos e dos seus impactos, criando assim perfis de riscos para monitoramento;
- **continuidade dos sistemas de gerenciamento de riscos:** as organizações, ao final do ciclo de gerenciamento de riscos, devem garantir a continuidade do gerenciamento de riscos organizacionais (ERM) e de outros sistemas de gestão.

Os modelos de gestão estão intimamente ligados aos sistemas de gerenciamento de riscos organizacionais (ERM), portanto não devem ser considerados separadamente.

As auditorias do controle interno e demais áreas de gestão são integradas aos processos de ERM, criando um sistema coeso e vivo. A abordagem adotada para o gerenciamento de riscos deve estar alinhada com a cultura organizacional, auxiliando os responsáveis na visão sistêmica de riscos e na conscientização sobre a integração dessa visão com os negócios da organização.

Enfim, não há como considerar modelos de gestão organizacional, na visão de riscos ou não, sem considerar a integração de sistemas de gestão.

PADRÕES DE GOVERNANÇA E TRANSPARÊNCIA

Os padrões de governança nortearão a IRM. No entanto, antes de estabelecê-los, é necessário compreender se a organização possui uma cultura sólida de governança e validar se sua declaração de missão, visão e valores se encaixa nos padrões de governança de riscos.

Esse processo exige uma conscientização por parte de todos os membros da organização. Governança não se faz com números, mas com pessoas, processos e transparência nas ações de gestão. Os números e informações são reflexo do comportamento organizacional e das políticas de gestão integradas e transparentes. A cultura para criação dos processos de governança vem da alta cúpula.

Por fim, é possível avaliar se os objetivos estratégicos estão alinhados com as políticas e os padrões internacionais de governança.

PROGRAMA DE GESTÃO ERM

Os programas de gestão ERM utilizam padrões internacionais de gerenciamento de riscos como COSO e ISO 31.000:2018. A organização deverá construir seu próprio programa de ERM.

No programa de implementação do ERM devem ser consideradas todas as instâncias dos projetos de implementação da governança. Vale lembrar que o processo de governança não faz parte do programa de implementação do ERM, pois ele deve ser instalado em outras instâncias e é uma das entradas para o programa de ERM. Outra característica é a visão ampliada da organização que o programa deve ter. O programa de ERM deve conter uma visão sistêmica, sempre envolvendo toda a organização em todos os estágios.

Os estágios do programa de gestão ERM devem ser estabelecidos de acordo com a demanda da organização. Vale lembrar que o ERM não é um programa local e não deve ser implementado em apenas uma unidade de negócios, departamento ou divisão. O caráter organizacional do ERM não permite a sua aplicação pontual.

O programa de ERM deve criar processos que trarão benefícios duradouros e consistentes para a organização.

Para encontrar um programa completo de implementação de ERM consulte o site <www.imanagement.com.br>, da *Management Intelligence School*. A partir do site é possível adquirir vários programas de gestão inteligente, incluindo de governança e *compliance* em diversos contextos, inclusive o IERMP (*Intelligent Enterprise Risk Management Program*), o programa de gestão inteligente de riscos organizacionais.

Por fim, o programa de ERM deve conscientizar as lideranças sobre a importância do gerenciamento de riscos para o desenvolvimento organizacional e o atingimento dos seus objetivos estratégicos no futuro.

CAPACITAÇÃO EM ERM

A capacitação nos processos de gestão ERM utiliza o programa IERMP da *Management Intelligent School*.

O programa IERMP prevê a criação de ciclos de integração do WIERM, o *workshop* inteligente de gerenciamento de riscos organizacionais. O WIERM cria ambientes de capacitação com práticas para implementação de programas de ERM em praticamente qualquer tipo de organização.

Outras diretrizes de capacitação podem ser utilizadas e aplicadas de acordo com o país ou região em que se desenvolvem os programas de implementação de ERM. A capacitação em ERM, apesar ser responsabilidade da alta gestão, deve ser estendida a toda a organização.

Todos os membros da organização, sem exceção, devem compreender como o ERM é aplicado. Todos são parte do sistema que alimenta o gerenciamento de riscos organizacionais (ERM).

Outra necessidade básica é avaliar o apoio da liderança em relação às práticas de ERM. Com uma cultura forte, puxada pela alta gestão, provavelmente a organização terá sucesso na implementação no programa de gestão e na capacitação dos times que atuarão no ERM.

Por fim, à medida que a gestão avança no desenvolvimento do ERM, novas rodadas de capacitação com o *workshop* WIERM devem ser realizadas para acompanhar a evolução dos níveis de maturidade e estabelecer novas formas de gestão ERM na organização.

ESTRATÉGIAS PARA ERM

A gestão precisa coordenar atividades de gerenciamento de riscos com os esforços para tratar e revisar metas estratégicas, evolutivas e periódicas, para a gestão. Segundo as boas práticas de gestão, estratégias ligadas ao ERM devem tratar não apenas de riscos organizacionais, mas de todas as nuances que afetam a organização.

Por isso as estratégias ligadas a ERM devem ser consolidadas em programas de gestão inteligente de riscos organizacionais, através da criação de projetos, objetivos e planos estratégicos de gestão.

As estratégias de ERM irão incorporar novas bases para tratamento dos riscos e novas vertentes organizacionais para sua efetivação. Ao definir os parâmetros de gestão estratégica para ERM, a organização estabelece também os indicadores de gestão.

A partir daí a base para a avaliação de performance é definida, e os planos de gestão de performance de riscos organizacionais são criados.

Por fim, a gestão estratégica dos riscos é apresentada à alta gestão e aos proprietários de riscos para avaliar o bom andamento dos processos ligados à ERM.

LIMITES DO APETITE AOS RISCOS

A definição do apetite aos riscos traça os limites do quanto a organização pode assumir de riscos, na visão de múltiplos capitais. Declarações de apetite aos riscos, entradas para IRM, devem refletir claramente o que a gestão tem como meta de riscos.

Cabe à organização rever as declarações que estiverem inconsistentes com o sistema de gerenciamento de riscos organizacionais (ERM) e as políticas de gestão. Esse processo pode acontecer caso a declaração de apetite aos riscos sofra efeitos externos e internos que desqualifiquem seus limites estratégicos.

Por fim, cabe à organização discutir os aspectos qualitativos e o apetite geral para a materialização dos riscos, através do planejamento de riscos organizacionais. A seguir, as etapas de uso do apetite aos riscos na IRM.

INTEGRAÇÃO DO APETITE AOS RISCOS E DAS ESTRATÉGIAS

O apetite aos riscos deve ser integrado às estratégias organizacionais através das políticas de gestão. Não basta a organização estabelecer uma declaração de apetite aos riscos sem envolver a base conceitual dos negócios da organização. Como citado nos capítulos anteriores, os negócios sofrem variações segundo conceitos internos e externos. Por isso negócios idênticos em organizações distintas podem ter objetivos estratégicos completamente diferentes.

O intuito da integração dos objetivos estratégicos com o apetite aos riscos é definir a capacidade da organização de superar seus limites. É preciso avaliar se a empresa é tomadora de muitos riscos, se os riscos estão por conta dela, por conta de terceiros ou, ainda, como os riscos impactam as partes interessadas.

Integrar a declaração de apetite aos riscos às políticas de estratégia é o caminho para o sucesso organizacional. A matriz inteligente de riscos realizará essa integração, caso ela não ocorra até o momento da elaboração da matriz. No entanto, esse é um risco considerável que deve ser avaliado pela alta gestão.

BALANCEANDO PROBABILIDADE, IMPACTO E APETITE

As organizações devem ter uma visão clara da relação entre probabilidade, impacto e apetite aos riscos de ERM. O equilíbrio entre eles deve representar os limites de tolerância aos riscos. Os riscos devem ser avaliados em um contexto sistêmico. Devem ser estabelecidos seus impactos e probabilidades não somente na área em que atuam, mas em todo o contexto organizacional.

Dessa forma, classificações de riscos em relação à probabilidade, ao impacto e ao apetite aos riscos surgirão complementando os níveis atuais de apetite aos riscos. A fusão dos três elementos causa uma sólida estrutura de limites de riscos, com base na completa avaliação dos impactos sobre esses mesmos limites estabelecidos.

Cabe à organização rever seus critérios e avaliar se as condições apresentadas estão dentro das diretrizes internas (políticas, padrões, missão, objetivos etc.) e externas (normas, leis, regulamentações etc.)

Os níveis de apetite aos riscos podem ser definidos em separado para cada projeto do programa de gestão e implementação do ERM, porém sempre devem ser avaliados em uma visão organizacional e de portfólio.

Os limites de riscos

A soma dos limites definidos para cada parte da organização não pode superar os limites estabelecidos para a organização como um todo.

DEFININDO O PERFIL DE RISCOS

Segundo padrões internacionais, o objetivo de um perfil de riscos é estabelecer uma análise crítica sobre os riscos que a organização enfrenta, decorrentes da sua atividade no mercado e no território onde atua.

O perfil de riscos difere do apetite aos riscos, mas ambos se complementam. Enquanto o apetite aos riscos estabelece limites de capitais, o perfil de riscos gera uma classificação para os processos da organização, interna e externamente.

A seguir, as etapas para definir e avaliar o perfil de riscos para a IRM.

IDENTIFICANDO OS OBJETIVOS DE RISCOS

A primeira etapa do estágio de definição e avaliação do perfil de riscos é a identificação dos objetivos de riscos organizacionais. Eles são classificados nas seguintes vertentes:

- **Riscos estratégicos:** relacionados aos objetivos e às metas estratégicas da organização, levando em conta o mercado em que atua.
- **Riscos operacionais ou de produção:** relacionados aos processos produtivos, de uso e aplicação de recursos nas operações e atividades de apoio à gestão, incluindo recursos financeiros.
- **Riscos de comunicação:** relacionados aos processos de informações da gestão, aliados aos processos de publicações externas e à falta de entendimento de como a organização gerencia seus riscos.
- **Riscos regulatórios ou de conformidade:** relacionados à conformidade interna e externa estabelecida por políticas, normas, padrões e regulamentos aplicáveis, em separado ou conjuntamente, à organização ou a associações a que ela pertença.

- **Riscos relacionados ao ESG:** relacionados aos processos ambientais, sociopolíticos e de governança. Eles podem ser integrados a outras vertentes de riscos e tratados de maneira conjunta. No entanto, as boas práticas de mercado preveem relatórios e publicações em separado para esses tipos de riscos, sendo inclusive passíveis de auditoria.
- **Outras categorias de riscos associados:** a organização pode definir outras categorias de riscos associadas a padrões estabelecidos por ela ou pela sua base de atuação, mercado etc. Categorias de riscos são base para o inventário de riscos e devem ser atribuídas conforme controle gerencial dos riscos.

As classificações de riscos seguem também questões a serem tratadas pela visão inteligente de riscos. Durante a etapa de classificação de riscos, a organização deve estabelecer objetivos condizentes. Os critérios usados nortearão as bases para avaliação dos objetivos de riscos.

Por isso, uma extensa base de classificações pode inflar os sistemas de gerenciamento de riscos sem necessidade. Riscos podem ser consolidados ou separados, tratando assim de criar sinergia na integração com os objetivos.

NÍVEIS DOS OBJETIVOS DE RISCOS

Cada nível de riscos trata da estrutura de divisão da organização. Riscos podem ser aplicados por nível com base no cubo do COSO ERM *Framework*, sendo a organização o nível principal, as subsidiárias o segundo nível, as unidades de negócios o terceiro nível, as divisões o quarto nível e as operações o quinto nível.

Os níveis ainda podem ser definidos de acordo com uma visão de estrutura de negócios, sendo o primeiro nível a organização, o segundo nível o portfólio, o terceiro nível os programas, o quarto nível os projetos e o quinto nível as operações. Possivelmente projetos e operações podem compartilhar do mesmo nível. No entanto, considerando que operações atendem a projetos em determinados contextos, elas representam mais um nível na gestão de riscos.

Além dos níveis considerados, é necessário avaliar os ambientes que influenciam essas classificações e determinações (interno e externo). No caso de ambiente interno, aplicam-se as forças e fraquezas estabelecidas na visão SWOT. Nos níveis externos, as ameaças e oportunidades na visão SWOT.

Considerações internas, por sua vez, incluem toda a organização sem distinção, enquanto considerações externas incluem as partes interessadas, mas sem se limitar a elas.

MATERIALIDADE DE RISCOS

A organização deve gerar processos condizentes com os riscos materializados.

O gerenciamento de riscos organizacionais (ERM) precisa atuar com riscos materializados, pois a elaboração de respostas aos riscos se dá através do estudo dessas materializações. Outro fator que impulsiona a materialização dos riscos é a capacidade dos gestores de riscos de avaliar os riscos.

As informações para materialização de riscos seguem um critério baseado em normas e regulações que caracterizam riscos e são capazes de impactar a organização, como visto nos capítulos anteriores.

No entanto, um fato relevante pode se tornar um risco não materializado e necessitar de avaliação. A seguir, os fatores para identificação e materialização de riscos.

IDENTIFICANDO RISCOS PARA MATERIALIZAÇÃO

As bases para avaliação da materialização vêm de normas e padrões ligados aos órgãos reguladores competentes e das próprias políticas organizacionais inspiradas nesses órgãos.

Nos EUA, riscos são considerados materializados quando estão de acordo com as bases financeiras que regulam e impactam os mercados de investimentos, no caso de riscos financeiros ou com impactos nas finanças da organização.

Para avaliar se as fontes de riscos são confiáveis para materialização dos riscos, é necessário estabelecer um critério de avaliação. Uma base histórica de dados organizacionais pode ser o primeiro passo para a identificação de riscos a serem materializados. O segundo passo pode ser riscos ligados à gestão. O terceiro passo pode ser levantamentos de processos internos e externos que possam impactar a organização.

Outra maneira de identificar riscos para materialização é através de auditorias de gestão. Elas podem detectar desafios que a gestão precisa cumprir, segundo o controle interno, para atingir seus objetivos estratégicos.

Outros processos são questões ligadas ao ESG ou outra categoria de riscos não listada, que são fruto de estudos, megatendências e influências externas.

Por fim, parte dos riscos pode ser identificada através de denúncias ou investigações feitas interna ou externamente por partes interessadas ou pela sociedade em geral.

Ao concluir a identificação dos riscos, as organizações precisam validar seus processos de materialização e identificação para que as próximas rodadas não deixem de levantar riscos com as características encontradas.

No entanto, essa não deve ser a lista definitiva dos riscos, mas a base para avaliar, junto às partes interessadas, quais outros riscos são relevantes para a organização.

AVALIANDO O PERFIL DE RISCOS COM *WORKSHOPS* INTELIGENTES

A avaliação inteligente de perfis de riscos é aplicada através de *workshops* de gestão inteligente de riscos organizacionais (WIERM). No WIERM as partes interessadas podem interagir com a gestão promovendo salas interativas e *worktables* para definição do perfil de risco organizacional.

A partir desse processo, as partes interessadas começam a integrar o sistema gerenciamento de riscos, avaliando como os riscos afetam os resultados organizacionais ao longo do tempo. Nota-se que esse processo olha para o futuro, enquanto os processos de identificação de riscos olham para o passado.

Outras ferramentas que impulsionam a criatividade na avaliação dos perfis de riscos são utilizadas no WIERM, com ênfase em questões e tendências, para aplicação direta ao contexto de riscos.

O alcance dessas questões será tratado na consolidação dos processos e ao final do WIERM, com o relatório do *workshop*. A organização pode consolidar as informações recebidas e revisar seus objetivos e estratégias.

DEFINIÇÃO DA ESCALA DE RISCOS

As escalas de riscos seguem os padrões das matrizes de classificação de probabilidade e impacto.

A escala de riscos considera os níveis de impacto em consonância com a visão de riscos antes do seu gerenciamento, também conhecido como risco inerente. As escalas são criadas com base na visão de negócios e são traduzidas como riscos dos negócios, ou de mercado, ou ainda riscos da operação.

É necessário organizar os critérios adotados para avaliar os riscos de acordo com as escalas que a organização demanda, a fim de prepará-los para o processo de respostas aos riscos.

A base desses riscos na maioria das vezes é desconhecida, por não ter sido gerenciada até o momento. Por isso a avaliação da causa-raiz pode ajudar na compreensão desses riscos e de como organizá-los no inventário de riscos. Os ciclos de gestão e avaliação dos riscos interferem no cálculo de probabilidades e de ocorrências dos riscos.

Riscos com base em impactos e probabilidades permitem avaliar se os sistemas de gestão de riscos são suficientes para gerenciá-los. Outro aspecto dessa escala é o impacto produzido nos processos de gestão, aferidos pelo *heatmap* dos riscos e pela forma como eles interagem.

Por fim, cabe à organização avaliar se as ferramentas de gestão são realmente eficazes nos processos de definição, avaliação e identificação de riscos. Tais ferramentas devem fazer parte da escala de efetividade dos processos e sistemas de riscos.

As ferramentas que são utilizadas para a avaliação desses riscos estão detalhadas no livro **Ferramentas Inteligentes de Riscos – The Book of Risk | Toolkit**.

ALOCAÇÃO DAS RESPOSTAS AOS RISCOS NA MATRIZ DE GESTÃO

Para combater os riscos de ameaça e impulsionar os riscos de oportunidade, as respostas aos riscos têm um papel crucial nos sistemas de gerenciamento de riscos organizacionais (ERMS).

Respostas aos riscos são decisões tomadas a nível estratégico para combater os riscos em forma de atos de gestão. A base para as respostas aos riscos são as decisões estratégicas, que contribuem com informações preciosas para identificar quais respostas são suficientemente eficazes para cada tipo de risco. Os efeitos esperados após a aplicação das respostas aos riscos são a redução considerável dos riscos em toda a organização.

Neste estágio a organização precisa avaliar se as respostas foram a medida definitiva para os riscos encontrados ou se novas medidas serão tomadas. As ações de respostas aos riscos devem ser propostas de acordo com a capacidade da organização de absorvê-los e o tempo necessário para isso.

Ao final da análise, vale lembrar que as respostas aos riscos não são a palavra final. Todo o esforço criado até o momento para conter os riscos pode gerar riscos residuais, a serem tratados no tópico a seguir.

TRATANDO RISCOS RESIDUAIS

Mesmo com todo o empenho da organização, após as respostas aos riscos uma quantidade de riscos remanescente é organizada e classificada para tratamento. Eles são chamados de riscos residuais.

Esse não é um processo causado pela ineficiência na gestão de respostas aos riscos, mas uma característica inerente aos riscos. Embora riscos residuais não sejam raros, eles servem de parâmetro para avaliação de novos riscos e riscos atuais. Eles são identificados juntamente com os riscos tratados para a organização compreender quais são as necessidades após os processos de respostas aos riscos.

Após realizar todos os estágios anteriores, um documento base deve ser elaborado contendo a estrutura de riscos prevista até esta etapa para início dos processos de revisão. Os proprietários de riscos assumem as responsabilidades pelos seus riscos e iniciam seus processos de validação.

A nomeação dos proprietários de riscos é feita pelos conselhos, que podem sugerir conselhos consultivos para auxiliar no tratamento dos riscos residuais e nos processos de gestão.

A BASE FINAL DA MATRIZ INTELIGENTE

Considerando que os itens anteriores não são únicos nem estáticos, mas dinâmicos como os riscos necessitam, a iteração da IRM apresentará uma estrutura integrada para simplificar a revisão frequente dos sistemas de gerenciamento de riscos.

Porém, o ciclo de iteração da IRM necessita de um processo adicional, o engajamento das partes interessadas. Mesmo com vários estágios anteriores tratando dos riscos junto a elas, como é o caso dos *workshops* (WIERM), não é possível garantir 100% de engajamento.

No entanto, é necessário medir esse engajamento, pois quanto menor o índice de integração das partes interessadas, maiores os riscos.

Ao iniciar o ciclo de iteração da IRM, uma nova medição de engajamento deve ser realizada, e assim por diante, até a aprovação final da IRM. Agora a IRM está pronta para iniciar seu processo de mapeamento inteligente de riscos.

CONSTRUINDO A MATRIZ INTELIGENTE DE RISCOS

Chegou a hora de construir a matriz de gerenciamento inteligente de riscos, a IRM. Ao capturar o conceito de gerenciamento de riscos organizacionais (ERM), foi preciso expandir a visão tradicional para uma visão inteligente. A matriz inteligente de riscos pretende criar, em um único elemento, todos os vetores, estágios e impulsionadores de riscos. No entanto, a criação da IRM passa pela compreensão do hipercubo de gestão (IMT). A visão do hipercubo leva em conta a criação da IRM como uma matriz multidimensional. Vejamos a seguir.

A MATRIZ INTELIGENTE E O HIPERCUBO

Os elementos de gestão da IRM são divididos pelos padrões que compõem o hipercubo de gestão, o *Intelligent Management Tesseract* (IMT). Para avaliar cada padrão na visão do IMT, a IRM prevê a criação de uma matriz multidimensional. Na visão da IRM, cada elemento do cubo de gestão do COSO (Componentes, Objetivos, Estrutura da Organização e Princípios) é expandido através do hipercubo estático de gestão (Figura 61).

Um exemplo dos processos de interação trata da visão estratégica (objetivo) nas subsidiárias (estrutura) no ambiente interno (componentes COSO 2004) e nos princípios de governança e cultura (componentes COSO 2017). Na Figura 62 a área em destaque representa a integração de gestão do hipercubo. Essa integração percorre todos os elementos do cubo de gestão como uma matriz multidimensional.

Figura 61: Cubo de gestão do COSO integrado ao IERM.
Adaptado de COSO ERM Framework 2004/2017 ©

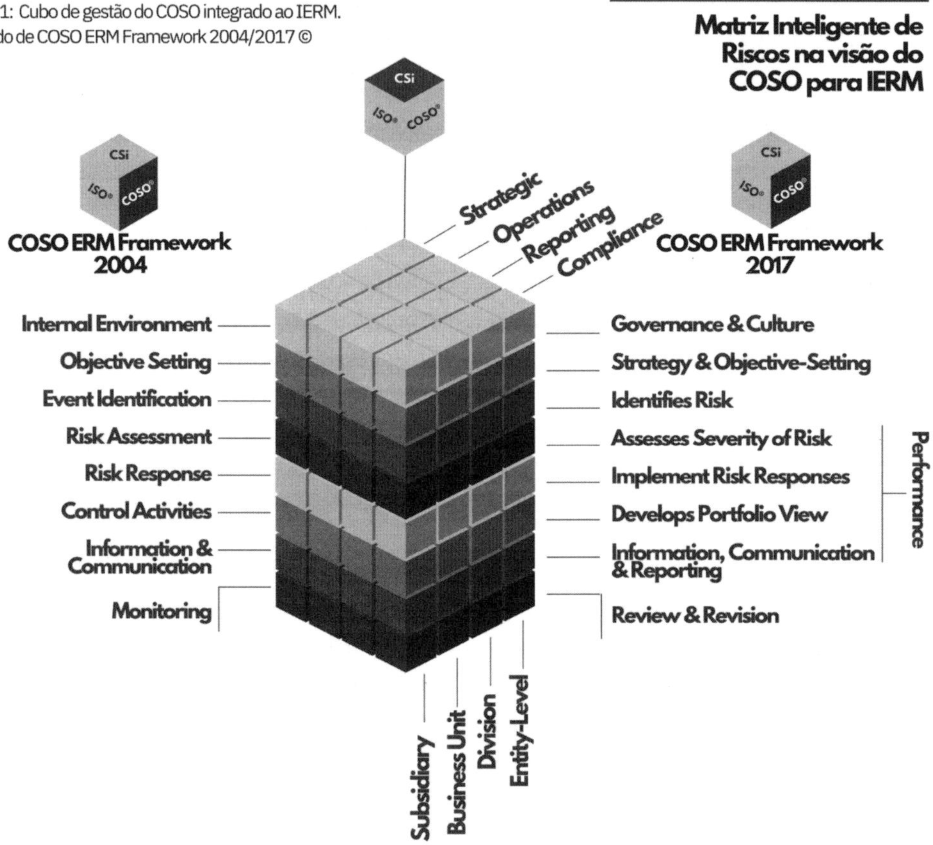

A representação gráfica trata apenas da interação de gestão, passando por um único vetor estático em cada face do hipercubo. Essa interação, na visão do COSO, ficaria conforme demonstrado na Figura 62. Em um contexto de riscos, é importante compreender que nada é pontual e pode ser apontado dessa forma.

Todo o ambiente é integrado. Conceitualmente, é possível extrair um fragmento do cubo para estudo e aplicação, porém a visão de riscos tem a necessidade de avaliar vários vetores ao mesmo tempo.

Figura 62: Cubo de gestão do COSO integrado ao IERM - Seleção de itens para iteração no hipercubo. Adaptado de COSO ERM Framework 2004/2017 ©

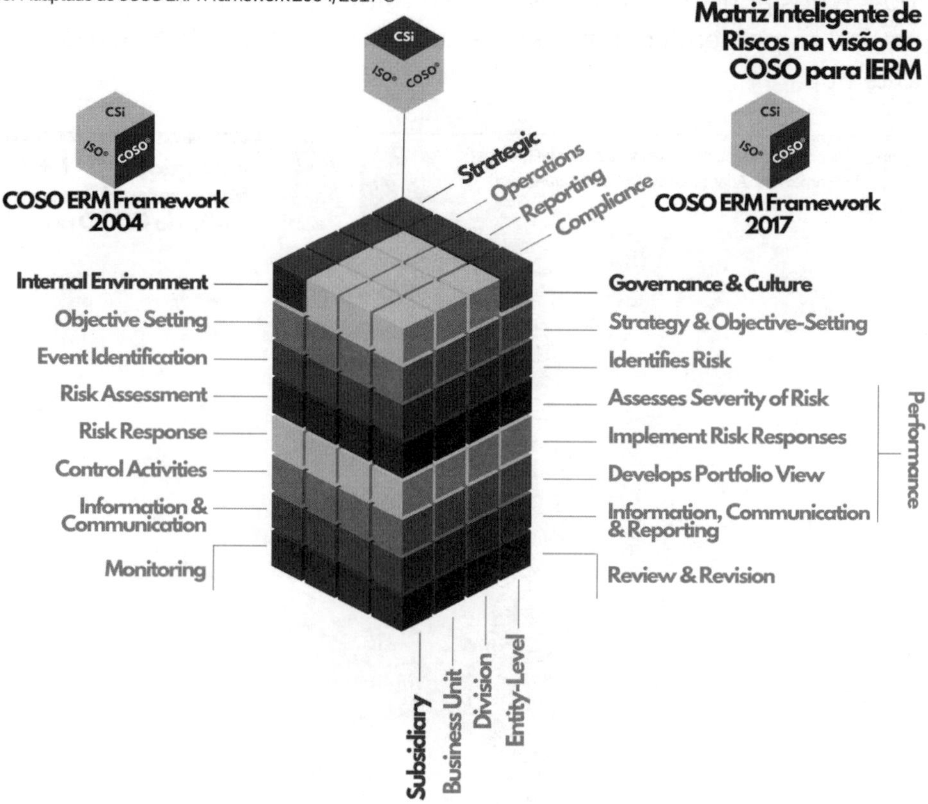

Se a organização possuir mais de uma subsidiária, e esse processo também for estendido a outras estratégias previstas para a organização, a quantidade de elementos necessários para expressar essa visão do hipercubo deve ser expandida.

O hipercubo possibilita uma visão segmentada, quando se trata de cada elemento de gestão ao mesmo tempo. Na visão do COSO, uma integração do hipercubo dinâmico expandiria as faces do cubo para cada elemento. A Figura 63 é a que mais se aproxima da estrutura dinâmica do hipercubo na visão do COSO.

Devido às limitações para representação da quarta dimensão, não é possível expandir graficamente todos os elementos de gestão.

No entanto, ao expandir o vértice conjugado da visão estratégica (objetivo) nas subsidiárias (estrutura) no ambiente interno (componentes COSO 2004) e dos princípios de governança e cultura (componentes COSO 2017), é possível compreender como o hipercubo projetará as informações ao longo do tempo.

Figura 63: Hipercubo de gestão simulando ação nos elementos do COSO ERM Framework. Adaptado de COSO ERM Framework 2004/2017 ©

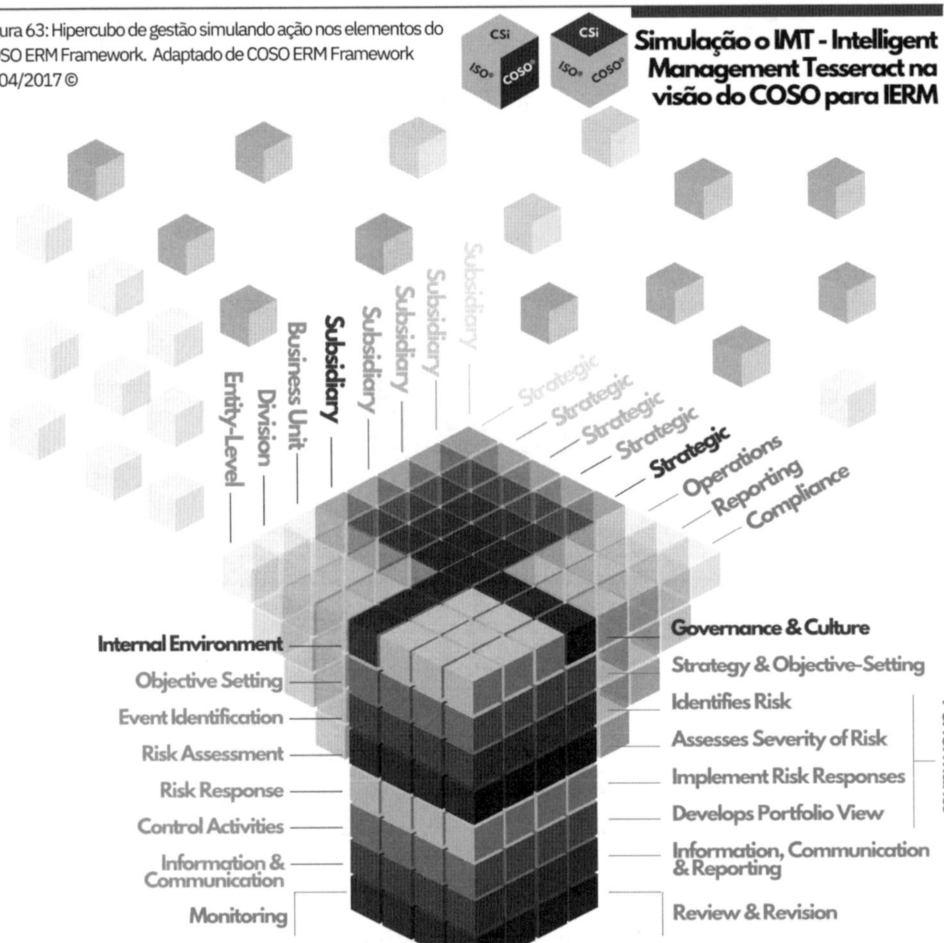

Nessa visão é possível compreender que uma extensa quantidade de variáveis pode impulsionar o gerenciamento de riscos em uma direção, fora do controle organizacional.

Outras integrações fazem parte da visão do hipercubo, visto que essa é uma representação apenas do COSO ERM *Framework*.

CONCLUINDO A MATRIZ INTELIGENTE DE RISCOS

Neste capítulo apresentamos as diretrizes para construção da matriz inteligente de riscos. O modelo do hipercubo é uma representação figurativa do processo de construção da matriz IRM. O EGIR (Escritório de Gestão Inteligente de Riscos) mapeia todas as arestas da matriz e as demais matrizes que irão compor um único objeto de gestão, a IRM. A estruturação dessa matriz é complexa, porém os resultados obtidos compensam o esforço da sua construção. Outro fator que torna a IRM tão importante no gerenciamento inteligente de riscos é a capacidade de se adaptar ao longo do tempo e atualizar os resultados obtidos da sua integração. Enfim, a IRM pretende ser a referência em gestão de riscos.

Capítulo 11: AVALIANDO O SUCESSO DA GESTÃO INTELIGENTE DE RISCOS

O sucesso é a soma de pequenos esforços repetidos dia após dia.

ROBERT COLLIER, escritor

O QUE VEM A SEGUIR

Este capítulo encerra a visão da gestão inteligente de riscos apresentando o maior de todos os riscos.

O MAIOR DE TODOS OS RISCOS

Embora todos os processos de gestão inteligente, os padrões, as técnicas, a evolução dos *frameworks* e a integração de processos possam ter mudado a forma como se pensa o gerenciamento de riscos, ainda há muito caminho pela frente.

Os controles de gestão organizacional e as boas práticas de gerenciamento têm aumentado nos últimos anos. No entanto, os riscos organizacionais também seguem em ascensão.

Há dez anos a Allianz publicava a primeira edição do *The Allianz Risk Barometer®* com um trecho de Jose Fidalgo, *AGCS Risk Consultant Liability*, na última página do relatório.

Nesse trecho o consultor de riscos ressaltava que os especialistas de riscos achavam os *cyber risks* algo em constante mudança e de difícil controle. Na visão do consultor, esse tipo de risco era crescente. No entanto, menos de 1% dos especialistas consideravam o tema preocupante.

Hoje os *cyber risks* ocupam as primeiras posições do *ranking* em diversos países. O ponto principal nessa análise não é o *cyber risk* nem seus impactos nas organizações, mas a falta de avaliação ou a não intensificação das pesquisas relacionadas a esses riscos em um passado tão recente (dez anos).

Ao avaliar o mesmo contexto em um cenário futuro, quais riscos são negligenciados hoje que daqui a dez anos ocuparão os primeiros lugares das listas das agências de riscos? Quais são os fatores de riscos que se encaixam na lista de cisnes negros e terão seus nomes estampados nos mais altos índices do *Risk Barometer*? E, por fim, o que fez os especialistas voltarem sua atenção para os *cyber risks*?

Essas perguntas são os verdadeiros riscos. Se elas não estiverem sendo feitas hoje, o futuro tem muito mais incerteza do que segurança. **O maior de todos os riscos** não é o risco de maior impacto, probabilidade ou custo. Nem mesmo o risco de uma catástrofe de proporções gigantescas é tão prejudicial quanto o risco de não querer ver o futuro, de fechar os olhos para a gestão e deixar tudo como está.

O futuro chegará mais cedo ou mais tarde, e ignorá-lo é o mesmo que dormir à noite e esperar que o sol não desponte no horizonte no dia seguinte. Esse é apenas um desejo, não um fato.

"Se o desconhecimento humano, pausar por um dia;

Se as organizações abrirem as portas para a inteligência;

Se os governantes simplesmente seguirem suas políticas com propósito e governança;

Se o consumo dos bens naturais, da noite para o dia, começasse a ser controlado, em níveis aceitáveis;

Se todas as oportunidades fossem compartilhadas assim como a chuva que percorre o globo sem escolher quem vai molhar;

Se todos os erros cometidos em prol dos acertos esperados fossem revistos e tratados como riscos que são;

Se os crimes cometidos contra tudo e contra todos simplesmente deixassem de acontecer;

Esse seria o dia da utopia, o dia em que nenhum especialista de riscos teria mais uma ocupação, e nenhum profissional se preocuparia com o dia de amanhã.

Mas o maior de todos os riscos ainda está por vir, e nenhum de nós, nem os mais ávidos e estudiosos entre nós, será capaz de prevê-lo, simplesmente pelo fato de que nossa inteligência acredita que chegamos ao ápice, quando, na dura realidade em que vivemos, não saímos um metro da base da pirâmide organizacional.

Mas este dia chegará, e quando for contemplado, não serão as organizações que mudarão suas estratégias, mas as estratégias que mudarão as suas organizações.

Um novo despertar para o gerenciamento de riscos te espera. Aceite o desafio e venha transformar as organizações do futuro em organizações inteligentes. Assim espero.

O Autor

REFERÊNCIAS INTELIGENTES DE RISCOS

Nenhum ponto finito tem significado sem um ponto de referência infinito.

JEAN-PAUL SARTRE

O QUE VEM A SEGUIR

Este capítulo apresenta referências bibliográficas sobre gestão de riscos constantes neste livro organizadas por capítulos e referências a outros projetos do autor.

REFERÊNCIAS INTELIGENTES PARA CONSULTA

Esta seria uma seção com muitas referências bibliográficas se este fosse um livro comum, mas este é um livro inteligente. Por isso todas as referências aqui descritas têm o objetivo de facilitar a consulta das fontes utilizadas neste livro. Esta seção ajudará no gerenciamento inteligente de riscos organizacionais (IERM). A seguir, a lista de referências para IERM.

PARTE 1 – A INTELIGÊNCIA NA GESTÃO DE RISCOS ORGANIZACIONAIS

INTRODUÇÃO: O MAIOR DE TODOS OS DESAFIOS DA GESTÃO

GERENCIAMENTO DE RISCOS, UMA QUESTÃO DE INTELIGÊNCIA

CHIAVENATO, Idalberto. **Coaching & mentoring – construção de talento nas organizações:** as novas ferramentas de gestão de pessoas. 3.ed. Rio de Janeiro: Elsevier, 2017.

CONTEXTO INTELIGENTE DE RISCOS

WIKIPÉDIA. **Crescimento Exponencial.** Disponível em: <https://pt.wikipedia.org/wiki/Crescimento_exponencial>. Acesso em: 21 out. 2022.

CAPÍTULO 2: *FRAMEWORK* INTELIGENTE DE RISCOS

PADRÕES PARA GERENCIAMENTO DE RISCOS – COSO

WBCSD. **Applying Enterprise Risk Management to Environmental, Social and Governance-related Risks**. 22 Oct. 2018. Disponível em: <https://www.wbcsd.org/Programs/Redefining-Value/Making-stakeholder-capitalism-actionable/Enterprise-Risk-Management/Resources/Applying-Enterprise-Risk-Management-to-Environmental-Social-and-Governance-related-Risks>. Acesso em: 21 out. 2022.

O PADRÃO DE GERENCIAMENTO DE RISCOS DO PMI®

PMI. **The standard for risk management in portfolios, programs, and projects.** Newtown Square: Project Management Institute, 2019.

ISO 31000:2018

ISO. **ISO 31000:2018(en) Risk management – Guidelines**.

ORANGE BOOK – GOVERNO DO REINO UNIDO

HM GOVERNMENT. **The Orange Book:** Management of Risk – Principles and Concepts. Crown, 2020. Disponível em: <https://www.gov.uk/government/publications/orange-book>. Acesso em: 16 jul. 2022.

SISTEMA DE INVESTIGAÇÃO DE DADOS

U.S. DEPARTMENT OF JUSTICE. **Crime Scene Investigation:** A Guide for Law Enforcement. Office of Justice Program, Jan. 2000.

FRAMEWORK DE GESTÃO INTELIGENTE

GRANADO, Marcelo Marques. **Management Intelligence Systems – CSi:** *Framework* de Gestão Inteligente para consultorias de gestão. PMPROJECT, 2022.

CAPÍTULO 3: GOVERNANÇA INTELIGENTE DE RISCOS

A INTEGRAÇÃO DA GOVERNANÇA E *COMPLIANCE*

GRANADO, Marcelo Marques. **Escritórios de Gestão Inteligente**. BIO, 2021.

RISCOS RELACIONADOS AO ESG – MSCI®

MSCI. **MSCI ESG Ratings Methodology:** Executive Summary, June 2022. Disponível em: <https://www.msci.com/documents/1296102/21901542/ESG-Ratings-Methodology-Exec-Summary.pdf>. Acesso em: 16 jul. 2022.

RISCOS RELACIONADOS AO ESG – ROBECO®

ROBECO. **What are the most sustainable countries in the world?** Apr. 2022. Disponível em: <https://www.robeco.com/en/key-strengths/sustainable-investing /country-ranking>. Acesso em: 16 jul. 2022.

GOVERNANÇA NA ERA DA TRANSFORMAÇÃO DIGITAL

WEF. **The AI Governance Journey:** Development and Opportunities, 02 nov. 2021. Disponível em: <https://www.weforum.org/reports/the-ai-governance-journey-development-and-opportunities>. Acesso em: 16 jul. 2022.

IMPREVISIBILIDADE ESTRATÉGICA DOS RISCOS

VALUE REPORTING FOUNDATION. **International <IR> *Framework*.** 2013. Disponível em: <https://www.integratedreporting.org/resource/international-ir-framework/>. Acesso em: 16 jul. 2022.

AMPLIANDO O HORIZONTE DE RISCOS ORGANIZACIONAIS E MEGATENDÊNCIAS

ALLIANZ. **Allianz Risk Barometer.** Jan. 2022, Disponível em: <https://www.agcs.allianz.com/news-and-insights/reports/allianz-risk-barometer.html>. Acesso em: 16 jul. 2022.

IMPACTO DOS MÚLTIPLOS CAPITAIS

SIANES, Antonio et al. Impact of the Sustainable Development Goals on the academic research agenda. A scientometric analysis. **PLoS ONE**, vol. 17, n. 3: e0265409. Disponível em: <https://doi.org/10.1371/journal.pone.0265409>. Acesso em: 21 out. 2022.

CAPÍTULO 5: PROCESSOS INTELIGENTES DE GESTÃO

PROCESSOS DE GERENCIAMENTO DE RISCOS NA ERA DOS DADOS

UNESCO. **Human learning in the digital era.** Paris: UNESCO; NETEXOLO, 2019. Disponível em: <https://unesdoc.unesco.org/ark:/48223/pf0000367761.locale=em>. Acesso em: 16 jul. 2022.

DATA SCIENCE CENTRAL. **Can a human brain hold your life experience?** May 21, 2020. Disponível em: <https://www.datasciencecentral.com/can-a-human-brain-hold-your-life-experience>. Acesso em: 16 jul. 2022.

WE ARE SOCIAL. **Digital 2022 Global Overview Report.** 2022. Disponível em: <https://wearesocial.com/uk/blog/2022/01/digital-2022>. Acesso em: 16 jul. 2022.

UMA VISÃO MULTIGERAÇÃO

VISUAL CAPITALIST. **Generational Power Index.** 2021. Disponível em: <https://www.visualcapitalist.com/wp-content/uploads/2021/05/generational-power-index-2021-1.pdf>. Acesso em: 16 jul. 2022.

WALL STREET JOURNAL. **The Facebook Files:** A Wall Street Journal Investigation. 2022. Disponível em: <https://www.wsj.com/articles/the-facebook-files-11631713039?mod=bigtop-breadcrumb>. Acesso em: 21 out. 2022.

GERENCIAMENTO DE RISCOS ORGANIZACIONAIS, ARTE OU CIÊNCIA?

WBCSD. **Sustainability and enterprise risk management:** The first step towards integration, 17 jan. 2017. Disponível em: <https://www.wbcsd.org/Archive/Assess-and-Manage-Performance/Resources/Sustainability-and-enterprise-risk-management-The-first-step-towards-integration>. Acesso em: 16 jul. 2022.

CAPÍTULO 9: COMUNICAÇÃO INTELIGENTE DE RISCOS

PREPARANDO AS COMUNICAÇÕES PARA O GERENCIAMENTO DE RISCOS

HEFFERNAN, Margaret. The dangers of willful Blindness. **TEDxDanubia**, s.d. <https://www.ted.com/talks/margaret_heffernan_the_dangers_of_willful_blindness>. Acesso em: 16 jul. 2022.

HEFFERNAN, Margaret. **Wilful Blindness:** Why We Ignore the Obvious at our Peril. New York: Simon & Schuster, 2019.

SIMON, Daniel J.; CHABRIS, Christopher F. Gorillas in Our Midst: Sustained Inattentional Blindness for Dynamic Events. **Perception**, n. 28, 1999. Disponível em: <https://www.researchgate.net/publication/12620563_Gorillas_in_Our_Midst_Sustained_Inattentional_Blindness_for_Dynamic_Events>. Acesso em: 16 jul. 2022.

CEGUEIRA ORGANIZACIONAL, POR QUE OS RISCOS ACONTECEM?

HEFFERNAN, Margaret. **Beyond Measure:** The Big Impact of Small Changes. New York: Simon & Schuster, 2015.

A COMUNICAÇÃO INTELIGENTE NA VISÃO MULTIPADRÃO

EY. **Prioridades dos Conselhos de Administração para 2022 na América Latina.** 22 fev. 2022. Disponível em: <https://www.ey.com/pt_br/ey-governanca-corporativa/prioridades-dos-conselhos-de-administracao-para-2022>. Acesso em: 16 jul. 2022.

HABILIDADES INTELIGENTES PARA COMUNICAÇÃO

KPMG; AIPM. **2021 AIPM and KPMG Project Management Survey:** Looking forward with renewed purpose and relevance. 2021. Disponível em: <https://pmworldlibrary.net/wp-content/uploads/2021/11/211104-2021-AIPM-and-KPMG-Project-Management-Survey-Report.pdf>. Acesso em: 16 jul. 2022.

CAPÍTULO 10: SISTEMAS DE GESTÃO INTELIGENTE

O CONTROLE INTERNO COMO SUPORTE PARA SISTEMAS DE GESTÃO

COSO. **Internal Control – Integrated Framework.** Executive Summary. May 2013. Disponível em: <https://www.coso.org/Shared%20Documents/*Framework*-Executive-Summary.pdf>. Acesso em: 16 jul. 2022.

CAPÍTULO 12: AUDITORIAS INTELIGENTES DE GESTÃO

5.2 IRAP | COMPREENDENDO AS MUDANÇAS ORGANIZACIONAIS | TECNOLOGIAS E MODELOS ORGANIZACIONAIS

MCDONALDS. **Normas de Conduta Empresarial:** a promessa dos Arcos Dourados. Mar. 2017. Disponível em: <https://corporate.mcdonalds.com/content/dam/gwscorp/corporate-governance-content/codes-of-conduct/Portugal_Portuguese_SBC.pdf>. Acesso em: 16 jul. 2022.

SIMPLIFICANDO O GERENCIAMENTO INTELIGENTE DE RISCOS

MATRIZ DE RISCOS, A ORIGEM DO DESCONHECIDO

SHERMER, Michael. Rumsfeld's Wisdom: Where the known meets the unknown is where science begins. **Scientific American**, Sep. 1st, 2005. Disponível em: <https://www.scientificamerican.com/article/rumsfelds-wisdom>. Acesso em: 16 jul. 2022.

GODFREY, Paul C. et al. **Strategic Risk Management:** new tools for competitive advantage in an uncertain age. Oakland: Berrett-Koehler Publishers, 2020.

RUMSFELD, Donald. **Known and Unknown:** A Memoir. London: Sentinel, 2011.

AS FONTES DA MATRIZ INTELIGENTE DE RISCOS

HM GOVERNMENT. **The Orange Book:** Management of Risk – Principles and Concepts. Crown, 2020. Disponível em: <https://www.gov.uk/government/publications/orange-book>. Acesso em: 16 jul. 2022.

GAO. **The Green Book.** Standards for Internal Control in the Federal Government, 2014. Disponível em <https://www.gao.gov/greenbook>. Acesso em: 16 jul. 2022.

NESTLE. **Materiality – identifying key sustainability issues.** Disponível em: <https://www.nestle.com/sustainability/responsible-business/materiality>. Acesso em: 21 out. 2022.

PARTE 2 – GUIA DE GESTÃO INTELIGENTE DE RISCOS ESTRATÉGICOS

CAPÍTULO 7: INTEGRANDO A GESTÃO INTELIGENTE DE RISCOS NA ORGANIZAÇÃO

ADOTANDO ABORDAGENS ÁGEIS NA ENTREGA DE RESULTADOS INTELIGENTES

WIKIPEDIA. **Crucifixion (Corpus Hypercubus).** Disponível em: <https://en.wikipedia.org/wiki/Crucifixion_(Corpus_Hypercubus)>. Acesso em: 16 jul. 2022.

DISPONIBILIZANDO OS RESULTADOS DA GESTÃO INTELIGENTE DE RISCOS

DOLLE, Camila. Santo Antônio Energia: Acompanhe o processo arbitral. **Expert XP**, 07 jun. 2022. Disponível em: <https://conteudos.xpi.com.br/renda-fixa/debenture-santo-antonio-energia-abr-2024>. Acesso em: 16 jul. 2022.

FINALIZANDO O PROCESSO DE INTEGRAÇÃO INTELIGENTE DE RISCOS

ISENSON, Nancy. Afinal, quem desarma as bombas da Segunda Guerra Mundial? **DW**, 05 jul. 2019. Disponível em: <https://www.dw.com/pt-br/afinal-quem-desarma-as-bombas-da-segunda-guerra-mundial/a-49474399>. Acesso em: 16 jul. 2022.

DIFFENBAUGH, Noah S. et al. The COVID-19 lockdowns: a window into the Earth System. **Nat Rev Earth Environ**, n. 1, July 29, 2020, p. 470-481. Disponível em: <https://doi.org/10.1038/s43017-020-0079-1>. Acesso em: 16 jul. 2022.

LIU, Zhu et al. Monitoring global carbon emissions in 2021. **Nat Rev Earth Environ**, n. 3, Mar. 21 2022, p. 217-219. Disponível em: <https://doi.org/10.1038/s43017-022-00285-w>. Acesso em: 16 jul. 2022.

CAPÍTULO 8: PAPÉIS E PRINCÍPIOS PARA AUDITORIAS INTELIGENTES DE RISCOS

OS DEZ MANDAMENTOS DA AUDITORIA INTELIGENTE DE RISCOS

NIB. **Risk Appetite Statement:** adopted by the board of directors of the Nordic Investment Bank on 7 June 2022 with entry into force as of 16 June 2022. Disponível em: <https://www.nib.int/files/93baa38195f247179b5c242b dec55c 157b4288d5/risk-appetite-statement-june-2022.pdf>. Acesso em: 16 jul. 2022.

BASE DE CONHECIMENTO DE NEGÓCIOS E PROJETOS

Os livros deste portfólio são uma base de conhecimento para gestão e inteligência de negócios e projetos.

Saiba mais em <https://www.imanagement.com.br/portfolionp>.

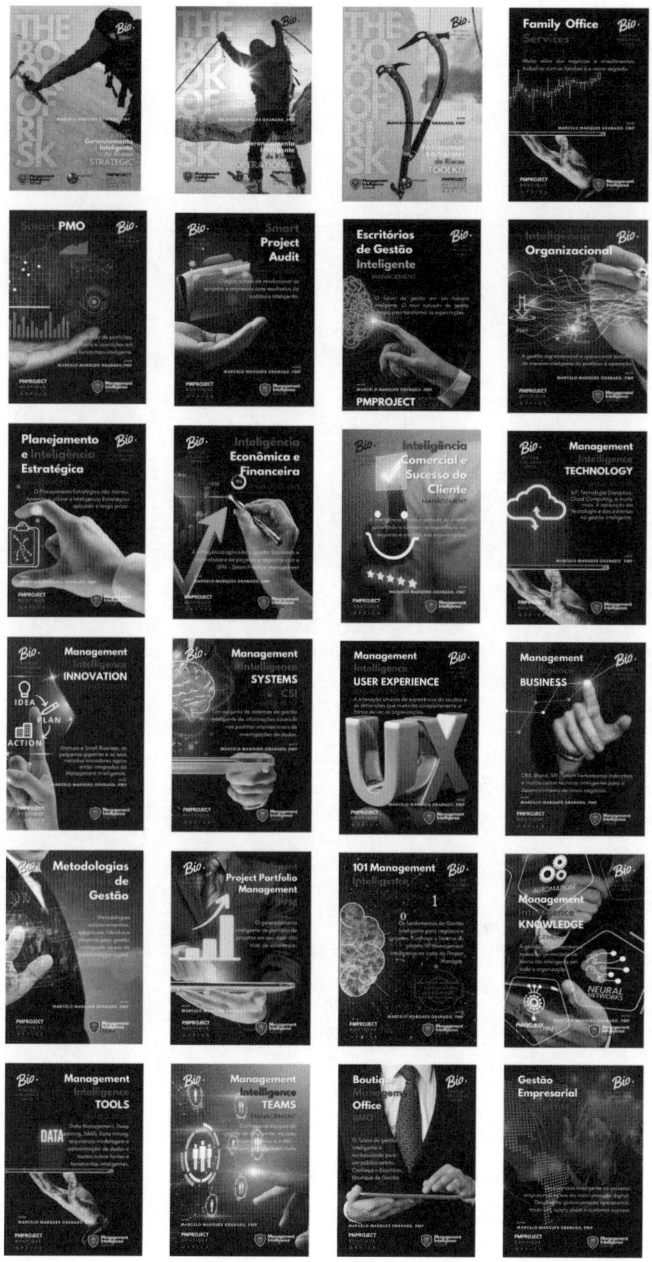

+ de 200
Títulos
BRASPORT
e-Book
50% mais barato que o livro impresso.
Confira nosso catálogo!
À venda nos sites das melhores livrarias.